儒学的超越性与实践性问题研究

胡金旺 著

中国社会科学出版社

图书在版编目(CIP)数据

儒学的超越性与实践性问题研究/胡金旺著. —北京：中国社会科学出版社，2022.3
ISBN 978 - 7 - 5203 - 9582 - 3

Ⅰ.①儒… Ⅱ.①胡… Ⅲ.①儒学—研究 Ⅳ.①B222.05

中国版本图书馆 CIP 数据核字（2022）第 014261 号

出 版 人	赵剑英
责任编辑	黄 晗
责任校对	李 剑
责任印制	王 超

出　　版	中国社会科学出版社
社　　址	北京鼓楼西大街甲 158 号
邮　　编	100720
网　　址	http://www.csspw.cn
发 行 部	010 - 84083685
门 市 部	010 - 84029450
经　　销	新华书店及其他书店
印　　刷	北京明恒达印务有限公司
装　　订	廊坊市广阳区广增装订厂
版　　次	2022 年 3 月第 1 版
印　　次	2022 年 3 月第 1 次印刷
开　　本	710×1000　1/16
印　　张	21.25
字　　数	338 千字
定　　价	118.00 元

凡购买中国社会科学出版社图书，如有质量问题请与本社营销中心联系调换
电话：010 - 84083683
版权所有　侵权必究

目　　录

绪　论 ……………………………………………………………（1）

第一章　中国文化"一个世界"的特点 ………………………（8）
　一　中国文化中的巫史传统 …………………………………（8）
　二　中西文化之不同 …………………………………………（15）

**第二章　先秦至宋明时期儒家代表人物思想的超越性与
　　　　　实践性** ……………………………………………（22）
　一　孔子思想的超越性 ………………………………………（22）
　二　孟子思想的超越性 ………………………………………（28）
　三　荀子的思想有无超越性 …………………………………（37）
　四　二程与朱熹哲学的超越性 ………………………………（39）
　五　陆九渊与王阳明心学之不同 ……………………………（44）
　本章小结 ………………………………………………………（54）

第三章　先秦儒学的道统与外王论 …………………………（56）
　一　孔子对礼乐制度的恪守及道统仁学的确立 ……………（56）
　二　孟子之仁政 ………………………………………………（66）
　三　荀子重视义与礼 …………………………………………（72）

第四章　汉代的天人感应论与谶纬迷信 ……………………（77）
　一　董仲舒的天人感应论 ……………………………………（77）
　二　汉代儒学用谶纬迷信论证皇权合法性的荒唐性 ………（81）

第五章　王安石对内圣外王的兼顾以及理学家对内圣的偏重 ……（88）
　　一　王安石的学术与理学家对它的批判 ……………………（88）
　　二　理学家对内圣的偏重 …………………………………（110）

第六章　苏轼思想的超越性与实践性 …………………………（126）
　　一　再论苏轼的哲学思想 …………………………………（126）
　　二　苏轼的哲学思想及其荀学特色 ………………………（143）
　　三　相辅相成：苏轼贬谪生涯中的哲学与文学 …………（157）

第七章　相与为体：船山哲学思想简论 ………………………（172）
　　一　船山论知觉之心与仁义之心 …………………………（172）
　　二　在情才上立其大者 ……………………………………（179）
　　三　存理与遏欲上的相与为体 ……………………………（189）

第八章　船山的荀学思想及自然气本论 ………………………（199）
　　一　船山的两层存有论 ……………………………………（199）
　　二　孟学与荀学进路的差异 ………………………………（205）
　　三　自然气本论与礼教主义的超越性与实践性 …………（206）

第九章　性可不善乎：论船山在人性善恶上的一个转向 ……（235）
　　一　《尚书引论》中的人性论 ……………………………（235）
　　二　《读四书大全说》中的人性论 ………………………（238）
　　三　《张子正蒙注》《思问录》中的人性论 ……………（246）
　　四　余论 ……………………………………………………（253）

第十章　论船山《相宗络索》的独特性与价值 ………………（256）
　　一　用志来解释七识是船山的独特之处与成就 …………（256）
　　二　八识理论深化了船山前期著作中志与意的关系及其
　　　　相关思想 ………………………………………………（260）
　　三　八识是真如本体，作为真如本体的八识 ……………（262）
　　四　大乘顿悟与唯识宗渐悟的统一 ………………………（265）

五　对学界《相宗络索》研究的回应 …………………………（266）

第十一章　王阳明的觉民行道 …………………………………（270）

第十二章　现代儒学及其实践性 ………………………………（276）
　　一　牟宗三的良知坎陷说及相关批评 …………………………（276）
　　二　在乡村建设中发展儒学 ……………………………………（290）
　　三　贤能政治 ……………………………………………………（310）
　　四　儒家传统与中华法系 ………………………………………（315）

参考文献 …………………………………………………………（324）

绪　论

一

中国文化与西方文化之不同在于，中国文化具有"一个世界"的特点，而西方文化具有"两个世界"的特点。中国文化"一个世界"的特点根源于其巫史传统没有被中断，也就是说与西方文化曾经发生过断裂相比，中国文化保持了连续性。这一个世界的特点与西方文化宗教中上帝与人中间隔了一条不可逾越的鸿沟、哲学上的理念界与现实界或自在物与现实事物不会有交集表现为两个世界的特点迥异其趣与大相径庭。儒家性与天道合一的思想就是这种文化"一个世界"特点的体现，也是中国文化的主要代表。天道与人性可以合一，表明人是可以体悟这个天道的，人性是来源于这个天道的。天道相对于没有体悟此的人而言具有超越性，而人性从根源上讲又是来源于此天道，因而天道又内在于此人性之中。因此，天道既是超越又是内在的。孔子的仁、孟子的性无疑具有这种超越性的特点，而荀子的思想是否具有超越性则有分歧，有人认为荀子是经验主义，其思想没有超越性。有人认为荀子的性恶论是从性的现实表现来讲的，而从人的本性来讲，则是善的，因而其思想的超越性是涵藏在其中的。本书认为从荀子化性起伪之后性善来看，荀子的思想是向善的，这相比于现实中的人性有恶的情况是一种理想化的状态，也是一种超越于日常现实之上的目标，因而也具有超越性。荀子的哲学形态显然与孟子所具有的超越性的天道实体的哲学形态不同，后世儒家分别继承了这样两种不同形态的儒学，因而形成了两种不同的思想进路，即孟学与荀学。程朱理学与陆王心学主要继承了孟子的思想，都认为有一个超越性的本体。不过，陆王心学一味强调心的本体性，其本体与主体是合一的，因而这种主体性淡化了超越实体的客观性，所以其超越性比起程朱理学有所削弱。而明清时期的自然气本论与荀子思想类似，也是从趋向善来看，这种思想具有超越性。所以，综合来看，两种形态的儒学都具有超越性，因而儒学的超越性的特点是广泛的，它涵盖了其主要的思想形态，由此充分证明了儒学的超越性特点。

而本书重点论述的王船山思想不仅具有孟学的特点，也具有荀学的特点。可见儒学由于自身发展的需要，不仅需要孟学，也需要荀学。孟子的思想侧重超越性源头对现实行为的根源与保障作用，荀子的思想重视道德践履的行为与制度建设的作用。因而两种思想因素于儒学都是缺一不可的，否则就不全面和有所偏颇。重视这两种思想因素的思想家不仅有王船山，还有北宋时期的苏轼。这两个思想家的思想之所以吸收了这两种因素主要在于北宋时期正是新思想新潮流的开创时期，苏轼看到了同时期学术流派如王安石的新学与二程的洛学的不足，他吸收了各家之长，因而他在公开吸收佛道思想中，从道家入手而实际上使其思想具有荀学的一些特征。而船山在明末清初之际批判了王阳明心学，重建了程朱理学，因而其孟学的特点是突出的。但是那个时代的自然气本论和时代的巨变给予船山深刻的影响，因而他也非常重视现实性，他的超越性也是在现实性的基础上建立的，而非常反感单纯地在观念上做存善去恶的工夫进而体验一个超越的本体。船山对天道超越性实体的信奉与其在实践中主体对于天道实体，以及仁义礼智信的确证的思想是孟学思想与荀学思想结合得较为理想的思想形态，因而船山的思想典型地体现了儒学的性质：超越性与实践性。

船山之气论是神圣气本论（神圣气本论与自然气本论的划分来源于我国台湾学者刘又铭的《明清儒家自然气本论的哲学典范》，[①] 神圣气本论意为此气与理本论与心本论之理与心是同一层次即超越层次的概念，具有形上本体的意味，而自然气本论之气是现象层面之气）。但与朱子及王阳明不同，船山反对静坐体证那个虚寂的本体，主张在与事物交接的过程中变化气质之性，将此气质之性变化为与原来先天一致，也就是

---

① 参见刘又铭《明清儒家自然气本论的哲学典范》，《"国立"政治大学哲学学报》2009年第22期。

与原来形成人之时的理善之气相一致。而宋明理学的兴起主要是为了回应佛道在形而上本体上的挑战，儒家也奋起挖掘和发展了自己本有的超越性一面。但是在这种理论发展中沾染了佛道过分追求虚空本体的一面，而王船山的哲学就是一方面要维持儒家超越性的特性，又要将此关注的重心放在现实生活与道德的践履上。所以，王船山反对空虚的理，将张载的气本论作为自己的思想展开与深化的资源。船山哲学主张下学而上达的为学途径，确立了儒家学风扎实化的基调。下学就是变化气质之学、践履之学，是在践履中体证超越性的本体，而不是对超越性本体直接的体证。王船山哲学是下学与上达并重的，形成了一个上下相辅相成的整体。

船山拒绝了如佛道一样于静中体认本体的可能性。这种在用中确立本体的思想与苏轼在主体的现实生活的实践中体悟道的思想就非常接近了，因而与荀学一路思想在学和实践中获得真知也非常接近。只是船山首先强调了一个超越性的本体，而荀子否定之。但从他们获取真知的路径和人的实践在先、实体与真知在后看，他们的思想是一致。只是船山预设了一个实体，认为以此来做人可以规范自己行为和能最终确立本体的保障，而荀子为了与孟子的超越性实体划清界限，断然否定了这个实体。船山与苏轼一样都预设了一个超越性的实体，但是这个实体又不能实际指导我们的实践，因而我们的实践还是依赖我们的理性以及社会环境在现实中不断探索，从而确立起本体。这种思想只是比荀子的思想多了一个本体论的预设，而路径或到达结果采取的办法以及依赖的手段与荀子如出一辙。所以我们说苏轼与船山的思想虽然表面上与孟学一路相同，但是他们思想的实质却有许多接近荀子的地方。这种孟学与荀学的结合，表明儒学由于自身发展的现实需要，是既需要孟学，也需要荀学。因为孟子重视超越性实体的建构，荀子重视现实生活和伦理道德的实践。因此从儒学对两种路径的需要来看，儒学的本质有对超越性和实践性强烈的需求。即便是孟学内部来说，表现出强烈拥抱超越性与实践性的学理特性，荀学也是如此。但是他们在发展中各有偏颇，因而需要互相补充。荀学的实践性当然非常鲜明，但是超越性也不寡淡。荀子一路思想其中心也是以道德为认知的主要对象，人也是趋向于善和最终能成善的，这就是荀学一路思想家的超越性信仰。其做道德工夫，也是为了成善成圣。

当然由于荀子明确对超越性实体的否定有可能引起信仰与道德行为终极支撑的危机，因而，这一路思想就有可能走向有神论，从而以神解决信仰的终极根源的问题。董仲舒的天人感应论就是这种解决信仰的终极根源问题的表现。在明清之际荀学一路渐渐生长之际，导致了同样的情形。由于它所走的是下行的化民成俗的路线，而不是上行的得君行道的路线，因而不是构建学理形式的神学论，而是直接采用了为普通民众所能接受的对外在神的宗教信仰。于是荀学一路就走上了外在超越信仰之路。

本研究的另一个部分，即儒学的时代性，是从儒学与政治的关系来着眼的。儒学最具有对现实政治问题关切的意识。因而，儒学与现实政治有着千丝万缕的联系，都要千方百计地为解决现实政治的问题提出儒学的方案。此种学派倾向，使得儒学深具时代性。先秦儒学以仁与礼为中心的思想表现在政治上就是要实现仁政和重建礼乐制度来维护社会稳定。这种以仁与礼为中心的政治思想就是后世儒学内圣外王政治学模式的先导。孔孟荀的思想显示了很强的以道自任的意识，表达了要以道来支配政治的理想。先秦道的刚健精神与宋明理学重向内用功的内敛精神差异很大，因而前者在政治上具有开拓的精神而后者主要表现为因循守旧。到了汉代，董仲舒提出的"罢黜百家，独尊儒术"主张得到了统治阶级的采纳，其天人感应论在那个时代对统治阶级起到了一定的制约作用。而到了两宋时期，理学家偏重伦理道德，重视对人心的教育作用。从内圣外王关系来看，他们对内圣的重视胜过外王，外王成了内圣的附庸，失去了独立性。与之形成鲜明对比的是，王安石变法不仅重视内圣也赋予外王以独立性。南宋时期，朱熹对道德的偏重，因为外邦的压力而具有一定的合理性。但是到了明清时期，仍以这一套服务于政治，这就难以符合政治的需求，也难以对政治起到实际的促进作用。

二

以下简要交代一下本书各章节的安排及内容概括。全书共十二章，另外还包括一个附录。第一章，"中国文化'一个世界'的特点"。"一个世界"的特点并不否认中国文化的超越性。但这种区别于西方文化"两个世界"特点的文化的超越性有它自身的独特性,即它的超越是内在而超越的,区别于西方的外在超越。第二章,"先秦至宋明时期儒家代表人物思想的超越性与实践性"。"先秦儒学与宋明理学"是古代儒学兴旺发达的两个时期,儒学的超越性与宗教性在这两个时期都充分地展现了出来,满足了当时人们精神生活和日常生活的需要,因而得到了人们的认可与接受。第三章,"先秦儒学的道统与外王论"。儒学最具有对现实政治问题关切的意识。儒家思想是在尊重现实社会秩序的宗法家族制和现存统治秩序的基础上创立的,是在统治阶级的政治统治和现实人们的愿望之间寻求一种最大程度的平衡与稳定。因而,儒学与现实政治有着千丝万缕的联系,都要千方百计地为解决现实政治的问题提出儒学的方案。此种学派倾向,使得儒学深具时代性。先秦儒学以仁与礼为中心的思想表现在政治上就是要实现仁政和重建礼乐制度来维护社会稳定。这种以仁与礼为中心的政治思想就是后世儒学内圣外王政治学模式的先导。孔孟荀的思想显示了很强的以道自任的意识,表达了要以道来支配政治的理想。先秦道的刚健精神与宋明理学重向内用功的内敛精神差异很大,因而前者在政治上具有开拓进取的精神而后者主要表现为因循守旧。第四章,"汉代的天人感应论与谶纬迷信"。到了汉代,董仲舒提出的"罢黜百家,独尊儒术"主张得到了统治阶级的采纳,因而使儒学上升为统治阶级的意识形态,成了官方哲学。董仲舒的天人感应论在那个时代对统治阶级起到了一定的制约作用。但是为了迎合皇权,儒学也付出了用谶纬迷信配合论证皇权合法性的荒唐代价。第五章,"王安石对内圣外王的兼顾以及理学家对内圣的偏重"。两宋时代,理学家偏重伦理道德,重视对人心的教育作用。从内圣外王关系来看,他们对内圣的重视胜过外王,外王成了内圣的附庸,失去了独立性。与之形成鲜明对比的是,王安石变法不仅重视内圣也赋予了外王以独立性。南宋时代,朱熹对道德的偏重,因为外邦的压力而具有一定的合理性。王阳明学派的觉民行道,不同于朱熹的格君心之非,而主要是走下行的路线。第六章,"苏轼思想的超越性与实践性",共有三个部分:"再论苏轼的哲学思想""苏轼的哲学思想及其荀学特色"与"相辅相成:苏轼贬谪生涯中的哲学与文学"。苏轼看到了同时期学术流派如王安石的新学与二程的洛学的不足,他吸收各家之长,因而他在公开吸收佛道思想中,从道家入手而实际上使其思想具有荀学的一些特点。苏轼体证天道的主要方式是人通过有意识地做到无心和在应物及技艺上达到不知其所以然而然的道的境界。这种方式是在体证天道超越性的同时,强调了要从实践入手,因而实践性也是非常鲜明的。苏轼的哲学与文学是其思想境界提升的方式手段和具体表现。从苏轼在不同阶段哲学与文学的发展中,我们可见苏轼在哲学与文学的具体形式的运用下是如何体证道以及其与道相联系的境界达到了一个什么层次。从其哲学与文学的具体形式中,苏轼思想的超越性与实践性得以充分展现。第七章,"相与为体:船山哲学思想简论",相与为体的思想表明船山的思想不仅具有本体的超越性,而且此体的确立与彰显还有赖于用的实践性。它们的关系是相与为体的,是互相依赖的,由此船山强调了体要在实践中得以确立。这是船山体用论最显著的特点。第八章,"船山的荀学思想及自然气本论"。荀学的实践性当然非常鲜明,但是超越性也不寡淡。荀子一路思想其中心也是以道德为认知的主要对象,人也是趋向于善和最终能成善的,这就是荀学一路思想家的超越性信仰。其做道德工夫,也是为了成善成圣。明清时期的自然气本论哲学否认有一个超越的实体,以此纠正宋明理学中因对超越实体的体证而引起的蹈空说玄的弊病,从而有效防止了儒学的践履精神落空的可能。因为它只讲践履,只讲在此世的行动以及在行动中彰显儒学的崇高精神。第九章,"性可不善乎:论船山在人性善恶上的一个转向"。船山的性善论是从本体之性来讲的,气善则性善。而形下之气与性也可以是不善的。第十章,"论船山《相宗络索》的独特性与价值"。"相宗络索"是船山超越性思想在法相唯识宗上的表现,其八识本体具有超越性本体的特点。此章还包括船山的先天气思想及鬼神观。本章内容要么与佛教有关,要么与鬼神、先天气有关,都是从宗教信仰的视角来阐述超越性问题,因而放在同一章中。第十一章,"王阳明的觉民行道"。儒学在宋明时代,分别以得君行道与觉民行道为主。首先与儒学的性质是道德实践有关,其次也是时代的环境和需要所决定的。在南宋,体现了当时政治环境的需要,以中原的优越文化树立对敌斗争的信心。而在明代,只有采取觉民行道的路线,而非直接与朝廷针锋相对的行道路线,才是保守又安全的路线。东林党的悲剧从反面证明了觉民行道的正确性。因而,明清儒学的行道实践很符合那个时代的特征,具有鲜明的时代性。第十二章,"现代儒学及其实践性"。从宋元明清的儒学实践来说,内圣没有像他们所宣称的那样真正开创出外王之学。儒学发展到现代,学者们经过不断努力,企图开创出具有独立地位和更广领域的外王之学,并且力图将现代政治的最主要元素——民主融入外王的事业之中,在这个探讨的过程中,出现了不同的流派。这种努力不仅赋予了外王独立的地位,而且将时代的主要特色融入其中,因而其对历史问题解决的意图和鲜明的时代特色成为当今儒学的亮点。在儒学研究的热潮中,形成了不同的派别,本节试图从他们处理内圣与外王的关系以及得失进行研究。

第一章　中国文化"一个世界"的特点

一　中国文化中的巫史传统

在中国文化中，上古发生的一件大事既关涉原始宗教与巫术，也关涉中国文化向更高的阶段发展，直至发展出后来的礼乐制度。这件事即为"绝地天通"。有关此事，《国语·楚语下》叙述得最为详细，引述如下：

> 昭王问于观射父，曰："《周书》所谓重、黎寔使天地不通者，何也？若无然，民将能登天乎？"
>
> 对曰："非此之谓也。古者民神不杂。民之精爽不携贰者，而又能齐肃衷正，其智能上下比义，其圣能光远宣朗，其明能光照之，其聪能月彻之，如是则明神降之，在男曰觋，在女曰巫……民是以能有忠信，神是以能有明德，民神异业，敬而不渎，故神降之嘉生，民以物享，祸灾不至，求用不匮。及少皞之衰也，九黎乱德，民神杂糅，不可方物……颛顼受之，乃命南正重司天以属神，命火正黎司地以属民，使复旧常，无相侵渎，是谓绝地天通。"[1]

对此故事，吾淳说道："颛顼之'绝地天通'的举措并不具有改变宗教自然历史进程或宗教性质的意义，它仅仅只是由氏族宗教向国家宗

---

[1] 左丘明著，邬国义、胡果文、李晓路译注：《国语译注》，上海古籍出版社2017年版，第525—526页。

教的进化过程中的一个顺理成章的正常步骤,即从过去的散乱走向了现在的集中,但是,信仰或宗教生活的基本内容并没有发生本质变化。更重要的是,只要宗教性质没有改变,'民神杂糅'、'家为巫史'这种现象必然还会一直持续下去。而这也正是张光直所表达的观点:连续性。应当看到,这与古代埃及埃赫那顿的宗教改革有所不同,因为埃赫那顿的宗教改革有人为的排斥多神信仰和巫术崇拜的目的;这与古代希伯来的宗教改革更不相同,因为犹太教从根本上拒斥了巫术,并使得自己蜕变为一个典型的史无前例的一神信仰的宗教。"① 根据这个意见,"绝地天通"并没有实现。吾淳认为只要巫术的多神信仰的性质没有改变,则"民神杂糅"的宗教信仰情形就不会改变。官方对宗教事务所进行的管理只是用建立祝宗卜史的大传统来战胜家家为巫的小传统,但是它们之间的较量也延续了很长时间,祝宗卜史才占了上风。因而人人为巫的情形也不是被消灭,而是被压制。同样的情形也发生在对巫的特征的理解上,尽管巫觋需要具备一定特殊能力的人才能担任,但是也不足以说明它与人人为巫是自相矛盾的。巫觋是职业行巫人,但是许多巫术是人人都可以施行的,这样职业行巫人与人人为巫也是并存的,也并不矛盾。

人人行巫这一点说明了中国巫术影响之深入与广泛,而且一直没有发生断裂,这就是中国文明的连续性的根源所在,它没有发生像以上吾淳所讲的埃及与犹太教拒斥巫术而脱胎换骨为一神教信仰的宗教改革。颛顼"绝地天通"所做的只是对巫术的一种管理和转化,由政府派专人管理,形成宗教礼仪,即这种改革是将民间信仰上升为国家的宗教礼仪,从而形成了中国的大传统。但是巫术并没有消失,而是继续在民间流传,形成了源远流长直至今日的小传统。

古代世界各国都经历了漫长的巫术信仰阶段,到了轴心时期,世界各地的几大文明都相继进入了鼎盛发展的时期。这个时期就中西文明的发展而言,都表现出了走出巫术阶段的特点。对此,李泽厚说道:"西方由'巫'脱魅而走向科学(认知,由巫术中的技艺发展而来)与宗教(情感,由巫术中的情感转化而来)的分途。中国则由'巫'而'史',

---

① 吾淳:《中国社会的宗教传统:巫术与伦理的对立和共存》,上海三联书店2009年版,第84页。

而直接过渡到'礼'（人文）'仁'（人性）的理性化塑建。"①

中国文化在由巫而史的过程中，君主与最大的巫师逐渐合一，这是在"绝地天通"以后被越发强化了的。李泽厚说："这种'巫君合一'（亦即神人合一），实际上是同一件事情。它经由漫长过程，尽管王权日益压倒、取代神权，但二者的一致和结合却始终未曾解体。"②

作为最大的巫师的君主当然掌握了沟通天人的权力，而普通人无法沟通天人，只能相信巫术而从迷信的角度来遵守某些早已流传下的规则来保护自己逢凶化吉避免灾祸，如小孩不能看杀动物血淋淋的现场，以为会招致灾祸。因此从这种人人相信巫术的情形来看，家家为巫是一直流传至今的。而专职的巫师是指那些沟通天人之人，这种事务是需要有特殊能力和身份的人来完成的。所以，颛顼"绝地天通"故事的意义在于将沟通天人的事务由专门的职官进行管理，而且君主是主要的沟通天人者，因而是最大的巫。徐旭生说："帝颛顼主要的事是命重、黎'绝地天通'……只有他（指重）同帝颛顼才管得天上的事情。"③ 这就是大传统中的巫，而小传统中的家家为巫之巫就变得无足轻重了。李泽厚认为由于沟通天人的巫与君通常是合一的，而君是要处理政治经济军事事务的，因此在处理现实事务中必须用理性思维而不能全凭冲动狂热与迷信，这样君就越来越理性化。由于巫术缺乏理性重视功利，再加上王权日益压倒神权（陈梦家），因此巫君合一时的理性化就压倒了巫术的非理性。随着中国王权与神权的合一，王权越来越一家独大，王权深入世俗事务中，要充分运用人的理性，导致了中国文明过早的理性化。

但是这种理性化是吸收了巫的精神的理性化，因此中国文化就没有发生相对于巫术的中断，巫的因素被充分地吸收了。对此，李泽厚说："卜、筮虽为理知性、认知性很明显的活动，仍饱含情感因素。'诚则灵'为根本准则，即要求卜筮者、卜筮活动以及卜筮服务对象（王）必须进入和呈现畏、敬、忠、诚等主观情感状态，它们具有关键性质。"④李泽厚还论述了巫的一些其他特质，这些特质都是需要运用理性。因此，

---

① 李泽厚：《历史本体论·己卯五说》，生活·读书·新知三联书店2003年版，第165页。
② 李泽厚：《历史本体论·己卯五说》，生活·读书·新知三联书店2003年版，第160页。
③ 徐旭生：《中国古史的传说时代》，文物出版社1985年版，第76页。
④ 李泽厚：《历史本体论·己卯五说》，生活·读书·新知三联书店2003年版，第167页。

巫在发展至史的过程中，越来越理性化了，直至周公旦制礼作乐。在周公的礼乐制度中，神的影响力是越来越小了，而人的德性被提到了一个更高的地位。人的理性化逐渐排斥了神的人格化，这种神的人格化的逐渐衰落还与巫师行巫活动中人迫使神的因素有关。巫术活动中人强迫神，而不是人对神俯首听命。这种人迫使神实现自己愿望的巫术做法的进一步发展使得神无论是天帝还是祖宗神越来越不能自我做主了，越来越显得是巫在将自己的意志强加给神，因而神逐渐失去了人格的特征，而变得只是一种符号意义的象征了。中国伦理道德中对神的淡化即与巫术中巫将自身的意志强加给神使其成为表达自身意志的工具的长期发展有关。经过周公与孔子的创造性的发展，在这种政治宗教文化背景下，这种伦理道德思想终于以学派的形式凝结而成，这就是儒学。

中国宗教文化的以上特点与典型意义上的宗教之至上神越来越拉开了距离。因而中国文明可以说是一种连续性的文明，它重视道德与情感，重视天人合一。而西方的文明由于巫术为宗教所淘汰，与中国文明相比是一种断裂的文明。西方的宗教与巫术的区别即是宗教强调了神与人的断裂性，这就与巫术传统区分开来，而与中国文明的连续性不同，成了一种特殊的文明。西方文明是两个世界的特征，其所具有的超越性与中国文明不同。

中西文化的差异不仅从以上巫术发展的不同命运可以看出，也可以从巫术有关的"敬"看出。由巫而史所形成的礼乐制度对鬼神的"敬"与西方宗教信仰的敬有很大的不同。徐复观说："周初所强调的敬的观念，与宗教的虔诚近似而实不同。宗教的虔诚，是人把自己的主体性消解掉，将自己投掷于神的面前而彻底皈依于神的心理状态。周初所强调的敬，是人的精神，由散漫而集中，并消解自己的官能欲望于自己所负的责任之前，凸显出自己主体的积极性与理性作用。"① 牟宗三说："中国上古已有'天道''天命'的'天'的观念，此'天'虽似西方的上帝，为宇宙之最高主宰，但天的降命则由人的道德决定，此与西方宗教意识中的上帝大异……在'敬'之中，我们的主体并未投注到上帝那里去，我们所作的不是自我否定，而是自我肯定（Sel-affirmation）。仿佛在

---

① 徐复观：《中国人性论史》（先秦篇），上海三联书店2001年版，第20页。

敬的过程中，天命、天道愈往下贯，我们主体愈得肯定。"① 中国文化中的这种敬，与西方宗教之信徒在对上帝的膜拜中将主体完全投注上帝之身而失去了自我之敬有着本质的区别。一个是由于与天命同在而得到肯定，一个是在投入神中而否定了自我之身。这个敬是抑制自己的官能欲望于道德理想面前，这就凸显了中国人在成就自己之时的积极的心理状态，他是以道自任的，是道的化身，道与人是合为一体的。这凸显了中国文化的品格是重视德性的，而且这个德性也是由自己来确立，天命不能起到决定性作用。天命（道）倒是返回了自我之身中，没有外在辅助的作用，而是通过自我发生作用。是人能弘道，非道弘人。凸出德性的作用是由巫而史的演变过程中理性化的一个成果。而人能弘道，非道弘人，这是巫术礼仪的遗留特征。正如上文所讲的，在行巫中，巫师有迫使鬼神满足自己要求的行为，鬼神反倒是被动的。发展到后来，即为道缺乏主动性和能动性，而只有人能弘道。人的主动性和自主性是巫术活动中巫的一大特征。而西方宗教的信徒将自身投注上帝之身时否定了自身，他真实的自我是无法与上帝同在的，人与上帝有了一条不可逾越的鸿沟。因而西方的上帝对于人来说是外在的超越，是不能同一的。而中国文化中人与道在同一中肯定了自身，道是在人自身中，是一个联系的整体。但道与人又难以始终完全同一，因而与道始终同一就成为人的理想。从此而言，道也具有超越性。从道又内在于人来说，道具有内在的超越性，与西方外在的超越性不同。

从前面所引吾淳著作的名称《中国社会的宗教传统：巫术与伦理的对立和共存》我们知道中国古代的巫术与伦理既有对立，也有共存。李泽厚也说中国是一个具有巫史传统的国家，巫、方术等原始宗教残留虽然后来转化为礼乐制度，但是它们具有一脉相承的关系。而巫也不只是被转化为大传统，它在小传统中仍保持原来的样式得以流传。可见影响中国文化的原始宗教得以无间断地流传。而西方文明，只要与中国文明进行比较，就可以明显看出它在科学与民主方面以及人们的信仰特征方面的不同。中西文明之不同，是中国文明相对于原始宗教及巫术没有发

---

① 牟宗三：《中国哲学的特质》，上海世纪出版集团2008年版，第14页。

生断裂，而西方文明主要表现的基督教是来源于具有一神信仰的犹太教，① 正是这个一神信仰的宗教是后来的西方文明区别于具有普遍特征的连续性文明的原因之一。因为一神信仰是拒斥巫术与迷信的，它相对于原来的原始宗教和巫术有了本质不同或者说与这些宗教文化传统发生了一次断裂。

当然，西方文明与中国文明之不同，不仅在于宗教之不同，还有哲学之不同。作为西方文明的两个发源地之一的希腊产生的哲学也是西方文明特征的一个表现。从希腊的哲学也可以看出西方文明与中国文明之不同。希腊哲学是西方哲学的开端，也是西方哲学史上的一个高峰，它也典型地表现了西方文明两个世界的思想特征。例如，柏拉图的理念界与现实界之决然分离、巴门尼德的存在等都是两个世界的思想形态。希腊哲学将人与世界看作主体与客体相对的关系，这是从主体认识自然客体的角度确立了两者的认识与被认识的关系，表现了人要从自然中分离出的思想。这与中国文化中人与万物一体的思想不同，也是两个世界观念和一个世界观念之不同的表现。②

如果从我们的主观想象出发，则我们一定会认为既然希腊哲学有两个世界的特征，则希腊的宗教也一定有这个观念。然而只要我们粗略地接触一下希腊宗教，就会大失所望。因为我们发现，它的主要特征仍"是一种'童年时代'的宗教，在那里肉体与精神、感性与理性处于尚未分裂的原始同一状态"，使得希腊宗教具备一定现实主义与感性直观的特点。③ 希腊宗教体系也缺乏完整性，这种影响是双面的：一方面，

---

① 对于一神宗教形成的原因学界还存在分歧。徐新认为："它（一神信仰）的最初提出是试图从一个全然不同的角度去审视和回答人类很可能自出现以来就一直在思考的人与自然（宇宙）关系的命题。照观这一思想，一个无序的、对立分散的世界变成了一个有序的、和谐统一的世界，世界和人的出现有了目的。"（徐新：《犹太教的独一神论》，《宗教学研究》2014年第1期摘要）而吾淳在其著作中，将一神信仰的形成归结为"特殊的地域""特殊的事件""特殊的经历""特殊的条件"及"特殊的先知群体"五个原因。参见吾敬东（即吾淳）《再论一神信仰的起源》，《华东师范大学学报》（哲学社会科学版）2018年第3期。

② 有关"一个世界"与"两个世界"思想的论述来自李泽厚，他说："将这种不同归结为神人异质（有超验主宰而'两个世界'）和同质（'一个世界'），以为后者来源于缺乏人格神上帝观念的'巫史传统'。"又说："'巫'的特征是动态、激情、人本和人神不分的'一个世界'。相比较来说，宗教则属于更为静态、理性、主客分明、神人分离的'两个世界'。"李泽厚：《历史本体论·己卯五说》，生活·读书·新知三联书店2003年版，第78、165页。

③ 参见赵林《论希腊宗教的文化特点》，《宗教学研究》1998年第1期。

不利于宗教自身的持续与扩张，而是依附于城邦政治①。但另一方面这种宗教的感性直观性和现实主义似乎更接近中国文明的特征，希腊宗教也与其哲学的一些思想有相关性。例如，有作者认为："赫西奥德《神谱》中所记述的关于奥林帕斯诸神的神话被古希腊最盛行的通俗宗教即埃琉西斯教所吸收。这种宗教在对诸神的描述中，更多表现了对外在宇宙和自然现象的思考——它已经以宗教神话的想象形式试图探索宇宙和自然万物的起源，甚至要在万物中寻求某种唯一的根源——本原。""公元前6世纪以前，希腊另一种流行宗教——奥菲斯教对古希腊哲学也产生了重要影响。它以幻想的形式猜测宇宙的起源、日月星辰等天体的形成等，可以说是早期希腊自然哲学思想的渊源之一。"②但这种宇宙起源论在各个文明形态中都是普遍存在的，没有成为影响希腊哲学的重要因素，也没有成为影响希腊哲学独特性的因素，只是与一些思想有关联。因而希腊哲学特点的形成是另有原因的。这说明宗教与哲学即便在同一文明内部也不是相辅相成的关系，甚至不相关联。所以，文明内部各个方面形成了错综复杂的关系，不是我们主观想象的，没有现成的理论或公式可以推测出它们内部的关系，而需要以实事求是的态度进行认真的研究。

综上，中国文明的特征深受巫史传统的影响，在这个传统下形成的礼乐制度与巫史传统有着千丝万缕的关系。因而，礼乐制度相对于原始宗教与巫术并没有发生断裂，它们是具有连续性的关系。中国人所信仰的天命与人不是截然分离的关系，而是可以合为一体的，此即儒道二家所追求的最高境界——天人合一。因而中国文明符合一个世界的观念。将中国文化的这个特点与西方文化作一比较，我们就能看得更加清楚。西方文化中基督教来源于犹太教，而犹太教最重要的特点就是一神信仰，只信仰唯一神——上帝。这个上帝与其信徒之间隔了一条不可逾越的鸿沟，人是不可能成为神的。这与中国文化性与天道合一、人人都可为尧舜以及佛教中的一阐提人皆能成佛的思想有本质区别。用一句话概括这

---

① 黄洋：《古代希腊的城邦与宗教——以雅典为个案的探讨》，《北京大学学报》（哲学社会科学版）2010年第6期。

② 王成光、王立平：《宗教神话与古希腊哲学的产生》，《西南民族大学学报》（人文社会科学版）2011年第11期。

种区别就是西方文化是两个世界的思想，中国文化是一个世界的思想。西方文化中的希腊哲学两个世界的思想也很明显，如柏拉图的理念界与现实界、亚里士多德的形式因与质料因、巴门尼德的存在与非存在。

通过比较才有鉴别，以西方文化为镜子，我们能更好地看出自身文化一个世界和超越性的特点，即中国文化的超越性与一个世界的思想是联系在一起的，其天命与道对于人的超越不是一个外在的与人隔绝的东西的超越，而是相即相离的超越。从性与天道相即看时，道是内在于人性之中；从性与天道相离看时，道是超越于人性之上。

二 中西文化之不同

本书所讲的超越性，主要是从人生存之意义与价值即终极关怀的意义来讲的，西方学者就讲过这个终极关怀，① 这在儒学中也是突出的、鲜明的。但中国文化的超越性不是从西方两个世界所讲的那个超越性的世界，而是它们所共同具有的对一种超越性存有的追求。林安悟讲到了中国哲学的精神是一个世界，不是两个世界。他是从西方宗教所具有的超越的神来讲中国哲学是一个连续性的存有，因而是一个世界，不是两个世界。中国文化的确具有连续性的特点，这种连续性乃是由于中国文化巫术的传统得以保持所致。它没有发展出一神宗教的信仰，因而没有建立一个完全超越现实经验事物之上的神的世界，而其超越的世界仍是一个虽然超越现实却又是经验的人可以达至的世界。有关儒学超越性的争论主要是在对儒学与西方哲学及宗教的比较中对它们差异性与共同性的不同强调所引起的。如果过分强调它们之间的差异性，则势必会得出儒学没有超越性的结论；如果强调它们之间的共同性，就会得出儒学也具有超越性的结论。而李泽厚与林安悟主要是强调了儒学相对于西方哲学与宗教之间的不同性。李泽厚说："将这种不同归结为神人异质（有超验主宰从而'两个世界'）和同质（'一个世界'），以为后者来源为

---

① "终极关怀"，又称"终极关切"，是当代著名的美国神学家、哲学家保罗·蒂利希（Paul Tillich）（1886—1965）所提出，他说："我们的终极关切就是决定着我们是生存还是毁灭的东西。"保罗·蒂利希：《系统神学》（Systematic Theology, Three Volumed in One, The University of Chicago Press, 1967）第一卷，第14页。

缺乏人格神上帝观念的'巫史传统'。"他又将"巫的世界"与"宗教的世界"进行了区分："'巫'的特征是动态、激情、人本和人神不分的'一个世界'。相比较来说，宗教则属于更为静态、理性、主客分明、神人分离的'两个世界'。与巫术不同，宗教中的崇拜对象（神）多在主体之外、之上，从而宗教中的'神人合一'的神秘感觉多在某种沉思的彻悟、瞬间的天启等等人的静观状态中。"①

对儒学相对于西方哲学与宗教的不同，林安悟说道："东方的宗教是在'存有的连续性'，天、人、物，人、己是连续的，构成一个连续体（continuity）；而在西方神、人、物、我，人、己是断裂的，有其disgontinuity。因为是断裂的，因此得有一个agent，是很重要的。一个代理者，这个第三者，把两个连在一块儿。"②

西方的基督教上帝创造了万物，柏拉图认为现实世界的万物有了理念、世界的理念也含有创造之意。柏拉图主义实际上是本质主义，本质层面就是理念层面，现实世界都是对它的模仿，是虚幻不实的。柏拉图主义影响了西方文化几千年，形成了源远流长的西方传统。后来的经验主义也是受到了它的影响，将世界划分为自在之物的世界与现象世界，而人只能认识现象世界，对于现象背后的物自体是人类的理性所不能认识的。

中国古代文化尤其是儒家思想是主张体用一源，与西方一个世界创造了另一个世界的文化有差异。第一，在中国文化中体是寓于用中，而西方文化中体与用则有很大的差异，用是不能等同于体的。用是虚幻的，而体是永恒的。基督教的上帝与万物、柏拉图的理念与万物以及康德的现象与物自身等的关系都是如此。第二，西方文化中体用的本质是不一样的，体是理念，是精神，而用层面的事物表现为物质或者现象的形式，虽然它也有精神。而中国的本体与作用是一样的，就气本论来说，所不同的是先天之气是纯善无恶的。但中西文化有一个共同之处，即其形而上学之体都是终极信仰的源头，都有相对于现实来说无比崇高和永恒的

---

① 李泽厚：《历史本体论·己卯五说》，生活·读书·新知三联书店2003年版，第78、165页。
② 林安悟：《儒学革命：从"新儒学"到"后新儒学"》，商务印书馆2010年版，第236页。

特点。因此，安乐哲说的"西方模式的超越涵衍了二元论，而与此完全不同，古典时期的中华世界的秩序并不涵衍二元论"，① 从安乐哲的这个意思来看，此二元论并不是世界的根源是两个意义上的二元论，而是两个泾渭分明的世界的意思。一个是超越层面的世界，一个是经验层面的世界。这种看法并非是安乐哲一个人的看法。从中国文化是一个连续性的文化来看，② 这种观点是正确的。但这是从体用一源的角度来讲的，体寓于用中，体用不能相离，这与西方文化中体创造了用有很大的不同。因为体在没有创造用之前，它已经存在。无论是上帝或者理念都是如此。而儒家文化中，无论是理本论还是心本论都是理气相即不离，心气相即不离。气本论中先天之气与后天之气更是相即不离。从体用关系来看，中西体与用的关系及实质都有很大的不同。但是我们不能从中西文化的这个差异以及中国文化是一个世界的特点来否认中国文化的超越性。因为儒家的体用一源不等于体用相等，否则就没有必要使用两个名词。而实际上虽然它们关系密切，但是体是至善的，用是善恶并存的。因此，超越层面的体世界是经验层面的用世界中的人效法的模板和永不懈怠趋近的境界与目标。这样中国文化中体也是至善的层面，用是善恶并存的层面，是经验的层面。体是人终极信仰追求的目标，在中国文化中起到了满足人对无限性和意义追求的愿望。所以，从体与用的根本不同来看，体仍然具有超越性的意涵。因此，从这个角度讲，我们不能由中国文化中的一个世界的思想而否认中国文化及其中的儒家思想的超越性，只是这种超越性与西方的外在超越性有所不同罢了，而从都满足了人的终极追求的意愿来说，它们又是相同的。

如果我们将儒家的宗教性与超越性结合起来看，它们的共同点就是对经验层面的超越，其思想不局限在现实的层面，而有更高一层的诉求。天也有人格神的意味，与道德之天互相补充，到了商末，人们逐渐认识到天命无常，天命的转移不再以祭祀所献之祭品的多寡为依据，而是以人的德性为依据。因而天逐渐由人格神之天向道德之天的重心转移。徐

---

① ［美］郝大维、安乐哲：《汉哲学思维的文化探源》，施忠连译，江苏人民出版社1999年版，第230页。

② 参见胡金旺《从张光直文明起源理论看轴心期中国文明的突破》，《理论界》2009年第11期。

复观认为最能具体说明天命根据人们行为以作选择的情形是《康诰》中的一段话："惟乃丕显考文王，克明德慎罚，不敢侮鳏寡，庸庸（劳也），祗祗（敬也），威威（畏也），显民……惟时怙（大）冒（勉），闻于上帝，帝休。天乃大命文王……"① 对此，徐复观说道："周人虽然还保留着殷人许多杂多的自然神，而加以祭祀；但他们政权的根源及行为的最后根据，却只诉之于最高的天命……于是天命（神意）不再是无条件地支持某一统治集团，而是根据人们的行为来作选择。这样一来，天命渐渐从它的幽暗神秘的气氛中摆脱出来，而成为人们可以通过自己的行为加以了解、把握，并作为人类合理行为的最后保障。"② 这种文化上的人文主义，即天命的转移主要是以人的行为为转移的思潮不仅对哲学产生了深刻的影响，也直接影响了原来以上帝为最高神，其他诸神都听命于上帝的宗教。随着周天子对诸侯国权威的减弱，周天子难以对诸侯国发号施令。这种人世间的政治关系也反映到了宗教上，于是上帝也不是最高的神，而是下降到了诸神的地位。但春秋时代的这种多神信仰与其他国家的多神信仰还是有区别的。因为多神都具有统一的性格，这就是它们都是有道德属性的，都有统一的人文性格。而其他国家的多神则难以统一。这一点显示了中国文化道德人文主义的特性，表明宗教上的诸神、主宰之天与哲学形上学的义理之天、道德之天可以统一于道德人文主义。徐复观论述得很清楚，他说："神是多的，但神的性格却是统一的。所以，中国的诸神，本质上不同于其他原始民族的多神教。这不仅是在作为'教'的作用上，彼此有轻重大小之殊；而主要是因为他们的多神教里没有统一的道德精神。希腊神话的诸神，皆有人的弱点，并互相冲突。而印度罗马诸国，则皆以淫猥之风俗，杂入于宗教仪式之中。其神的内容亦多不可问。这即说明他们的神，他们祭神的仪式，缺乏了中国道德的人文精神的背景。"③ 冯友兰先生将中国古代之天总结为五义："曰物质之天，即与地相对之天。曰主宰之天，即所谓皇天上帝，有人格的天、帝。曰运命之天，乃指人生中吾人所无可奈何者，如孟子

---

① 李民、王建：《尚书译注》，上海古籍出版社2004年版，第257页。
② 徐复观：《中国人性论史》，上海三联书店2001年版，第22页。
③ 徐复观：《中国人性论史》，上海三联书店2001年版，第46页。

所谓'若夫成功则天也'之天是也。曰自然之天,乃指自然之运行,如《荀子·天伦篇》所说之天是也。曰义理之天,乃谓宇宙之最高原理,如《中庸》所说'天命之谓性'之天是也。《诗》《书》《左传》《国语》中所谓之天,除指物质之天外,似皆指主宰之天。《论语》中孔子所说之天,亦皆主宰之天也。"①

中国传统文化的超越性主要表现在两个方面,首先是它起到了宗教的作用,具有宗教性,有鬼神信仰。其次是哲学方面的天道本体论,这种本体论具有形上学的特点,因而这种意义上的超越性与形上学相同一。本书所讲的超越性包含了宗教性和形上性两种含义。但是,仍然有不少学者认为中国文化的主要特征不是超越的,如邓晓芒、安乐哲②等,这只是看到了中西文化之异,而没有看到中西哲学之同。因为,中国文化虽然与西方文化属于不同类型的文化,具有很大的差异性,但是任何一个民族自远古以来都有对这个现实世界之来源的宗教追问,因而在民族文化中就有宗教性的表现;而对人生价值与意义的终极追问也自然与这种宗教性相联系,就是要做到与这种宗教根源精神相一致,就是实现了人在此世的价值。中华民族文化也不例外,这种文化主要认为世界是由上天所创造,天道是生生不息的,表现出了大公无私的精神。人的行为若与天道一致就将天道很好地体现在人道上,他就很好地实现了自身的价值。从中西文化的对比看,西方文化中有上帝,中国文化中也有类似的天;西方文化中有理念世界,中国文化中有天道观念。它们的共同点就是这些上帝与天、理念世界与天道都高于现实经验世界。但中国文化的天或天道精神既可以内化为人之性,又可以超越于经验的现实,因而它们是一体的,形成一个世界的格局。而西方文化中的上帝与信徒、理念界与现实界是隔绝为两个世界,它们没有同一的情形。因而有人认为中国文化由于性与天道可以为一,因而天道就没有超越性。邓晓芒即持此

---

① 冯友兰:《中国哲学史》(上),华东师范大学出版社2000年版,第35页。
② 安乐哲对超越性进行了如下的概括:"如果B的存在、意义和重要性只有依靠A才能获得充分的说明,然而反之则不然,那么,对于B来说,A就是超越的。"([美]安乐哲:《自我的圆成:中西互境下的古典儒学与道家》,彭国翔编译,河北人民出版社2006年版,第15页。)这种对超越性所作的定义,正好适合儒家中的天道概念。人之存在的价值和意义只有符合天道方能真正显现,而绝非是相反。因而根据这个定义,天道对于生活中的人具有超越性。

论，他说："作为一个信仰的对象，儒教的特点是精神和物质不分……天道、天理是超越的东西还是世俗的东西，这是永远说不清楚的，说起来是超越的东西，但实际上落实下来它又是非常世俗的。"[1] 邓晓芒可能是从绝对客观知识上来比较中西文化的不同，当然从这个角度讲，理念世界与世俗世界绝对不同，人的见解只能是意见，而只有理念世界是理性。上帝与人也有一条不可逾越的鸿沟。何以有如此绝对的不同，这与西方文化中强调绝对的客观知识有关，表现在宗教方面上帝是人难以企及的，就反对了现实政治生活中的个人崇拜。

而中国文化是不能简单地用西方文化的模式来比拟的，因为中国文化是一种道德主义的文化，是德性模式。"一个世界"在中国文化中虽然揭示了天道蕴藏在现实事物中的思想，但是不能由此否认中国文化有超越性的一面。也就是说我们不能用西方文化中的超越性来否认中国文化中的超越性。西方文化中的超越性建立在"两个世界"严格不同的基础之上，而中国文化中的"一个世界"可以完全重合，因而不能以西方的这种超越性来否定中国文化所具有的超越性。

我们再来从中国文化一个世界的特点来谈其所具有的超越性。虽然中国文化可以概括为具有一个世界的思想特点，但是在大多数人身上这一个世界中的天道与人性还难以一致，只是在圣人身上实现了性与天道为一的理想状况。只有圣人达到了超越性的层次，而芸芸众生还是生活在不同于天道的人道的没有提升到高一层次的世界里。因此，我们在看到一个世界特点的同时，更要看到一个世界一般还是从理想状态来讲的。只有人实现了自我质的变化和飞越，才能到达更高的层次，才有可能实现一个世界的和谐与安宁。但是一般人都是难以做到的，我们要求自身做到更是一种理想要求和人生奋斗的追求与目标，以及生存的过程与乐趣。中国文化正是因为有此更高一层的超越才让人如此着迷和充满魅力，才对世界更有作用与价值，其世界意义方能得以体现。所以，我们在看到一个世界可以相同的同时，也要看到这一个世界的内部是难以一致的，这正是我们奋斗的意义所在。正是因为难以相同，我们向更高一层的超越性的层面的攀登才真正是对自我的一种挑战，这种挑战将贯穿一个人

---

[1] 邓晓芒：《中西文化比较十一讲》，湖南教育出版社2007年版，第11页。

的一生，才使得这个人的一生更加充实和有意义。因此，中国文化一个世界和超越性特点是并存的，对中国文化可谓意义重大。

我们不能因为中国文化中人的意义在于追求性与天道的相同、西方文化中的两个世界的不可逾越的不同就否定中国文化的超越性，即无论中西文化有多大的差别，中国文化中的超越性都是事实，也要发扬。刘再复将中西文化的不同概括为八个方面，其中第一和第二个方面就涉及了中国文化一个世界的特点。他说："第一，中国是'一个世界'的文化；第二，'重经验'与'重先验'的差别……"[①] 作者认为中国文化在某些方面偏重，西方文化对此偏轻，他也没有认为它们之间的不同是泾渭分明、截然不同的。因而这些不同也只是程度上的区别而已，但是无论这种不同程度有多大也不影响中国文化像西方文化一样所具有的超越性，只是西方文化的这种超越性，在世俗世界是不能实现的，只能表现在高于现实层面的超越层面。而中国文化的超越性是可以在现实世界中实现的，即性与天道是可以合一的，人道可以达到天道的高度。相比于西方文化的不能在人世实现的外在的超越性，我们称中国文化中人性可以与天道合一的超越性为内在的超越性，即天道内在于人性之中，人性的充分展现就是天道精神生生不息的流行；而西方文化中人永远也不能与上帝相同，上帝是高出人性之外的，因此就称为外在的超越性。

---

① 刘再复：《略谈中西文化的八项差异》，《书屋》2017 年第 6 期。

第二章 先秦至宋明时期儒家代表人物思想的超越性与实践性

一 孔子思想的超越性

孔子思想的超越性，正如徐复观先生所言："孔子实际上是以仁为人生而即有，先天所有的人性，而仁的特质又是不断的突破生理的限制，作无限地超越，超越自己生理欲望的限制。从先天所有而又无限超越的地方来讲，则以仁为内容的人性，实同于传统所说的天道、天命。"① 仁的特质是突破自身的不足，而作无限的超越。仁不是外在的，而是内在于人自身之中，不是有一个外在东西在刺激自己作无限的超越、做出努力，而是在某个机缘巧合，或是老师和书本的启发使得人自身这种特质得以显现。它可能不是立即完全的显现，而是一点点地生长。它可能又被湮没无闻，也可能顺利的长大。这牵涉各种人自身的因素，但是一旦仁在我们自身显现，我们就要做出最大的努力，向超越性的仁做出无限的努力。孔子所说的"我欲仁，斯仁至矣"（《论语·述而》）的话就是激励和鞭策人们自身要做出最大的努力向超越性的仁做无限的趋近。但是仁的显现和仁的境界还不是一回事，我们每个人都可能有感知到仁的那一刻，如看到孺子入井而生起的恻隐之感就是仁之端，这就是仁在偶发事件中的油然而生。但如果我们不能够抓住它加以扩充，这个端点就不能生长壮大。所以，仁的显现与我们对仁加以发展进而达到仁的层次绝非一回事，打个不甚恰当的比方，仁是我们所能看见的远方，它出现在我们的视野中，激励着我们前行，但是我们只有不停地迈步才可能达

---

① 徐复观：《中国人性论史》（先秦篇），上海三联书店 2001 年版，第 88 页。

到这个地方。看到和到达是不相同的。我们之所以说它不很恰当是因为远方是外在于我们，而仁是我们自身先天就有的，是人之所以为仁之所在。但是这个仁的精神是一般人很难做到的，或者说一般人很难经常做到仁。因此它成为我们做人的最高的目标和指引，鞭策着我们"以仁为己任"，成为我们的一种超越性的追求。它好像是数学的1，我们所能做到的顶多是0.9的无限循环，无论我们多么努力，我们最多只能无限接近1，而不能等于1，可能只有圣人才能达到1。正是因为这个仁难以达到，所以它才成为我们永远的追求。时时刻刻都要保持一个警醒的心，以防违背仁的精神。这种难以达到的层次比起经验层面的事物来就是两个层次，因此我们说仁具有超越性的属性。

这也是我们不赞成由中国文化一个世界的特性而推导出中国文化乃至其中的儒学缺乏超越性的原因所在。若无超越性，我们人的精神就缺乏更上一层的追求，就不可能产生超越的情怀，激励我们追求高于现实经验的东西，我们就只能处在物欲的世界中而不能看得更远，这显然不符合中国文化和中华民族历史发展的事实。

我们再来继续阐述孔子的超越性思想。在《论语》中，子贡说过"夫子之言性与天道不可得而闻也"（《论语·公冶长》）的话。子贡这里所说的性后来孟子称为性善之性，而在孔子的思想中，这个性也有善的意思。因为孔子谈过许多有关人的本质的话，他说："人之生也直，罔之生也幸而免。"（《论语·雍也》）表明人性之正直与他所向往的美好生活是相伴而生的，因此人之罔只是各种不利因素与其本人没有处理得当所导致的，也非本人之意愿，因为罔不利于他的发展和理想的实现。孔子在论语中还有一处谈到了性。就是"性相近，习相远也"。（《论语·阳货》）这里的性是讲众人的性是相近的，狂者有为，狷者有所不为。也就是说不同的人虽然个性差异很大，有的人豪放爽朗甚至放荡不羁，有的人则谨小慎微甚至胆小怕事。但是从善恶上讲，人都是好善而恶恶，这又是相近的。而子贡所说的性与天道的话，则主要是讲天道。对于人性，根据现有的资料，我们只能说孔子是从人性的日常意义的角度来讨论的，并没有将性提升至更高一层的意图。孔子哲学中具有超越性的概念只能是仁和天道、天命等。孟子从仁与"性与天道不可得耳闻"中获得启发，将孔子的仁的思想接续过来，而将人性之性等同于仁，将孔子的思想向内在化的方向发展，重点聚焦于人性的核心属性——善。

对于我们怎么做到仁，孔子之所以有那样真挚的感情，乃是因为他将宗教感情与道德感情结合在一起，也就是说他是以对待宗教的天一样的感情来对待道德的仁。我们也可以从现代宗教的仪式有利于培养宗教感情中得到启发，孔子之所以有那么强烈的感情乃是因为受惠于那个宗教气氛浓厚的社会环境。孔子对宗教也是非常虔诚的，非常重视祭祀，这种强烈的宗教感情与道德感情是交织在一起的，孔子对宗教的感情势必会影响到对道德的感情，因为它们具有很大的相似性。对祖宗之神的信仰与对天帝这个最大的神的信仰的本质是一致的，而信仰宗教的天命与道德的天命的感情是相通的，或者说这两种感情有互相促进的作用。所以，孔子的宗教信仰与道德信仰的关系不是排斥的，反而起到了互助的作用。因此，我们看待孔子的宗教祭祀，也不能简单地理解为是一种祭祀，它实际上有一种强化道德信仰的作用，这二者的关系是非常强烈的。这也是孔子为什么如此重视祭祀的原因，主要是为了加强一种信仰的力量和信仰的感情，以便能够对道德的天道有更深更强的信仰。

讲到孔子宗教信仰与道德信仰互相促进的关系，我们的前提当然是肯定孔子的宗教信仰。而学术界对孔子的宗教信仰还是有不同意见。对此，我们有必要进行阐述。《论语》中有言："祭如在，祭神如神在。子曰：'吾不与祭如不祭。'"（《论语·八佾》）祭祀祖先时，犹如祖先的灵魂真的存在，而不是一种表面的形式，只是看到别人祭祀就跟着祭祀。祭神时也应有同样的态度。因此，孔子不赞成祭祀时有如不祭祀的不庄重不虔诚的态度，就是不相信祖宗及鬼神的存在而祭祀。可见，孔子是相信祖宗的灵魂和鬼神的存在，因为他是相当重视祭祀的。而祭祀的前提就是要相信有鬼神的存在。孔子也说过"述而不作，信而好古"（《论语·述而》），"信而好古"就是信仰古代的文化传统和宗教信仰。当然，我们也要看到《论语》中的一些记载似乎证明了孔子不信鬼神的思想。"季路问鬼神。子曰：不能事人，焉能事鬼？敢问死。未知生，焉知死？"（《论语·先进》）或许"天道远，人道迩"。这些记载与他处孔子对鬼神的态度只能说明孔子是一个将注意力放在现世和人事上的人，而不能由此否认他的鬼神信仰。就像我们现代人那样，你若信仰佛教，你也不能丢下工作和家务事不做而天天上寺庙拜佛。正确的做法是当去拜佛的时候就虔诚地拜佛，而将其他的事情暂时在心中丢开；而当工作时就要努力的工作，最好也有宗教般的虔诚。联想孔子在教育上的因材施教，孔子说的这些话也有可能是针对那些沉迷于鬼神信仰而荒废了事业和学业的人。这是非常有可能的。相传上古时代百姓对鬼神的信仰一度非常泛滥，献祭的祭品也造成了严重的浪费，以至于造成了很大的社会问题。圣人面对此种弊端，采取了绝地通天的办法，禁止普通人与天地鬼神相通。这种传说孔子也是知道的，因而孔子对过度的宗教信仰现象必然会有所警觉，对那些沉迷于鬼神信仰的人进行委婉的批评教育也就可以理解了。对于周人崇拜鬼神的风气，萧公权先生也说："足见迄周晚世，'殷人尊神'之习惯尚未尽除。"① 对于《论语》中所记载的"子不语怪、力、乱、神"这句话我们更不能将其当作孔子不信鬼神的证据，因为这里的神是与怪、力、乱并列的，主要是与巫术类似的不献祭的就招致灾难，献祭的就有好运的神，而绝不是宗祖神和至上神。这是断章取义式的解释，如果我们将它放在整段的语言环境中来看，这句话更应该这样断句："子不语，怪力乱神。"② 意思是："夫子止而不语，唯恐分心用力扰乱了凝神思考。"

上博简《鲁邦大旱》中记载："鲁邦大旱，哀公谓孔子：'子不为我图？'孔子答曰：'邦大旱，毋乃失诸刑与德乎？惟正刑与德……正刑与德以事上天，鬼神感之，大旱必止矣。'"事上天最好的办法就是正刑与德，而用恰当的刑罚与道德相结合的方法是治理社会最好的办法；因此，在孔子看来将人间的事管好就是对上天最好的回报和侍奉。这体现了孔子人道与天道相一致的思想，尽自己之力将人道践行得更好就是践行天道。从天道的角度来讲，虔诚地膜拜上天就能在人间尽最大之力将人道践行好。践行人道与信仰天道是互相促进、相辅相成的。因此，孔子对至上神之天与义理之天的信仰为践行人道提供了宗教支撑和精神动力，天道信仰是人道实践的源头活水。

---

① 萧公权：《中国政治思想史》，辽宁教育出版社1998年版，第111页。
② 完整的上下文为：叶公问孔子于子路，子路不对。子曰："女奚不曰，其为人也，发愤忘食，乐以忘忧，不知老之将至云尔。"子曰："我非生而知之者，好古，敏以求之者也。"子不语，怪力乱神。子曰："三人行，必有我师焉：择其善者而从之，其不善者而改之。"《论语·述而》。

孔子相信古人的三祭对象"天神、地祇、人鬼",这与墨子对天地鬼神的信仰似乎有些类似。但是我们经过仔细比较,孔子与墨子的宗教信仰有本质的差异。孔子的宗教信仰与墨子的最大的不同在于孔子的宗教信仰与道德人文主义的信仰是相互贯通的,换言之,孔子的宗教信仰打上了人文主义的烙印。这种烙印体现在孔子对天地鬼神虽然也有功利主义的诉求,但不主要是如此,而是以感恩和体现天命精神为主旋律。因此,我们既不能以孔子的道德人文主义的信仰而否定他的宗教信仰,也不能以孔子的宗教信仰而否定其由对人的价值根本之所在的发现而开辟的人文道德的新路径。孔子以为人的最大价值在于做到仁,这才算是实现了人生在世的最大价值,而在某种意义上,天命、天道与仁是同一。因而天既是道德的,又是具有人格神意义的天。而"墨子则高举'天'的意志,强调神治,将其学说主张建立在'天志''明鬼''尚同''法仪'等宗教信仰的根基上",① 因而人的意义只是遵守人之外的天志,切断了人与天之间的内在的一致性。人是被迫遵循外在的天志,是他律而不是自律。这种遵循是对天的敬畏所导致的,因而这种敬畏与孔子的敬畏不同,孔子是发自内心的敬而畏,而墨子是发自内心的恐惧而敬。有自愿和强迫的不同。总之,孔子是宗教信仰与道德信仰的有机协调统一,而墨子的重心是宗教信仰,其道德是从天志之中体现出来而由人来遵守。孔子的信仰是这两种信仰的结合,因而他认为人该做人本该做的事情,这是做人的本分,不该由鬼神来承担的就不能祈祷鬼神来承担,鬼神也是承担不了的。他说:"非其鬼而祭之,谄也;见义不为,无勇也。"(《论语·为政》)祭祀不是自己该祭祀的鬼神,就是谄媚;该自己去做的事情而不做,就是无勇。将这二者联系起来孔子的意思就是应该由自己完成的事情就不要指望鬼神帮你完成,人该承担自己的责任,而不可妄图对鬼神有不应有的祈求。如果抱着不应有的祈求去祭拜本不是由自己祭拜的鬼神,就成了谄媚的行为,反为不美。由此可见,比起墨子的宗教信仰,孔子的鬼神观有了更多的理性的成分,他是在人类的道德理性思考与鬼神信仰中寻求一种恰当的平衡。

孔子对鬼神的态度与对至上神的态度还是有所不同,对鬼神可能掺

---

① 高深:《从孔子、墨子宗教信仰看儒墨学说的区别》,《齐鲁学刊》2011年第3期。

杂了一些普通民众的功利性祈求,但是这些祈求受到了至上神信仰的制约。下面的事例就透露出孔子心目中的鬼神与至上神的不同。孔子到卫国时,卫国政局纷乱。宫廷派的灵公夫人南子,与大臣派的弥子瑕、王孙贾正在争权夺利。王孙贾就以当时的俗话"与其媚于奥,宁媚于灶"(《论语·八佾》)来试探孔子的意向,希望孔子支持有实力的大臣派,借此扩大权势。孔子如何回答呢?他说:"不然,获罪于天,无所祷也。"(《论语·八佾》)这句话透露了孔子的信仰立场:如果得罪了天,就没有地方献上祷告了。天是最高的神,如果得罪了至上神,则媚于灶神也是无济于事的。众所周知,文王时代统治者就有了天命无常的意识,天命的转移是以人们的行为为依据的,因而道德性是判断一个人是否能得到上天庇护的根源。因而在孔子看来,得罪了至上神就是自己的行为出了问题,在此情形下,再怎么祷告其他神灵都是枉然。宗教功利性的祈祷是以道德上无问题为前提的。在这里我们可以看出,孔子可能对当时民众的功利性的宗教信仰有所妥协,但是道德信仰在其思想中占据了最重要的位置。简言之,宗教信仰的内容以道德信仰为标准和前提,受到道德信仰的制约与限制。孔子思想中的至上神天也是宗教性的人格神和道德性的义理之天合一的超越性的存在。由此可以看出孔子的思想是在传统的宗教信仰基础之上产生的一种以人文主义的道德衡量和挖掘一个人的价值的新思想,也可以看出孔子的思想是一种超越性鲜明的思想。

而孔孟之后的先秦儒家,主要从人文主义出发,其信仰情怀就难以有宗教般的虔诚。到了汉代董仲舒才重新借用宗教的形式将儒学确立为官方哲学和意识形态,强化了儒学在人们思想中的影响。当然阅读经典也是其中重要的环节。后来的宋明理学采取静坐的方法实际上就是一种宗教方法。这有利于加强我们对儒家思想的忠诚和信仰。而王船山对儒学的信仰也是基于这些相同的理由。如七尺男儿乞活埋就是要保护好父母授之于我们的发肤等。对孔子的祭祀、配享等都是有利于对仁的崇敬感情的加深。现代的汉服都有一定作用的。都是一种学习和了解的途径,没有这些途径和加深感情,何来对儒学的忠诚。而有人认为安乐哲、郝大维将儒学看成思想史和经验性恰恰是对儒学的褒奖,这是一种用中西哲学的差异来看待儒学,认为儒学具有后现代主义中过程哲学的特点,免除了西方哲学形而上学的弊病,因而是对儒学的褒奖。但是有越来越多的有识之士，认识到对超越性的消解，无论是哲学还是宗教的超越性的消解都会引发更多的问题，因此重建哲学和宗教的超越性在当今人们内心精神空虚、拜物盛行的世界显得尤其重要。

孔子思想的超越性是显著的，而他的哲学的中心又是围绕"仁"来展开的。仁即是一种人之行为的崇高性，因而它的实践性也是鲜明的。《论语》中记录道："子曰：'当仁，不让于师。'"（《论语·卫灵公》）践行仁道，学生不必事先征得老师的同意，而是可以根据自己内心的判断主动自觉行事。甘霖对这句话诠释道："孔门事师之礼，必请命而后行，如樊迟请学稼、请学圃之类。这里孔子鼓励学生以仁为己任，只管去做好了。"① 这就将孔子之学实践的精神充分地得以显现。

二 孟子思想的超越性

（一）孟子性与天道的思想

对孟子思想的超越性，我们首先从孟子在《尽心》下的一段话说起：

> 孟子曰："人皆有所不忍，达之于其所忍，仁也。人皆有所不为，达之于其所为，义也。人能充无欲害人之心，而仁不可胜用也。人能充无穿逾之心，而义不可胜用也。人能充无受尔汝之实，无所往而不为义也。"②（《孟子·尽心》下）

对于以上一段话的诠释，徐复观先生说："心之善端扩充一分，即潜伏之性显现一分，所以尽心才可以知性。性在其'莫之致而至'的这一点上，感到它是由超越的天所命的；所以知道了所受以生之性，即知道性之所自来的天。"③ 在此，徐复观是认可了孟子思想中天所具有的超越性的存在，这个超越性之天由于是尽心尽性所至，因而性也具有超越性。将这段话与下面徐复观对《孟子》原文的诠释结合起来，笔者的着意之

---

① 甘霖：《本来的孔子：〈论语〉新解》，中华书局2018年版，第320页。
② 杨伯峻：《孟子译注》，中华书局1960年版，第337页。
③ 徐复观：《中国人性论史》（先秦篇），上海三联书店2001年版，第157页。

处是：这种尽心尽性以事天从人内心来了解天道的进路将外在宗教的天转换消纳为人文精神的天的同时，并不是对宗教的天的否定和排斥，而是认为两种天是并行不悖的。孟子的原文是：

> 孟子曰："尽其心者，知其性也。知其性，则知天矣。存其心，养其性，所以事天也。夭寿不贰，修身以俟命，所以立命也。"①（《孟子·尽心》上）

徐复观诠释为："一般所说的事天，总要通过宗教的仪式而见，正因为天乃在人心之外，在人心之上。实际，在人心以外之天，在当时说，或竟不能为人所知的，所以凡是从外面去证明神的存在的努力，多归于白费。孟子以为存心养性即所以事天，这便将古来宗教之所祈向，完全转换消纳，使其成为一身一心的德性的扩充。在自身德性以外，更无处可以安设宗教的假象。"②

徐复观认为在将宗教的天转换为道德的天之时，自身的德性得以不断地扩充，在自身的德性以外，无处可以安设鬼神的假象。这就将在人文精神信仰建立的同时，宗教信仰的地盘在道德信仰者的心中完全被挤占了。换言之，宗教信仰与道德信仰无法并存。这个观点笔者是不能赞同的。因为很显然，大讲性善论的孟子也是信仰天命的，甚至比起孔子来，孟子的宗教信仰更甚更浓厚。③ 萧公权先生即持此论，他说："夫

---

① 杨伯峻：《孟子译注》，中华书局1960年版，第301页。
② 徐复观：《中国人性论史》（先秦篇），上海三联书店2001年版，第158页。
③ 当然，由于人文道德信仰与宗教鬼神信仰的互相影响，使得这种鬼神信仰也打上了人文精神的烙印，这也是徐复观先生所认为的中国人的宗教信仰不同于西方的鬼神信仰，中国人的鬼神信仰具有共同的人文主义的特色，而西方人信仰之鬼神难以统一在一种精神模式之下的缘由。中国共同的人文精神背景下的鬼神信仰经过进一步的发展，逐渐与西方的宗教信仰拉开了距离。对此，李幼蒸说道："在孟子话语中，孔子不仅是人世间第一人（与王相比），而且是万有中的第一存在（与神相比），从而暗示了仁学信仰的人本主义和人际道德主义，也就是表达了宇宙万有中人类仁爱价值至高性的立场。这种立场与一切宗教伦理立场的最大不同不仅在于其所依据的俗世人本主义，而且在于排除了信仰中力势性和恐惧性根源。仁学信仰吸引力的方向也与宗教相反，后者依据的是威压和恐吓（神力的根源和惩罚威胁），孔孟学根据的是人间情感的吸引和献身人际正义的本能……因此，孔孟学中没有地狱天堂神话，也就是说，仁学不依据威吓和利诱策略去制造各种人间信仰。"（李幼蒸：《仁学解释学——孔孟伦理学结构分析》，中国人民大学出版社2004年版，第363—364页。）以上李幼蒸当然是从仁学与西方的宗教做对比的。但由此可以看出，在人文精神的影响下，儒家的宗教信仰进一步将人格神加以淡化，而发展了鬼神的人文精神之面相，从而与西方的鬼神信仰大异其趣。

'子罕言命'，不语怪神，于敬天之中，略寓存疑之态度。孟子则宗教之信仰较深。"①

因此，与徐复观的看法不同，笔者认为，在孟子的思想中，道德之天与宗教之天在其信仰中也是互相促进、相辅相成的。孔子这种人文道德的信仰与宗教信仰相结合的形式在孟子这里得到了进一步发展，而孟子思想中做出了进一步创造性发挥的地方是将性提升至了仁的高度和层次，使得人们更好的认识到了自身，因为性比仁更为我们所熟悉。孟子对性概念所做的创造性的发展也是他自己较为自负的思想亮点，孟子对此明言道：

> "天下之言性也，则故而已矣。故者以利为本。所恶于智者，为其凿也。如智者若禹之行水也，则无恶于智矣。禹之行水也，行其所无事也。如智者亦行其所无事，则智亦大矣。天之高也，星辰之远也，苟求其故，千岁之日至，可坐而待也。"②（《孟子·离娄》下）

"天下之言性也，则故而已矣。"孟子认为天下人所说的性都是从习惯来说的，而没有将人性上升到人之所以为人的根本来深究。因而都在习以为常的认识中，没有醒悟到人与禽兽根本差别之所在的几希，也就无法将这个几希不断地加以有意识的扩充，从而难以将本善之人性进一步扩充与显现。因而，此天下之言性之性不是孟子所认可的性，而是普通人所谈论之人性。徐复观说道："按：'天下之言性'，赵《注》朱《注》，以为即孟子之言性……然观《告子》上'公都子曰，告子曰，性无善无不善也……'一章，举三种与孟子不同之性论，而问孟子说'今曰性善，然则彼皆非与'？可知孟子不同之言性，实不同于当时一般流行的说法；而此处'天下之言性也'，乃指当时一般流行之说法而言。"③在此孟子非常清醒地认识到他所论之性与人们所谈论的性是不同的。当然我们也可以说从人们所谈论之人性也可以看出人与动物的差别，但是

---

① 宋镇豪：《夏商社会生活史》，中国社会科学出版社1994年版，第78页。
② 杨伯峻：《孟子译注》，中华书局1960年版，第196页。
③ 徐复观：《中国人性论史》（先秦篇），上海三联书店2001年版，第146页。

这个差别毕竟没有揭示人的本性所在。就像我们谈论人是穿衣服而动物不穿衣服而揭露不出人的本性一样。只有从人之所以为人的根本来谈论人性才能看出人的本性，而孟子以为人性的根本是善的，这种人性说到底是与孔子思想中的核心概念仁相同，它们都是要我们不断超越自我才可能到达的层次，这个高于现实的层次与天道、天命的内涵具有一致性。孟子说道："人性，仁也。"明白地说出了他所谈之人性与夫子所论之仁是一致的。

（二）孟子思想与天命鬼神的关系

李幼蒸认为孟子的性善论是"准形上学理据形式：人本性天命观"，他这里所讲的准形上学是从鬼神宗教的意义上讲的，而认为孟子的性善论是不具有形上超越的意义，只是经验理性主义传统。这种认识与安乐哲、郝大维的认识是相同的，都是从儒学经验理性主义的特征比较明显从而进一步将儒学的性质确认为经验主义。但是正如本书所始终坚持的那样，不能以儒学经验理性主义的特性更鲜明一些就否认儒学所具有的超越性。但是我们从李幼蒸的思想中孟学所具有的宗教方面的准形上学的特性也可以看出他不否认孟子对鬼神宗教的信仰，他还进一步讨论了这二者的关系。他说："孔孟思想的理性主义和经验主义不是表现在有意识地排除当时流行的超越自然的神祇观念上，而是表现在对此超越观念使用的限制上……和孔子一样，孟子的理性主义首先均表现在将天与命置于被动的（限制性的）地位，即使其不实际介入主体的理性运作。即使表面上孟子比孔子赋予天命以更多的能动性和神秘性，亦未使其实际参与主体伦理选择运作，而是只不过将其作为一种心理预期性的假定而已。在孟学与孔学中，一切主体决断行为均组织于个人经验性的意志实践层面上。"[①] 也就是说他认为孔孟没有排斥宗教信仰，但是对超越性的天命等观念在使用上进行了限制。这表明李幼蒸在认可孔孟宗教信仰的基础之上还讨论了对宗教信仰观念进行限制的具体问题。这种限制表现在天命没有实际参与主体的伦理选择运作，它没有在人的伦理活动中

---

① 李幼蒸：《仁学解释学——孔孟伦理学结构分析》，中国人民大学出版社2004年版，第309页。

发挥应有的作用,只是作为一种假定的外在神秘的力量而已。这实际上是一种天命的假设,相似于形而上学的假设。天命虽然没有作为一种外在的力量实际介入主体的伦理活动中,但是它作为一种外在的力量已经以一种渗透性因素进入主体的精神中激励着主体在伦理活动中有如对待神灵般的虔诚。换言之,天命虽然在主体的伦理理性运作中不实际的介入,但是它已经作为潜移默化的力量影响到了主体的精神,改变了主体,使得主体对待义理之天犹如对待人格神之天的虔诚与热烈,甚至在伦理的理性活动中常常不自觉地视二者如一体。概言之,李幼蒸认为天命没有实际介入伦理理性的活动中,因而超越性的宗教只是作为一种准形上学的理据形式存在。而我们认为孟子的宗教信仰中的天命从其所具有的超越性来说,形上性质是非常明显的,并不只是一种准形上学的性质;如果我们认可超越性与形上性在一定程度上具有一致性的话。而从人文道德信仰的角度来说,孟子的尽性以事天之天也同样具有超越性,因为这种尽性事天不是容易做到的,相对于我们日常所达到的道德层次仍然要高出很大一个层次。因此,虽然我们承认途中人皆可为尧舜,但是这也是一种理想的允诺,实际上很少有人能达到。从这个角度讲,尽性事天达到尧舜的层次仍然高不可攀,比起现实的层次来说,依然具有很鲜明的超越性。所以,李幼蒸将孟子的尽心尽性以事天看作完全经验理性主义仁学传统而排除在超越性之外是我们所不能赞同的。

(三) 孟子思想的现实关切及实践性

孟子所谈之人性是对君子的一种要求,而对普通人,孟子也只是要求有恒产则有恒心。孟子所要实现的性具有明显的忧患意识,并不是纸上谈兵、闭门造车的结果。与当时的政治环境有明显的关联,因而是有实际的指导意义,是孟子在现实实践中斗争的结果。因此,此性善得到了具体的应用,反映了孟子的心路历程。在读徐复观的著作中,我们对他在论性过程中突然来一个跳跃性的改变而论忧患意识,有点摸不着头脑。他说:"他(孟子)对古代圣人,几无不从仁方面加以称述。而仁的基本表现,还是忧患意识;所以他在许行一章(《滕文公》上),历叙尧舜禹后稷契救民之实(仁),一则曰'尧独忧之',再则曰'圣人有忧之',三则曰'圣人之忧民如此'。"① 但如果我们将这个意思同李幼蒸的士子人格论联系起来,则我们更加清楚孟子的忧患意识之所指。孟子身处战国的政治社会环境里,战争频繁,诸子也展开了激烈的思想斗争,可以说社会秩序和人们的思想异常混乱。"孟子则在法家思想弥漫的战国时代通过历史叙事和推理话语发展出一种极具特色的士学修辞学,后者表现于士君子与权势者的对话场(对峙场)中。"② 显然,孟子力图以他的人文道德信仰来干预现实。他对士子人格的要求很高,非普通人所能及。所以,他也只是针对士子而言,而对于普通人,只要是有恒产有恒心就可以了。可以说孟子的思想受到了当时等级观念的影响,同时也是贴近当时的社会现实。与儒家爱有差等思想在精神上高度吻合。即一个人只有爱亲人才有可能爱其他人;一个人只有生存得到保障才有可能从事文化的活动。从《孟子》中,我们可以看出作者心目中的士子形象是如此的高大伟岸,这与他所显现的超越性的人性具有一致性。他说:"出于其类,拔乎其萃,自生民以来,未有盛于孔子也。"③ 在《孟子》中,孔子成为士君子的典范和表率,是生民以来第一伟大的人。这样就将长久以来的世俗社会奉为人世间最大的政治权势之王、至高无上的形象贬抑下去了,政治权势之王在孔子面前亦是相形见绌。孟子通过对孔子的盛赞将孔子所确立的人文道德的信仰进一步强化。孔子形象的深入人心就是道德人文精神的深入人心,就是仁学的深入人心。孔子虽未称王,但是地位却高于王,因为他的道德境界是世间的政治王无法比肩的。孟子之所以如此盛赞孔子,是因为他的价值的评判标准发生了改变,不再是以拥有广土众民作为评价一个人价值的最高标准,也不再是以他立于天下的中央、安定四海的百姓为最高的价值标准,而是以仁义礼智信显现于行动与外在为最高的价值评价标准。《孟子》中下面一段话恰是这个意思的表达:

"广土众民,君子欲之,所乐不存焉;中天下而立,定四海之

---

① 徐复观:《中国人性论史》(先秦篇),上海三联书店 2001 年版,第 160 页。
② 李幼蒸:《仁学解释学——孔孟伦理学结构分析》,中国人民大学出版社 2004 年版,第 362 页。
③ 杨伯峻:《孟子译注》,中华书局 1960 年版,第 64 页。

民，君子乐之，所性不存焉。君子所性，虽大行不加焉，虽穷居不损焉，分定故也。君子所性，仁义礼智根于心，其生色也睟然，见于面，盎于背，施于四体，四体不言而喻。"①（《孟子·尽心》下）

孟子对人的评价标准的变化是继承了孔子对人价值发现的思想，并将这种思想用到了实际的评价过程中，且通过树立孔子在道德上的至高无上的标杆将这种价值标准的变化更形象更简单地展现出来，易于为广大民众所逐步理解和接受。

《孟子》中所讲的士子人格是对孔子君子人格的继承，要做士子是孟子身处当时战国时代的强压力场中的特殊精神状态，这一时代背景加强了孟子的士子人格在其思想中的比重和核心作用。成就士子人格与展现人性善是同一的，而士子人格又非做表面文章，而是有实际的社会实践意义，是要对付当时盛行的使得社会更加混乱的法家思想和使得纷乱的社会得以统一和老百姓的生活更好得以安定下来。所以，这种士子人格是有实际的社会价值和意义，是要承担起伟大的社会责任来。而这种担当孟子不是寄托在普通人身上，而是士子之身。孟子说："无恒产而有恒心，唯士为能。"②孟子之士有仁智勇三达德，这是对孔子君子形象的继承。孟子更加突出了士子的恒心，即心志坚毅的品质，这一点当然也包含在仁智勇中。但是他所确定的士子之恒心在无恒产的艰难环境中还能不忘初心、砥砺前行的精神凸显了士子特殊珍贵的品质，这种品质是高于现实中不能超拔于现实环境的普通人而言的，需要有特殊的超越信仰方可做到。在孟学中，这种信仰就是尽心尽性以事天，而将天看作是一种超越性的存在。"这样孟学就在现实功利世界中创造了伦理心志学本身的独立价值性和另类的个人进取方向"。③

士子伟岸人格的形成与超越性的信仰是不可分的，甚至可以说是由于对后者长期虔诚的信仰而逐渐形成的。在孟子看来，士子崇高的人格形象还表现在与人物面貌的浩然之气的相互作用上。《孟子》关于浩然

---

① 杨伯峻：《孟子译注》，中华书局1960年版，第309页。
② 杨伯峻：《孟子译注》，中华书局1960年版，第17页。
③ 李幼蒸：《仁学解释学——孔孟伦理学结构分析》，中国人民大学出版社2004年版，第364页。

之气有这样一段对话：

> 曰："我知言，我善养吾浩然之气。""敢问何谓浩然之气？"曰："难言也。其为气也，至大至刚。以直养而无害。则塞于天地之间。其为气也，配义与道。无是，馁也。是集义所生者，非义袭而取之也。"① (《孟子·公孙丑》上)

对此浩然之气，李幼蒸说道："养气为士学伦理实践技术性方面，以'浩然'名之，强调着信念、意志和勇气的密合性。通过身心体质性修炼，以'物质化地'增强道义行动能力。正义与勇气的结合方式被施以技术化和可行化，以便在身心全体形成一种特殊有效的心志实践能力，即正确认知之后的行动能力。孟子'气学'（意志力机制）是其义学（意志目标）在心身实体面上促发其'能动性'的基础。孟子义学又是其气学的方向性指南。"② 李幼蒸在此将气学看作独立于义学之外的存在，而且它起到了配合主体实行仁义的行为，这是非常有见地的看法。但是如果我们没有有意识地养气，是否可以单独通过行义而自然收获这种浩然之气呢？从以上所引孟子后两句，他同意这种看法。其意为：养气的前提是集义，如果没有义与道的配合，则气就软弱无力了。气是经过长久的集义而成，非一时的正义行为所能得到。这样看来，浩然之气是集义的自然结果。但是在这段引文的前面孟子也强调了自觉主动养气的重要性，即"直养而无害"。

我们在此所要关注的是：首先，孟子有意识地养气是中国气学传统对孟子的影响，但是他在此所提到的浩然之气，则是孟子的创造。浩然之气不是一般的气，而是与超越性质的尽性事天的义与道联系在一起，因而也具有超越的性质。其次，孟子的养气不是为了养气而养气，不是单纯的锻炼物质性的气，而是促进一种特殊有效的心志实践行动能力的形成。这种养气的前提是长久的积累义与道，与后来的宋儒打坐养气显

---

① 杨伯峻：《孟子译注》，中华书局1960年版，第62页。
② 李幼蒸：《仁学解释学——孔孟伦理学结构分析》，中国人民大学出版社2004年版，第381—382页。

然不同。由此可见，养气不是脱离社会实践的纯粹物质性的个人行为，而是在社会实践中、在行动中、在与人为善中养气，也只有如此才能养气。孟子由此强调了养气的道德实践性。在这种实践性中养成了浩然之气，因而实践性中蕴含着超越性的浩然之气。孟子也注意到这种实践的复杂性，在"故君子莫大乎与人为善"的同时，有时也需要一定的方法。如"大人者，言不必信，性不必果，惟义所在"。(《孟子·离娄》下)

孟子以为通过养气和集义的工夫就可以锻炼出超出普通人的"大丈夫"人格。孟子心目中的理想人格是："居天下之广居，立天下之正位，行天下之正道；得志与民由之，不得志独行其道；富贵不能淫，贫贱不能移，威武不能屈，此之谓大丈夫。"(《孟子·滕文公》下)大丈夫人格超越普通人，表现在以下三个方面：第一，大丈夫以济天下和修身为自己的崇高志向，不愿做庸庸碌碌之徒。"得志，泽加于民；不得志，修身见于世。穷则独善其身，达则兼善天下。"(《孟子·尽心》下)孟子的民本思想在"泽加于民"之上体现出来，孟子不是一个贪图享乐之人，有着崇高的理想与抱负，要为天下苍生谋幸福。胸怀非常宽广，与"人"为善，这个"人"就是广大的民众。可见，善是与自己的政治行为联系在一起，不只是做一些小事之善。① 第二，大丈夫要养浩然之气，这一点在上文已经详述，此处不赘。第三，大丈夫无论在什么环境下，都不会动摇自己的信念与志向。这就是上文所说的"无恒产而有恒心为士为能"，在艰难困苦的环境下也矢志不移。孟子说得好："故天将降大任于斯人也，必先苦其心志，劳其筋骨，饿其体肤，空乏其身，行拂乱其所为，所以动心忍性，曾益其所不能。"(《孟子·告子》下)孟子有关大丈夫人格和浩然之气的思想对士子崇高人格的培养和远大志向的树立都产生了积极而又深远的影响，对中华民族优秀传统文化的形成做出了伟大的贡献。

从哲学形上学上看，孟子的思想深具超越性，而从孟子的宗教信仰来看，他的思想也具有宗教性，这种宗教性也具有超越的特点。萧公权

---

① 黄俊杰说道："这项对答虽然从政治功业的讨论开始，但是孟子随即把问题导引到德性问题上去，分析他自己与告子达到不动心境界及方法的不同，很具体地表现政治和道德贯为一的儒学传统。"黄俊杰：《中国孟学诠释史论》，社会科学文献出版社2004年版，第170页。

认为孟子相信天命，他说："《中庸》如果系子思所作，则其中鬼神诸说，纵非孔门'心法'，抑或为祖系家学。孟子大倡天命，其思想亦于此近古。至荀子乃极言天人之分，纯用周道，为子产张目，与思孟相抗。荀子力辨天命灾异与人事无关，其说颇为明快。"① 萧公权猜测鬼神论可能是孔门"心法"，为子思与孟子所遵循。如非孔门心法，则子思的鬼神思想也是家学所传。但无论是什么样的情形，孔子、子思与孟子的宗教信仰的情怀还是非常浓厚的，而荀子与之恰成鲜明的对照，否认天命与人事的关系。② 我们可以看出，萧公权先生认为孔孟的鬼神观为荀子所对抗，而到了董仲舒的时候，又得以继承。

我们将孟子这种思想与荀子的人性论结合起来就可以看出，即便荀子的人性论的前提实际上是认可了一种形上超越的根据，但是比起孔孟仁、性之超越性来，缺乏了一种宗教信仰的加持，即是讲孔孟的仁与性由于浸染于自古以来的宗教文化传统之中，他们也自觉接受了这种宗教信仰的影响，以一种虔诚的宗教信仰的情怀来信仰他们的道德人文主义。因而将这两种信仰结合起来，起到了互相促进的作用，而荀子的人文主义缺乏了这种宗教信仰的情怀的支撑与助力，其道德人文主义可能就流于空泛与肤浅，乃至被抛弃，其门生李斯本应传播儒学衣钵，最后反而成了有名的法家即为明证。

三　荀子的思想有无超越性

周炽成认为荀子是性朴论者，而非性恶论者。性朴论与性恶论是对立的观点，因而他提出《荀子》中的《性恶》是荀子的后学所作，并非是荀子本人的思想。他说："《礼论》无疑是专论礼的，但其中也含有对人性的看法，它们与《性恶》有严重的冲突，主要表现为几个方面：第一，性朴与性恶的严重冲突。第二，在性和伪的关系上的严重冲突。第三，在情欲与礼义的关系上的严重冲突。"③ 但是在荀子的哲学中，性恶论就是性朴论的意思。而此恶也并非道德上的恶的意思，而是说人天

---

① 萧公权：《中国政治思想史》，辽宁教育出版社1998年版，第111页。
② 参见萧公权《中国政治思想史》，辽宁教育出版社1998年版，第112页。
③ 周炽成：《荀子：性朴论者，非性恶论者》，《光明日报》2007年3月20日第11版。

生有这种自然的欲求。若合理则在道德上也是善的；若不加节制，放任自流，任其发展，就会导致道德上的恶。张峰屹认为："'人之性恶'的'恶'，只是描述人性的一种本然、自然的状态，并没有鲜明的道德判断的意义，不能望文生义地理解为与道德判断的'善'相对立。所谓'性朴''性恶'，在荀子那里，含义是完全一致的，就是指人性的本然、自然的欲求。"① 如果我们确信荀子的性恶论之恶不是道德上的恶的意思，这种性恶论就能与性朴论的意思协调起来，我们进而可以肯定荀子不认为人性从根本上是性恶的，而它的开始阶段是一种天然可塑的状态。一个人从小不知道怎样做才符合礼义，经过教育，他逐渐知道哪些事该做，哪些事不该做。既然如此，我们自然有理由说，他是经过教育向善的，则人性之善是教育的结果。但是假设人性根源是恶的，则无论怎么教育，他总是要向恶的方向走；人最终向善，虽然有教育引导，社会规范的制约在起作用，但是从根本上讲是由人性本善的内在驱动力所决定的。所以，当我们从初生之顷来讲人性时，当然是无善无恶的；而当我们从人的本性来讲人性时，当然是善的。显然，荀子所讲的人性恶是前一种人性，而孟子所讲的人性善是后一种人性，因而这两种人性未尝不能调和。所以，荀子所主张的化性起伪，实际上就是对自然状态的人性所进行的一种引导，而这种引导的根源就是本质上善的人性在起作用。所以，荀子的人性观在逻辑上也认定了人性的根本是超出这个现实的人性之上的，我们向善，就是受到了一种超越性力量的引导与召唤。因而荀子人性论所具有的超越性也是内在于他的哲学思想之中。所以，韩国学者张旺植说："以此为据，我们不得不说，最低对我是如此，荀子真正想坚持的并非人性是先天的，而是人性是脆弱的，它极易陷入邪恶的后果中……与此相对照，当我们说人性根于超越性，一种自身是善的超越性，这其中包括如下事实，即或人性被邪恶的力量层层包裹，它会轻易地作恶，它也绝不是自动自觉地作恶。简单地说，我的观点就是荀子从来就没有否定超越性的作用。或者我们必须承认，对于荀子来说，否定超越性的领域与被超越的事物之间的区别在逻辑上是不可能的。具有教化自己能

---

① 张峰屹：《也谈荀子的人性论——评〈荀子：性朴论者，非性恶论者〉》，《社会科学论坛》2007年第9期。

力的人性，必须被理解为超越自己的内在性，即那种充满自私欲望的肉体诱惑。只要是把人性定义为被一种先天的邪恶力量所占有，当它一旦做了坏事就不应该受到指责。这就是中国性的概念必须解释为一种向上的力量、一种超越性的原因，也必须将其和人的体质相区别。一语破的，为了避免人性邪恶产生的逻辑困难，中国宗教必须保留一个超越性的维度。性是超越性栖身之所。虽然性有时被自私的人类欲望威胁，它必须在理论上是纯净的，并不是被邪恶先天污染。同时，必须在因果关系的高度区分体质与人性。如果这个超越性的领域不能从因果关系的高度独立于内在性的桎梏，我们还将陷入邪恶的二律背反。"①

香港中文大学王煜也谓："第四章《理欲合性》不宜谓荀子主张道德的他律，因为性恶论不排斥自律道德。相反地，性愈向恶愈须自律地修养和教育。荀卿鉴于孟轲单言道德心，遂显扬认知心以补偏救弊，但是此心仍具道德的主宰性。他的门徒始以法治代礼治，像商鞅以法律赏罚代替良心。只能说荀子的自律道德比较孟子隐晦和薄弱，不可说实荀学诉诸他律。"②

四 二程与朱熹哲学的超越性

有关二程与朱熹理学的观点的不同，沈顺福说："二程之理只有公理、天理，它不仅是宇宙之理，也是万物之理，即万物分有了同一个天理；朱熹则认为宇宙不仅有天理、公道，而且每类事物包括无生意的种类都有自己的理，世上不仅有公理，而且有不同的别理。这是二程理学所没有的观点。"③但程颐也说过这样的话："天下物皆可以理照。有物必有则，一物须有一理。"④（《河南程氏遗书》卷十八）又说："所务于穷理者，非道须穷尽了天下万物之理，又不道是穷得一理便到。只是要

---

① ［韩］张旺植：《从怀特海的过程哲学看中国宗教的超越性问题》，《求是学刊》2003年第3期。
② 王煜：《王船山研究的一部力作——读唐凯麟、张怀承〈六经责我开生面〉》，《船山学刊》1994年第1期。
③ 沈顺福：《论程朱理学之异同》，《中州学刊》2017年第4期。
④ 程颢、程颐著，王孝鱼点校：《二程集》，中华书局1981年版，第193页。

积累多后自然见去。"①（《河南程氏遗书》卷二上）正如劳思光所说："此处要指出者，是伊川此类说法，皆可见其'理'是万物各自具有之'殊别之理'，与明道常说之'共同'意义之理不同。"②

蔡方鹿也说："与程颢不同的是，程颐强调知识积累和内外结合。要达此目的，就必须外求。他提出格物致知说，把认识外物纳入格物穷理的范围，指出：'格，至也，如"祖考来格"之格。凡一物上有一理。须是穷致其理。穷理亦多端，或读书，讲明义理；或论古今人物，别其是非；或应接事物而处其当，皆穷理也。'（《河南程氏遗书》卷十八）其格物的物既指性分中物，又指外物。程颐承认外物存在的客观性，主张通过格物穷理。穷理通过读书，应接事物等间接或直接地与外物相联系。这就具有某种外求的倾向，在外求物理的过程中，以认识内心固有的天理。故又具有内外结合的思想。"③向外穷究物理，以认识内心固有的天理。外之物理显然各个不同，而内心的天理又是生生之理，则又是相同的。显然对于程颐的理我们不能一概笼统地谓之是没有什么差别的天理，因为它还包括物理，物理则是千差万别的。与程颐相比，程颢主要是讲天理，而对外在的物理则不怎么看重。蔡方鹿在论及程颐之前，对二程思想的差别及对程颢思想的特点也评价道："程颢主张守约内求，忽视知识，程颐则强调积累知识，以求贯通，讲内外结合。表现出各自不同的特点。这对后世的朱陆也产生了不同的影响。程颢明确提出守约……守约的前提是省外事，也就是摒除对外界事物的认识，而内求乎心，便可进其诚心，而不违'中'的原则，并指出守约便是主敬，其要旨在近求于内，而不必远求于外……程颢曾说：'何必读书，然后为学？'"④（《程氏遗书》卷三）程颢在工夫修养论上排除了外界知识而一心守约，只明人理，就是人所以修养身心的天理，天道生生不息之理，体现在人身就是生生之德性。因而将工夫修养论直接归一为人之直接承续天道的好生之道德性。这种天理当然是一，而不是像万物不同之理之多。所以，由于程颢修养论是直接指向修养的核心，而不借助外物之理

---

① 程颢、程颐著，王孝鱼点校：《二程集》，中华书局1981年版，第43页。
② 劳思光：《新编中国哲学史》三卷上，广西师范大学出版社2005年版，第180页。
③ 蔡方鹿：《二程哲学的异同变化及其对陆王心学的影响》，《河北学刊》1995年第3期。
④ 蔡方鹿：《二程哲学的异同变化及其对陆王心学的影响》，《河北学刊》1995年第3期。

的形式，因而其思想中所谓的理就没有万物之形式之理的含义，只有一生生之理、生生之道即所谓的统体之理，其理就是一，而非多。① 所以，程颢与程颐其理就有一与多的不同，这种不同是由他们各自不同的修养身心的路径或者说工夫论所决定的。

从以上的分析可见，沈天福所说的二程之理相同，而朱熹之物理各有不同这种说法是站不住脚的。因为，二程中的小程也讲到了物理，其理自然也不一样。程颢讲的理只有天理的含义，而程颐讲的理包含了天理与物理两个方面。这个结论应当不会引起多大的争议，但是这其中的天理，尤其是后来理学的集大成者朱熹所讲的天理是否具有超越性则引起了很大的分歧。大陆学者在这方面的分歧不是很明显，但是受到港台儒家学者的影响，在此问题上亦有不同的看法。而港台学者的分歧是很大的，以牟宗三与劳思光为代表的学者认为朱熹的天理不具有超越性，而以唐君毅为代表的儒家学者认为朱熹与二程的天理都具有超越性。

按照牟宗三与劳思光的说法，程朱的这个理是被依照者，被仿效者，是静态的，而不是活动者本体，不是超越性的天理。从现象学的视角来看，形式之理与存在者相对应，而天理是与存在相对应。存在即为人的活动，在儒家主要指道德活动。这种天理就不是静态的理，而是即动即静之理。其超越于与物相联系的形式之理是很明显的，这就是朱熹所讲的"太极者，本然之妙也"所蕴含的理。所以，牟宗三讲到程朱之理是只存有不活动也是一种有失公允的论断。存在就是一种活动，至于能否与本体联系起来，这又不是那么必然对应的关系。这里唯一的差别是自我仿效本体而活动，还是自我是本体而活动起来。显然，我们也可以说某人在仿效本体而活动之时，他即为本体而活动。所以，在牟宗三看来，这种主体的活动之理，若是依照者就是形下之理，若是主体本身就是超越之理。即主体与本体一致则其理就是超越之理，主体与本体为二就是形下之理。因而，牟宗三反而将学习知识当作自身成为本体的障碍和判

---

① 唐君毅先生在《中国哲学原论·导论篇》中即详细阐述了这种统体之理和形式之理的区别，虽然他是论及朱熹思想时阐述这种理之不同，但是不妨碍我们借鉴过来考察二程思想中理所指的含义之不同。参见唐君毅《中国哲学原论·导论篇》，中国社会科学出版社2005年版，第285—288页。

断本体不是活动的依据。显然，我们也要研究存在者，不能轻视知识。当然在这种思想的影响下，儒家在知识的重视与发展上做得很不够，这成为它的一个限制。但是，我们不能由此认为重视知识是儒家的歧出，反而对追求知识的行为进行批判。

我们认为，朱熹的哲学类型反倒是全面的，不仅研究了存在者，也研究了存在。但劳思光同牟宗三一样在评价朱熹哲学时表现出了同样的批判倾向，他认为朱熹的哲学在两面都犯错误。他说："朱氏持一存有义之形上学观念，组成一综合系统，而不知'主体性'问题之哲学意义。于是，凡言'主体性'而不限于以经验义说'心'者，在朱子即皆视为'禅学'，此盖在理论标准与历史标准两面均犯错误。"① 主体性有经验说心者，有本体说心者，但是这种区别在古人思想中就是一个整体，不是截然分开的。劳思光以朱熹对心学近禅的批评而认为朱熹哲学缺乏超越的主体性，这个看法过于主观武断。用现代心性论的标准去分析这种主体性，不是非常有效。朱子难道是歧出吗？我们认为这是对心性论与理气论进行机械的划分所得出的结论。如果我们总是以某种理论先入为主地解读前贤思想，而非从常识理性本着实事求是的态度来面对前贤的思想文本，就可能产生一叶障目不见泰山的弊病，导致出现肢解和歪曲前贤思想的情形。

而唐君毅先生认为朱熹所论之天理是具有超越性的，与经验层面的形式之理不同。唐君毅先生说道：

> "此绿而为长条形之芽之物，何以能生能存之理。"亦即"此绿与长条形之如何如何之一 what，何以得其所附之 That"之理，或"此具 What 之 That，如何得生得存之理"。故此理，乃与此 What 或形式之理本身，不同其层次者……此生生之理，乃唯以使——"具 what 之 that"次第得生为事，故即——"具 what 之 that"次第得生而存在之事之理由，或真因所在。亦一切"具不同之 what 之不同 that"，或一切不同事物所以得生而存在之共同真因之所在。故此理为一统体之理。朱子于此理之所论，其进于初言此理之二程者，则

---

① 劳思光：《新编中国哲学史》三卷上，广西师范大学出版社2005年版，第240页。

在其对此理，更名之为太极，并就其与气及物之关系，而与以分别之说明。①

唐先生以上所说的 what 对应于形式之理，that 对应于此形式之理的一大类别，即一类物。他们得以生之真因乃是生生之理。此理乃是天理，是统体之理，是超越于现实层面的形式之理。而朱子后来又称天理为太极，并对太极与气及物的关系展开了详细的讨论。而此太极所具有的超越性更是非常明显。因而我们无论怎么样也不能说与太极相同的理是静态的理，是为我们所模仿的理。

唐先生还从中西哲学比较的角度，阐述了中国古代思想中的天理所具有的超越性。唐先生说："其以人物直依此道此理而生，此道此理亦即直接谓人物之所以生之理由或实现原则。故此道此理，即可视为人物所以生之性，而直接内在于人物者。此亦无碍于自此道此理之为不同人物之公共之本原，而称之为天道天理……此即由于吾人前所说：中国思想素不重上帝或天之创生物之型模或计划，及其创生者之为如何如何 what，与中国思想重此天之创造性之本身；方发展出此朱子之直以此道此理，为人物之生生之原，以说天命流行之思想也。然此固不碍朱子之此道此理，同于西哲之所谓实现原则，同为说明事物之创生所以可能之原则，亦同为吾人问新事物何以创生而存在，自然逼出，必须加以肯定者也。"② 这一段比较了中西哲学中的理之不同，中国哲学之理是流行不已，是气生生不已之流行。而西方哲学中理是先有一形式因作为质料形成新生事物的根本原因。这个形式因为上帝所掌握而得以不断形成新生事物。从形式因本身来看，它是静态的，它只是上帝形成事物的一种工具。而在中国哲学中生生之理与道是动态的，它就是创造之源。这也是中国哲人所最重视的道，在二程那里也叫作天理。这种道与理就是一种去生存，去存在，它既是实现原则，也是创生原则。它是形式之理产生的根源，是一切事物产生的共同原因，它是高于形式之理的创生之理，其超越性是不言而喻的。

---

① 唐君毅：《中国哲学原论·导论篇》，中国社会科学出版社 2005 年版，第 287 页。
② 唐君毅：《中国哲学原论·导论篇》，中国社会科学出版社 2005 年版，第 286 页。

五　陆九渊与王阳明心学之不同

(一) 陆九渊"心即理"思想

陆王都认为"心"是万物生存之本,但是对于本体如何过渡至现实和衔接现实的,陆王二人的认识与处理是有差异的。陆九渊认为人心为理,事在心内,心外无事无理。他说:"此理塞宇宙,所谓道外无事,事外无道。舍此而别有商量,别有趋向,别有规模,别有形迹,别有行业,别有事功,则与道不相干,则是异端,则是利欲为之陷溺,为之窠臼。说即是邪说,见即是邪见。"① 心不仅为事之根源,也是万物存在之根源,他说:"万物森然于方寸之间,满心而发,充塞宇宙,无非此理。"② 万物反映于方寸之心中,从我的本心所观察的角度来说,如果没有我心所现,则就不会为我所知。我不管它们的存在形式的实质是什么,但是对于我来讲,这些万物对于我的所见、所闻、所想都是根源于我心所反映的样子。因此,从这个角度来说,万物根源于我心。这类似于后来王阳明所说的"心外无物"。当然,比起王阳明来,陆九渊只是从万物的存在根源于心的意义上来讲满心而发,无所不包,并没有像王阳明那样的世界的意义依赖于主体的意识,因而没有将一切根源于心的思想应用于认识论(详下)。"成己成物一出于诚,彼其所以成己者,乃其所以成物者也,非于成己之外复有所谓成物也。"③ 成己成物都是出于方寸之心。因为心是我们行为的本源,是对于我而言的万物存在的本源。因此,自己行为的对错与万物存在的状态一决于诚,即决于方寸之心。"自'有诸己'至于'大而化之',其宽裕温柔足以有容,发强刚毅足以有执,齐庄中正足以有敬,文理密察足以有别。增加驯积,水渐木升,固月异而岁不同。然由萌蘖之生而至于枝叶扶疏,由源泉混混而至于放乎四海,岂二物哉?"④ 从我心这个根本出发,大而化之,宽裕温柔就表现为有容乃大,法强刚毅就表现为坚定不移,齐庄中正就表现为敬重有

---

① 陆九渊:《陆九渊集》,中华书局1980年版,第474页。
② 陆九渊:《陆九渊集》,中华书局1980年版,第423页。
③ 陆九渊:《陆九渊集》,中华书局1980年版,第335页。
④ 陆九渊:《陆九渊集》,中华书局1980年版,第1页。

加等,这些都一出于诚心。因而心是根本。虽然有本与末的不同,但正如枝叶扶疏出于萌蘖之生,四海出于源泉一样,它们是一致的,难道是两个本质不同的东西吗?显然本末一致,末是由本所生的。心即为本,而万物即为末。

陆九渊说:"若其心正,其事善,虽不曾识字,亦自有读书之功;其心不正,其事不善,虽多读书,有何所用?用之不善,反增过恶耳。"① 心正则事善,心不正,则事不善。一切均由心所导致。所以,本不正则末不正。"此理本天所以与我,非由外烁。明得此理,即是主宰。真能为主,则外物不能移,邪说不能惑。所病于吾友者,正谓此理不明,内无所主。一向萦绊于浮论虚说,终日只依藉外说以为主,天之所与我者反为客,主客倒置,迷而不反,惑而不解。"② 此理本天所与我,心亦如是,则心无有不正的情况。说心不正只能是本心被遮蔽了,其心就不是本心了,而是经验之心或者意见之心。陆九渊说:"仁义者,人之本心也。孟子曰'存乎人者,岂无仁义之心哉',又曰'我固有之,非由外烁我也',愚不肖者不及焉,则蔽于物欲而失其本心。贤者智者过之,则蔽于意见而失其本心。"③ 陆九渊认为本心为物欲和意见所遮蔽而丢失。又说:"第当勉致其实,毋倚于文辞……有德者必有言,诚有其实,必有其文。实者本也,文者末也。今人之习,所重在末,岂惟丧本,终将并其末而失之矣。"④ "勉致其实"就是要从本心出发,而不能为末所左右,从而丧失了本,本之丧失最终会导致本末一同丧失。陆九渊从心即理出发,过分重视本心的作用,而在心与事物关系的认识上产生了偏颇。

陆九渊对事事物物的轻视导致了他对知识与学习的轻视。他说道:"'在人情、事势、物理上做工夫',复斋应而已。若知物价之低昂,与夫辨物之美恶真伪,则吾不可不谓之能。然吾之所谓做工夫,非此之

---

① 陆九渊:《陆九渊集》,中华书局1980年版,第285页。
② 陆九渊:《陆九渊集》,中华书局1980年版,第3页。
③ 陆九渊:《陆九渊集》,中华书局1980年版,第9页。
④ 陆九渊:《陆九渊集》,中华书局1980年版,第144页。

谓也。"① "接事时，但随力依本分，不忽不执，见善则迁，有过则改，若江河之浸，膏泽之润，久当涣然冰释，怡然理顺矣。"② 陆九渊 "接事时，但随力依本分"等语，透露了他对心与事是从主客对立的关系来认识的。心是心，事是事，二者不是统一的关系。而心即理，心与事的关系很模糊，则理与事的关系也就很模糊。在这种关系和心即理的思想的前提下必然导致对事事物物的轻视。但对事事物物和知识的忽视就可能将本心也同时忽视了。"此理非可以私智揣度传会。若能知私智之非，私智废灭，此理自明。若任其私智，虽高才者亦惑；若不任私智，虽无才者亦明。"③ 天理即为本心，是不能为私智所揣度传会的，若能灭私智，则天理自明。宇宙有明理可依，就要反对杜撰和师心自用。从心即理来说，仍然是讲要依本心而行，不能有其他的与本心相违背之心。④ 如以意见代替心，而这些意见的来源之一就是对外在知识的获取。因此，陆九渊是在心中除去任何的知识性和其他性质的东西对本心的干扰，要将本心恢复到一个比较原始的没有受到污染的状态，这就有对知识排斥的倾向。从王阳明致良知来说，致良知本身包含了对事物的认识和知识的学习，因而陆九渊这种拒绝事事物物和知识的做法即限制了良知与本心的发用，即为对本心人为的遮蔽。

陆九渊倡导简易工夫，以为从本心出发就能够将本心的意志体现于现实之中。这当然揭示了超越界与现实界的关系，但是却将这二者的复杂关系简单化了。因为人要实现从超越界向现实界的过渡并非是想当然的事情，是要有现实经验和知识的辅助才可能得以实现。而陆九渊恰恰对此有轻视的倾向。从天命之谓性来说，超越性的天命在人身体现为性，性也就具有超越性，而要将本性与本心在事实上体现出来，也有一个学习和掌握的过程。例如，我们对父母要有孝心，如果对父母的想法和当前的习俗一无所知，也就难以将这份孝心变为现实。所以，外在知识的

---

① 陆九渊：《陆九渊集》，中华书局1980年版，第400页。
② 陆九渊：《陆九渊集》，中华书局1980年版，第57页。
③ 陆九渊：《陆九渊集》，中华书局1980年版，第143页。
④ 其在同封书信中说道："此理在宇宙间，未尝有所隐遁，天地之所以为天地者，顺此理而无私焉耳。人与天地并立而为三极，安得自私而不顺此理哉？"陆九渊：《陆九渊集》，中华书局1980年版，第142页。

学习也是决不可少的。许多时候，不是我们想做什么事情就能使之得以实现。陆九渊这些思想上的欠缺在王阳明那里得到了弥补。

（二）王阳明"心外无物"思想及其与朱熹、陆九渊的不同

陆九渊对正心的偏重导致了对人文化成世界的事务重视不够。这就是王阳明所批评的只正心而不重事务的错误之所指，其意为应当体用并重。王阳明在给顾东桥的书信中言：

> 朱子所谓格物云者，在即物而穷其理也。即物穷理是就事事物物上求其所谓定理者也，是以吾心而求理于事事物物之中，析心与理而为二矣……若鄙人所谓致知格物者，致吾心之良知于事事物物也。吾心之良知即所谓天理也，致吾心良知之天理于事事物物，则事事物物皆得其理矣。致吾心之良知者，致知也。事事物物皆得其理者，格物也。是合心与理而为一者也。合心与理而为一，则凡区区前之所云，与朱子晚年之论，皆可以不言而喻矣。①

此封书信王阳明阐述了自己的心即理的学说与朱子析心与理为二之不同。而笔者在此处要关注的是王阳明之致良知于事事物物。在此处，我们可以看出陆九渊与王阳明的最大的不同在于，陆九渊偏重于正心，从本心出发观照事事物物，而王阳明也重视在事事物物上致良知，即以事事物物为中介而正心。这就注意到了事事物物对正心的一个辅助作用。

陆九渊与王阳明这种不同乃根源于他们在心与物之思想认识关系上的不同。王阳明与陆九渊都强调了心对理的决定作用，但是王阳明的"心外无物"之论决定了陆王之不同。心外无物的实质是用心来统一整个世界，也就是说世界统一于心。物是心内之物，而无所谓心外之物了。陆九渊也有这个思想，但是他是从心之决定外物存在的意义上来立论的，而没有心物一体的思想，更没有将心物一体的思想应用于认识论和物对于主体的意义上。从"心外无物"这个命题，我们可以看出王阳明是将

---

① 王阳明著，吴光等编校：《答顾东桥书》，《王阳明全集》卷二，上海古籍出版社2011年版，第50—51页。

心与物同等看重的，或者说他将它们视作没有根本区别的存在，因为物属于心了。所以，这个命题不只是透露了进入主体世界的物才有意义这个内容，而且更为重要的是世界统一于心，物也属于心这个内容。由此可以看出阳明对物的重视以及其心中之理显现过程中物的作用也是不可或缺的思想。因为物属于心，因而由物出之理也属于心。这就走出了朱熹与陆九渊将心与物对立而导致的理从何出的困境。

王阳明将一切统一于心，由此他自以为解决了朱熹与陆九渊将心物、心理割裂的问题。朱熹、陆九渊割裂心物、心理会产生什么问题呢？在朱熹，就是在事物上求理，而心没有发挥根本的作用。因而没有王阳明"五经皆史"[①]的观念，可能会迷信圣人之言，而缺乏创新精神。陆九渊以心决定理，但是没有将事事物物考虑进来，因为事事物物本身也是由心所决定。于是，在陆九渊的思想中，心物不是一体的关系而是心吞没了物，因而物在认识和意义生成的过程中的作用被取消了，导致了陆九渊对知识和学习的轻视。这样理可能就不是事事物物之理，对于事事物物来说，就是人为强加而错误的理。而在阳明的"心外无物"中，这个心物一致就很好地解决了以上的问题。事事物物是心之事事物物，因此，心之理就是事事物物之理。所以，这个理虽然是由心所决定，但是我所感知的事事物物已经属于心的表现，因而事事物物对理的产生也起到了应有的作用。阳明的心学中，心即理，心是决定理的，因而不会犯朱熹在割裂心物中在事事物物上求理而忽视了心的决定作用；朱熹这个理由于在心之外的事事物物上求，因而就是义外，而不是义内。阳明也解决了陆九渊忽视事事物物的作用，而在取消事物作用之下直接由心决定事事物物之理而导致此理不符合事事物物之理的问题以及导致我所认为的是理即狂禅的问题。

---

① 王阳明同其门生有关"五经皆史"的对话如下："爱曰：'先儒论六经，以《春秋》为史。史专记事，恐与五经事体终或稍异。'先生曰：'以事言谓之史，以道言谓之经，事即道，道即事。《春秋》亦经，五经亦史……'又曰：'五经亦只是史，史以明善恶，示训戒。善可为训者，时存其迹以示法；恶可为戒者，存其戒而削其事，以杜奸。'爱曰：'存其迹以示法，亦是存天理之本然，削其事以杜奸，亦是遏人欲于将萌否？'先生曰：'圣人作经，固无非是此意，然又不必泥着文句……《诗》非孔门之旧本矣。'"王阳明著，吴光等编校：《王阳明全集》，上海古籍出版社1992年版，第10页。

阳明对心与事事物物的双重重视可以从其有关良知与事事物物为一体的思想一窥究竟，他说：

> 人的良知，就是草木瓦石的良知。若草木瓦石无人的良知，不可以为草木瓦石矣。岂惟草木瓦石为然？天地无人的良知，亦不可为天地矣。盖天地万物与人原是一体，其发窍之最精处，是人心一点灵明。①

"若草木瓦石无人的良知，不可以为草木瓦石矣。"草木瓦石若没有人的感觉感知，没有进入人的认识视野就不可谓草木瓦石，因为草木瓦石之所以为草木瓦石是在进入人的认识视野为人所感知后的称谓，它们是人心中的草木瓦石。所以，进入人的认识视野的多少决定了我们对事物的认识程度，因而事物之理是随着我们心中的事事物物不断扩充其内涵而不断获得扩充的。所以，王阳明的致良知的含义之一就是不断扩充良知，获得更多的对事物的感知与认识，使得事物的内涵不断在心中得以扩充，从而使理更加详细与深入。

可以说，阳明心外无物的思想解放了人们的思想，天理不是圣人与经典所确定的，而是由人心确定的。所以它真正将途中人皆可为尧舜得以落实，而不只是一种理论上的可能和对普通人所承诺的进入天国的廉价门票，而是一种现实中时时刻刻在发生的事情——我们任何人都是天理的化身，只要致良知发挥了天赋本性的作用，就与圣人所做的事没什么两样。既然每个人都是经典（包括言与行）的创作者，所以，经典就已经不再是万古不变的教条，而变成了记录圣贤语录与事迹以及重大事件发展的历史，因而王阳明提出了"五经皆史"的观点。因为事事物物都在不断变化，由此产生的理也是不断变化的，因而理都是反映当时的历史情形的。可见，王阳明的历史意识还是要从心之所现的事事物物上去认识和理解，事事物物是变化的，因而理也相应地发生变化。这是王阳明思想中历史意识特别鲜明的原因之所在。

综合以上分析，我们可以对朱熹、陆九渊与王阳明三者对心、理与

---

① 王阳明著，吴光等编校：《王阳明全集》，上海古籍出版社1992年版，第107页。

物的关系用图示来表示：陆九渊：两个不同的相离圆圈，一个是物，一个是心，心与理同圆圈。朱熹：两个不同的相离圆圈，一个是物，一个是心，理与物同圆圈。王阳明：为一圆圈，心与理同圆圈，而心中又有一个圆圈，即为事事物物。图示如下：

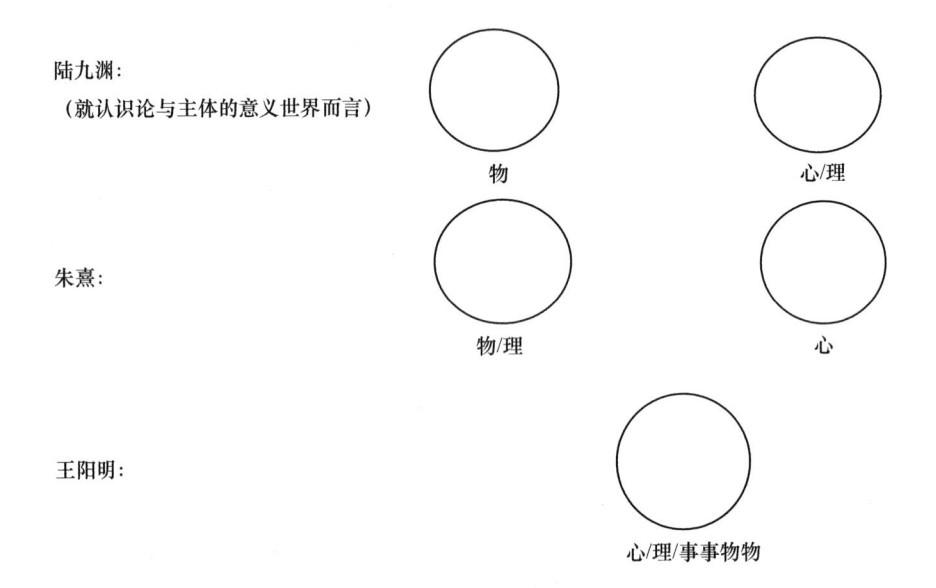

陆九渊：
（就认识论与主体的意义世界而言）

○ 物　　　　　　○ 心/理

朱熹：

○ 物/理　　　　　○ 心

王阳明：

○ 心/理/事事物物

（三）阳明重视为善去恶的行的工夫

以上王阳明从心物一体的维度强调了对事事物物的重视，另外，他还从性之体为至善、性之用可为不善以及恢复本心、锤炼习心的维度强调了对事物的重视。以上两种不同可以看作本心与非本心情况下的分别。王阳明认为，这两种情况下事事物物都是重要的。

王阳明曰："性无定体，论亦无定体，有自本体上说者，有自发用上说者，有自源头上说者，有自流弊处说者：总而言之，只是一个性，但所见有浅深尔。若执定一边，便不是了。性之本体原是无善、无恶的，发用上也原是可以为善、可以为不善的，其流弊也原是一定善、一定恶的。"① 又说："荀子从流弊说性，工夫只在末流上救正，便费力了。"②

---

① 王阳明著，吴光等编校：《王阳明全集》卷三，上海古籍出版社 1992 年版，第 130—131 页。
② 王阳明著，吴光等编校：《王阳明全集》卷三，上海古籍出版社 1992 年版，第 131 页。

性从本体上讲是无善无恶的，但是从发用上来讲，有善有恶。因此，那些将性笼统地界定为定善或者定恶都是流弊之见。正确的做法是：要从两个方面来考察性，不仅要重视体，也要重视用。荀子性恶论是从性之用之流弊上论性，没有看到性之体是无善无恶的和性之用有善有恶的情形。

阳明曰："盖体用一源，有是体即有是用，有未发之中，即有发而皆中节之和。"① "学者果能忠恕上用功。岂不是一贯？一如树之根本，贯如树之枝叶。未种根，何枝叶之可得？体用一源，体未立，用安从生！"② 体用一源，不可割裂，这是心外无物思想在体用关系上的贯彻与表现。本体没有确立，则本体之用就无以产生。有体就有用，无体就无体之用。所以阳明强调本体的确立，此即孟子所说的"先立乎其大者"（《孟子·告子》上）。体之确立是主体使其确立，而不是自动地得以确立。因而不能以心之静为体，因为心之静是一种自然的状态，是不需要主体的努力的。这种没有主体付出努力的心之静不能谓之体。阳明说："心不可以动静为体用。动静，时也。即体而言，用在体，即用而言体在用，是谓'体用一源'。若说静可以见其体，动可以见其用，却不妨。"③ 静中可以见体，动中可以见用。但不能说静即为体动即为用。

以上王阳明的论述如果将之与程朱理学作一对比，可以说在体用论上二者并无二致，这表明王阳明继承了前贤在体用论上的一些成果。但是能表现出王阳明体用论特点的还是阳明从用上入手所做的工夫，不是直接从本体入手，做为善去恶的工夫。在此工夫论的基础上，阳明将本体与作用真正统一起来，从而实现了超越界与现实界的贯通与统一。阳明曰："利根之人，直从本原上悟入，人心本体原是明莹无滞的，原是个未发之中；利根之人一悟本体即是工夫，人己内外一齐俱透了。其次不免有习心在，本体受蔽，故且教在意念上实落为善去恶，工夫熟后，渣滓去得尽时，本体亦明尽了……已后与朋友讲学，切不可失了我的宗旨。无善无恶是心之体，有善有恶是意之动，知善知恶是良知，为善去

---

① 王阳明著，吴光等编校：《王阳明全集》卷三，上海古籍出版社1992年版，第20页。
② 王阳明著，吴光等编校：《王阳明全集》卷三，上海古籍出版社1992年版，第37页。
③ 王阳明著，吴光等编校：《王阳明全集》卷三，上海古籍出版社1992年版，第36页。

恶是格物。只依我这话头随人指点，自没病痛，此原是彻上彻下工夫。利根之人，世亦难遇。本体工夫一悟尽透，此颜子、明道所不敢承当，岂可轻易望人。人有习心，不教他在良知上实用为善、去恶工夫，只去悬空想个本体，一切事为俱不着实，不过养成一个虚寂。"① 对此，沈顺福说："王阳明借用佛教的钝根人与利根人之说，在四句教中认为，对于利根人来说，没有本体界与现实界的隔阂，本体与现实是贯通的。而钝根人的世界便是俗人的世界或事实界。在事实界，本体界与现实界是不同的。用不同于体：用不仅以体为根基，而且还有自己的存在要素，比如工夫。工夫便是为善去恶，便是致良知。"② "二君之见正好相取，不可相病：汝中需用德洪工夫，德洪须透汝中本体。"③ 本体与工夫二者不可偏废，这才是全面和正确的学问态度与人生态度。

从阳明之学中，我们知道，只要是做为善去恶的工夫就有可能除去遮蔽本体的覆盖物，而不只是直接在静坐中体证本体，然后将本体与作用统一起来，即通过本体层面的工夫来实现从超越界到现实界的过渡。对于利根人可以如此，但是对于钝根人就不行，只能通过现实界为善去恶的工夫来沟通超越界。由此，阳明也就强调了学习的重要性，因为现实界的工夫是要有知识作为辅助作用的。王阳明重视用，而不只是直接从本体的层面来强调先立其大者，这是阳明看到了不同的人要用不同的方法，是对陆九渊学说的有力补充和完善，极大地促进了儒学的发展。

而从知行合一上来说，阳明强调了行，就是说不能停留在知的阶段，停留在超越界，而要将此本体在现实界实现出来。只有有了行的过程，才能将超越界与现实界有机地统一起来。阳明对行的重视从认可以下这句话即可见出："真知即所以为行，不行不足谓之知。"④ 真正之知是要在行动中体现出来的，没有行动就不能谓之真知。从体用的角度来说，仅仅只有超越层面的体验还不能确定这种体验是否为有效的体验，只有

---

① 王阳明著，吴光等编校：《王阳明全集》卷三，上海古籍出版社2011年版，第133页。
② 沈顺福：《论陆、王心学之异同》，《哲学研究》2017年第10期。
③ 王阳明著，吴光等编校：《王阳明全集》卷三十五，上海古籍出版社2011年版，第1442页。
④ 王阳明著，吴光等编校：《答顾东桥书》，《王阳明全集》卷二，上海古籍出版社2011年版，第48页。

在现实层面将这种体验用行动表现出来才能知晓这种体验是否为真切的有效体验。也只有行才能沟通两个层面的关系,否则就是脱节的而不能做到体用一如。阳明说:"见好色属知,好好色属行。只见那好色时已自好了,不是见了后又立个心去好。闻恶臭属知,恶恶臭属行。只闻那恶臭时已自恶了,不是闻了后别立个心去恶。如鼻塞人虽见恶臭在前,鼻中不曾闻得,便亦不甚恶。亦只是不曾知臭。就如称某人知孝、某人知弟,必是其人已曾行孝行弟。方可称他知孝知弟。不成只是晓得说些孝弟的话,便可称为知孝弟?"① 知与行是关联在一起的,没有行就不能谓之知。所以,行是最重要的,因为它检验了知。从这一点可以说王阳明哲学是行动的哲学,而知或者说对超越层面的体验只是从行之后来说的。一个人是否知或对超越性有无体验只有从其行表现中才能见出。

对阳明的知行观有人认为其一念发动即是行,这一点要从"为善"和"去恶"两方面进行具体分析。心有恶念就是行,因此,对于恶念来说,一念发动即是行。但是对于善念来说,如果一念发动了却没有行,则一念发动就不是行。因此,王阳明认为恶念发动即是行,而善念发动不是行。从这种对比中我们发现,阳明认为恶念即便没有付诸行动,产生都是不应该的;而善念产生之后一定要在行动上表现出来。这显示了阳明对行的重视,仅仅是知还是不行的,此种没有行的知就不是真知。阳明的这种区分,也强调了与天赋相应之善只有从行的实践中才能得以证实。②

可以看出王阳明比起陆九渊来不仅重视体,也重视用。不是以为心所想的都是正确的,而是要付诸现实才能得以坐实。因此,二者的相同都是重视超越性的本体,且在将这个本体体现的方式上有所不同。从阳明的行动观可以看出,其哲学思想的实践性非常鲜明,将其讥之为狂禅是对其无善无恶心之体这一点的夸大,而没有看到他也非常重视为善去恶的具体工夫。或许这种讥讽是针对王阳明后学中片面发展了他无善无恶心之体而忽视了为善去恶工夫这一面的那些人。

---

① 王阳明著,吴光等编校:《王阳明全集》卷一,上海古籍出版社2011年版,第4页。
② 参见陈来《有无之境——王阳明哲学的精神》,人民出版社1991年版,第106—107页。

本章小结

先秦孔孟儒学的超越性是很明显的，而荀子的思想超越性与孟子思想的超越性不同，是从其化性起伪的结果为善，因而其思想是趋向善来讲的超越性。宋明时期的程朱理学的超越性比较明显，而陆王心学的超越性则有所淡化。因为心学是从主体的自我意志来讲本心的，实际上是将超越的本心人心化。这样主体性增强的同时，超越性明显降低。

而张载哲学将气当作一个重要的哲学范畴，其太虚即气非是太虚生气，张载以为只有如此才能避免体用殊绝，体用割裂。体就在用中。这与西方两个世界，像柏拉图的理念世界与现实世界的划分有根本的不同。张载说："知虚空即气，则有无、隐显，神化、性命，通一无二，顾聚散、出入、形不形、能推本所从来，则深于《易》者也。若谓虚能生气，则虚无穷，气有限，体用殊绝，入老氏有生于无自然之论，不识所谓有无混一之常。"①

后来的王船山气本论正是循着张载开辟的道路继续往前发展的。王船山之气不同于西方哲学所讲的物质，不仅在于物质概念是一种对宇宙万物的抽象，更重要的在于物质是与精神相对立的相分别的概念。西方的物质概念是抽象的，而中国哲学中的气是指具体的事物，这个具体的事物就远比物质这个概念的内涵要丰富。气所指的具体事物不仅有物质的属性，而且还有精神。因而这种气显然就与以上所说的与精神对立的物质不能等同。所以，气指具体的事物是它的一个基本性质，决定了它与物质的差异。气作为一个具体的事物它是一个包括了各个方面的统一体。

既然气是一个统一体，因此船山的超越性主要体现在心气合一，器道合一，其主要优点是从形下来讲超越性，就是说超越性与非超越性都是非常突显的，符合其哲学乾坤并建的特点。② 以气来讲超越性，就避免了心学家理学家的佛道倾向，而将儒学的工夫论又扳回现实践履正确

---

① 张载：《张载集》，中华书局1978年版，第8页。
② 参见曾昭旭《王船山哲学》，台湾远景出版事业公司1983年版，第63—64页。

的轨道。后天型的气本论是半超越性的气本论。① 其超越性虽然有所降低，但是仍没有否定超越性。可见，儒学的超越性是各个学派都不能不重视的。总之，只有如此才能够满足人终极关怀的心理，才能满足人的宗教情结。所以，这种意义上的超越性与宗教性是较为接近的。杜维明认为儒学是深具宗教性的，由此也就肯定了儒学的超越性。他说："绝对的超验存在，例如概念化的'上帝'为'全然的他者'，在儒家的符号系统里是缺位的，但是'上天'作为道德创造的根源，以及生活意义和终极的自我转变的根源，却突出地贯穿于整个儒学传统之中。在这个意义上，所有的重要儒学大师都深具宗教性。他们的宗教之道意义深长地不同于那些组织性宗教，例如基督教、佛教或伊斯兰教，但是他们对生命的敬畏，对劳作的承担，以及对终极自我转变的献身，乃立基于上天的召唤，其情感之深厚，目的之严肃，足以与世界上任何一种大宗教相比拟。"②

---

① 刘又铭认为自然气本论正如美国实用主义者詹姆士主张"有限气本论"一样，我们也可以说自然气本论者主张一种有限气本论。参见刘又铭《宋明清气本论研究的若干问题》，载杨儒宾、祝平次编《儒学的气论与工夫论》，华东师范大学出版社2008年版，第148页。

② 杜维明：《儒教》，上海古籍出版社2008年版，第11页。

第三章　先秦儒学的道统与外王论

儒学最具有对现实政治问题关切的意识。儒家思想是在尊重现实社会秩序的宗法家族制和现存统治秩序的基础上创立的，是在统治阶级的政治统治和现实人们的愿望之落差中寻求一种最大程度的平衡与稳定。因而，儒学与现实政治有着千丝万缕的联系，都要千方百计地为解决现实政治的问题提出儒学的方案。此种学派倾向，使得儒学深具时代性。先秦儒学以仁与礼为中心的思想表现在政治上就是要实现仁政和重建礼乐制度来维护社会稳定。这种仁与礼为中心的政治思想就是后世儒学内圣外王政治学模式的先导。孔孟荀的思想显示了很强的以道自任的意识，表达了要以道来支配政治的理想。先秦道的刚健精神与宋明理学重向内用功的内敛精神差异很大，因而前者在政治上具有开拓进取的精神而后者主要表现为因循守旧。

一　孔子对礼乐制度的恪守及道统仁学的确立

（一）儒家与政治亲缘关系的原因

儒家的起源，根据章太炎、胡适等的研究，认为与"巫祝"有关，是殷商时期主持巫术礼仪的祝官，即与沟通天人的巫有关。"儒"起源于"巫祝"之说与汉代的刘歆、班固及近代的刘师培推测"儒"出于官守的说法大体是一致的。但冯友兰、钱穆、傅斯年与郭沫若等认为儒家是来源于民间普通的"教化之师"。① 从起源这个词着眼，当然章太炎与

---

① 参见王尔敏《当代学者对于儒家起源之探讨及其时代意义》，见王尔敏《中国近代思想史论》，社会科学文献出版社2003年版，第401—432页。

胡适的看法要准确些，因为"教化之师"即来源于"巫祝"之官。显然，无论是巫祝之官还是教化之师都与政治紧密相关。

孔夫子"述而不作，信而好古"，表明孔子对先王之道是继承的，没有越出这个藩篱。章学诚认为，这种继承是对在位的王者教化的继承，他说："……所谓明先王之道以导之也。非夫子推尊先王，意存谦牧而不自作也，夫子本无可作也。有德无位，即无制作之权……教之为事，义、轩以来，盖已有之。观《易·大传》之所称述，则知圣人即身示法，因事立教，而未尝于敷政出治之外，别有所谓教法也。"① 夫子述而不作，不是谦虚，而是没有必要这样做。因为王者在位，有制作礼乐之权。他们的教化内容及方法也是在管理民众中形成的，是用身教的方法以及就事来施行教化，这种教化就与政治治理融为一体了。而孔夫子有德无位，没有政治治理的经验，因此就只能述而不作了。在这种政教合一的制度下，教化就不是无用玄虚的空谈，而是有实际的政治作用。章学诚说："治教无二，官师合一，岂有空言以存其私说哉？儒家者流，尊奉孔子，若将私为儒者之宗师，则亦不知孔子矣。"② 意思是孔子不仅是儒家之宗师，同时也是继承先王政教一体化的传人。虽则时过境迁，先王之政治教化与当时的情形已经有了很大的改变，但是终究不能将教化从政治与事功中剥离出来。章学诚于是说："然则学夫子者，岂曰摒弃事功，预期道不行而垂其教邪？"③ 在此，章学诚强调了教化与政治的关联。儒家之教是一定要积极地参与现实政治的。

关于儒家崇奉之六经与现实政治的关联，章学诚又说："道不离器，犹影不离形。后世服夫子之教者自六经，以谓六经载道之书也，而不知六经皆器也……先圣先王之道不可见，六经即其器之可见者也。后人不见先王，当据可守之器而思不可见之道。故表彰先王政教，与夫官司典守以示人，而不自著为说，以致离器言道也……则政教典章，人伦日用之外，更无别出著述之道，亦已明矣……夫天下岂有离器言道，离形存影者哉？彼舍天下事物、人伦日用，而守六籍以言道，则固不可与言夫

---

① 章学诚：《文史通义校注》，中华书局1985年版，第131页。
② 章学诚：《文史通义校注》，中华书局1985年版，第131页。
③ 章学诚：《文史通义校注》，中华书局1985年版，第131页。

道矣。"① 章氏认为不能将六经看作载道之书，从而导致在书中寻求道的错误做法，而要看到六经皆器，是政教典章、人伦日用。这些东西就表现了道。六经就是天下事物、人伦日用，所以要将六经中的天下事物及人伦日用与现实中的天下事物与人伦日用联系起来，不能将六经与现实分离。如以它为载道之书，而不是政教典章的器具，就会离开现实政治而去谈论道。这样道就与现实脱离了，而实际上，道即为人伦日用之道。这也就是孔子述而不作的原因，盖作就是离开先王之典章制度而自以为道矣。此正如孔夫子所言："盖有不知而作之者，我无是也。"② 意思是不主观臆断以为道。后来诸子百家兴起，自以为道，遂使道衰。"夫'道与德为虚位'者，道与德之衰也。"③ 章学诚所讲的道与先王政治、典章制度以及人伦日用联系在一起，后者是器与形，道是影。用道统与政统的关系来说，道统离不开政统，是为政统服务的。④ 这点出了儒家与政治的亲缘关系，也道出了儒家为何在汉代升格为统治阶级的意识形态的原因。因为从儒家的渊源来说，儒家之道本是尧舜禹汤文王之道，即为先王之道。它的源头就是政治的意识形态。后来王官之学散落民间，遂有孔子儒家之学在民间的教化活动，此即为官学向私学的转移。但是孔子述而不作，恪守先王的礼乐制度。这显示了儒家对政治的关注和重视人伦日用的精神。

（二）孔子对礼乐制度的恪守与弘扬

章学诚认为三代政统与道统的关系是："治教无二，官师合一，岂有空言以存其私说哉？"⑤ 三代的政统与道统是合一的，因而，官与师也是一身而兼二任。而到了孔子所处的春秋时代，之前学在王官的情形随着社会的动荡不定而分散到了民间，私学兴起，百家争鸣，六家九流并作，

---

① 章学诚:《文史通义校注》，中华书局1985年版，第132页。
② 杨伯峻:《论语译注》，中华书局1980年版，第73页。
③ 章学诚:《文史通义校注》，中华书局1985年版，第133页。
④ 本章所说的道统是从先秦儒家所追求的最高价值之道及其在后世的流传来讲的，而政统"意指'政治形态'或政体发展之统绪言……客观实践是前有所自，后有所继，而垂统不断，故曰政统"。牟宗三:《生命的学问》，广西师范大学出版社2005年版，第54页。
⑤ 章学诚:《文史通义校注》，中华书局1985年版，第131页。

皆自以为至道，而欲以其道易天下①。政教官师分离，人们各自以己之所见为道，当然会出现如此思想不统一的情形。思想不入于范围，自然导致了行为上对礼乐制度的违反。诸侯及其他臣子违反礼乐的事情比比皆是，此即为春秋时代的礼崩乐坏。从诸子百家的思想与礼乐制度的接近关系来说，孔子所创立的儒家思想与礼乐制度的精神是一致的，因为儒家思想就是对先王治理社会的指导思想王官之学的继承。而其他各派的思想不是在王官之学的基础上的创造，不是表现为器之道，而是以一己之见为道。正是基于对治教官师合一时的政统与道统的维护。所以，孔子的思想表现为：第一，对礼乐制度的恪守，第二，对政治有天然的热情，因为儒学即来自与政治紧密相连的王官之学。

孔子"少好礼"，"为儿嬉戏，常陈俎豆，设礼容"。②《乡党》篇的记载足以说明孔子对礼的遵守是多么的谨小慎微。"孔子于乡党，恂恂如也，似不能言者。其在宗庙朝廷，便便言，唯谨尔。"③ "朝，与下大夫言，侃侃如也；与上大夫言，訚訚如也。君在，踧踖如也。与与如也。"④ 孔子在本乡的地方上非常恭顺，而在宗庙和朝廷上，有话就明白流畅地说出，只是说得很少。在不同的场合下，孔子恭敬的态度与言语的多少都有所不同，这反映了他对礼的遵守。上朝的时候，同下大夫说话是温和而快乐，同上大夫说话是正直而恭敬，而面对君主是恭敬而心中不安、行步安详的样子。这是在上朝时，面对不同身份地位的人，他恭敬的态度与表情都有不同，这也是对礼的遵守。这些记录给我们一个循规蹈矩的主人公形象。的确，孔子是非常重视礼的，他在门人面前也是率先垂范，不愧为万世师表。

孔子对礼的恪守首先得益于他对礼的掌握，他对三代之礼也是非常熟悉的。夫子说："夏礼吾能言之，杞不足征也；殷礼吾能言之，宋不足征也。文献不足故也，足则吾能征之矣。"⑤ 孔子正是凭借着对古代礼的熟稔，以此帮人家操办丧事而谋生。孔子认为礼乐不是一成不变的，

---

① 章学诚：《文史通义校注》，中华书局1985年版，第133页。
② 司马迁：《史记·孔子世家》，线装书局2006年版。
③ 杨伯峻：《论语译注》，中华书局1980年版，第97页。
④ 杨伯峻：《论语译注》，中华书局1980年版，第97页。
⑤ 杨伯峻：《论语译注》，中华书局1980年版，第26页。

而是有所损益的。他说："殷因于夏礼，所损益，可知也；周因于殷礼，所损益，可知也；其或继周者，虽百世可知也。"① 孔子认为古代的礼有损益的情形，现代的礼同样也要损益。他说："麻冕，礼也；今也纯，俭。吾从众。"② 麻冕代替了丝料，这要节省一些。因此，孔子就赞同这个改变。但有些改变孔子是恕难从命，他说："拜下，礼也；今拜乎上，泰也。虽违众，吾从下。"③ 臣见君，现在堂下磕头，然后升堂又磕头，这是符合礼的，而现在只是在堂上磕头。这是倨傲的表现，孔子不赞同大多数人的意见。可见，在原则问题上，孔子是不迁就世俗的。这也是他坚守礼乐的表现。

在三代之礼中，孔子对周礼尤其赞赏有加。他说："周监于二代，郁郁乎文哉！吾从周。"④（《八佾》）又感叹道："周之德，其可谓至德也已矣。"⑤（《泰伯》）又悲叹道："甚矣吾衰也！久矣吾不复梦见周公。"⑥（《述而》）在年富力强时，孔子欲行周公之道，在梦寐中时常见到周公。而到了年迈体衰之际，孔子自感力不从心，已经难以实现将周公之道行于世的梦想，于是有此感喟。盖孔子念兹在兹魂绕梦牵的是再使风俗淳，复兴周公之道。这是他终身为之奋斗的事业。对于礼孔子看重的不仅是它的形式，更重视它的实质内涵。其曰："礼云礼云，玉帛云乎哉？乐云乐云，钟鼓云乎哉？"（《阳货》）

孔子对僭越礼的行为非常不满。他说："禘自既灌而往者，吾不欲观之矣。"（《八佾》）又说："八佾舞于庭，是可忍也，孰不可忍也？"⑦ 孔子力主恢复礼乐制度，因而对那些违反礼的行为就非常不满以至愤慨了。

（三）孔子道统仁学的确立

孔子的仁学关涉几个层面的思想，第一层意思即为维护礼，是从人

---

① 杨伯峻：《论语译注》，中华书局1980年版，第21—22页。
② 杨伯峻：《论语译注》，中华书局1980年版，第87页。
③ 杨伯峻：《论语译注》，中华书局1980年版，第87页。
④ 杨伯峻：《论语译注》，中华书局1980年版，第28页。
⑤ 杨伯峻：《论语译注》，中华书局1980年版，第79页。
⑥ 杨伯峻：《论语译注》，中华书局1980年版，第67页。
⑦ 杨伯峻：《论语译注》，中华书局1980年版，第23页。

们的精神追求上激发人们自觉自愿地遵守礼①。孔子与其最喜爱的弟子颜回谈论过仁与礼的关系,其内容如下:

> 颜渊问仁。子曰:"克己复礼为仁。一日克己复礼,天下归仁焉。为仁由己,而由人乎哉?"颜渊曰:"请问其目。"子曰:"非礼勿视,非礼勿听,非礼勿言,非礼勿动。"颜渊曰:"回虽不敏,请事斯语矣。"②《颜渊》

仁就是克制自己而恢复礼。而且克己也是自愿的,不是强加的。"为仁由己",一个人如果能自觉自愿地为仁,也就是复礼。所以,在孔子看来,仁与礼是一致的。礼偏重外在的礼仪等形式,仁偏重人内心的思想。人内心的思想表现为行为就是对礼的符合与否。如果称得上是仁,则符合礼。孔子的思想强调了主体的自觉自愿性,要从内心觉悟并依此觉悟发而为行动,这样才是仁。这种觉悟即与被一时的强制区别开来,盖强制是人不愿如此,等到没有了强制,就又不遵循礼了。而自觉自愿是思想境界上已经认识到了这一点,而改变和提升了自己。在思想意识上发生了改变,他就会一直坚持克己复礼。当听到克己复礼这个为仁之方后,颜渊进一步请教为仁的细目。孔子说了非礼勿视听言动,从视听言动这四个方面入手来克己。可见,孔子的为仁之方就是约束自己言行,这无疑具有道德严格主义的色彩,示人以一个苦修的形象,与宗教徒的生活追求有点类似。孔子创立的儒学在礼中植入了仁的精神,而仁的精神就是一种心甘情愿的追求更高境界而不以物质生活的追求为目标。这与宗教徒受到戒律的约束,有信仰追求是一致的。因此,儒学至少在信仰它的士子中起到了宗教的作用,而士大夫在社会中通过上行格君心的方式在统治阶层那里产生了影响,通过下行路线在民众中扩大了影响。因此,儒学通过其相当于宗教的传教士的士子扩充开来,成为民众信仰的主要精神资源。儒学的这个信仰特点使得它具有超越现实政治之外的一面,对现实的政治进行引导、规范乃至批评。这就是儒学作为道统有

---

① 李泽厚:《中国古代思想史论》,人民出版社1985年版,第16页。
② 杨伯峻:《论语译注》,中华书局1980年版,第123页。

独立于政统的一面，在人们的思想境界提升以及信仰上有超越当时代的价值，乃至在今天仍然在培养人们的道德情操和提升人格魅力方面都有价值。当然，对于孔子克己复礼之礼我们要用发展的眼光来看待，不可全部否定，也不可完全接受。因为在当时有用之礼，在今天不一定适用。所以，要有所甄别。对于父母之孝当然是要永远的继承下去，但是那些繁文缛节也大可没有必要遵循。而那些君臣之礼则是完全过时了。这种对待孔子所讲之礼的态度也符合夫子所讲的在不同时代对礼要有所损益的思想，也符合儒家时中的精神。盖作为行仁之主体不能故步自封，拘泥僵化。

我们还可以从另外一个例子看出，孔子所主张的仁与礼是一致的。在《韩非子》中记载了这样一则有关孔子与其弟子之间的故事，其云："季孙相鲁，子路为郈令。鲁以五月起众为长沟，当此之为，子路以其私秩粟为浆饭，要作沟者于五父之衢而食之。孔子闻之，使子贡往覆其饭，击毁其器，曰：'鲁君有民，子奚为乃食之？'子路怫然怒，攘肱而入，请曰：'子之疾由之为仁义乎？……'孔子曰：'由之野也！……汝故如是之不知礼也！……夫礼：天子爱天下，诸侯爱境内，大夫爱官职，士爱其家；过其所爱曰侵。今鲁君有民，而子擅爱之，是子侵也，不亦诬乎？'……言为卒，而季孙使者至，让曰：'……将夺肥之民乎？'"① 子路将孔子所传授给他的仁义理解为对他人不受限制地施加仁爱，而不管它符不符合礼。但是孔子通过这件事情告诉子路，仁义不是滥施仁爱，其前提是不能违背礼。仁与礼是一致的。鲁君请民劳作，如果子路提供免费的浆饭，可能导致误解，以为是笼络民心，别有所图，反而会引起灾祸。果不其然，话音未落，季孙就来责备孔子，以为他指使弟子抢夺民众。

以上的分析可以支持这样一种观点：孔子由仁入手所确立的道统与由礼所体现的政治的关系是一致的，这种一致性也表明了孔子所创立的儒学与政治总是关联在一起的。

（四）孔子思想的时代性

孔子思想的时代性体现在许多方面，首先体现在仁与孝的关系上。

---

① 刘乾先等：《韩非子译注》，黑龙江人民出版社2003年版，第539页。

孝是仁的基础和优先要做的事情。而这种对孝的提倡正适合当时以宗法家族制为基层组织的社会稳定和发展的需要，因而，孝成为维系中国漫长的以宗法制为基本单位组成的社会稳定的压舱石，也成为凝聚人心的一大法宝。所以，孔子提出的孝为仁的基础与先务的思想不仅具有时代性，而且影响极其深远。孔子说："君子笃于亲，则民兴于仁。故旧不遗，则民不偷。"①（《论语·泰伯》）于亲之情甚笃，这就是孝亲。在上的人笃于亲，则为民树立了一个好榜样，老百姓就会崇尚仁德而民风淳朴。上位之人笃于亲，则民就向往仁德。孝能够引导他人走向仁，则孝也必定能够引导自己走向仁德。因而，孝即是行仁，孝能引导人走向仁。孔子的学生有子曰："其为人也孝弟，而好犯上者，鲜矣；不好犯上，而好作乱者，未之有也。君子务本，本立而道生。孝弟也者，其为仁之本与！"② 孝悌而好犯上者是很少见的，不好犯上也就不会作乱。孝悌是行仁之基础，如果确立了这个基础，则会走向仁。孝悌虽然不等于仁，但为行仁的一个开始，一个好的开端。程子曰："故为仁以孝弟为本。论性，则以仁为孝弟之本。""谓行仁自孝弟始，孝弟是仁之一事。谓之行仁之本则可，谓是仁之本则不可……然仁主于爱，爱莫大于爱亲，故曰孝弟也者，其为仁之本与！"③ 孝在《论语》中论说的比较多。从抽象的意义上来说，孝亲当然是必要的，也是人的一个美德。但是将这种对人的要求与教化同封建社会的结构联系起来考察，我们就发觉它也是对人的一种约束乃至奴役。也就是说无论长辈是多么地顽固和专制，晚辈都要无条件地听从。而且都要发自内心的听从，不能在思想上有半点不满和反抗，这就是一种奴化教育了。就不能发展人的个性和创造性，社会必将也是一潭死水，毫无生机与活力。更为重要的是，在中国长期的封建社会，家国是同构的。国家就是天子的家天下，君主是最大的家长，对亲的孝用到君上就是忠。孝是无条件的，则忠也是无条件的，因而也就产生了愚忠。于是愚孝愚忠像一条大锁链一样紧紧地将人们束缚了起来，在儒家的教化配合下，人们不仅未察觉到这有什么不合理，反而是

---

① 杨伯峻：《论语译注》，中华书局1980年版，第78页。
② 杨伯峻：《论语译注》，中华书局1980年版，第2页。
③ 朱熹：《四书章句集注》，中华书局1983年版，第48页。

心甘情愿地服从和支持乃至热血沸腾地拥护。我们不得不相信，中国封建社会的漫长及长期的停滞与这种对愚孝愚忠的提倡有莫大关联。这就是封建统治阶级非常强调愚忠愚孝的根本原因。我们从近代儒者张謇的话中能体会到这种忠孝对维持统治的重要作用。他说："夫孝之义至微至广……而致其用者在顺。《记》曰：'孝者蓄也。顺于道不逆于伦，是之谓蓄。'……顺必有序，顺于学之序则学进，顺于事之序则事治，顺于人之序则人治，顺于礼之序则身安，学进事治人洽身安，顺之效也。能顺者能爱身……谨身……修身，必能知冥冥坠行、行险侥幸之为亲羞；无不顺，则备矣。"① 孝顺对于封建社会的统治的长治久安何其重要，因而由孔子所提出的这个适应当时的思想在后来的封建社会一直发挥着重要的作用。

在孔子之时，这种提倡还是有积极意义的，也是符合当时的时代要求的。但是当它成了统治阶级利用的工具时，这种百善之先的孝道就变味了，也自然成了一种加在人们头上的锁链，不仅不能如儒家所期望的那样成己成物，反倒成了束缚人发展自己的外在的东西。

（五）孔子重视教化思想

孔子所认为的政治是正己以正人。季康子向孔子问政，孔子回答道："政者，正也。子帅以正，孰敢不正？"② 在孔子看来，从事政治就是行仁与复礼。从政者首先应当是一个仁者，一个关心和爱护百姓的人，一个以身作则和带头起表率作用的人。孔子从行仁是自觉自愿的事情出发，也同样将这种理念应用到政治上。盖衣食父母之官员带头垂范，则老百姓就会自觉自愿地效仿与心甘情愿地服从。在我要做的前提下，一切需要百姓去从事的事情就能得到最大程度的完成。孔子又说："苟正其身矣，于从政乎何有？不能正其身，如正人何？"③ 只要统治者自身端正了自己，则治理国政就没有什么困难了。又说："上好礼，则民莫敢不敬；上好义，则民莫敢不服；上好信，则民莫敢不用情。"④ 孔子将统治者的

---

① 张謇：《张季子九录·儿子怡祖字说》，民国二十年（1931）上海中华书局刊本。
② 杨伯峻：《论语译注》，中华书局1980年版，第129页。
③ 杨伯峻：《论语译注》，中华书局1980年版，第138页。
④ 杨伯峻：《论语译注》，中华书局1980年版，第135页。

行为对百姓的影响比喻道:"君子之德风,小人之德草。草上之风,必偃。"① 上好礼,则民没有人敢不尊敬。统治者对百姓的影响不仅在于百姓在内心自觉接受这种影响,还有统治者权威的作用。从情来说,能感化那些容易教化之人;而从威来说,就能对那些难以引导之人起到作用。因而统治者的率先垂范会产生良好的效果。主政者就像家长教育自己的子女一样,身教往往比言传更有作用。事实上,在孔子的思想里,家国同构,治理国家与管理家庭是一样的道理。不能采取粗暴的手段,而应当以教育感化为主。从仁入手来施行教化,显然这种教化是培养人品的,而不是教人以知识与一技之长。

孔子以为政治的主要任务就是正己而正人,显然这是从教化上来定义政治,是将政治与教化看作合一的关系。孔子以为教化得好就能起政治事功之效,政治之事当然包括教化民众,但是又超越了这个范围。孔子从三代治教合一的历史提出这种主张可能有些阔于现实。但是从现实的情况来说,春秋时代,王官散在民间,三代学在王官的传统已难以为继。而在孔子之世,意图使以教化为主的道统合一于政统,显然是孔子一厢情愿的事情。他恢复周礼的失败就是明证。他把师君合一的希望寄托在君主之身,因而"事君尽礼",对君主的态度谦恭。虽然,孔子对君主是恭敬有余,但是其尊君与后来的荀子强化君权的思想不同。盖孔子的仁礼合一的思想决定了他是以仁视君主。孟子的思想则是以道抗君,与处在春秋时期还寄予治道合一的孔子不同(由此也可以看出,孔子何以事君以礼,乃是由于孔子是将君主看作师道合一的载体,即使是礼崩乐坏之时,孔子也是想极力恢复三代治道合一的局面)。

虽然孔子对君主的态度没有后来孟子以道抗君的思想,他对君主的态度过于温和,因而对现实是采取一种改良主义的态度,而不是激进反抗的态度。但是这不等于孔子对君主是一味顺从、忍让乃至采取无原则的和稀泥的态度,如对卫灵公。卫灵公是当时诸侯中的佼佼者,孔子对他的评价也很高。当鲁哀公问孔子"当今之君,孰为最贤"时,夫子回答道:"丘未之见也,抑有卫灵公乎?"② 然而,《论语》同时也记载道:"子言卫灵公之无道也。"③ 对诸侯中的贤明如卫灵公者,孔子也以"无

---

① 杨伯峻:《论语译注》,中华书局1980年版,第135页。
② (三国)王肃注:《孔子家语·贤君第十三》,上海古籍出版社2019年版,第100页。
③ 杨伯峻:《论语译注》,中华书局1980年版,第152页。

道"而抨击之,更何况对其他的凡庸之辈呢?孔子认为要"以道事君",在原则问题上不能苟合顺从。他对卫国的史鱼、蘧伯玉以道为先务的人物赞扬有加。他说:"直哉史鱼!邦有道,如矢;邦无道,如矢。君子哉蘧伯玉!邦有道,则仕;邦无道,则可卷而怀之。"①(《论语·卫灵公》)他虽然有强烈的从政愿望,但是如果不能行道,他宁愿不出仕。他说:"道不行,乘桴浮于海。"②(《论语·公冶长》)"不义而富且贵,于我如浮云。"③(《论语·述而》)从政就要行仁道,如果不能如此,则决不出仕。从政者的优劣要用道来衡准,所以,孔子也是以道统来指导和评价与政统相关的政治活动。在君主面前,孔子坚持道的原则。但是孔子之道是在维护现存的秩序前提下的道,这就不难理解为何孔子对君主如此卑恭,甚而至于有些奴颜婢膝和低声下气的姿态。

孔子在现存秩序基础上讲道,但他又把道看得高于君主、权力和地位。而现实的秩序是君主及其权力和地位是高于一切的。这样孔子之道与现实政治秩序就保持了一定的张力。孔子以道自任,道又高于一切。这当然无法为各国君主所接纳。孔子一生除了在鲁国短期得志行道之外,其余时间奔波于列国之间,不为各国所用,"累累如丧家之犬"。孔子之所以落得这样的政治命运是由于他不屈道而事君的原因,体现了他对道矢志不渝的坚守精神,为后世儒家坚持道统高于政统的原则树立了一个标杆。这也是儒家在政治上最可贵的精神,赢得了世人的钦敬与支持。

二 孟子之仁政

孟子民贵君轻的思想是对孔子思想的发展,他说:"君有大过则谏,反复之而不听,则易位。"④ 这种臣可以易君之位的大胆言论在孔子是不可想象的。孟子虽然得到后世尊崇,但是这种言论在统治者看来也非常刺耳,因此朱元璋对此非常不满。⑤ 这种思想与孔子的忠孝思想是并存

---

① 杨伯峻:《论语译注》,中华书局1980年版,第163页。
② 杨伯峻:《论语译注》,中华书局1980年版,第43页。
③ 杨伯峻:《论语译注》,中华书局1980年版,第71页。
④ 杨伯峻:《孟子译注》,中华书局1960年版,第251页。
⑤ 朱元璋下诏令翰林学士刘三吾删减《孟子》一书,编成《孟子节文》。

于儒家学者心目中的,只是臣子主要是以孔子的思想来事君,而很少表现出孟子激进的情形。

臣子对于君主的作用是相当重要的,"不用贤则亡"①,(《孟子·告子下》)"仁者无不爱也,急亲贤之为务"②,(《孟子·尽心上》)"贤者在位,能者在职"③,(《孟子·公孙丑上》)"尊贤使能,俊杰在位"④。(《孟子·公孙丑上》)贤能之人对于国家的治理和富强是非常重要的,因此,君主要格外重视与尊重人才。但臣子也要坚持道义,而不能唯君主之命是从。君主说得正确的就听从,错误的就要辨明其错误所在。否则臣子也难以对社会做出更多的贡献,甚至会走向反面:为虎作伥,助纣为虐。在这种情况下,臣子即使有所贡献,在道义上也是会遭受谴责的。因此,臣子坚守道义不仅可以对君权形成一种制约,而且也可从道高于势上来获得一种尊严和地位,使得君主对臣子有所顾忌。孟子说:"尊德乐义,则可以嚣嚣矣。故士穷不失义,达不离道。穷不失义,故士得己焉;达不离道,故民不失望焉。古之人,得志,泽加于民;不得志,修身见于世。穷则独善其身,达则兼善天下。"⑤(《孟子·尽心下》)孟子称那种以道自任的人为大丈夫。他说:"居天下之广居,立天下之正位,行天下之大道;得志,与民由之;不得志,独行其道。富贵不能淫,贫贱不能移,威武不能屈,此之谓大丈夫。"⑥(《孟子·滕文公下》)大丈夫就是响当当有担当顶天立地的一流人物。大丈夫得志时,带领百姓一同前进;不得志就独行其道。富贵、贫贱以及权势等都不能改变我以道自任的精神品质。而臣子就要做这样的大丈夫,重要的是要有一种高贵的矢志不渝的精神品质。当然孟子这是对士子的期许,他说:"无恒产有而有恒心者,惟士为能。"⑦(《孟子·梁惠王上》)臣子当然首先是士子,要在精神品质上超过普通人。孟子还说:"天下有道,以

---

① 杨伯峻:《孟子译注》,中华书局1960年版,第284页。
② 杨伯峻:《孟子译注》,中华书局1960年版,第322页。
③ 杨伯峻:《孟子译注》,中华书局1960年版,第75页。
④ 杨伯峻:《孟子译注》,中华书局1960年版,第77页。
⑤ 杨伯峻:《孟子译注》,中华书局1960年版,第304页。
⑥ 杨伯峻:《孟子译注》,中华书局1960年版,第141页。
⑦ 杨伯峻:《孟子译注》,中华书局1960年版,第17页。

道殉身，天下无道，以身殉道；未闻以道殉乎人者也。"①（《孟子·尽心上》）"天下有道，以道殉身"即孔子所说的"天下有道则见"，②（《论语·泰伯》）"邦有道则仕"③（《论语·卫灵公》）之意，表明孟子是以孔子的标准处理士人的出处行藏。"天下无道，以身殉道"也是对孔子"志士仁人，无求生以害仁，有杀身以成仁"④（《论语·卫灵公》）思想的继承。为了成仁，志士可以牺牲自己的生命。在志士的眼中，仁与道重于自己的生命。

在孟子的思想中，道义是高于君权、身份与地位的，这一点是对孔子思想的发扬，成为后世儒家在与权势斗争中获取精神力量的强大资源。但是战国时代的孟子与春秋时代的孔子所处的时代背景不同。孔子时代，虽然礼崩乐坏，但是距离礼乐盛行的时代要近一些，因此，孔子对周礼是相当尊崇的。而到了孟子所处的战国时代，人们对周礼已经比较陌生了。在这种环境下，孟子就没有像孔子那样的对礼的尊崇。再加上孟子本人的性格较为刚烈，他对君主的态度就不像孔子那样谦卑有加，而是不卑不亢，表现得很有尊严。他对齐宣王说："君之视臣如手足，则臣视君如腹心；君之视臣如犬马，则臣视君如国人；君之视臣如土芥，则臣视君如寇仇。"⑤ 在孟子看来，既然道是高于君权与身份地位，因此，君臣关系是平等的，都是为了行大道而形成了工作关系。如果君主将臣子看作犬马，臣子对君主也就没必要恭敬有加。

君主如果有求于有德之人，就有登门拜访求教的必要。《孟子》中写道："曾子曰：'晋楚之富，不可及也；彼以其富，我以吾仁；彼以其爵，我以吾义，吾何慊乎哉？'……天下有达尊三：爵一、齿一、德一。朝廷莫如爵，乡党莫如齿，辅世长民莫如德。恶得有其一以慢其二哉？故将大有为之君，必有所不召之臣；欲有谋焉，则就之。"⑥ 曾子认为仁义与爵位一样尊贵，而孟子认为天下最尊贵的东西是爵位、年龄、德行。

---

① 杨伯峻：《孟子译注》，中华书局1960年版，第321页。
② 杨伯峻：《论语译注》，中华书局1980年版，第82页。
③ 杨伯峻：《论语译注》，中华书局1980年版，第163页。
④ 杨伯峻：《论语译注》，中华书局1980年版，第163页。
⑤ 杨伯峻：《孟子译注》，中华书局1960年版，第186页。
⑥ 杨伯峻：《孟子译注》，中华书局1960年版，第89页。

年龄是乡里最尊贵的东西,因为年龄越大越值得尊重,而对于君臣来说,最尊贵的东西仍然是爵位与德行。因此,孟子的意思与曾子的意思是一致的。臣子拥有最尊贵的东西仁义德行,君主有最尊贵的东西也是德行。因此,不存在君主比臣子高人一等的情形。由于社会等级秩序的存在,在君主眼中,不可能认为君臣是平等的。所以,孟子从德等同于位,得出君臣平等的看法似有迂阔之嫌。事实上,孟子也认识到了这种现实中的君臣不平等,但是他又坚持主张,臣子可以从道德上获得等同于乃至高于君主的优越感。孟子说:"以位,则子,君也;我,臣也,何敢与君友?以德,则子事我者也,奚可以与我友?"① 君臣难以成为朋友,因为从地位上讲,臣子的地位低于君主。论道德,君主要向臣子学习,臣子是老师但不是朋友。君臣连朋友的关系也算不上,君主怎能随意召唤臣子前往问询呢?只有朋友才能相互召唤,在道德上高于君主的臣子就不能为君主所召唤。君主要前往臣子住所虚心请教,这样才能表达出君主的诚心,也才体现出臣对君所具有的道德师的道义。

孟子认为君主在地位上高于臣子,这是臣子基于社会等级秩序和上下级关系必须接受的社会发展现状的安排。这一点孟子与孔子相同。但孟子不以为这种等级与工作关系决定了臣子必须对君主唯命是从。如果不是工作关系,则臣子可以不迁就君主,反倒是君主应登门虚心就教于臣子。但是如君主以官职相召,则臣子就不能推脱。《孟子》有这样一段对话:

> 万章曰:"孔子,君命召,不俟驾而行。然则孔子非与?"曰:"孔子当仕有官职,而以其官召之也。"②

君主以官职召唤孔子,孔子必须听从。这是君臣之礼所要求的,也是臣子的工作职责之一。为了将服务国家和社会的工作做好,臣子必须听从君主的召唤。但是当君主有违背道义之事时,臣子不仅不能听从和附和,而且还必须据理力争,让君主改变主意。孟子说:"君有大过则谏,反复之而不听,则易位。"③ 君有大过,臣子要以言相劝。不听劝

---

① 杨伯峻:《孟子译注》,中华书局1960年版,第248页。
② 杨伯峻:《孟子译注》,中华书局1960年版,第248页。
③ 杨伯峻:《孟子译注》,中华书局1960年版,第251页。

告，作臣下的就可以让更贤明的人取而代之。这比起孔子所说的"以道事君，不可则止"[①] 态度激进得多。孔子是不听则止，孟子是不听则要君主让位。君主有过错，臣子要进谏，这就排除了臣子附和与接受君主错误做法的可能性。

所以，孟子自然引申出了这样一条结论：若臣子对君主一味奉承，唯唯诺诺，即是臣子在权势面前未能坚守道义。在国家政治生活中起着主导作用的君臣之间，丧失道义将导致严重的后果。因此，从长远的眼光来看臣子无原则的顺从君主其实是在害君主，而不是敬君主。孟子在齐国以为向王进言仁义之策就是对齐王最大的敬，他说："我非尧舜之道不敢以陈于王前，故齐人莫如我敬王也。"[②]（《孟子·公孙丑下》）孟子不以君主之是非为是非，而是从道义出发来判断孰是孰非。这个根源乃是他所认为的人有四端的本性，四端之一就是人有判断是非的能力。人要努力地将此四端推广出去，因而必须在任何时候都能坚持自己是非的判断标准，而不能唯上唯君。这种坚持从自我的是非观来判断问题并采取符合这种判断的行动是儒家由仁义行的表现，形成了儒家最值得称道和最珍贵的人文主义优秀传统。但是现实政治往往与儒家由道义出发的精神发生冲突，因为封建统治者往往是从自身利益来考虑问题的。而当儒家人物在这个由统治者主宰的官僚系统中担任职务的时候，这种坚持道义立场与维护统治者利益的政治措施之间的冲突就不可避免地发生了。从担任官职职责来说，作为儒家的官员必须服从命令，而从道义的角度来说，有时又难以从命。这个时候孔子是"以道事君，不听则止"[③]，隐退就是独善其身，却也难以施展自己的抱负和获得参与世事的机会。这样封建社会的儒家在出仕与退隐之间往往显得进退维谷，难以决断。但是不管是出仕与退隐，儒家都主张要维护道义的精神，而不能屈道以事君。所以，儒家出仕非常重视进谏，乃至为此而不惜牺牲自己的生命。

这就表现了与儒家温柔敦厚相对刚烈的一面。为了伸张正义、主持

---

① 杨伯峻：《论语译注》，中华书局1980年版，第117页。
② 杨伯峻：《孟子译注》，中华书局1960年版，第89页。
③ 杨伯峻：《论语译注》，中华书局1980年版，第117页。

公道，臣子可以杀身成仁。孟子说："生，亦我所欲也；义，亦我所欲也，二者不可得兼，舍生而取义者也。生亦我所欲，所欲有甚于生者，故不为苟得也；死亦我所恶，所恶有甚于死者，故患有所不辟也。如使人之所欲莫甚于生，则凡可以得生者，何不用也？使人之所恶莫甚于死者，则凡可以辟患者，何不为也？"①（《孟子·告子上》）孟子之意是当生与义发生冲突时，应当毫不犹豫地舍生取义。在一个人的生命历程中，有比生命更令我们喜欢的东西，有比死亡更令我们厌恶的东西。因此，为了保护我们更喜欢的东西，我们不会苟且偷生；为了讨伐我们更厌恶的东西，我们不会逃避灾祸。这个我们更喜欢的东西就是道义，更厌恶的东西就是对道义的践踏。为了维护道义，生命可以不要，天下也可以不取。孟子说："行一不义，杀一不辜，而得天下，皆不为也。"②（《孟子·公孙丑上》）孟子将道义放在高于一切的位置，只有这样，人们才不会为了个人的私欲而无所不为，才能避免人性堕入邪恶的深渊，社会才能避免重回原始丛林弱肉强食的野蛮状态。儒家洞察了建设一个公序良俗的社会的关键所在，表现出了舍生取义刚烈的一面。孔子的"杀身成仁"与孟子的"舍生取义"成为这种儒家勇往直前不怕牺牲刚烈一面的源头。先秦道的刚健精神与宋明理学重向内用功的内敛精神差异很大，因而前者在政治上具有开拓的精神而后者主要表现为因循守旧。

道义比起道德要广泛得多，它蕴含了要去做该做的事情，而不是将主体的注意力收缩在狭隘的道德范围之内。因此，孟子这种道义的思想就不会像后来的理学家一样轻视利益或功利。孟子说："无恒产而有恒心者，惟士为能。若民，则无恒产，因无恒心……是故明君制民之产，必是仰足以事父母，俯足以畜妻子；乐岁终身饱，凶年免于死亡。然后驱而之善，故民之从之也轻。"③可见孟子对利益的重视，显示出孟子与后来的"无事袖手谈心性，临危一死报君王"（颜元语）的理学家相比更是外王领域的行动者与创造者，而不只是在修养心性中空耗生命。从内圣与外王的关系来说，孟子显然不会认为外王是内圣水到渠成的结果，

---

① 杨伯峻：《孟子译注》，中华书局1960年版，第265—266页。
② 杨伯峻：《孟子译注》，中华书局1960年版，第63页。
③ 杨伯峻：《孟子译注》，中华书局1960年版，第17页。

是内圣的延伸，而是要独立专门地去努力从事的。

三 荀子重视义与礼

（一）荀子道义高于政治的思想

荀子也同孟子一样认为道义是最珍贵的。他说："闻修身，未尝闻为国也。君者，仪也；民者，景也。仪正而景正。"①（《荀子·君道》）修身是前提，只有身修好了，才能谈得上治理国家。此与《大学》所讲的修身齐家治国平天下的顺序是一致的。荀子强调了修身的根本作用，保持了儒家的本色。荀子还说："志意修则骄富贵，道义重则轻王公；内省而外物轻矣……身劳而心安，为之；利少而义多，为之。事乱君而通，不如事穷君而顺焉……士君子不为贫穷怠乎道。"② 士之有志就能傲视富贵，把道义看得重就能轻视王公。在孟子看来，道义重于一切，因此，就不能为权贵折腰。而荀子也是将道义看得高于一切，因而也不会为了追求自己的富贵而懈怠于道。在道义面前，荀子与孟子的态度是一致的。对于那些公然违抗道义的君主，臣子应该怎么办呢？孔子是不合作的态度，孟子是反复劝告而不听就易主的态度。荀子的态度是什么呢？在《臣道》中，荀子说："夺然后义，杀然后仁，上下易位然后贞，功参天地，泽被生民，夫是之谓权险之平，汤、武是也。"③ 夺取君权，然后才能实行道义。杀掉君主，然后才能实行仁义。君臣易位，然后才能做到有操守。荀子公开鼓吹有德之臣子可以夺取无道之君的君权，因为暴君阻碍了臣子实行道义。换言之，谁能实行道义谁就可以取代君主。在荀子看来，只要暴君无义，有德之臣取而代之这件事本身就是道义的。在《正论》中，荀子说："汤、武非取天下也，修其道，行其义，兴天下之同利，除天下之同害，而天下归之也。桀、纣非去天下也，反禹、汤之德，乱礼义之分，禽兽之行，积其凶，全其恶，而天下去之也。天下归之之谓王，天下去之之谓亡。故桀、纣无天下，而汤、武不弑君，由此

---

① 张觉：《荀子译注》，上海古籍出版社1995年版，第253页。
② 张觉：《荀子译注》，上海古籍出版社1995年版，第20页。
③ 张觉：《荀子译注》，上海古籍出版社1995年版，第285页。

效之也。汤、武者，民之父母也；桀、纣者，民之怨贼也。今世俗之为说者，以桀、纣为君，而以汤、武为弑，然则是诛民之父母，而师民之怨贼也，不祥莫大焉。以天下之合为君，则天下未尝合于桀、纣也，然则以汤、武为弑，则天下未尝有说也，直墮之耳！"① 荀子从天下人心向背的角度认为是天下人要归顺汤武，称他们为王；同理，桀纣也是被天下人抛弃的，是天下人要灭亡他们。汤武只是顺应了民心。所以，民意与道义在易君中起到了举足轻重的作用。荀子这种道义构成的道统高于现实政治的思想与孔孟是一致的。

（二）荀子之礼

荀子是性恶论者，与孟子的性善论形成对立。从性善出发就主张率性，所以，孟子重视人的自觉性与四端。而荀子认为人性为恶，要靠外在的力量才可去恶为善，所以重视礼。礼是一种规范，要求人们遵守，因而具有约束人的作用。但荀子之礼也是节欲，而非绝欲。荀子曰："德必称位，位必称禄，禄必称用。由士以上则必以礼乐节之，众庶百姓则必以法数制之。"② 当礼与法相对而言之时，礼通常是针对士而言的，而法是针对众庶百姓而言的。礼是对士的约束，法是对百姓的约束。这即是所谓的礼不下庶人，刑不上大夫，这是狭义之礼。但是荀子的礼也具有广义性，广义之礼就包括了典章制度与法。礼与法的效果也要依靠仁人在上；只有仁人居于君位，各行各业才能人尽其力，人们也才无非分之想。如此就能自觉将自己的欲望限制在礼法的范围之内。荀子曰："故仁人在上，则农以力尽田，贾以察尽财，百工以巧尽械器，士大夫以上至于公侯莫不以仁厚知能尽官职，夫是之谓至平。故或禄天下，而不自以为多；或监门、御旅、抱关、击柝，而不自以为寡。故曰：斩而齐，枉而顺，不同而一。夫是之谓人伦。"③ 将社会的公平和大治寄托在明君之身是儒家的良好愿望，并企图以儒家的一套仁义道德的内圣修养论来格君心，"仪正则景正"，即君正则民正。正如纲举目张，只要君心

---

① 张觉：《荀子译注》，上海古籍出版社1995年版，第366页。
② 张觉：《荀子译注》，上海古籍出版社1995年版，第183页。
③ 张觉：《荀子译注》，上海古籍出版社1995年版，第62页。

一正，一切问题都可以迎刃而解。这当然是原始儒家的一种过于简单的社会治理的思想，但是对后世儒家产生了很大的影响①。儒家的这种简单化，当然是我们站在历史发展到今天的社会管理水平之上而给出的评价；但是对于先秦儒家来说，可能这是比较好的治理社会的策略。在仁君的治理之下，有人富有天下也不为多；有人看管城门、招待旅客、守卫关卡，所得也不为少。有了参差不齐才能达到整齐，有了约束才能达到有序，有了各行各业才能达到统一。荀子讲起了齐与不齐、约束与有序、同与不同的辩证法。荀子认为社会等级的差异以及不平等是维持一个社会齐与统一的前提。承认社会等级的差异是儒家的共识，这是由儒家从基本上是接受现存社会秩序的态度所决定的。面对当时的社会现状，儒家也只能如此。因为等级差异是无法改变的，不提出推倒现存社会秩序另起炉灶也表明了儒家改良主义的思想倾向。在这种社会稳定的前提下，人们才会各尽所能，安分守己，遵守礼法。所以，荀子不是无条件的要求人们遵守礼，而是首先强调了一个良好的社会环境的形成，而创造这样一个良好社会环境是有赖于统治者以仁厚知能的良好素质来治理社会。可见，荀子在社会治理的首要事务上与法家区别开来，荀子认为社会治理的首务是实行仁政；而法家是提倡统治者实行严刑峻法，自然君主的道德修养与实行仁政至少不是优先考虑的事务。所以，荀子虽然也讲礼法，但是是在仁政优先的前提下讲的，与法家无条件地实行严刑峻法明显不同。

　　遵守礼不仅能够规范人们的行为，创建一个有序而又和谐的社会，而且遵守礼法对国家经济的增长也有非常大的作用。荀子说："节用以礼，裕民以政。彼裕民，故多余；裕民，则民富。民富，则田肥以易；田肥以易，则出实百倍。"② 节用依靠礼制，富裕依靠政策。民众富裕则农田会被多施肥而精耕细作，收成就会多出许多。荀子不仅重视用礼制

---

　　① 明代的邹元标正是从这种格君心的思想出发，以此纠正君主之错误。（参见［美］黄仁宇《万历十五年》，生活·读书·新知三联书店2008年版，第82页。）但仅仅从内圣修养入手，于现实存在的问题的解决也益处不大。因此，儒家企图以道德一维之力来达到其他方方面面的问题的解决的目的有将问题简单化之嫌。

　　② 张觉：《荀子译注》，上海古籍出版社1995年版，第181页。

来节流，也重视用恰当的政策使百姓富足起来。主张"轻田野之税，平关市之征，省商贾之数，罕兴力役，无夺农时"①，荀子又以为"国计之极"，在"养其和，节其流，开其源，而时斟酌焉"②。荀子的裕民措施有减轻税负，整治关卡集市的赋税，减少商人的数量，尽量少些劳役，不误农时。

荀子还从社会分工的角度讨论了如何裕民的问题。他说："故泽人足乎木，山人足乎鱼；农夫不斫削、不陶冶而足械用，工贾不耕田而足菽粟。故虎豹为猛矣，然君子剥而用之。故天之所覆，地之所载，莫不尽其美、致其用，上以饰贤良、下以养百姓而乐安之。夫是之谓大神。"③ 荀子是在社会分工的基础上讲各尽所能而创造财富，反对墨子过度的节俭。荀子说："墨子虽为之衣褐带索，啜菽饮水，恶能足之乎？既以伐其本，竭其原，而焦天下矣。"④ 圣人制礼作乐，是限制人们欲求的过度膨胀以及反对由此带来的奢靡之风，而非是要人们无限制的节衣缩食、勒紧裤带过日子。因为消费萎缩，生产就会因为货物滞销而停顿。这种现代人非常熟悉的经济发展的规律在古代不一定为一般人所洞察，而荀子则非常明确地指出了这一点，并与对礼的遵循联系起来。荀子将个人的修养与社会秩序的维护以及经济发展联系在一起，他是在全盘考察社会生产生活的诸多情况的条件下导出思想，他的思想是一个系统论、整体论。因而荀子不会提出不合情理的禁欲主义的主张，提出一些人们难以接受的要求，非常符合人道主义的精神。所以，荀子的思想通常是中规中矩、不走极端的，极大地运用了人的理性来构建其理论体系。荀子与孟子也有不同，孟子也讲社会分工，但是他将社会分工看作社会生产和生活有序展开的前提，其主旨不是论在社会分工基础上繁荣社会经济。孟子强调了菽粟对百姓有如水火般不可短时间缺乏的重要，但在裕民方面似乎没有提出更高的理想。

以上的分析表明，荀子的礼论对人们不只是约束和义务，也包含了对人们权利的维护。从社会经济和人们生活的角度来说，礼也不限制人

---

① 张觉：《荀子译注》，上海古籍出版社1995年版，第184页。
② 张觉：《荀子译注》，上海古籍出版社1995年版，第203页。
③ 张觉：《荀子译注》，上海古籍出版社1995年版，第159页。
④ 张觉：《荀子译注》，上海古籍出版社1995年版，第192—193页。

们合理的消费,适当的消费不仅对人们的生活和交往大有意义,对社会物质的再生产也是不可缺少的。在荀子的思想中似乎已经达到了这样一种认识,即整个人类社会是一个大的整体,牵一发而动全身,各个方面是息息相关的,一个方面发展好了会带动另一个方面好的发展,同时一个方面的如何发展也可以从其他方面的发展获得启示,如生产离不开消费,因此适当的消费是必要的。这就启示我们搞禁欲主义也是不利于社会生产和整个社会向前发展的。所以,在禁欲主义是否有利于修身难以决断的情况下,我们可以从社会生产的发展上获得一种支持反禁欲主义的信念。这种综合权衡的考量表明了荀子思想充满了理性和整体考量的系统论的特色,他不仅是孤立地谈论礼与人自身的修养,而且是在联系其他领域的问题来谈论这些问题。儒家发展到宋明时期,出现了"饿死事极小,失节事极大"的极端思想,此与荀子的精神相差甚大,这是一种极端修养论,有禁欲主义之倾向。荀子的精神是不可能发展出这种思想的,所以宋儒对荀子不重视也是情理之中的事情。盖精神趣味不同所致也。如果从内圣外王的角度看,荀子的外王特色非常鲜明,且不受内圣限制,外王具有独立的地位。

总体来看,先秦孔孟荀儒学以仁与礼为中心的思想表现在政治上就是要实现仁政和重建礼乐制度来维护社会稳定。这种以仁与礼为中心的政治思想就是后世儒学内圣外王政治学模式的先导。孔孟荀的思想显示了很强的以道自任的意识,表达了要以道来支配政治的理想。先秦道的刚健精神与宋明理学重向内用功的内敛精神差异很大,因而前者在政治上具有开拓的精神而后者主要表现为因循守旧。

孔孟荀为了解决那个时代的问题,提出了自己的方案。其总体框架是以道自任,道高于政治。政治上也提出了许多措施。孔子的礼乐制度对礼的遵循,即是一种政治主张,反映了人们急切地期盼和平生活的愿望。孟子之道义也涉及政治,蕴含了该做的事情之意,而不只局限在道德的范围。所以,孟子的仁政也是从大方向上而言的,而具体的政治措施也不受此限制。荀子的礼论包含了发展生产和维护人们权利之意,本身即是政治主张。总体而言,孔孟荀的主张符合那个时代的精神与需求。

第四章　汉代的天人感应论与谶纬迷信

到了汉代，董仲舒提出的"罢黜百家，独尊儒术"主张得到了统治阶级的采纳，因而使得儒学上升为统治阶级的意识形态，成了官方哲学。儒学之所以能为官方采纳，其根本原因在于它对现存政治的认可。儒学来源于王官之学，它的思想是宗法家族制的反映。董仲舒的贡献不仅在于促使儒学上升为官方哲学，更主要在于他的天人感应论，其天人感应论在那个时代对统治阶级起到了一定的制约作用。但是为了迎合皇权，儒学也付出了用谶纬迷信配合论证皇权合法性的荒唐代价。

一　董仲舒的天人感应论

董仲舒的天人感应论对皇权有一定的限制。地上的灾异是上天受到了人间治理不善的感应而造成的。在这种政治人文环境下，皇帝在遇到灾异之时，不管是自愿还是被迫的，都会采取一定的行动来对这种灾异进行回应，如减轻百姓的赋税、赦免部分犯人，并将造成这种灾异的原因归咎于自己，反躬自省，责备自己，这就是罪己诏。汉代皇帝颁布罪己诏，既是商、汤以来罪己传统的延续[①]，也是深植其中的西汉政治文化因素尤其是董仲舒构建的天人感应论影响的结果。天人感应论起源于《尚书·洪范》[②]。另据《上海博物馆藏战国楚竹书》记载：鲁邦大旱，

[①] 参见魏昕《由"罪己诏"论西汉道统与政统的关系》，《中南大学学报》（社会科学版）2013年第4期。
[②] 《尚书·洪范》中说道："曰休征：曰肃，时雨若；曰乂，时旸若；曰晢，时燠若；曰谋，时寒若；曰圣，时风若。"意思是："多么美好的征兆：为肃，君王恭敬，雨水适时降落；为乂，君王修治，天气适时阳光充足；为晢，君王明哲，气候适时温暖；为谋，君王深谋远虑，天气适时寒冷；为圣，君王通达事理，天气适时刮风。"李民、王健：《尚书译注》，上海古籍出版社2004年版，第228—229页。

哀公谓孔子："子不为我图之？"孔子答曰："邦大旱，毋乃失诸刑与德乎？"孔子也怀疑国家大旱与统治者在刑罚及德行上表现不当有关，因此劝一国之君"正刑与德，以事上天"。

而在《春秋公羊传》中，作者反复将灾异与君主的施政联系起来进行论述。对于《春秋》僖公十五年"己卯，晦，震夷之庙"，《公羊传》诠释道："晦者何？冥也。震之者何？雷电击夷伯之庙也。夷伯者，曷为者也？季氏之孚也。季氏之孚，则微者，其称夷伯何？大之也，何为大之？天戒之，故大之也。何以书？记异也。"① 为什么重视这件灾异，因为上天借此警告伯夷。他本是一个地位一般的人却又得到了超过他所应得的待遇，在礼上就僭越了。僭越了礼，就遭到上天的警告，显然这就是天人感应论。

《春秋》宣公十五年，曰："冬，蝝生。"《春秋公羊传·宣公十五年》云："冬，蝝生。未有言蝝生者，此其言蝝生何？蝝生不书，此何以书？幸之也。幸之者何？犹曰受之云尔。受之云尔者何？上变古易常，应是而有天灾，其诸则宜于此焉变矣。"② 虫害出现，《公羊传》认为这是天帝对鲁国的惩罚。因为鲁国国君更改古制、变异常法。通过这件蝗虫灾异的事件，《公羊传》表达了国君的行为会引起上天的反应，祸国殃民的政策会引起天帝惩罚的思想，对董仲舒构建的天人感应论有直接的影响。

因此，从《公羊传》的论说可见，在董仲舒提出天人感应论之前，人事能引起上天感应的思想即已经存在。民众所具有的逆天罪行会引起上天报应的普遍看法就是一种天人感应论的表现。但是董仲舒将天人感应论非常明确地应用到政治上用以干涉统治者的施政，则是他的创造。这种采取上天惩罚的手段来干预政治，比起原始儒家纯粹以道义的方式形成的道统来限制政治与君权来得更加有效，在那种众人都普遍相信天人感应的政治文化背景之下。因为君主可能不理会道义，或违背道义可能不会直接和立即引起严重的后果。但是天人感应却不同，人事的不当会直接引起上天的惩罚，这种直接威胁到国君宝座的严重后果往往会令

---

① 刘尚慈：《春秋公羊传译注》，中华书局2010年版，第230页。
② 陈戍国点校：《四书五经·春秋公羊传》，岳麓书社2015年版，第1355页。

统治者有所忌惮。所以，当灾异发生时，君主认为是自己的德性修养得不够和暴政造成了这样的灾异，于是君主不得不下罪己诏。

从汉帝王颁布罪己诏之多可见天人感应观念已深植统治阶级意识之中。"经过对《汉书》皇帝本纪的统计，西汉皇帝已颁布了45次罪己诏，加上汉武帝《轮台罪己诏》共46次。"①《汉书·元帝纪》载："三月壬戌，日有蚀之。诏曰：'朕战战栗栗，夙夜思过失，不敢荒宁。惟阴阳不调，未烛其咎。娄（屡）敕公卿，日望有效。至今有司执政，未得其中，施与禁切，未合民心。暴猛之俗弥长，和睦之道日衰，百姓愁苦，靡所错（措）躬。是以氛邪岁增，侵犯太阳，正气湛（沈）掩，日久夺光。乃壬戌，日有蚀之。天见（现）大异，以戒朕躬，朕甚悼焉。其令内郡国举茂材异等贤良直言之士各一人。'"此诏即是罪己诏，汉元帝认为日食是上天对自己所发出的警告。因此，感到非常惶恐，下诏表示是己的罪过导致了天空呈现不祥的预兆。有司执政，未得其中，施惠微薄，而禁限烦苛，百姓愁苦，无所置身。这样黑暗的政治必然导致阴阳失调，继而日食就发生了。

戊寅晦，日有蚀之，诏曰："……今朕暗于王道，夙夜忧劳，不通其理，靡瞻不眩，靡听不惑，是以政令多还，民心未得，邪说空进，事亡（无）成功。此天下所著闻也。公卿大夫好恶不同，或缘奸作邪，侵削细民，元元安所归命哉！乃六月晦，日有蚀之。《诗》不云乎？'今此下民，亦孔之哀！'自今以来，公卿大夫其勉思天戒，慎身修永，以辅朕之不逮。直言尽意，无有所讳。"此次日食，汉元帝对自己的施政进行了反省，认为自己不通王道之理，政令反复，不得民心，邪说并进，毫无建树。臣下缘奸作邪，侵犯百姓。日食告诫天子与臣僚要善修自身，及时醒悟，夙兴夜寐。

汉元帝初元元年，发生了比较严重的地震，"间者地数动而未静"，使汉元帝惧于天地之威，不知所由。汉元帝初元二年（公元前47年）又发生地震，当时的情况是"毁落太上皇庙殿壁木饰……"，这几次地震破坏较大，且毁坏了皇家的宗庙，因此皇帝的心理触动较大，于是下罪己诏，要改善政策，安抚百姓。

---

① 关莉莉：《西汉皇帝"罪己诏"研究》，硕士学位论文，内蒙古大学，2014年。

以下是汉元帝时对火灾与彗星发生时下的罪己诏。

> 夏四月乙未晦，茂陵白鹤馆灾。诏曰："乃者火灾降于孝武园馆，朕战栗恐惧。不烛变异，咎在朕躬。群司又未肯极言朕过，以至于斯，将何以寤（悟）焉！百姓仍遭凶厄，无以相振（赈），加以烦扰乎苛吏，拘牵乎微文，不得永终性命，朕甚闵（悯）焉。其赦天下。"
>
> 夏四月，有星孛于参。诏曰："朕之不逮，序位不明，众僚久旷，未得其人。元元失望，上感皇天，阴阳为变，咎流万民，朕甚惧之。乃者关东连遭灾害，饥寒疾疫，夭不终命。《诗》不云乎？'凡民有丧，匍匐救之。'其令太官毋日杀，所具各减半。乘舆秣马，无乏正事而已。罢角抵、上林宫馆希御幸者、齐三服官、北假田官、盐铁官、常平仓。博士弟子毋置员，以广学者。赐宗室子有属籍者马一匹至二驷，三老、孝者帛，人五匹，弟（悌）者、力田三匹，鳏寡孤独二匹，吏民五十户牛酒。"

汉宣帝元康元年秋八月，诏曰："朕不明六艺，郁于大道，是以阴阳风雨未时。"①

汉宣帝罪己诏认为自己不明六艺，暗于大道，所以将风雨失调的原因归于自身，从而深自反省，以求改正。据《汉书》记载，汉宣帝本始四年夏四月壬寅，河南以东四十九个郡国发生地震。（宣帝下罪己诏）诏曰："朕承洪业，奉宗庙，托于士民之上，未能和群生。乃者地震北海、琅邪，坏祖宗庙，朕甚惧焉。丞相、御史其与列侯、中二千石博问经学之士，有以应变，辅朕之不逮，毋有所讳。令、三辅、太常内郡国举贤良方正各一人。律令有可蠲除以安百姓，条奏；被地震坏败甚者，勿收租赋。"（《汉书·宣纪》，又见《夏侯胜传》）② 宣帝认为发生地震是大臣辅佐不力，应免除租赋，以安百姓。地节三年冬十月，又发生了地震，诏曰："乃者九月壬申地震，朕甚惧焉。"

---

① 班固：《汉书》卷八，中华书局1962年版，第255页。
② 班固：《汉书》卷八，中华书局1962年版，第245页。

从以上一些发生在董仲舒之后的罪己诏可见,董仲舒所阐发的天人感应论对政治与人君的心理都产生了重要的影响。君主在施政的过程中,由于害怕遭到上天的惩罚,不得不有所顾忌,要考虑其政策所产生的效果以及民众的接受能力。因而天人感应论经过董仲舒的阐释和宣扬之后,形成了新的政治文化环境,这种政治文化环境对限制君权起到了一定的作用。当然在董仲舒之前,天人感应的观念就已经存在,但是经过董仲舒对天人感应进行理论的建构和升华之后,其所产生的影响达到了一个新的阶段。

二　汉代儒学用谶纬迷信论证皇权合法性的荒唐性

西汉之政治文化由以天人感应论为主过渡到以谶纬符命之说为主,一是天人感应论中不仅有灾异是由天人感应所引起的含义,也有祥瑞预示有德者兴起之意。后者从董仲舒所说的"帝王之将兴也,其美祥亦先见,其将亡也,妖孽亦先见,物故以类相召也"(《同类相动》)中可以看出。同类感应,暴政产生灾异的反应,而世间政治也有清明之时,这种政治即产生祥瑞。所以,天人感应不仅仅局限于灾异说,还有祥瑞说之含义。而这种祥瑞尤其是祥瑞预示着帝王将兴与谶纬符命多有相似之处,因此,由天人感应发展为谶纬符命也就是顺理成章之事。谶纬符命之说的兴起还有一个原因,即天人感应限制君权往往不为君主所喜好,而受命之说则为人主所乐听。投君主所好者大有人在,于是为了取悦君主,与受命有关的谶纬符命之说勃然兴起。当时的儒生也纷纷加入这种谶纬符命之潮流中,付出了为了迎合政治而牺牲道义的代价。

谶纬符命之盛从为王莽篡汉之符命可见一斑。这些符命之说以元始五年(公元5年)孟通之《白石丹书》为开端,书中有言"告安汉公莽为皇帝"。继之者有临淄亭长《天公示梦》,居摄三年,"'天公使者'谓昌兴亭长曰:'摄皇帝当为真。即不信我,此亭中当有新井。'亭长晨起视亭中,诚有新井,入地且百尺"。再有哀章之《金图策书》,《汉书》对此有记载,其云:"梓橦人哀章学问长安,素无行,好为大言。见莽居摄,即作铜匮为两检。署其一曰天帝行玺金匮图,其一署曰赤帝行玺某'邦'传予黄帝金策书。""书言王莽为真天子"。"书莽大臣八人，又取令后，王兴王盛。章因自窜姓名，凡十一人，皆书官爵为辅佐。"①这些符命之说正好迎合了王莽篡汉的企图，王莽自以为己乃土德，为取代汉之火德找到了充分的根据。又以为汉乃尧后，己为舜后，己之代汉类似于尧舜禅让。王莽这些符命之说无非是为篡汉寻找合理性和必然性，但它们又是建立在荒唐的迷信基础之上。王莽当政之时，社会为谶纬符命的歪风邪气所充斥。"是时争为符命封侯。其不为者相戏曰：独无天帝除书乎？司命陈崇白莽曰：此开奸臣作福之路而乱天命，宜绝其原。莽亦厌之，遂使尚书大夫赵并验治非五威将军所班皆下狱。"在新旧政权更替之际，王莽需要符命来证明其受命的正当性与合理性，以便以欺骗的手段稳定人心。但是一旦政权稳定以后，投机之人仍不断以符命之说企图获取名利，势必给人以故技重施东施效颦的印象，其价值也因为时过境迁而可能大打折扣。因而王莽等主政者无法容忍这种符命之说泛滥，除非五威将军所班，否则对企图凭借符命之说一步登天者将以下狱相惩罚。由此也反映了当时符命说甚嚣尘上的实际，以至于统治者都看不下去了，不得不加以干预。

符命之说并非因王莽的灭亡而烟消云散。光武帝即位之前，文人讨论的不是符命之是否可信，而是为什么该某人受符命，得天下。这种讨论是以深信符命为前提的，至于为什么是某人，则是他们要去探究的问题。这就是为某人受符命寻找根据。试看他们的议论："述曰：帝王有命，吾何足以当之？熊曰：天命无常，百姓与能。能者当之王何疑焉？述梦有人语之曰：八厶子系，十二为期。觉谓其妻曰：虽贵而祚短，若何？妻对曰：朝闻道，夕死尚可，况十二乎？会有龙出其府殿中，夜见光耀，述以为符瑞，因刻其掌纹曰公孙帝。建武元年四月遂自立为天子，号成家，色尚白，建元曰龙兴元年。"这是为公孙述在成都称帝所制造的符命谶纬之神学根据。

公孙述称帝相对于西汉新莽政权而言是异姓更王，而刘秀称帝相对于西汉政权而言是刘氏再兴。在新莽覆灭之后，公孙述建武元年（公元25年）称帝于蜀，同年，刘秀在河北鄗县即位。所以，异姓更王与刘氏

---

① 班固：《汉书》卷九九中，中华书局1962年版。

再兴所建立的政权是同时发生的。隗嚣、公孙述等野心家认为汉、新气数已尽，当是异姓代之之时。但是当时社会普遍的认识是刘氏当再兴。正如方望所说："今皆云刘氏真人，当更受命，欲共定大功，何如？"①因此，西汉皇室后裔刘秀获得了更多的拥护，也为其登基制造了谶纬符命之说。这些谶纬迷信以班彪的"王命论"为代表。他说："昔在帝尧之禅曰：咨尔舜，天之历数在尔躬。舜亦以命禹。""至于汤武而有天下，虽其遭遇异时，禅代不同，至于应天顺民，其揆一也。是故刘氏承尧之祚，氏族之世，著乎《春秋》。唐据火德而汉绍之。始起沛泽，则神母夜号以章赤帝之符。由是言之，帝王之祚必有明圣显懿之德，丰功厚利积累之业，然后精诚通于神明，流泽加于生民。故能为鬼神所福飨，天下所归往。未见运世无本，功德不纪，而得崛起在此位者也"。②"汉德承尧，有灵命之符，王者兴祚，非诈力所致。"③ 帝王之祚是功业和德性累积之所致，但又以符命表现出来"以章赤帝"，这是将德性论与谶纬迷信结合在一起的思想。《左传》昭公二十九年云："陶唐氏既衰，其后有刘累，学扰龙于豢龙氏，以事孔甲。"这是班彪所说的"刘氏承尧之祚，氏族之世，著乎《春秋》"的依据。刘累是尧之后裔，后事夏代之孔甲帝。所以，延及汉室，当时的刘氏帝王可以说继承了显懿之德，丰功之业。像天命之所以青睐舜一样，新莽之后，天命青睐汉室刘氏也是各种因素诸如德性与功业叠加在一起所导致的。

与班氏相比，李通为光武帝寻求登基之正当性的理由更接近谶纬。其即位则决定强华所进之赤伏符。《后汉书》卷一上《光武帝本纪》上记载："宛人李通等以图谶说光武云'刘氏复起，李氏为辅'。"建武元年光武在长安时，有一儒生强华献给刘秀《赤伏符》，其中有几句："刘秀发兵讨不道，四夷云集龙斗野，四七之际火为主。"这种谶语明显具有迷信命定的性质，不仅与董仲舒天人感应论以人间的行为引起上天感应为主的思想相差甚远，也与班彪从德性与累业来预测帝王的《王命说》有别，完全是谶纬算命的一套。这种思想文化上的谶纬迷雾也萦绕

---

① 范晔：《后汉书》卷11《刘玄传》，中华书局1966年版，第473页。
② 班彪：《王命论》，《文选》第6册，上海古籍出版社1986年版，第2264页。
③ 范晔：《后汉书》卷40《班彪传上》，中华书局1966年版，第1323页。

在经典诠释中，我们通过贾逵的论说与何休的《公羊解诂》即可发现谶纬迷信思想已经深入影响东汉儒生对经典的理解。

贾逵之所以提倡《左传》而贬抑《公羊》，主要是从义理的角度来立论的。他说："臣谨摘出《左氏》三十事尤著明者，斯皆君臣之正义，父子之纪纲。其余同《公羊》者什有七八，或文简小异，无害大体。至如祭仲、纪季、伍子胥、叔术之属，《左氏》义深于君父，《公羊》多任于权变。"《左传》比起《公羊传》在"君臣之正义，父子之纪纲"方面更胜一筹，至于对祭仲、纪季、伍子胥、叔术等的议论，《左传》深于君臣大义，而《公羊》则相信权变。

这是贾逵之所以立《左传》为官学的主要动机，主要看重的还是传的思想。① 但是贾逵明白帝王对谶纬的深信不疑决定了只有将经典与谶纬联系起来才能确立经典的官学地位。从《后汉书·贾逵传》可见，贾逵对谶纬故事相当熟悉。"（显宗）时有神雀集宫殿官府，冠羽有五彩色，帝异之，以问临邑侯刘复，临邑，东郡县也。复，齐武王伯升孙，北海王兴子。复不能对，荐逵博物多识，帝乃召见逵，问之。对曰：'昔武王终父之业，鹭鹭在岐，鹭鹭，凤之别名也。周大夫内史过对周惠王曰："周之兴也，鹭鹭鸣于岐山。"事见《国语》也。宣帝威怀戎狄，神雀仍集，此胡降之征也。'"说明贾逵熟知很多谶纬传说，而这正符合帝王的喜好。可见那时的思想文化氛围是特别崇尚谶纬的。贾逵也未能免俗，相反倒是投帝王之所好，热心谶纬之言。符合帝王的胃口，也就符合了当时的意识形态，贾逵的学术受到官方的重视也就不是令人意外之事。贾逵说："《五经》家皆无以证图谶明刘氏为尧后者，而《左氏》独有明文。《五经》家皆言颛顼代黄帝，而尧不得为火德。《左氏》以为少昊代黄帝，即图谶所谓帝宣也。如令尧不得为火，则汉不得为赤。其所发明，补益实多。"又说："臣以永平中上言《左氏》与图谶合者，先帝不遗刍荛，省纳臣言，写其传诂，藏之秘书。"贾逵从《左传》里找到证据，证明汉家上承帝尧，为火德，尚赤色。这也有谶纬色彩。贾逵

---

① 钱穆先生认为贾逵其实不信图谶，只是皇帝尊信，不得不如此说，见钱著《两汉博士家法考》。此说从贾逵对左传义理的推崇，而实以谶纬为博取当权者青睐的手段来讲还是有一定的道理。

正是凭借《左传》中可以用来证明尧之后的刘氏政权为火德增强了《左传》对帝王的吸引力与政治作用，从而一举确立了这部春秋传的官学地位，一扫被《公羊传》所排挤而造成的边缘化状态。唐晏在《两汉三国学案》中评论说："《左氏》之立学官，刘歆倡之而不能成，韩歆争之而不可得，乃以贾逵一言而定。而究其所以定，则图谶之力也。"①

比起东汉早期的贾逵对谶纬的引用，东汉后期的何休对谶纬的引用有过之而无不及，在《春秋公羊解诂》中，引用谶纬多达五十八条。虽然他也非常强调《春秋》义理，但是对谶纬的大量引用无疑削弱和部分淹没了义理的作用。如哀公"十四年，春，西狩获麟"条的二处注释：

> 夫子素案图录，知庶姓刘季当代周，见薪采者获麟，知为其出，何者？麟者，木精。薪采者，庶人燃火之意，此赤帝将代周居其位，故麟为薪采者所执。西狩获之者，从东方王於西也，东卯西金象也；言获者，兵戈文也；言汉姓卯金刀，以兵得天下……夫子知其将有六国争强，从横相灭之败，秦项驱除，积骨流血之虐，然后刘氏乃帝，深闵民之离害甚久，故豫泣也。
>
> 得麟之后，天下血书鲁端门曰："趋作法，孔圣没，周姬亡，彗东出，秦政起，胡破术，书记散，孔不绝。"子夏明日往视之，血书飞为赤乌，化为白书，署曰《演孔图》，中有作图制法之状。孔子仰推天命，俯察时变，却观未来，豫解无穷，知汉当继大乱之后，故作拨乱之法以授之。

何休的这些解释受到了当时纬书的影响，或者准确地说是将纬书中的神话故事直接搬到了对经书的诠释之中，这样就将纬书与经书杂糅在一起，使得东汉后期的经典诠释充满了许多荒唐怪异的色彩。与何休西狩获麟的诠释相关的纬书中的西狩获麟，即可以看出纬书对何休诠释的直接影响，如：

> 孔子夜梦三槐之间，丰沛之邦，有赤烟气起，乃呼颜渊、子夏

---

① 唐晏：《两汉三国学案》，中华书局1986年版，第458页。

侣往观之。驱车到楚西北,范氏之街,见往刍儿捶麟,伤其前左足,束薪而缚之……儿发薪下,麟视孔子。孔子趋而往,苴其耳,吐书三卷。孔子精而读之,图广三寸,长八寸,每卷二十四字。其言赤刘当其。曰:"周亡,赤气起,火曜兴,元邱制命帝卯金。"(《孝经纬·右契》)

纬书将西狩获麟与卯金刘联系起来,无疑是预示着在周之后乃刘姓人当皇帝,而这之中的秦代因为国祚短暂就被忽略了。《演孔图》由得麟之后,血书端门,化为赤鸟演绎而成。纬书是通过神话故事讲述西狩获麟与演孔图的,与董仲舒思想的形上建构与神性色彩不同。①

可以看出,无论是贾逵还是何休都是以谶纬迷信作为经典的晋升之阶。显然这是用经典去迁就附和现实的政治王权,这种诠释是在认可了政统高于道统的前提下进行的。儒家在东汉时代将以道自任的精神抛弃了,这种抛弃与东汉的统治者对谶纬的偏好不无关系。东汉中后期政治上的黑暗与颓靡对文化思想产生了严重的负面影响,为了迎合统治阶级对政权正当性论证的需要,儒家也放弃了对刚健质朴精神的坚守,而出现了思想滑坡。东汉思想界对道统坚守的放松,通过反观董仲舒道统高于政统的思想,看得更为分明。他说:"苟能述《春秋》之法,致行其道,岂徒除祸哉,乃尧舜之德也。"董仲舒认为《春秋》之法不仅能免除灾祸,而且本身就是尧舜之德。所以,要想社会治理得好就必须实行《春秋》之法。又说:"《春秋》之道,大得之则以王,小得之则以霸。"(《春秋繁露·俞序》)在他看来,善用《春秋》,大者可以称王,小者可以称霸。董仲舒又进一步将《春秋》等同于天道,他说:"孔子作《春秋》,上揆之天道,下质诸人情,参之于古,考之于今。故《春秋》之所讥,灾害之所加也;《春秋》之所恶,怪异之所施也。"(《汉书·董仲舒传》)

以上是从政治的角度来考察贾逵、何休与董仲舒在精神趋向上的差

---

① 皮锡瑞在《经学历史》中也批评了何休将谶纬之言引入《解诂》中,其曰:"或疑获麟制作,出自谶纬家言,赤鸟端门,事近荒唐,词亦鄙理;《公羊传》并无明说,何休不应载人《解诂》。"皮锡瑞:《经学历史》,中华书局2004年版,第81页。

异，董仲舒坚守道统，而贾逵与何休有依附王权的倾向。这种精神差异也反映在他们的灾异观上，董仲舒认为灾异都是人主的政治行为引起的，小者谓之灾，大者谓之异。他说："天地之物有不常之变者，谓之异，小者谓之灾。灾常先至而异乃随之。灾者，天之谴也；异者，天之威也。谴之而不知，乃畏之以威……国家之失乃始萌芽，而天出灾害以谴告之；谴告之，而不知变，乃见怪异以惊骇之；惊骇之，尚不知畏恐，其殃咎乃至。"（《春秋繁露·必仁且智》）这种思想意图对帝王的行为有所限制，警告他们任性妄为会遭到上天的报应。它蕴含了人要对自己的行为负责的意思，表明了人的行为有很大的活动空间，一切均把握在人的手中。因而，其中也包含了人具有主观创造性的思想。而纬书以及受到纬书影响的贾逵与何休的灾异观在对异的解释上与董仲舒相比，加入了过多的谶纬迷信的东西。正如有学者所言："何休的'二类'（人事与灾异——引者注）说，如果仅从理论表述形式而言，由于大量援引了谶纬之说，故而比起董仲舒等先儒的天人感应论而言，显得更为荒诞而又神秘。这种带有浓厚谶纬色彩的灾异理论，实际上是将儒家的天人观引向了更为神秘的歧途上了。从这个角度而言，传统儒家的天人观实际上是倒退了。"[①]

何休的灾异观包含了要调解天人感应与谶纬迷信的思想，企图使它们统一起来。但是显然这两种思想还是有很大的区别，是无法统一与调和的。从最终的结果来看，何休的这种努力只是助长了谶纬迷信的思想在经典中的流传，使纬书渗透了经典的诠释之中，因而使得谶纬迷信更加喧嚣一时。所以，东汉的经学思想越来越失去了先秦坚持道统独立不依的精神而依附王权，为论证王权正当性而丧失了自身批判的精神品质。

---

① 汪高鑫：《何休"人事与灾异""二类"说论略》，《中州学刊》2004年第2期。

第五章 王安石对内圣外王的兼顾以及理学家对内圣的偏重

一 王安石的学术与理学家对它的批判

(一) 二程对王安石的批判

在孔子的思想中,天有不同的含义。陈谷嘉说:"综上所述,孔子对'天'的称谓,有着不同含义,即'天'成了包含不同层次内容的结构性范畴,把至上神、原始自然意义和异己的必然性等含义统统包括在此范畴中,'天'因此成为了一个总体性范畴。正因为'天'是总体性范畴,因此'命'与'天'、'天命'与'天道',在孔子看来,只是代表'天'的一个方面的含义,在本质上它们是一致的,'天'为结构性范畴,既说明了孔子对西周宗教神学继承的一面,即仍视'天'为至上神,同时也说明了他对西周'天'的改造和发展,即以'命'改造和补充了天。后者正是孔子的独创和理论上的贡献。"① 宗教之天具有不可改变的性质,所以,孔子信奉这种意义上的天在政治上的表现就是"吾从周",要维护礼乐制度,即便面对礼崩乐坏的现实也要知其不可为而为之。但是孔子之天也有包含异己的、不可抗拒的必然性的含义,这就是命。这种命就是对宗教之天有益的补充。这两个近乎相反的含义包含在一个概念之中,似乎是矛盾的。但这恰恰说明了孔子之天概念所具有的张力,也是其思想能成为源头的原因。孔子就是在这种既要维护现状、又要顺应时代发展潮流的矛盾中寻求一种平衡与和谐。既不主张走极端,

---

① 陈谷嘉:《论孔子与"天人合一"的思维方式》,《湖南大学学报》1990年第5期。

也不墨守成规。因此，其天的概念的含义是多义的、多层次的。我们不能以孔子之天的一种含义而否定他的思想有另一种含义。孔子的命是天的一种含义，而仁是人所应竭力去做到的。孔子"与命与仁"，即是信奉天与人的合一，即主张天人合一。

同样，王安石之天也有多种含义，其对自然之天的言说（参后），也不妨碍其思想中天人合一的思想特征。他的人性论也是发端最早的①，如他与当时的其他许多人一样，从"天人合一"的视角对儒家价值观作论证。王安石说："《中庸》论道，欲合天人，一精粗，使学者知精之由于粗，天之始于人，则用力而不为诞矣。"② 又曰："万物待是而后存者，天也；莫不由是而之焉者，道也；道之在我者，德也；以德爱者，仁也；爱而宜者，义也。"③ 再曰："至后世则不然，仰而视之曰：'彼苍苍而大者何也？其去吾不知其几千里，是岂能知我何哉？吾为吾之所为而已，安取彼！'于是遂弃道德、离仁义、略分守、慢形名，忽因任而忘原省，直信吾之是非，而加以其赏罚，于是天下始大乱。"④ 天是万物存在的根源，因此，一切都与天成为一个相互联系的整体，都要以天为存在的依据。人不能摆脱天而放任自己的行为。这就是王安石天人合一的思想。其精髓是人来源于天，人的行为要以天为依据，而不能将对天的信仰抛至九霄云外。因此，从总体上讲，理学家对王安石割裂天人的批评是不符合王安石学术的实际的。

但王安石天的不同含义以及为学好生分别的特点成为以程颐为代表的理学家批评王安石割裂天人的一个把柄，批评王安石的一个靶子。例如："圣人之于人道也，孝而已；圣人之于天道也，则孝不足以言之。"⑤ "尧行天道以治人，舜行人道以事天。"⑥ 程颐根据王安石的这些说法，批评王安石将天人割裂开来。程颐说："介甫自不识道字。道未始有天

---

① 陈植锷：《北宋文化史述论》，中国社会科学出版社1992年版。
② （南宋）卫湜：《中庸集说》，《礼记集说》卷一百三十五，吉林出版集团有限公司2005年版。
③ 王安石：《王文公文集》（上），上海人民出版社1974年版，第324页。
④ 王安石：《王文公文集》（上），上海人民出版社1974年版，第325页。
⑤ 邱汉生：《诗义钩沉》，中华书局1982年版，第330页。
⑥ 程元敏辑：《三经新义辑考汇评（一）——尚书》，"国立编译馆"1986年版，第27页。

人之别，但在天则为天道，在地则为地道，在人则为人道。"① 又说："道一也，岂人道自是人道，天道自是天道？《中庸》言：'尽己之性，则能尽人之性；能尽人之性，则能尽物之性；能尽物之性，则可以赞天地之化育。'此言可见矣。"② 程颐认为道未尝有天人之别，在天为天道，在人为人道，但是天道和人道又是一致的，没有差异。尽己之性，就能尽人之性，尽物之性，以至于能尽天之性。所以，从根源上讲，天是根源，它将人己物统一称为一个无差别的整体。这种说法，当然是从天人的本质上讲的，但是天人的差别也是存在的，否则就没有两个概念。这种差别当然就是形式上和表面的。例如，天是诚者，而人是诚之者。天是无须努力就是诚者，但是缺乏主动性。而人是诚之者，必须努力才能做到符合天道之诚，但人比起天道来具有主动性和创造性。所以，程颐批评王安石将天人割裂，实际上是将他在天人合一的前提下言说天人有别的观点夸大，显然这种批评是不公允的。王安石的天人有合一的一面，也有相分的一面。这与孔子的思想也是一致的。

分解地诠释经典成为王安石新学的一个特点，如"降而为水，升而为露，凝而为霜，其本一也。其升也、降也、凝也，有度数存焉，谓之时，此天道也。蓄而为德，散而为仁，敛而为义，其本一也。其蓄也、敛也、散也，有度数存焉，谓之礼，此人道也"。③ 水有不同的形态，这些形态的形成是由于季节变换引起了气温变化而导致的，水的蒸发与降落以及凝结都是在一定的度数范围之内，而不会超出这个范围。这也是维持住水、露与霜为同一的原因。王安石将此水的变化引起的不同形态称为天道，显然这是从自然的意义上来解释天道，其天即为自然之天的含义。而从蓄养德性、博爱为仁、严于律己为义来讲，都是礼制精神的体现，是人道。显然，王安石在此将天道和人道做了毫不相干的解释，而这种原因乃是天道是从自然来讲的，自然就没有什么关联了。而如果从天道为人道的根源上讲，王安石还是认为它们是一致的。因此，不能从王安石以天的自然义来言说天人之别就批评其思想从整体上讲天人是

---

① 程颢、程颐：《二程集》，中华书局1981年版，第282页。
② 程颢、程颐：《二程集》，中华书局1981年版，第182—183页。
③ 李樗、黄櫄：《毛诗集解》卷十四，文渊阁四库全书本，上海古籍出版社2009年版。

分开的。二程即是以这种方式来批评王安石割裂天人关系。曾有门人请教二程，问道："介甫有言：'尽人道谓之仁，尽天道谓之圣。'如何？"二程答曰："言乎一事，必分为二，介甫之学也。道一也，未有尽人而不尽天者也。以天人为二，非道也。"① 程颐批评王安石"尽人道谓之仁，尽天道谓之圣"的说法，以为这是以天人为二的观点。实际上，对于王安石这个说法我们也可以这样理解，人做到仁的境界是很不错了，要达到天道圣的境界是很少有人做到的。可见，王安石的这种分别是从圣人同普通人乃至贤者所作的分别，这也是一种比较实际的观点。因为一般人乃至贤者是很难达到圣的境界。当然，程颐所说的介甫之学倾向于将一事分为二的特点也是有一定道理的，这种论说特点受到了王安石解释字义的影响，或者说王安石经常用解释字义的方法来解释一些事物之间的关系②。这种分解的诠释方法放之四海当然未免有些机械和穿凿，但是也不能由此否定王安石的天人合一的思想，也不能由此将他的一些正确的诠释和思想一笔抹杀。

王安石割裂天人，对大道的认识存在严重的问题。原因是多方面的，其中之一就是引进了异端思想，因而，其道就不是儒家的故物。程颢批评王安石之道时说："公之谈道，正如说十三级塔上相轮，对望而谈曰，相轮者如此也，极是分明。如某憨直，不能如此，直入塔中，上寻相轮，辛勤登攀，逦迤而上，直至十三级时，虽犹未见相轮，能如公之言，然某却实在塔中，去相轮渐近，要之须可以至也。至相轮中坐时，依旧见公对塔谈说此相轮如此如此。"③（《程氏遗书》卷一"二先生语一"）相轮在此比喻为道，程颢认为王安石是对塔说相轮，而不能真正接近相轮。程颢认为自己是攀上了十三级一步一步走近相轮，是越来越接近道了。在程颢看来，王安石与道不相干，有很大的距离，而自身才真正拥有了道。用相轮论道还出现在另一则材料中，这则材料不只是程颢对王安石之道的批评，而演变成了两个人的争辩。其曰："昔王荆公排明道曰：'伯淳之学善矣，其如入壁何？'明道曰：'拙状如壁，不可入也。公则

---

① 程颢、程颐：《二程集》，中华书局1981年版，第1170页。
② 参见胡金旺《字义：王安石学术嬗变之枢纽》，《学术交流》2016年第3期。
③ 程颢、程颐：《二程集》，中华书局1981年版，第5—6页。

如捕风矣。'一日荆公又戏明道曰:'伯淳纵高,不过级级至十三级而止耳。'明道谢之曰:'公自十三级而出焉,上据相轮,恐难久以安也。'"①这则材料也提到了相轮,但不是主要内容,主要内容是王安石与程颢二人各自以戏谑的口吻来指责对方之道所存在的问题。从王安石之道重视内圣与外王,它们既有联系又各有特殊性来看,程颢讽刺王安石之道如捕风,实际上是批评他只知道在变法上用法家的一套,在道德性命之学上用佛道的一套,而没有真正领悟到儒家的大道,其道就如捕风捉影一般,是根本不存在的。而联系程颢之道内圣与外王合一的情形,总是以内圣来谈论外王乃至取代外王来看,王安石挖苦程颢之道如同走向墙壁,是没有出路的,是迂腐而没有作用的。这种没有前途的道,当然不是正道,因此,王安石有讥讽程颢只是攀登上了十三级而止,却没有接近相轮。而程颢讥讽王安石自十三级而出,自以为得道,而难以久安。这是针对王安石把持了学术的话语权而言的,意为你现在当道,别以为你说的道就是道。你以这种虚伪的道欺世盗名是不会持续长久的。显然,后一则的对话才记录了王安石与程颢互相指责对方没有领悟道的全貌,而前一则记录只是反映了程颢对王安石之道的批评。

从以上王安石与程颢的对话可见,人文领域的争论很难下一个孰是孰非的结论。就好像有不同信仰的人一样,你说别人信仰的神不如自己信仰的神都是令对方难以心悦诚服的。王安石与程颢二人所争论的道是非常类似于信徒所信奉的对象,因此,一时谁也说服不了谁。但是无论是新学派还是理学派他们的道又是与政治和个人的修养相关的。他们在将这种道实现出来时,也一定产生某种社会效果。所以,他们各自所信仰的道与一般的信仰还是有所不同,其道是要涉及政治的,要用它来指导政治。因而这种道与主要是与个人的信仰和精神生活的典型的宗教信仰如基督教的信仰还是有所不同。这种道与政治结合如果产生好的效果,我们一般会认为这种道是正确的,反之,则是错误的。与政治结合得好,就适应了当时时代的现实实际,反之,则出现了这样或那样的问题。变

---

① 晁说之:《答袁季皋先辈书》,《景迂生集》卷一五,四库全书本。

法的失败，于是理学家纷纷将矛头指向用来指导变法的王安石之道①。

（二）王安石与理学家的共同性

北宋时代，无论王安石还是二程乃至蜀学学派的苏氏兄弟，都对性命之学表现出浓厚的兴趣。他们有些思想也是比较接近的，这显示了一个时代的学术潮流的兴起，学者们都不约而同地为一个共同的方向和问题所吸引，或是相互影响，或是时代的产物。就宋学而言，在汉唐经学连篇累牍的机械的解释经典的漫长煎熬下，经学发展遭遇到了瓶颈乃至窒息，因而需要另辟蹊径，来使经学摆脱困境。而另一个外部的因素是儒学在汉唐经学的故步自封踟蹰不前中在人们的精神生活中越来越失去了它的思想阵地。很多人都弃儒学而将自己的信仰寄托在佛道的思想之上。儒学的发展愈加萎靡不振了，在如此惨淡的境况之下，儒家的有志之士在北宋的文化逐渐兴盛和稳定的社会环境下要再使风俗淳。他们的理想就是要在性命之学上努力进行建构以便能与佛道的内圣之学相抗衡。王安石就是这个时代学术新潮流兴起的弄潮儿。

南宋晁公武在《郡斋读书后志》卷二《王氏杂说》十卷条中引北宋蔡卞《王安石传》中的话说：

> 自先王泽竭，国异家殊，由汉迄唐，源流浸深。宋兴，文物盛矣，然不知道德性命之理。安石奋乎百世之下，追尧舜三代，通乎昼夜阴阳所不能测而入于神。初著《杂说》数万言，世谓其言与孟轲相上下。于是天下士始原道德之意，窥性命之端。②

---

① 二程之后集理学之大成的朱熹也主要是从内圣即道的维度对王安石的学术进行了严厉的批判，也认为王安石"不能知道"，他说："熹窃谓学以知道为本，知道则学纯而心正，见于行事，发于言语，亦无往而不得其正焉。如王氏者，其始学也，盖欲凌跨杨、韩，掩ով颜、孟，初亦岂遽有邪心哉？特以不能知道，故其学不纯，而设心造事，遂流入于邪。又自以为是，而大为穿凿附会以文之，此其所以重得罪于圣人之门也。"〔朱熹：《朱文公文集》卷三〇《答汪尚书（十一月既望）》，《朱子全书》，上海古籍出版社、安徽教育出版社2002年版，第405—406页〕朱熹所谓的道是"古今共由之理。如父之慈，子之孝，君仁，臣忠，是一个公共的道理"，所以，朱熹的道就是君君臣臣父父子子的那一套伦理纲常，是一种对秩序的维护。王安石之道不是以此伦理纲常为中心，而是私心自用，私欲膨胀，因此就流入异端邪恶。

② 晁公武：《郡斋读书后志》，《四库全书》第674册，上海古籍出版社2003年版，第394页。

蔡卞以为王安石的《杂说》接续孟子的精神，于是天下人才有推究道德之意、窥寻道德之端的行为。蔡卞将倡导道德性命之性的第一人归属于王安石，而非二程。这也是符合历史事实的，此正如陈植锷所说："庆历四年，程颢兄弟方十二三岁，过二三年才从他父亲的僚属周敦颐那里听到关于'孔颜乐处'一类的议论。而王安石完成了'其言与孟轲相上下'的《淮南杂说》十卷的写作。被认为'据今世，行古道，其文章称其行，今之人盖希，古之人固未易有也'。"① 但是王安石的性命之说也可能是受到了佛道特别是道教学说的影响，而具有道教精神倾向的理学鼻祖周敦颐当然更是如此。② 他们从道教推究性命之源受到启发来反观儒学，于是从原始儒家孔孟那里获得资源，从而挖掘和发展了儒家自身的性命道德之说。王安石如此，二程的老师周敦颐也是如此。因此，这是需要探讨的时代共同命题，于是大家都不约而同地趋之若鹜乃至争先恐后地探讨性命之理。当然，就成书并且获得影响而言，王安石早于周敦颐③，也就更早于二程。但是他们所关心的时代命题则是共同的，且观点多有接近之处。正是因为这种接近，程颐还赞扬过王安石，他说："荆公旧年说话煞得，后来却自以为不是，晚年尽支离了。"④ 程颐认可

---

① 陈植锷：《北宋文化史述论》，中国社会科学出版社 1992 年版，第 231 页。

② 《宋史·朱震传》谓："陈抟以先天图传种放，放传穆修，穆修传李之才，之才传邵雍。放以河图、洛书传李溉，溉传许坚，许坚传范谔昌，谔昌传刘牧。穆修以太极图传周敦颐，敦颐传程颢、程颐。"（元）脱脱等撰：《儒林五·朱震传》，《宋史》卷 435、列传第 194，中华书局 1985 年版，第 12908 页。王安石的思想也受到道教思想的影响，孔令宏说："他读过晋代葛洪的《神仙传》等著作，一生中多有与道教有关的经历。例如，他在潜山任舒州通判时，拥火夜游天柱山石牛古洞，作《题舒州山谷寺石牛洞泉穴》诗云：'水无心而宛转，山有色而环围。穷幽深而不尽，坐石上以忘归。'"孔令宏：《王安石学派的儒学思想与道家、道教》，《社会科学战线》2009 年第 2 期。

③ 对于周敦颐著作的成书年代，宋儒饶鲁说："明道《行状》称十五六时闻汝南周茂叔论道，盖太中公摄倅南安而先生为狱掾，故明道兄弟因受学焉。当是时，先生年才甚少，《图》与《书》盖未作也。"周敦颐：《元公周先生濂溪集》卷八，载《北京图书馆古籍珍本丛刊》第 88 册，书目文献出版社 1998 年版，第 201 页。由此可见，周敦颐有关论述道德性命之学的《通书》在二程向他问学时不一定成书了，否则，二程怎么从未提及？但是对于日后写了《通书》和《太极图说》的周敦颐来说，他此时对道德性命之学一定也有很深的感悟，否则也不会有"颜子所好何学问"这样的问题让二程思考，而这类问题即关涉道德性命之学。因此，虽然王安石的《杂说》从著作的流传上开其端，但是性命道德之学已经是学者们所关注的重要的学术前沿问题了。

④ 程颢、程颐：《二程集》，《河南程氏遗书》卷十九，中华书局 1981 年版，第 247 页。

了荆公早年的思想，这些思想主要表现在《杂说》和《易解》中。从程颐对王安石早年思想的认可来看，在王安石、周敦颐及二程在探讨道德性命之理的起始阶段，他们的思想具有很多的共同性。但程颐紧接着以为在后来和晚年，即在变法期间及之后，王安石的思想发生了很大的改变，在变法期间，背离了早年的思想，而在晚年就没有一个中心了，尽显支离破碎。虽然王安石的晚年著作《字说》多少有些支离的嫌疑，在变法期间，王安石的思想还是延续和发展了早年的思想，只是为了推行变革，借鉴了法家的一些思想。当然也受到了当时时代疑古思潮的影响，为了与古人不同，王氏在诠释经典的过程中，有标新立异之嫌。由他主持完成的"《三经新义》主要体现了王安石的哲学思想，在学术上也取得了重要成就。当然作为变法期间颁布的《三经新义》因政治环境的影响不免染上了为变法服务的色彩，也出现了一些与其哲学思想不相协调的因素。主要表现为用《字说》的解字方式来训释经典，因而造成了穿凿和形式主义的弊病"。①

（三）王安石对命的探讨

像先秦儒家的创始人孔子"与命与仁"一样，王安石在探讨道德性命之说中，对命这个概念也是特别的关注。

王安石的命论经历了三个阶段的思想发展，第一个阶段主要是从命即为天道的角度阐述了性命之理，第二阶段阐述如何才能做到天人相合，最后一阶段是从命既有天命又有命运的含义提出了"莫非命也"的命题，主张实现对命的自我超越②。王安石在写于嘉祐年间的《答史讽书》中说："命者，非独贵贱生死云尔，万物之废兴，皆命也。孟子曰：'君子行法以俟命而已矣。'且足下求以诲人者也，道无求而诲人者，求人而诲之则丧道。丧道以求传道，则孰取以为道？足下其试思之。"③

这种命就是天命之含义，包含有不以人的意志为转移之意。对于这种生老病死无可抗拒的宇宙定则，我们除了采取顺受其正的态度之外，

---

① 胡金旺：《王安石的哲学思想与〈三经新义〉》，博士学位论文，上海师范大学，2010年。
② 参见胡金旺《从天命到命运：王安石命论之演进》，《南昌大学学报》（人文社会科学版）2014年第1期。
③ 李之亮：《王荆公文集笺注》，巴蜀书社2005年版，第1326页。

还能怎样呢？就是要采取积极的人生态度把握由我们可以做主的东西，这就是我们要懂得孟子性与命的区别。孟子说："口之于味也，目之于色也，耳之于声也，鼻之于臭也，四肢之于安逸也，性也，有命也，君子不谓性也。仁之于父子也，义之于君臣也，礼之于宾主也，知之于贤者也，圣人之于天道也，命也，有性也，君子不谓命也。"①（《孟子·尽心下》）君子要尽性以至于命。孟子从性善论出发，主张人要行善，如此就是做到了人的本分，就是做自己可以"求则得之"的事情。这些事情完全是由自己做主的，像孔子所说的"仁远乎哉？我欲仁，斯仁至矣"②。这就是"行法以俟命"。所以，"在儒家看来，从人之为人到儒之为儒，其根据并不在于客观的限制性的命上，真正决定人之为人的因素，其实就内在于人之性、表现于人之心而又彰显于人之立身行事的道德善性。这既是天之真正的命于人者，也是人所自我确立的正命。所以，对命与天命的不同取舍或不同的探索侧重，既决定了中国文化中儒道两家的不同传统，也构成了传统天人关系的双重视角"。③ 在儒家思想中，命既有天命也有命运之意。而天命从与人的关系来说就是人之为人所要做到的本分；而从外物来讲，就是王安石所说的非独贵贱生死、万物之废兴都是命，这种命也是天命，主要是讲任何事物都有不可抗拒的发展律则。我们要尊重它和了解它，做到"顺受其正"。而命运之意则主要是人所无法预测的情况。

作为信奉儒家思想的王安石，他的命之含义正符合了儒家天命与命运的两重含义。从外物都有运行律则的天命观出发，王安石主张要从这些律则中获得对事物的认识，从而更好和更准确地认识事物，才能做到物为我所用。正是基于这样的认识，他满怀信心地提出了自己的变法主张。但是由于对当时社会的现实情况缺乏准确的认识，他提出的变法措施部分有些脱离实际，因而不可避免地遭到了失败。这种失败实际上也是没有做到像他的思想所要求的那样，要对现实事物有准确全面的认识。如青苗法，他只是从理论上认识到它的可行性，再加上鄞县一地的成功

---

① 杨伯峻：《孟子译注》，中华书局1960年版，第333页。
② 杨伯峻：《论语译注》，中华书局1980年版，第74页。
③ 丁为祥：《命与天命：儒家天人关系的双重视角》，《中国哲学史》2007年第4期。

第五章 王安石对内圣外王的兼顾以及理学家对内圣的偏重

实践给予他坚定的信念。但是不曾考虑到一个庞大的帝国与一隅之地是两个完全不同的概念。将它们相等显然在归纳法上犯了以偏概全的错误。

理学家正是在其理论和政治表现上固守有余而创新和变化不足,因此,到了明清时代的程朱理学就表现出了腐朽落后的一面。在南宋时代,由于统治阶级需要用道学这面旗帜来凝聚人心,因此,在与西夏和辽的斗争中道学起到了很大的作用。再加上,理学是一门新的学问,吸收了佛道的思想,表现出了对士子的强烈吸引。在内圣之学上,的确取得了很大的成绩。而从佛道那里重新夺回了思想阵地。但是,到了明清之际,程朱理学还是一成不变,只是加强了对人们的精神奴役。而在政治上没有多大的建树。因此,越来越落后于时代。此时的道统也无法作用于政统,只好走下行的路线,教化民众。

道统对政治主要起了一个较弱的限制作用,而且一个有抱负的君主,也需要士大夫为他出谋划策。以道自任的儒家知识分子用道的标准来从事政治,在科举制成熟的宋代主要是以儒家的思想作为信奉的对象,而其他的思想在这些以儒家经典为晋升阶梯的士大夫那里只能起到一种补充和扩大视野的作用,其地位多半是边缘化的。因此,儒家的道统在他们心目中是根深蒂固的,在政治上的表现也是如此,主要是根据儒家的精神来建言献策。王安石作为进士出身的官僚士大夫,他的思想中起决定性作用的,毫无疑问是儒家思想。因而,他的一些言论即使吸收了法家以及佛道等其他学派的思想,也不会影响他思想的主要方面的儒家实质。所以,那些批评王安石变法的理学家无非是因为其变法失败而将原因归咎于他的内圣思想有问题,而不是从政治和经济的具体改革措施上寻找原因,显然是别有用心。无非是要将王安石的学术批倒,以证明自己学术的正确性,然后取而代之。

现代的研究也表明,王安石变法的失败主要是由于其变法措施超越了当时时代社会经济发展的实际水平,以及用人不当,当然还有王安石自身性格执拗不自我检讨等原因。而非理学家所说的主要原因是王安石不识道。其意主要是王安石的思想中主要掺杂了儒家之外的思想。如果说王安石不识道与其执拗性格有一点关联的话,我们还可以接受这种说法。但是无论是法家还是佛道思想也不一定与性格执拗有什么关联。因此,也很难说王安石的思想中吸收了佛道等思想是他这种性格形成的一个原因。与此可以形成对比的是，苏轼的思想也是公开吸收了佛道的思想，但是苏轼的性格就比较随和而不执拗。

在讨论王安石变法失败的原因中，黄仁宇认为王安石的变法措施如青苗法必须有像现代社会一样的金融基础，以便社会的资金得以自由的流动。这个流动又必须有社会的诚信基础，而这些只有现代社会才能够建立起来。王安石的变法举措要在这些基础上才能得以良好的实行，而这些基础在当时社会是不可能建立起来的，因此其变法失败是必然的。这种说法为王安石变法的超前性提供了充分的理论根据。有关这些变法需要的社会基础，黄仁宇说："有了今日的历史眼光，我们才能断言要将这帝国之财政商业化，金融之管制方式必须就位。有关汇票、提货单、保险单、共同海损、以船作抵押之借款、股份、打捞权利等等都要经过立法才能执行无碍。更重要的是法律上有关的遗产继承、破产、丧失赎取权、假冒、欺骗、监守自盗等之规定也要与商业社会里的流动状态相符，且一切都用金钱统治，这一点才做得通。宋代内陆商业组织之实况与这种要求相去至远。"① 又说："地方官发现，农民只能集体的指挥对付。所以宋帝国全国一致的局面，是由于文化凝聚的力量，构成了社会的纪律，而不是金钱的力量和因之共存的凡有事物都能共通交换的因素。因为他们缺乏我们今日的认知，所以宋朝官僚只在道德的立场上争辩，而在言辞之中暴露了当日社会的情形。"② 黄仁宇的分析是有道理的。王安石的变法是基于这样一种社会来展开的，即此种社会在基本方面社会化的程度应当达到一定的水平，如金融与物流以及其政府的管理水平，但是当时的社会是自给自足的小农经济的社会。农业人口占了大多数，但是又各自为政，交流与交通不便，因此管理起来难以达到社会化的水平，这样就限制了这些变法措施的落实与执行。因此，这些变法措施在难以实施的过程中，就被行政与官吏通过强力的办法歪曲变形了，而这种变形不仅不利于农民负担的减轻，反而加重了他们的负担，一时造成了严重的社会后果甚至灾难。

以上黄仁宇将理学家从道德立场对王安石的批评看作他们受到认知

---

① 黄仁宇：《中国大历史》，生活·读书·新知三联书店1997年版，第142页。
② 黄仁宇：《中国大历史》，生活·读书·新知三联书店1997年版，第142页。

第五章　王安石对内圣外王的兼顾以及理学家对内圣的偏重　◇◇　99

的局限而不能找到真正的原因，也许有这方面的因素。但是理学家也从具体措施上来分析王安石变法的失败，只不过仍然坚持从根本原因上讲其失败乃是由于道德的因素。说明他们从道德上批判王安石是认为内圣与外王相比，内圣是根本，外王才是内圣外在的表现，是其次的原因。他们抓住这一点是要将王安石之学批倒，以便理学取而代之。如果我们认为理学家是到此为止的话，那我们还是没有认清理学家更大的企图。事实说明，他们将王安石学术批倒是他们宏伟计划的第一步，更为重要的是，他们要通过确立他们道学的官方地位最终从政治上将王安石之学从学界清除出去，将王安石的追随者从政治舞台上赶下去，在意识形态和政治舞台上实现道学的一统天下。

虽然王安石的变法措施中的诸如青苗法、免疫法等有些脱离当时的社会实际，但是不是所有的变法措施都是一无是处的，即使是青苗法在局部地区也可以发挥良好作用。因而当时道学家如果能够理性地认识变法，与变法派合作，而不是使变法派与反对派之间的关系演变为一场党争，士大夫就能在国家政治生活中发挥更大的作用，形成较好的君臣共治的局面，建立起更廉洁高效的政治体制。

（四）理学家与王安石的异同

如果以学理上对佛教的吸收和行动上受到佛教精进不已精神的感染而可以将王安石与理学家区别为王安石之道掺杂了佛理，而理学家的道坚守了儒家的道，这多少有些武断，因为理学家同样也深受佛教的影响。只是理学家采取了暗自吸收而不承认的态度，无非是要与佛教佛学划清界限，有利于增强他们批判佛教的效果。这也正如全祖望所指出的那样："两宋诸儒，门庭径路半出于佛老。"①（《题真西山集》）程颐说程颢自小"泛滥于诸家，出入于老、释者几十年，返求诸六经而后得之"②（《程氏文集》卷十一《明道先生行状》）《宋元学案·明道学案》说："明道不废佛老书，与学者言，有时偶举示佛语。"③ 程颐自小与禅客多

---

① 黄宗羲著，黄百家辑，全祖望修定：《宋元学案》卷八十一，又见《鲒埼亭集外编·题真西山集》，中华书局1986年版。
② 程颢、程颐：《二程集》，中华书局1981年版，第638页。
③ 黄宗羲著，黄百家辑，全祖望修定：《宋元学案》，中华书局1986年版。

有往来:"先生少时,多与禅客语,欲观其所学浅深,后来更不问。"①(《遗书》卷三)程颐还与门人有一段关于佛理的谈话:"问:'某尝读《华严经》,第一真空绝相观,第二事理无碍观,第三事事无碍观。譬如镜灯之类,包含万象,无有穷尽。此理如何?'曰:'只有释氏要周遮,一言以蔽之,不过曰万理归于一理也。'"②(《遗书》卷十八)程颐用万理归于一理来概括华严宗的法界观有一定的道理。华严宗有理法界,事法界,事理无碍法界,事事无碍法界,理法界相当于程颐的一理,而事理就是殊别之理,这些事理可以归于一理。因此,程颐用万理归于一理概括华严宗的法界观表明了他对华严宗有很深的研究。二程所体现出的理也与华严宗的理法界之理有很深的关联,因此,其思想受到了佛教的影响不可为不深。二程也说过这样的话:"异教之书,虽小道,必有可观者焉。"③(《遗书》卷二上)又说:"佛庄之说,大抵略见道体,乍见不似圣人惯见,故其说走作。"④(《遗书》卷十五)"释氏之学,又不可道他不知,亦尽极乎高深"。⑤(同上)"释氏之说,才见得些,便惊天动地"。⑥(同上)二程说释氏之学极高深,惊天动地。他们对佛学也是颇为赞许的,也非常的钦佩。这种态度与王安石所认为的佛书合于理就可以吸收又有什么分别呢?盖二程对佛学服膺的同时,当然一定会加以吸收的。以上二程对佛学的肯定之词足见与王安石比较起来,王安石的新学与二程的洛学受到佛教的影响毫无二致。不仅在思想上受到了佛教的影响,二程对佛也是相当恭敬的。二程说:"佛亦是胡人之贤智者,安可慢也。"⑦(《遗书》卷十八)

理学家常常挂在嘴边的王安石的学术最坏人心,几至大坏之类的话,也常常为王安石用来批评其他人如欧阳修等。二程批评王安石说道:"今异教之害,道家之说则更没可辟,唯释氏之说衍蔓迷溺至深。今日

---

① 程颢、程颐:《二程集》,中华书局1981年版,第63页。
② 程颢、程颐:《二程集》,中华书局1981年版,第195页。
③ 程颢、程颐:《河南程氏遗书》卷二上,中华书局1981年版。
④ 程颢、程颐:《二程集》,中华书局1981年版,第156页。
⑤ 程颢、程颐:《二程集》,中华书局1981年版,第152页。
⑥ 程颢、程颐:《二程集》,中华书局1981年版,第153页。
⑦ 程颢、程颐:《二程集》,中华书局1981年版,第216页。

第五章　王安石对内圣外王的兼顾以及理学家对内圣的偏重　　101

是释氏盛而道家萧索……然在今日，释氏却未消理会，大患者却是介甫之学……如今日，却先要整顿介甫之学，坏了后生学者。"①（《程氏遗书》卷二上）又如理学家张栻说："熙宁以来，人才顿衰于前，正以王介甫作坏之故。"②（《南轩集》卷一九）而王安石批评欧阳修其用语几乎如出一辙，他说："如欧阳修文章于今诚为卓越，然不知经，不识义理，非《周礼》，毁《系词》，中间学士为其所误，几至大坏。"③（《续长编》卷二——熙宁三年五月庚戌条）可见，这种"大坏"之类的话是为了增强批判的效果，而实际上到底怎样，也可能不是如此。即便如此，也许并不能将这个责任完全归咎于王安石的新学或者王安石所批判的欧阳修非《周礼》与毁《系辞》的过错。

　　在笔者看来，王安石的新学与理学最大的区别是二者在强调内圣的同时，王安石也重视外王，而理学家总是以内圣代替外王，以为内圣做好了，外王自然做得好。这是王安石所不能认同的。内圣是道德性命之学，内圣修养得好，只能说明这个人在道德品行方面做得好，而外王涉及政治，它与道德性命之学有联系，这个联系就是必须保证政治的方向应与内圣的精神相一致，但是道德与政治显然又分属于不同的领域，二者不能混为一谈，更不能等同。王安石的态度就是认为内圣与外王既有联系，也有区别。而理学家从事实上将它们混同起来，因而一味谈内圣，很少就政治而谈政治。在谈政治时，也要将它牵强附会到性命道德之理上。在南宋时代，由于当时的政治与敌国所形成的环境，这样做还起到了凝聚人心的作用，以华夏文化来傲视敌国文化之意，在政治文化心理上取得了胜人一筹的优势地位。但是到了明清时代，仍然用这一套道德性命之理来代替政治，显然就不合时宜了，因而当士大夫邹元标如此进谏万历皇帝时遭到廷杖，也就不令人感到意外了④。

　　王安石变法的失败不仅是将王安石的学术批倒的契机，也为道学的上升提供了可能。于是理学家不遗余力地大肆攻击王安石的新学。理学家的逻辑是变法失败，肯定是内圣出了问题。而不是外王的具体措施上

---

① 程颢、程颐：《二程集》，中华书局1981年版，第38页。
② 张栻：《寄周子充尚书》，载《张南轩先生文集》，香港商务印书馆1936年版，第2页。
③ 李焘：《续资治通鉴长编》卷二百十一，中华书局1985年版，第15册，第5135页。
④ ［美］黄仁宇：《万历十五年》，生活·读书·新知三联书店2008年版，第82页。

出了问题。首先，这种思维逻辑是有问题的。因为作为以性命道德之学为主的内圣与作为以政治活动为主的外王之间的关系在孔孟那里就是仁政，即要对百姓实行充满仁爱精神为主的政治。而在实际的政治中，实际表现又是以德治为主以刑罚为辅的统治。所以，当变法失败的时候，它实际上与两个方面都存在密切的关系，既与德治有关，也与政策的实际措施相关。因而，当理学家在王安石变法失败之后，将根本原因归结为王安石在内圣修养方面做得不够，而不认为是在变法的具体措施上。这种总结的影响就是理学家愈来愈注重内圣的修养，而在外王的具体操作上关注得不够。在理学家看来，只要在内圣方面修养得足够好，则外王就是水到渠成的事情。但是实际经验告诉我们，一个人无论道德境界怎样的高，他如果没有实际的政治才能，没有对治理民众有足够的经验的话，仅仅凭借道德方面的修养肯定是不能自然产生杰出的政治才能的。而理学家恰恰犯了这样的错误，他们错误地将内圣代替外王。其后果是外王失去了独立的地位和独特性，而用内圣来要求外王，最终限制乃至窒息了外王。儒家的外王之道的空间在宋明理学的发展中愈来愈狭窄。

道学家侈谈以道德性命之理来主宰政治，而对政治缺乏细致入微的研究与关注，这是程朱理学被人讥讽为迂腐的主要原因，也是它在政治上不能发挥更大正面作用的主要原因。而王安石新学主张对政治进行专门的探究，进行改革；以为人性中不仅有德性，还有智性的一面，而后者正好为研究政治提供了人性论的依据。所以，就内圣与外王的关系而言，王安石的新学反倒是更正确地处理了二者的关系，也更加适合于政治的需要。王安石的问题在于他缺乏政策和变法的灵活性。就一般情况而言，如果某项政策措施在推行的过程中，出现了比较大的问题，正确的做法，当然是修正或者干脆摁下暂停键。但是王安石则是从其合理性而不考虑其现实性的角度决定继续执行，显然这种蛮干导致了严重的后果。另外他的内圣方面的一些问题也是很显然的，如好生分别、穿凿附会等。但显然地，王安石在对内圣外王关系的处理上是优于程朱理学的，他赋予了外王以独立性。

理学家与王安石在内圣外王关系上的分歧引申出了他们在义利之辨上的不同。王安石认为义利关系也是可以统一的，并非对立而不可调和。

第五章　王安石对内圣外王的兼顾以及理学家对内圣的偏重

他说："义，固所以为利也。"① 意为义本来也是利，因为如果不是有利于我们的生活的话，我们也就不会去自觉遵守。他又说："聚天下之人，不可以无财；理天下人之财，不可以无义。"② 没有财富许多事情就难以办成，如要养活天下人，没有财可能吗？而理财又是要用义的方法。因此，财与义是互相联系和互相依存的，由此可见，义利关系不是完全对立的，也可以是统一的。他对神宗说："至于为国之体，摧兼并，取其赢余以兴功利，以救艰厄，乃先王政事，不名为好利也。"③ 又说："今陛下广常平储蓄，抑兼并，振贫弱，置官为天下理财，非以佐私欲，则安可为兴利之臣乎？"④

程颐主张以义理为先才是治国的重中之重。他说："唐有天下，如贞观、开元间，虽号治平，然亦有夷狄之风，三纲不正，无父子君臣夫妇，其原始于太宗也。""君不君，臣不臣，故藩镇不宾，权臣跋扈，陵夷有五代之乱。"⑤ 程颐从唐末五代社会动乱的历史教训中得出三纲五常不正是导致社会动乱的根源的结论，因而，三纲五常对于治国理政应当居于优先和更为根本的地位，因而反对王安石以理财为治理国家急务的主张。而对于同样的唐末五代社会生灵涂炭的悲惨社会的历史教训，王安石却给出了不同的原因。他说："自秦以下，享国日久者，有晋之武帝，梁之武帝，唐之明皇，此三帝者，皆聪明智略，有功之主也。享国日久，内外无患，因循苟且，无至诚恻怛忧天下之心，趋过目前而不为久远之计，自以祸灾可以无及其身，往往身遇祸灾，而悔无所及。"⑥ 王安石认为这些享国日久、聪明智略的有功之主不为久远之计，苟且因循是导致祸灾的主要原因。可见，王安石重视功利等务实性质的政策措施，而理学家重视务虚，这是他们的主要分歧。王安石说："至于为国之体，摧

---

① 李焘：《续资治通鉴长编》卷二百十九，熙宁四年正月，上海古籍出版社1986年版。
② 《王安石全集》，复旦大学出版社2016年版。
③ 李焘：《续资治通鉴长编》卷二百四十，熙宁五年十一月丁巳，上海古籍出版社1986年版。
④ 沈括：《梦溪笔谈》卷十二，凤凰出版社2009年版。
⑤ 程颢、程颐：《二程集》，中华书局1981年版，第236页。
⑥ 王安石：《上时政疏》，《临川文集》卷三九，文渊阁四库全书本，上海古籍出版社2009年版。

兼并，收其赢余，以兴功利，以救艰厄，乃先王政事，不名为好利也。"① 王安石对反对者所扣的"小人喻于利"的大帽子反击道："市易务若不喻于利，如何勾当？且今不喻于义，又不喻于利，然尚居位自如，况喻于利如何可废？"②（注：《续资治通鉴长编》卷二六四，熙宁八年五月丙子。）二程的理解则是："和于义乃能利物。岂有不得其宜，而能利物者乎？"又说："人皆知趋利避害，圣人则更不论利害，义当为与不当为，便是命在其中也。"③

从义利关系上来说，二程等理学家在理财上的保守思想，是他们将义放在绝对优先位置上坚持传统思维的表现。因而，从国家的权力决策机构上讲，就要以三纲五常为中心，如此才能稳定和巩固整个国家的政治秩序和生活秩序。程颐在纪念其兄的文章中说："神宗素知先生名，召对之日，从容咨访……（先生）前后进说甚多，大要以正心窒欲、求贤育才为先。先生不饰辞辨，独以诚意感动人主……时王荆公安石日益信用，先生每进见，必为神宗陈君道以至诚仁爱为本，未尝及功利。神宗始疑其迂，而礼貌不衰……荆公与先生虽道不同，而尝谓先生忠信。先生每与论事，心平气和，荆公多为之动。而言路好直者，必欲力攻取胜，由是与言者为敌矣。"④（《明道先生名状》，《河南程氏文集》卷十一）理学家认定"格君心"是治世的"大根本"，但"正心诚意之论，上所厌闻"，对于皇上不能悟得此关键之理，理学家更是强调治世的根本大计就在此四字之中。从理学家强调正心诚意作为确立行为和政策的方向的重要性来讲，他们并没有错，但是将此四字代替一切，而忽视了其他事项的独立性和作用，则是理学家的根本缺陷。以正心诚意等内圣修养取代外王导致了对治世实学的忽视。

理学家认为，作为仅次于皇帝的国家权力机构的宰相，不能将有司专门负责的事情揽到自己的手中，否则不仅干扰了有司的工作，而且没有务本来属于自身主管的正业。因此，当王安石设制置三司条例司时，理学家强烈反对，认为这是宰相侵犯了三司的职权，是追求利而忘记了

---

① 李焘：《续资治通鉴长编》，中华书局1986年版，第5828页。
② 李焘：《续资治通鉴长编》，中华书局1986年版，第6468页。
③ 程颢、程颐：《二程集》，中华书局1981年版，第176页。
④ 程颢、程颐：《二程集》，中华书局1981年版，第633—634页。

义。这表明了改革派与保守派的不同。改革派公开追求利，认为它与义是相得益彰的事情。而反对派认为利要受制于义，不能追求利而忽视了义。这实际上是在财政上主张采取因袭的政策，而反对激进变革。反对将藏于民间的财富转移到国家的府库中。总之，他们主张继承宋代的家法。这表明反对派坚持传统意识形态的意志非常坚定，而改革派认为要改变传统。实际上，坚守义统摄利就是理学家传统意识形态的表现，这种意识形态影响了此后中国历史的发展，一直保持了因循守旧的局面，在思想领域比较僵化。而后来王安石的继承者如蔡卞只是在学术上继承了王安石之学，在政治上也没有大的有效的变革措施，与理学家在政治上缺乏变革精神的界限也比较模糊。

作为理学开创者的二程虽然反对激进的社会变革，但是也主张渐进的改良。程颐认为"推革之道，极乎天地变易，时运终始也……天道变改，世故迁易，革之至大也"。①（卷四）只有通过变革，事物才可达到完善，"革者，变其故也……弊坏而后革之，革之所以致其通也，故革之而可以大亨"。②（卷四）程颐反对王安石变法，认为他是以兴利为目的的变法，让兴利之臣有可乘之机，败坏了社会风气。程颢也说："设今由此侥幸，事有小成，而兴利之臣日进，尚德之风浸衰，尤非朝廷之福。"③（卷一）并就变法中出现的依靠权势，强行变法求利的现象，指出如此下去后果不堪设想："若乃恃所据之势，肆求欲之心，以严法令，举条纲，亦自为可喜，以富国强兵为自得，锐于作为，快于自任，贪惑至于如此，迷错岂能自知？若是者，以天下徇其私欲者也。勤身劳力，适足以至负败，夙兴夜寐，适足以招后悔。以是致善治者，未之闻也。"④又提出"为政之道，以顺民心为本，以厚民生为本，以安不扰为本"。⑤（卷五）

这种改良主张也是由二程以正心诚意为根本和优先的思想所决定的。在治国主张上，他们认为重点是以天理正人心，其中又以正君心为先，

---

① 程颢、程颐：《二程集》，中华书局1981年版，第952页。
② 程颢、程颐：《二程集》，中华书局1981年版，第951页。
③ 程颢、程颐：《二程集》，中华书局1981年版，第458页。
④ 程颢、程颐：《二程集》，中华书局1981年版，第530页。
⑤ 程颢、程颐：《二程集》，中华书局1981年版，第531页。

"治道亦有从本而言，亦有从事而言。从本而言，惟从格君心之非，正君心以正朝廷，正朝廷以正百官"。（卷十五）程颢"前后进言甚多，大要以正心窒欲，求贤育材为先"；① "君道以至诚仁爱为本，未尝及功利。神宗始疑其迂，而礼貌不衰"。②

程颐以仁爱为本，未尝及功利，与王安石义利并重的思想大异其趣。

（五）朱熹对王安石的批判

朱熹在研读《神宗日录》之后说："《日录》固为邪说，然诸贤攻之亦未得其要领，是以言者渎而听者疑，用力多而见功寡也。"其原因在于：

> 盖尝即其书而考之，则凡安石之所以惑乱神祖之聪明，而变移其心术，使不得遂其大有为之志，而反为一世祸败之原者，其隐微深切，皆聚此书；而其词锋笔势，纵横捭阖、炜烨谲诳，又非安石之口不能言，非安石之手不能书。以为蔡卞撰造之言，固无是理，况其见诸行事深切着明者，又以相为表里，亦不待晚年怼笔有所增加，而后为可罪也……何幸其徒自为失计，出此真迹，以暴其恶于天下。便当摭其肆情反理之实，正其迷国误朝之罪，而直以安石为诛首，是乃所谓自然不易之公论，不唯可以订已往之谬，而又足以开后来之惑。奈何乃以畏避嫌疑之故，反为迂曲回互之言，指为撰造增加，诬伪谤讪之书，而欲加刊削，以灭其迹乎？③

朱熹认为王安石之所以能够惑乱神宗，让皇帝对他言听计从，而不能实现神宗自己的远大志向，其秘密就隐藏在这本《神宗实录》中。因此，研究这本《日录》对于揭露王安石人品与学术的伪劣非常重要。既然这本《日录》对于研究王安石其人其学如此重要，所以确认它的真伪就显得尤为必要和重要。朱熹认为《神宗日录》是王安石本人的真实记

---

① 毕沅：《续资治通鉴》卷六十七，上海古籍出版社1987年版。
② 程颢、程颐：《二程集》，中华书局1981年版，第634页。
③ 朱熹：《朱文公文集》卷七〇《读两陈谏议遗墨》，《朱子全书》，上海古籍出版社、安徽教育出版社2002年版，第1217页。

录,而非他人如蔡卞所伪造。因为"词锋笔势,纵横捭阖、炜烨谲诳",非王安石无法道出的。这本《日录》使王安石自"暴其恶于天下"。那么,王安石之"恶"与"一切祸败之原者"可以归结为什么呢?朱熹认为根源之一在于王安石的人品有问题,他说:"然其为人,质虽清介,而器本偏狭;志虽高远,而学实凡近。其所论说,盖特见闻亿度之近似耳。顾乃挟以为高,足己自圣,不复知以格物致知、克己复礼为事,而勉求其所未至,以增益其所不能,是以其于天下之事,每以躁率任意而失之于前,又以狠愎徇私而败之于后,此其所以为受病之原,而闲乐未之言也。"①朱熹认为王安石其人,本质上虽然清正耿直,但是气质上偏执狭隘;志向虽然高远,但是才识平庸浅薄。这是朱熹给王安石人品的一个总评。先是肯定,后是否定,而被否定的特性直接导致了其学术和变法的失败。因此,朱熹实际上是以一种寓贬于褒的方法来批评王安石,②这样对他的批判更是致命的打击。因为王安石的优点也是人所共知的,如果朱熹采取了完全否定的评价,则是难以服众的。朱熹比杨时高明的地方就在于他先是肯定大家都知道的王安石的优点,然后反戈一击,采取了一招制胜的方法给予王安石的人品以毫不留情的揭露,而这些缺点对其学术与变法的影响又是最大和最致命的。所以,相比其缺点的危害来,王安石作为一个思想家和政治家的优点反倒显得太不重要和微不足道了。朱熹这种有褒有贬的评价不仅使那些痛恨王安石的人拍手称快,也使那些服膺王安石优点的人对王安石的支持与喜欢也发生了动摇。

朱熹认为王安石之学与见闻臆度相近似,没有真才实学。因为他不是以格物致知、克己复礼的途径来获取学问的。他自认为其见闻臆度为学问,并且以其刚愎自用、偏执狭隘的性格执意在政治上贯彻他的这套学问主张,于是造成了严重的后果。王安石"其所论说"与格致克复毫

---

① 朱熹:《朱文公文集》卷七〇《读两陈谏议遗墨》,《朱子全书》,上海古籍出版社、安徽教育出版社 2002 年版,第 1218 页。

② 朱熹这种寓贬于褒的批判方法已为高纪春所指出,他说:"以肯定始,以否定终,寓褒于贬(实际上应当为寓贬于褒),欲抑先扬,褒之愈崇,贬之愈极,扬之愈高,抑之愈力。这种辩证否定的方法,即是朱熹分析、评价王安石的一大特色。"高纪春:《论朱熹对王安石的批判》,《晋阳学刊》1994 年第 5 期。

不相干，仅仅凭自己的主观臆断来著书立说，因而其内圣方面存在很大的问题，这就是变法的"受病之原"。朱熹将王安石的外王归咎于内圣修养得不够。而这个内圣修养得不够从前面的分析可见，又是由于王安石本人的人品引起的。或者也可以说，这二者其实就是一回事。因为内圣就是指性命道德之理，一个人在这方面做得好不好，可以从他的品质反映出来。对此，朱熹又再次从王安石之人品与行事来检验其内圣修养的情形，其曰：

> 自其得君之初，而已有以中之，使之悦其高，骇其奇，而意斯人之不可无矣。及其任之以事而日听其言，则又有以信夫斯之果不可无也。于是为之力拒群言而一听其所为，唯恐其一旦去我而无与成吾事也。及其吁谟既久，渐涵透彻，则遂心融神会而与之为一，以至于能掣其柄而自操之，则其运动弛张，又已在我，而彼之用舍去留，不足为吾重轻矣。于是安石卒去，而天下之政始尽出于宸衷，了翁所谓"万几独运于元丰"，闲乐所谓"屏弃金陵，十年不召"者，盖皆指此。然了翁知其独运，而不知其所运者，乃安石之机；闲乐见安石之身若不用，而不知其心之未尝不用也。是以凡安石之所为，卒之得以附于陵庙之尊，托于谟训之重，而天下之人愈不敢议，以至于鱼烂河决而后已焉，此则安石所以遗祸之本。①

朱熹认为王安石通过以"悦其高，骇其奇"的方式取得神宗的信任使得神宗在心理上对他产生了极大的依赖性，以为唯有借助此人之力才能够实现自己的宏伟抱负。在委任王安石以重要职务之后，神宗日听其言，思想受到王安石的影响愈来愈深，只听得见王安石的意见，完全拒绝和排斥了其他人的意见。君臣合作的时间渐长，神宗已经完全接受了王安石的思想和变法主张。所以，后来王安石的在朝与否已经变得不重要了。因为，神宗的想法与施政措施已经与王安石大同小异，精神实质上完全一致了。因此，后来王安石离开了朝廷，但是他的变法措施依然

---

① 朱熹：《朱文公文集》卷七〇《读两陈谏议遗墨》，《朱子全书》，上海古籍出版社、安徽教育出版社2002年版，第1218页。

第五章 王安石对内圣外王的兼顾以及理学家对内圣的偏重

继续执行。所以，王安石最阴险的地方在于专在人君心上用功，以其不正之心术惑乱了神宗。虽然王安石以投机取巧的方式而不是以同臣僚公开辩论的方式取得了皇帝的信任与支持，但是由于其心术不正与学术不是必然导致外王事功的失败。

其心术不正导致了学术不是，朱熹批评王安石的学术主要强调了两个方面。第一是将"一切举而归之于佛老"，违背了儒家的精神。朱熹说：

> 至于天命、人心、日用、事物之所以然，既已不能反求诸身，以验其实，则一切举而归之于佛老。及论先王之政，则又骋私意，饰奸言，以为违众自用，剥民兴利，斥逐忠贤，杜塞公论之地。

又说：

> 王氏之学，正以其学不足以知道，而以老、释之所谓"道"者为道，是以改之，而其弊反甚于前日耳。[1]

还说：

> 王氏得政，知俗学不知道之弊，而不知其学未足以知道，于是以老、释之似乱周孔之实。虽新学制，颁经义，黜诗赋，而学者之弊反有甚于前日。[2]

朱熹批评王安石不以反求诸身的方法来验证人伦日用之实，而是用佛老来加以验证。显然佛老是无法验证人伦日用中的道理的，而只能通过自身的努力来寻找答案，不能依赖于佛道的说教。正所谓儒家以为要从自身寻找原因，对未知的答案也要依靠自己去探索。而在外王方面，

---

[1] 朱熹：《朱文公文集》卷三四《与东莱论白鹿书院记》，《朱子全书》，上海古籍出版社、安徽教育出版社 2002 年版，第 480—481 页。
[2] 朱熹：《朱文公文集》卷三四《与东莱论白鹿书院记》，《朱子全书》，上海古籍出版社、安徽教育出版社 2002 年版，第 480—481 页。

王安石以法先王之政之意而不能模仿先王之政之迹来售卖自己的私意，杜塞公意，以此堂而皇之的理由搜刮民脂民膏，排斥忠良。因此，在大梁内圣不正的前提下，小梁外王自然也就歪了。王安石无论在内圣还是外王方面都存在严重的问题，因而他在学术和政治两个方面的失败是必然的。

二 理学家对内圣的偏重

（一）理学家谈论性命之理也未能如他们所宣称的那样必然在外王上取得成功，结果反倒是失败

在今天看来，理学家这套学说在他们的时代意义在于以这一套人伦风俗形成的文化来获得文化、道义上的优势，以德服外邦。在北宋西夏和辽国军事实力上占优势的背景下，理学家另辟蹊径，认为建立"礼仪之邦"才是真正胜过西夏、辽并且产生吸引力和赢得尊重的原因所在。程颐曾论"自三代而后，本朝有超越古今者五事"；"百年无内乱；四圣百年；受命之日，市不易肆；百年未尝诛杀大臣；至诚以待夷狄"，这是明确"本朝"立国之本实不在武力强盛，威加四海，而在于"忠厚廉耻为之纲纪"，有望建成真正的"礼义之邦"。① 这种思想正是将内圣贯彻在外王之中，而忽视了外王的独特性的表现，与王安石所认为的外王具有独立性并且毫无讳言地追求功利与事功的思想迥然有别。理学家也为苏氏兄弟视为"泥古而不知今"的迂儒，认为他们根本不懂政治。②

无论是理学家还是王安石他们都是在重建人间秩序的理想下提出了他们的思想主张。王安石主张富国强兵，二程主张建立礼仪之邦，反对急功近利。在神宗时代，王安石的这种思想主张占据了上风，而从历史的长远视角来观察，二程的仁义之邦的思想取得了统治地位。由于道德取代了政治的独立性，政治建设就显得停滞不前。这种指导思想不仅制约了中国的发展，也使自身陷入僵化的境地。

陈震说："其（宋理宗）为政正如周密所说与北宋徽宗相似，徽宗

---

① 程颢、程颐：《二程集》，中华书局1981年版，第159页。
② 苏辙：《栾城后集》，《摛藻堂四库全书荟要》卷15057集部，台湾世界书局1985年版，第10、116页。

打着新学的旗号，进行腐朽统治，将北宋王朝送上了灭亡之途；理宗则是崇奉理学，置大政要务于不顾，也将南宋送上了衰亡之道。"① 理学崇尚公义，但其外王没有实质性的措施，这从朱熹被召入朝可以看出来。可见，新学与理学在政治文化中起到了凝聚人心、指导思想和划分党派归属的作用，但无论是何种政治文化思想都不能够必然地导致政治事功上的成功。因为政治事功自有其独立的性质，它的成功还主要由从事它的人们在此方面的政策措施是否得当所决定，而不可能由人们所标榜的最正确的思想文化所完全决定。尽管理学家自信满满地宣称他们的内圣是最正确的，由此内圣一定能够引起外王的成功。但是外王方面策略的不当却必然导致外王的失败。沈松勤说："不过，朱熹和赵汝愚相党实施'新政'的努力，既没有明确的纲领，更没有像王安石那样以立法的形式进行，从现存的记载观之，主要表现在朱熹的'劝讲次对'上，其内容就是向宁宗宣传道学的理论主张。在绍熙五年（1194年）十月十四的一次面君奏札中，朱熹便指出：'诚能严恭寅畏，常存此心，使其终日俨然，不为物欲之所侵乱，则以之读书，以之观理，将无所往而不通；以之应事，以之接物，将无所处而不当矣。'"②

对此看法，紧接着，沈松勤评论道："换言之，若劝新君以'严恭寅畏'和'深加体察'的工夫，去'物欲'而进于'天理'的'圣境'，是道学追求'内圣'的表现，革除'独断'之弊则是道学对'外王'的追求。这'内圣'与'外王'，构成了赵汝愚相党集团在内禅后'致君行道'、一新朝政的基调。"③

就《论语》"惟仁者能好人，能恶人"的解释，朱熹说："有人好恶当于理，而未必无私心；有人无私心，而好恶又未必皆当于理。惟仁者既无私心，而好恶又皆当于理也。"④ 据此仅仅去私从公是不足以行事合于理的，在此之外还必须在修养上具备"仁"的品质。⑤ 此类似于要从

---

① 陈振：《宋史》，上海人民出版社2003年版，第510页。
② 沈松勤：《南宋文人与党争》，人民出版社2005年版，第115—116页。
③ 沈松勤：《南宋文人与党争》，人民出版社2005年版，第117页。
④ 陈荣捷：《近思录详注集评》，华东师范大学出版社2007年版，第645页。
⑤ 陈晔：《词汇与理念：宋代政治概念中的"公议"》，《安徽师范大学学报》（人文社会科学版）2019年第1期。

仁义行，非可以行仁义就可以。即要从自我觉悟上做到与仁义相符，在境界上与仁义相符，而非是做到仁义合乎理即可以了，因为做到合乎理有可能私心仍存。而没有私心出于公心的行为也未必都合乎理。这里出于公心而可能不合乎理，说明此无私心与合乎理的仁义之心不是一致的。此公心当是多数人的意见①，即合众即公。在朱熹看来，公众的意见不必然等同于理，而只有从仁心出发才能既当于理，又没有私心。只有当于理，行为才能真正合于公论。因而公论只有体认天理才能获得。因此，天理对以公论标准衡量的政治所具有的重要性是不言而喻的。这也是理学家之所以重视内圣而忽略外王独立性的一个重要原因，也是他们始终坚持讲正心诚意的根本原因之所在。在理学家的思维逻辑中，只有仁者才能做到符合公论，而要做一个仁者就必须时时刻刻讲正心诚意。因而正心诚意对具有公论实践的政治是至关重要的。而正心诚意与军政事务还是有很大的不同，因此，如果因为重视前者而忽视后者必然会导致很大的问题。张扬道学思想的张浚其"符离之溃"原因之一就是重视次要的道学，而轻视重要的具体政治事务。朱彝尊作诗道：

> 我思南渡后，思陵失其政。谋夫多去国，魏公执兵柄。幕府盛宾僚，子弟谈性命。弃师累十万，三败无一胜。肆将功罪淆，第许心术正。猛将反先诛，岂惟一桧横。哀哉小朝廷，自此和议定②。

朱彝尊认为张浚的败绩主要是"子弟谈性命"所造成的，性命之学正是正心诚意之学。因而在朱彝尊看来，正心诚意之内圣学不仅不能够直接结出外王的硕果，反而会导致军政事务的失败。因为军政事务与道德伦理是不同的，虽然它们之间有联系，但是区别是主要的，因此，不

---

① 在宋代有人认为，判断公议的标准是议论者所认为的公私何如的意向，即大多数人认为是公议就是公议，不能违背多数人在当时认为是正确的意见。《群书会元截江网》曰："议论之在天下，同不必是，异不必非，特观主议论者意向之公私何如耳……公则可之，其否于公者，不以私而可也；不公则否之，其可于公，不以私而否也。执此之公，以平决缙绅之议论，如鉴鉴形，如权权物，同于公而已矣。故曰：虽异而必归于同。"不著撰人：《群书会元截江网》卷二〇，影印文渊阁四库全书本。
② 朱彝尊：《初夏重经龙洲道人墓三十二韵》，《曝书亭集》卷一七，世界书局1937年版，第213页。

能以正心诚意取代外王事务。朱熹上疏宋孝宗说:"人君之学与不学,所学之正与不正,在乎方寸之间,而天下国家之治与不治,见乎彼者如此之大。"① 君主之学与不学,正与不正;天下国家之治与不治,都决定于一心。即是心正意诚,则君主之学就是正的,天下国家就能得到有效的治理。心正则学正,学正则国治,换言之,内圣则外王。外王就是内圣的直接结果,则外王的独立地位就丧失了,也无须进行单独的学习和锻炼。又说:"致知格物者,尧舜所谓精一也;正心诚意者,尧舜所谓执中也。自古圣人口授心传而见于行事者,惟此而已。"② 致知格物是精一之学,正心诚意是执中之学,圣人口授心传而表现在行动上,因而做好一切外王事务的奥秘就在于致知格物与正心诚意。

杨念群对儒学中这种空疏的外王学说这样评价:"也许是过多地注意所谓'精神的训练'(mental discipline),相对忽视构建王者权威所必备的神圣合法性原则,'修齐治平''正心诚意'等一套儒家政治儒学,在乱世烟云中并不具备多少可操作的成分。按照桓宽在《盐铁论》中的记载,当时的御史就曾批评'儒者之安国尊君,未始有效也'。"③ 这套没有多少可操作成分的政治哲学的说法,是对理学家纸上谈兵式的外王学的一种批评。

(二) 朱熹内圣必然导致外王的思想也表现在他的正统论上

从历史上的"拥曹拥刘之争",我们可以看出不同的历史学家在正统观念上存在的差异。西晋陈寿《三国志》和北宋司马光《资治通鉴》尊曹魏为正统,而东晋习凿齿《汉晋春秋》和南宋朱熹《通鉴纲目》则尊蜀为正统,对此现象清史学家章学诚在《文史通义·文德》中解释说:"陈氏生于西晋,司马氏生于北宋,苟黜曹魏之禅让,将置君父于

---

① 朱熹:《壬午应诏封事》,《朱子全书》第 20 册,上海古籍出版社、安徽教育出版社 2002 年版,第572 页。
② 朱熹:《朱子全书》第 20 册,上海古籍出版社、安徽教育出版社 2002 年版,第572 页。
③ 杨念群:《儒学地域化的近代形态》增订本,生活·读书·新知三联书店 2011 年版,第 106—107 页。

何地？而习与朱子，则固南渡之人也，唯恐中原之争正统也。"①

朱熹即公开宣称，《资治通鉴纲目》的大义就在于"主在正统。问：'何以主在正统。'曰：'三国当以蜀汉为正，而温公乃云，某年某月"诸葛亮入寇"，是履冠倒置，何以示训？缘此遂欲起意成书。推此意，修正处极多'"。②

《语类》卷一百五中记录的朱子与学生对正统的讨论有助于我们更全面地了解朱子的正统论，他们的对话如下：

> 问："'正统'之说，自三代以下，如汉唐亦未纯乎正统，乃变中之正者；如秦西晋隋，则统而不正者；如蜀东晋，则正而不统者。"曰："何必恁地论！只天下为一，诸侯朝觐狱讼皆归，便是得正统。其有正不正，又是随他做，如何恁地论！有始不得正统，而后方得者，是正统之始；有始得正统，而后不得者，是正统之余。如秦初犹未得正统，及始皇并天下，方始得正统。晋初亦未得正统，自泰康以后，方始得正统。隋初亦未得正统，自灭陈后，方得正统。如本朝至太宗并了太原，方是得正统。又有无统时：如三国南北五代，皆天下分裂，不能相君臣，皆不得正统。（义刚录作：'此时便是无统。'）某尝作通鉴纲目，有'无统'之说。此书今未及修，后之君子必有取焉。温公只要编年号相续，此等处，须把一个书'帝'、书'崩'，而余书'主'、书'殂'。既不是他臣子，又不是他史官，只如旁人立看一般，何故作此尊奉之态？此等处，合只书甲子，而附注年号于其下，如魏黄初几年，蜀章武几年，吴青龙几年之类，方为是。"又问："南轩谓汉后当以蜀汉年号继之，此说如何？"曰："如此亦得。他亦以蜀汉是正统之余，如东晋，亦是正统之余也。"问："东周如何？"曰："必竟周是天子。"问："唐后来多藩镇割据，（义刚录云：唐末天子不能有其土地）亦可谓正统之余否？则如何？"曰："唐之天下甚阔，所不服者，只河北数镇之地而

---

① 严杰、武秀成译注：《文史通义全译》，贵州人民出版社1997年版，第336页。
② 朱熹：《朱子语类》，中华书局1986年版，第2636页。

已。"(义刚录云:"安得谓不能有其土地!"淳。义刚同。)①

学生认为三代以下,汉唐亦未纯正。因为他们虽然不是以王道而得天下,但还是统一了天下。从正与统来看,是正而不纯粹者,但功在统一了天下,统是名副其实的。因而,是变中之正者。而对于秦、西晋、隋来说,由篡位而得,因而是统而不正者。而蜀汉、东晋延续了上代正统王朝,但又没有统一天下,是正而不统者。这种观点是将正统分开来进行理解,正是从王道政治上来讲,统是从天下统一的事实来讲。这种观点受到了欧阳修的影响。欧阳修在论正统时说:"正者,所以正天下之不正也;统者,所以合天下之不一也。"② 评判正统要从两个方面来衡量,即是否符合政治道德和统一了天下。正如现代学者所说:"评判正统的标准在于'德与迹'。'正'着眼于'德',而'统'着眼于'迹'。"③ 朱熹的学生所发之议论,正是依从欧阳修关于正统论的标准所得出的结论。但朱熹对这种意见也不是很满意,他认为不必如此搅扰地评判。朱子认为统一了天下就是正统。而正不正,要从这个王朝统治天下之后的行为进行评判。如此看来,朱子的正统论似乎主要着眼于是否统一上。如果一统天下,就是正统,否则就不能称为正统,如三国时期,魏蜀吴任何一方都没有统一天下,则是无统。但是朱子以"迹"作为评判正统的标准与新的统一恢复了政治伦理秩序的标准是一致的,即统一恢复了政治道德,因而一统天下就意味着获得了正统也是符合"德"的标准。在此,"迹"与"德"是统一的。朱子用"迹"的标准判定正统实际上也就意味着是以"德"的标准判定正统。所以,像那些以篡夺的方式得到天下的王朝,虽然从他得到天下来说是违背政治道德的,是不正义的,不能给它贴上"正义"的标签,但是从它维护了政治伦理秩序上来说,又是有功于天下苍生的,因而是正义的。所以,功过相比,功大于过,其一统天下就是正统。

---

① 朱熹:《朱子语类》,中华书局1986年版,第2636页。
② 欧阳修:《欧阳修全集》,中华书局2001年版,第267页。
③ 陈来、杨立华、杨柱才、方旭东:《中国儒学史·宋元卷》,北京大学出版社2011年版,第43页。

而从朱子将蜀汉判定为"正统之余"更可以看出朱子判定正统的标准也是依从"德"的。魏蜀吴到底谁更正义，《朱子语类》说：

又有无统时：如三国南北五代，皆天下分裂，不能相君臣，皆不得正统。①

问纲目主意。曰："主在正统。"问："何以主在正统？"曰："三国当以蜀汉为正，而温公乃云，某年某月'诸葛亮入寇'，是冠履倒置，何以示训？缘此遂欲起意成书。推此意，修正处极多。若成书，当亦不下通鉴许多文字。但恐精力不逮，未必能成耳。若度不能成，则须焚之。"大雅。②

问："宋齐梁陈正统如何书？"曰："自古亦有无统时。如周亡之后，秦未帝之前，自是无所统属底道理。南北亦只是并书。"又问："东晋如何书？"曰："宋齐如何比得东晋！"又问："三国如何书？"曰："以蜀为正。蜀亡之后，无多年便是西晋。中国亦权以魏为正。"又问："后唐亦可以继唐否？"曰："如何继得！"赐。③

蜀汉之所以为正统之余乃是因为蜀汉乃是继承了汉朝的国祚，不是对政治道德的违背而是尊崇，代表着维护原有政治伦理统治秩序的政权，是原有正统之延续，因而为正统之余。这个判定完全是从政治道德上着眼的。因而，此处依从政治道德的判定与上文中一统天下从重建新的政治伦理秩序的标准的判定结合起来，我们可以得出这样的结论：朱子的正统论虽然表面上给我们以从"迹"而不从"德"的印象，但实际上也是处处离不开"德"的判定标准的。由此可以看出，朱子的正统论也是以内圣为主的思想的表现。

（三）理学家重内圣轻外王的思想也通过王霸之辨表现出来

儒家的王霸之辨在先秦儒家那里即成为关注的话题。孔子在仁与礼的

---

① 朱熹：《朱子语类》，中华书局1986年版，第2636页。
② 朱熹：《朱子语类》，中华书局1986年版，第2636页。
③ 朱熹：《朱子语类》，中华书局1986年版，第2637页。

关系上两不偏废意味着孔子对由仁与礼发展而来的内圣与外王是兼顾的，因而孔子对王霸之辨也保持了一种中庸的姿态，对霸道也并非一概否定，这从孔子对管仲的评价可以看出。有关孔子对管仲的评价引述如下：

> 子曰："管仲之器小哉！"或曰："管仲俭乎？"曰："管氏有三归，官事不摄，焉得俭？""然则管仲知礼乎？"曰："邦君树塞门，管氏亦树塞门；邦君为两君之好有反坫，管氏亦有反坫。管氏而知礼，孰不知礼？"①

以上一则是孔子对管仲的否定性的评价，但孔夫子对管仲也有肯定的评价。

> 子路曰："桓公杀公子纠，召忽死之，管仲不死。"曰："未仁乎？"子曰："桓公九合诸侯，不以兵车，管仲之力也。如其仁！如其仁！"②
>
> 子贡曰："管仲非仁者与？桓公杀公子纠，不能死，又相之。"子曰："管仲相桓公，霸诸侯，一匡天下，民到于今受其赐。微管仲，吾其被发左衽矣。岂若匹夫匹妇之为谅也，自经于沟渎而莫之知也。"③

以上孔子对管仲的评价不是全盘否定，而是赞扬了他的功绩。因为管仲对社会的贡献给人们带来了实实在在的好处，当然也批评了他的奢靡与背礼。子贡认为管仲非仁，他未为主子纠而死，又成为纠的政敌桓公的宰相，是不忠之人，因而不是仁者。子贡对管仲的评价是否定的，但是孔子不以为然。他认为管仲虽然行霸道，但是人民至今受其恩赐。没有管仲，包括孔子自己的那些人都有可能为夷狄所统治。所以，管仲尊王攘夷，反对使用暴力是有仁德的。不能像匹夫匹妇那样斤斤计较他的节操与信用。这种评价表明孔子并非是将以仁为中心的王道和不以仁

---

① 杨伯峻：《论语译注》，中华书局1980年版，第31页。
② 杨伯峻：《论语译注》，中华书局1980年版，第151页。
③ 杨伯峻：《论语译注》，中华书局1980年版，第151—152页。

的方式所建立功业的霸道二者看作对立的关系。像管仲的霸道，虽然不是由仁义而行所建立的功勋，但是百姓却由此受益无穷。因而，从这个结果来看，管仲也做了一件具有极大仁德的事情。但在孟子以后，对王霸的不同做了更严格的划分。他说："以力假仁者霸，霸必有大国；以德行仁者王，王不待大——汤以七十里，文王以百里。以力服人者，非心服也，力不赡也；以德服人者，中心悦而诚服也……"①孟子认为霸道就是用武力假借仁义而成就功业，而实际所行非仁；用道德而施行仁义的人使天下归服，这就是王道。因此，王道的精神实质是以仁义服天下，而霸道的实质乃是武力征服天下。孟子的这种王霸之辨为宋代理学家所接续与发展。

理学家绝大多数是推崇孟子的，孟子侧重内圣，褒王贬霸的思想都为理学家所继承。在以道德定义王道上，理学家甚至比孟子走得更远。他们所谓的王道不是从事功上界定，而是从伦理风尚以及道德上来界定的。即是说政治上外王理想的状态不是以功业来衡量的，而是要用风俗淳厚等道德理想来判定。程颐解释"天王"之义说："王者奉若天道，故称天王，其命曰天命，其讨曰天讨。尽此道者，王道也。后世以智力把持天下者，霸道也。"②又说："周室既衰，蛮夷猾夏，有散居中国者，方伯大国，明大义而攘斥之，义也；其余列国，慎固封守可也，若与之和好，以免侵暴，非所谓'戎狄是膺'，所以容其乱华也，故《春秋》华夷之辨尤谨。居其地，而亲中国、与盟会者，则与之。公之会戎，非义也。"③"这里的'夷'不是地域概念的少数民族，更多是文化之'夷'。"④亲中原文化的夷狄若参与盟会，则中原的诸侯也可以参与，即承认接受中原文化的夷狄。而判定中原文化的标准在理学家程颐这里就是"义理"，不合义理的行为就是夷狄之道，则可以视之为夷狄。程颐在解文公十年"秦伐晋"中说："以晋舍嫡嗣而外求君，罪也；既而悔之，正也。秦不顾义理之是非，惟以报复为事，夷狄之道也，故夷之。"⑤

---

① 杨伯峻：《孟子译注》，中华书局1960年版，第74页。
② 程颢、程颐：《二程集》，中华书局1981年版，第1087—1088页。
③ 程颢、程颐：《二程集》，中华书局1981年版，第1089页。
④ 侯步云：《论程颐以"理"解〈春秋〉》，《古籍整理研究学刊》2016年第5期。
⑤ 程颢、程颐：《二程集》，中华书局1981年版，第1115页。

程颐于熙宁元年上《论王霸札子》说："得天理之正，极人伦之至者，尧、舜之道也；用其私心，依仁义之偏者，霸者之事也……故诚心而王则王矣，假之而霸则霸矣。"① 王霸之别在于"极人伦之至"与"诚心"还是"依仁义之偏"与"假之"，前者是王道，后者就是霸道。人伦与诚心显然是从伦理道德上讲的，而将仁义当作工具和手段，就不是将仁义当作目的，其目的是事功霸业，这就是霸道。与孟子所说的由仁义行、非行仁义有相似之处。以仁义为指导，而不是表面上行仁义，实际有其他目的。所以，在程颐看来，王道是从仁义出发的，以仁义为指导的，否则就是霸道。其次，王道的结果也应当有利于苍生百姓，因而建功立业的结果在客观上起到了仁义的作用。但理学家通常都看重动机，而不强调结果。

（四）朱熹走上层路线，格君子之心，使得道学的影响日益扩大，转向内在愈加明显

二程都非常推崇张载的《西铭》，认为"仁"就是"以天地万物为一体，莫非我也"之自觉，此即"理一"；"仁"在其他人、事、物上一定的分别的体现就是"义"，即"分殊"②。依据这种看法，以二程为代表的理学家的确强调了内圣与外王的一致性，即便是衡量的依据都是一致的。他们对外王事功的忽视也就不足为怪了，而片面地强调了内圣。基于这样的理念，理学家认为在当时，最重要的事情莫过于格君主之非。因为在他们看来，"引君当道，君正而国定矣"③。

理学家的格君主之非来自孟子，也是对孟子心性论思想的一种继承。孟子曰："人不足与适也，政不足间也。惟大人为能格君心之非。君仁莫不仁，君义莫不义，君正莫不正。一正君而国定矣。"④《古文尚书·冏命》篇亦记载："惟予一人无良，实赖左右前后有位之士，匡其不及……责群臣正己，绳愆纠谬，格其非心，俾克绍先烈。"⑤《程氏遗书》卷十五曰："治道亦有从本而言，亦有从用而言。从本而言，惟从

---

① 程颢、程颐：《二程集》，中华书局1981年版，第450—451页。
② 程颢、程颐：《二程集》，中华书局1981年版，第609页。
③ 程颢、程颐：《二程集》，中华书局1981年版，第1218页。
④ 杨伯峻：《孟子译注》，中华书局1960年版，第180页。
⑤ 李民、王建：《尚书译注》，上海古籍出版社2004年版，第396页。

格君心之非，正心以正朝廷，正朝廷以正官。"① 二程认为"辅相之职，必在乎格君心之非，然后无所不正"。②

《朱文公文集》卷二十五《答张敬夫》中说："熹常谓天下万事有大根本，而每事之中又各有要切处。所谓大根本者，固无出于人主之心术；而所谓要切处者，则必大本既立，然后可推而见也。"③ 同书卷二十九《与赵尚书》："今日之事，第一且是劝得人主收拾身心，保惜精神，常以天下事为念，然后可以讲磨治道，渐次更张。"④ 从朱熹的这些语句，我们可以看出他将格君心之非提高到一个纲举目张的重要地位，而这个"格"的方法正是让君主正心诚意的内圣工夫。

朱熹重视格君心之非，这不仅是孟子所开启的重视向内修养的传统使然，也是南宋理学家从王安石变法失败中获得的一个启发，他们坚信王安石之所以改革失败乃是由于其内圣方面出了问题。因此，必须在内圣修养上有所加强才能够取得外王上的成功。刘子健说："朱熹及其同道认为，忽略形而上学理论正是那致命的错误。儒家道德哲学需要广阔的宇宙论基础来诠释经典，有效应对佛道两家特别是佛家的挑战，吸纳非儒家思想，将其整合为浑然一体的系统哲学，从而重新规范价值体系。为实现这一理想，真正的儒者必须反躬自省，对万事万物——物质世界、社会关系和宇宙进行观察思考。这种方法并不排斥政事，但将其置于次要地位。"⑤ 而后来道学人物在政治上的失意也推动了他们转向内省和道德修养。刘子健说："在悲哀和困惑中，许多知识分子不可自抑地转向内省和回顾。他们的著述清晰揭示，内省让他们将更多的注意力倾注在自我修养上，而较少关注国家大事。回顾则让他们相信儒家理论根源当中存在一定的缺陷，而这些缺陷应当通过强调儒家更好的方面加以弥补。这些好的方面是作为基础的形而上学、学以致知以及非精英主义的公众

---

① 程水龙：《〈近思录〉集校集注集评》，上海古籍出版社 2012 年版，第 745 页。
② 朱熹：《四书章句集注》，中华书局 1983 年版，第 285—286 页。
③ 朱熹：《答张敬夫》，《朱文公文集》卷二十五，《朱子全书》第 21 册，上海古籍出版社、安徽教育出版社 2002 年版，第 1113 页。
④ 朱熹：《朱子全书》，上海古籍出版社、安徽教育出版社 2002 年版，第 1262 页。
⑤ 刘子健：《中国转向内在——两宋之际的文化内向》，江苏人民出版社 2002 年版，第 124 页。

教育。只有成功地建立道德社会之后，他们才有可能给国家注入新的动力。从南宋中叶开始，这种观念成为最主要的文化和思想浪潮，并持续了好几个世纪。"① 从以上两段话可以看出，南宋的儒家转向内省出于两个原因，第一个就是从王安石变法失败中所汲取的教训：变法失败主要原因是内圣修养不够。第二个从现实政治的失意以及回顾儒学历史中使他们意识到必须通过内省的方式对儒学理论根源中的缺陷进行弥补。因而他们在内圣上倾注了全力，以为努力通过这种自我德性的修养自然能改变一切不利的情形。

朱熹格君心之非并不只是停留在口头和著作中，而是利用被皇帝召见和进讲的机会将格君心之非的思想在实际行动中表现出来。绍熙五年十月辛丑，"是日，命朱熹讲《大学》"。朱熹获得了更多面见圣上的机会，"一日问宁宗：'不知于圣意如何？'上欣然曰：'看来紧要处只在求放心耳。'熹顿首曰：'圣学高明，宣谕极是，老师宿儒穷日竟月，不曾见得此意、说得此语。陛下天纵生知，拈出此"求放心"语，正是圣学要领，愿推之以见于实行，不患不为尧舜之君也。'他日，熹又奏疏言：'愿陛下日用之间，语默动静必求放心，以为之本，而于玩经观史已用力处益用力焉……'熹每进讲，务积诚意以感动上心，以平日所论著者敷陈开析，坦然明白，可举可行……上亦虚心嘉纳焉"。② 朱熹讲《大学》，其内容主要为孟子所重视的"求放心"，也就是"正心诚意"的修养工夫。朱熹对"皇极"的重新解释可能与此有关。他训"皇"为"君"、训"极"为"标准"，即"人君所以修身立道之本"（见《皇极辨》）。③

朱熹说："天下之事，千变万化，其端无穷，而无一不本于人主之心者，此自然之理也。"④ 朱熹希望人主在心上做工夫，心正就不会有私心

---

① 刘子健：《中国转向内在——两宋之际的文化内向》，江苏人民出版社2002年版，第118页。

② 佚名编：《续编两朝纲目备要》卷三，第45—46页。此事另见罗大经（1196—1242）《鹤林玉露》所载略有异同，唯罗大经以为宁宗所以能做到"三十一年敬仁勤俭如一日"，与朱熹的努力分不开，故谓"文公格心之效，终不可泯"。参见《鹤林玉露》甲编卷三"庆元侍讲"条，中华书局1983年版，第41—42页。

③ 朱熹：《朱子全书》，上海古籍出版社、安徽教育出版社2002年版，第266页。

④ 朱熹：《晦庵先生朱文公文集》卷一一《戊申封事》，《朱子全书》第20册，第590—591页。

介于其间。一旦有私心存于其间，则天下之事就愈发不可为。他说："皆不可缓而其本在于陛下之一心，一心正则六事无不正，一有人心私欲以介乎其间，则虽欲愈精劳力以求正，夫六事者亦徒为文具，而天下之事愈至于不可为矣。"① 在此朱熹是从去私欲来讲正心诚意的。

对于南宋转向内在偏重内圣而忽视外王的看法，也有学者提出了不同的意见。有学者认为我们应当重新看待两宋的历史，在南宋儒者的视野中，不是只有内圣，而且还有外王。但是如果我们将王安石与朱熹的内圣外王及其关系作一对比，就会发现他们还是有区别的，也可以看出做出南宋开始转向内在的结论是符合历史事实的，因而是有充分理由的。

与王安石相比，朱熹的外王也仅仅就正心诚意而言，其外王没有得到独立的全面展开，而王安石的外王具有这样的特点。像余先生一样，杨念群的意见也是认为南宋理学家同样非常重视外王，他说："刘子健的结论是，宋朝新儒家由于强调伦理思想的内省一面，强调反省的磨练以及个体自身内在化的道德价值，如此一来，他们沉思于形而上学、宇宙论的命题越深，被导向世俗客观的社会现实的可能性就越小，联系现实以求验其哲学理论的可能性也越小……我对此观点不敢苟同，在我看来，'儒家'从诞生之日起就与'政治'发生了纠葛不清的复杂关系，'儒家'相对于'政治'的基本态势不是根本超越而是若即若离，而且儒学价值的实现恰恰是通过政治运行的过程才得以完成的。"②

---

① 朱熹：《晦庵先生朱文公文集》卷一一《戊申封事》，《朱子全书》第 20 册，第 590—591 页。
② 杨念群：《"儒学地域化"概念再诠释——兼谈儒学道德实践的若干形态》，《清华大学学报》（哲学社会科学版）2010 年第 3 期。杨念群进一步认为对内圣的过度重视，乃是因为这样做就可以降低管理成本。他说："提到宋朝帝国'内敛'气质的变化，我们自然会想到新儒学兴起所遵循的'道德主义'原则，但似应更深一步探问：'道德主义'兴起的原因是什么？我以为此与宋朝以后的统治者希图减少统治成本的策略有关。"又说："说明玄宗以后，汉族士人以'文化'处理政事的风格终于获得了肯定，'士大夫'阶层也逐渐有资格和能力把'文化'的拥有与否视为区别血缘种族高下之分的一个标准。即玄宗以后，胡人、汉人不但渐渐有了种族差异之分，而且开始以染有汉族文化之程度为区分身份高下的尺度。也只有在这种情形下，'儒学'之使用才会出现转机，进入新的发展阶段。"[参见杨念群《"儒学地域化"概念再诠释——兼谈儒学道德实践的若干形态》，《清华大学学报》（哲学社会科学版）2010 年第 3 期]文化的重要意义凸显出来，因而作为中国文化的主干儒学的重要性也就越发明显了。这种对文化的偏重在南宋即表现为重视内圣而忽视外王，汉代的儒学总体上没有得到应有的重视。朱熹对汉代的政治哲学的鄙视就是一种忽视外王的明显表现。现代大陆新儒家将宋儒的心性之学与汉儒的政治哲学结合起来，就是为了弥补他们各自的偏失，且不论这种结合是否合理，但也反映了现代新儒家力求纠正宋儒轻视外王的弊端。

第五章　王安石对内圣外王的兼顾以及理学家对内圣的偏重

南宋理学家的内圣当然与外王是有联系的，但是对内圣的重视是外王无法相比的。而刘子健主要是从这个意义上来说的。因此其结论仍然是对历史较为准确的描述，仍然具有很强的理论概括力。刘子健说："11—12世纪，中国历史长河中出现了一场令人瞩目的转折。这场波澜壮阔的文化转型携蓄着巨大的能量，看起来似乎将生生不息，在更为广阔的领域引发转变。但是，事实却恰恰相反，新的文化模式经过沉淀和自我充实后，转而趋向稳定、内向甚至是沉滞僵化，并在实际上渗透到整个国家，其影响一直持续到20世纪初。"此说是对宋以后中国历史发展趋势大体上正确的总体描述。刘氏又说："一些教科书将这个时期即宋代中国（960—1279），描述为'近代初期'（early modern）……不应当将宋代中国称为'近代初期'，因为近代后期并没有接踵而至，甚至直到近代西方来临之时也没有出现。宋代是中国演进道路上官僚社会最发达、最先进的模式，其中的某些成就在表面上类似欧洲人所谓的近代，仅此而已。"① 刘子健的这些意见都与他对宋代尤其是南宋转向内在特性的认识有关。宋代的特征还是继承了中国从秦代肇始的治理模式，即以官僚系统为典型的特征，只是在宋代由于重视了士大夫在治国中的作用，采取了佑文政策，因而将这种官僚治理系统的作用发挥到了一个最佳的状态。但即便如此，宋代的权力结构中皇权依然处于中心地位，仍然是一个君主专制的国家。宋代由于在制度的改革上别无出路，士大夫只好采取了一种道德保守主义和内省的方式来补偏救弊。此正如刘子健所说："不是潜研儒学的人也许会觉得这样的教导与国事无关，但是，作为早期道德保守主义者的继承人，新儒家却相信，当任何可以设想的制度改革和其他措施都不能治愈专制主义的病症时，这才是纯正的儒家救弊良方。"② 在刘子健看来，宋代社会不仅没有改变从秦代开始延续至当时的社会的性质，而且从南宋开始中国社会更转向内在，虽然它的文化取得了空前的成就。所以，宋代社会不仅不是近代社会的开端，相反，由于士大夫偏重内圣，使得儒家在外王上不敢对社会制度的弊病做出反思和

---

① 刘子健：《中国转向内在——两宋之际的文化内向》，江苏人民出版社2002年版，"序言"。
② 刘子健：《中国转向内在——两宋之际的文化内向》，江苏人民出版社2002年版，第119页。

提出改进的意见。这也是以上刘子健观察所得的一事之两面，盖不能在外王上有所突破，只好在正心诚意的内圣上做更加严格的要求。这件事的反面就是不求之于外王，而求之于内圣，于是制度改造上的外王就更加踟蹰不前了。

理学家出于对正心诚意的偏重，使得他们时常宣称在外王上要有一番作为的抱负常常无法得以真正实现。事实上，他们反倒是时常对具体的行政事务表现出了轻视乃至不愿意从事的态度。对于理学集团的这个特点，刘子健写道："朱熹屡次辞谢进用，除了在地方职位上的12年以外，他在朝廷做官只有四十几天。这一学派的许多知识分子公开表达他们对财务责任的反感。他们认为理财很容易损害道德诚实。出于这一思想基础，他们要求转任。当他们对官僚职业的反感被政敌抓住，作为他们空谈和政务无能的证据时，双方的两级分化走得更远了。"①

从朱熹与陈亮的争辩中，我们也可以看出，朱熹对外王的忽视。在辩论中，朱熹严辨义利、王霸之分这些都是儒家的本义。但是朱熹以为政治事功的建立要在正心诚意的基础上，这就有将政治事功等外王事业时时要与正心诚意牵扯在一起的意思，易言之，外王要在内圣中找到根据，一切要以正心诚意为中心。这就忽视了外王独立性的一面，也就是说有些外王事业与内圣是联系不上的，因此如果坚持以正心诚意为中心，时时处在正心诚意的内在休养活动中，就会导致那些与内圣关系不大的外王事业不能进入主体的视野之中，因而实质上就导致了对外王的忽视。陈亮正是看到了朱熹思想中的这个弊病，提出霸道也是道，就是说外王事业也是有其独立的运行规律，不是内圣所完全决定的。因此不能只是以正心诚意为中心，对于外王事业我们也要有针对性地分外重视。而朱熹将陈亮的霸亦有道的思想批评为两汉之学，他说："二帝三王却不去学，却要学两汉，此是他乱道处。"② 对两汉之学的忽视正是朱熹对外王事业忽视的又一个表现。

---

① 刘子健：《作为超越道德主义者的新儒家：争论、异端和正统》，选自田浩主编《宋代思想史论》，社会科学文献出版社2003年版，第241页。
② 《朱子全书》，上海古籍出版社、安徽教育出版社2002年版，第2949页。有关朱熹与陈亮的辩论参见刘增光《汉宋经权观比较析论——兼谈朱陈之辩》，《孔子研究》2011年第3期。

南宋以朱熹为代表的儒学虽然转向内在，对外王有忽视的倾向，但是在当时南宋与金以及西夏的斗争中，这也不失为一种较能凝聚人心、提升国人自信力的有效斗争策略，因而这种转向在对敌斗争中还发挥了较为积极的作用，符合当时的时代需要。杨念群说："以'纯化种族'和'文明优越'的双重论述，重建士林的自信心，是当时政治文化复兴建设的主要内容。"[1] 但是这种转向内在在元明清时代越来越走向僵化，对外王忽视的弊病也表现得越发明显了，使得儒家在对抗专制皇权的道路上越走越狭窄。因而在明代之时这种格君心之非越来越难以实行，从而不得不走向民间寻找儒学的发展空间，走上了下行的觉民行道的路线。

---

[1] 杨念群：《"儒学地域化"概念再诠释——兼谈儒学道德实践的若干形态》，《清华大学学报》（哲学社会科学版）2010 年第 3 期。

第六章　苏轼思想的超越性与实践性

一　再论苏轼的哲学思想

笔者在几年前发表过一篇有关苏轼哲学思想方面的论文，之后仍持续关注有关苏轼哲学思想的研究成果，发现有些观点颇值得商榷；而原来发表的文章也有不尽如人意之处，于是动念写了这篇文章。文章在笔者原作《道在易中：苏轼哲学体系略论》（以下简称"原作"）[①] 的基础上，通过将三种无心而悟道的方式的第一种有意识的做到无心与道家的精细比较得出苏轼是援外道入儒而非是诸家并举、会而不通的结论，而将第三种无心而悟道的方式更准确地概括为通过技艺而悟道，并且对通过技艺何以悟道做了充分展开。因此，本书对原作的研究做了很大程度的推进，但是仍然赞同原作所认为的苏轼哲学的总体建构。在这个研究的基础上，笔者对学界有关苏轼的哲学思想的观点做了回应，这些回应有笔者所主张的除了以上所提到的苏轼哲学特性不是诸家并举、会而不通的观点之外，还包括：苏轼之道与性不是抽象的总名，而是有实质内涵的超越性的本体；苏轼的性应当从本体之性与自然之性两个方面来认识，不同于认为其性只有自然之性的看法；苏轼的情本论不是其哲学的主要特征和本质；等等。

（一）苏轼哲学总体建构

在苏轼看来，观念性的"道"是宇宙万物的本原，是超绝言象的，所以他赞同苏辙所云："道非有无，故以恍惚言之，然极其运而成象，

[①] 参见胡金旺《道在易中：苏轼哲学体系略论》，《中州学刊》2012 年第 3 期。

著而成物，未有不出恍惚者也。"① 道是超出现象界的万物的本体，所成之象与物都出于道，即道是万物之根源。

苏轼也认为道是实有的，它产生了万物，是万物的本体。这从苏轼有关道与易关系的说法中可以推测出，他说："相因而有，谓之'生生'。夫苟不生，则无得无丧，无吉无凶。方是之时，易存乎其中而人莫见，故谓之道，而不谓之易。有生有物，物转相生，而吉凶得丧之变备矣。方是之时，道行乎其间而人不知，故谓之易，而不谓之道。"② 在物未生成之时，宇宙空无一物，所以"谓之道，而不谓之易"，但是却有生物的可能性，因为"易存乎其中而人莫见"。苏轼又说："圣人知道之难言也，故借阴阳以言之，曰：'一阴一阳之谓道。'一阴一阳者，阴阳未交而物未生之谓也。喻道之似，莫密于此者矣……若夫水之未生，阴阳之未交，廓然无一物而不可谓之无有，此真道之似也。阴阳交而生物，道与物接而生善，物生而阴阳隐，善立而道不见矣。"③ 以上两段话的主旨告诉我们道是不可见的，是难以言说的。如果非要加以言说，我们只能说在万物产生之前的阶段，最与道相似。因为此时"廓然无一物"，与道类似，但又不是道，为什么？因为"廓然无一物"还是从与易相比较来说的，则还是一种有的层面的言说，而道是更高一层的存有。只是从它与道之不可见之相同来看，我们可以说廓然无一物最类似道。苏轼不认为一阴一阳之谓道是一种事实陈述，而认为它是类比说法，即阴阳未交不可为道，而是比喻道。这仍然是认为形下层面的阴阳等对象不是道，而是类似道。所以，道是更高一层的本体，也是万物的根源。万物不论产生之前还是产生之后抑或消亡，道始终存在，它始终寓于易中。因此，它是世界最终的根源，当然也是它产生了万物。

虽然苏轼道本体有实体的性质，但是从其主要是通过达到无心的境界而悟道来看，将其本体称为境界本体也许更合适，但不能由此否认其本体的实有性质。

---

① 范立舟：《〈东坡易传〉与苏轼的哲学思想》，《社会科学辑刊》2009 年第 5 期。
② 曾枣庄、舒大刚主编：《三苏全书·苏氏易传》（第 1 册），语文出版社 2001 年版，第 357 页。
③ 曾枣庄、舒大刚主编：《三苏全书·苏氏易传》（第 1 册），语文出版社 2001 年版，第 351—352 页。

在原作中，我将苏轼体证这个本体之道的方式归纳为要做到三种无心。第一种就是有意识地做到无心，这种无心是要让主体自身的心灵平静下来以至于做到不自知，就是扫除了任何的私心杂念而处于一种无我的状态。这种情况主要指主体不与世事交接时，静心修养以证道。此时我们有意识地做到无心就是让天道的自然无心更好地得以展现，使其不被遮蔽地在我们自身流行。苏轼说："至人悟一言，道集由中虚。心闲反自照，皎皎若芙蕖。"[①] 显然，这两种无心是同时出现的。主体有意识的做到无心就是对天道自然无为（无心）的一种体现，因此，此时两种无心就合二为一了。但这种对天道无心的体验与道家不同，道家是体验天道的无为，而苏轼是体验天道的自然创造力与活动。

苏轼之道虽然有自然的特性，但是这种自然不排斥人为，而是将人为做到自然的境界，从而与道家效仿自然无为避世的人生态度相区别。在此，苏轼与道家的分水岭是道家模仿天道的自然无为，而苏轼是要将人道的入世行为做到天道的自然无为的境界。一个是人生态度上的自然无为，一个是将入世活动提升至自然无为的境界，是行动的至高境界上的自然无为。

由此，苏轼在实践行为上与道家分道扬镳，成为一个积极入世主义者、一个直面人世的儒家。在解《庄子·广成子》中，苏轼写道："窈窈冥冥者，其状如登高望远，察千里之毫末，如临深府幽，玩万仞之藏宝也。昏昏默默者，其状如枯木死灰，无可生可然之道也。曰：道止于此乎？曰：此窈冥昏默之状，乃致道之方也。如指以为道，则窈冥昏默者，可得谓之道乎？人能弃世独居，体窈冥昏默之状，以入于精极之渊，本有不得于道者也。学道者患其散且伪也，故窈窈冥冥者，所以致一也，昏昏默默者，所以全真也。"[②] 苏轼反对道家遗世独立的人生观，认为"弃世独居""本有不得于道者也"，意为道家的人生实践无法得道；而主张积极入世，这就是儒家的人生态度。但苏轼也不否认窈冥昏默等静心修养方式的作用，认为它是一种致道的途径，虽然它不是道本身。它

---

① 苏轼著，冯应榴辑注，黄任轲、朱怀春校点：《读道藏》，《苏轼诗集》卷四，《苏轼诗集合注》，上海古籍出版社2001年版，第167页。

② 苏轼著，孔凡礼点校：《苏轼文集》，中华书局1986年版，第178页。

的意义在于能够使我们的心灵宁静下来,因为学道最大的障碍之一就是"散且伪"。既然它也是致道的途径,因而由此也可悟道,这就是有意识地做到无心。由此可见,苏轼这种悟道的方式与道家很接近。从总体上而言,苏轼对外道的修炼方式是采取开放吸收的态度,他对道教的龙虎铅汞的方式还很有研究。但是他反对道家等外道的人生态度,因而其本体之道的实质实际上也不一样,正如本书着重所述,苏轼之道的实质是活动的,而道家之道强调的是疏离现实的无为。①

因而,苏轼与道家最大的区别还是对天道自然无为的理解和实践精神不同。道家是从真正什么也不干放任自然力来理解天道的自然无为,而苏轼是从天道的活动上做到了最高的境界来理解自然无为;不是无为,而是有为到了不自知无意识的境界。简言之,道家的自然无为是真无为,而苏轼的无为是有为到无为的境界。苏轼将天道的本质看作一种活动与力量,相反,道家将天道的本质分为两橛,一是自然力,一是无为。老子说:"万物并作,吾以观复。夫物芸芸,各复归其根。归根曰静,静曰复命,复命曰常。"(《老子·十六章》)李天道在诠释此章时说:"万物蓬勃生化、化化不已,生生不息,循环往复;万物纷繁茂盛,都要返回'道'之静的本根……老子所谓的'道'就是宇宙万物自然生命的本源。'道'本身具有强大的生命力和创造力。"② 道家的道在自然力上确为生生不息,但却又归于返本复初之静中,即表现为自然力的活动与本根之静的两橛,而道家选取了其静与无为作为其人生态度。天道任凭自然力自由发展而自身没有采取任何行为;苏轼认为自然力即是天道本身,它是有为的,并且到了一个无为的境界。这样苏轼静坐中的体验虽然表面上与佛道相同,但苏轼体验的是一种天道的活动,而佛道体认的是一种天道的寂然不动。在这个阶段可以说难以分出它们的差异,理学家也重视静坐等静心修养。实际上,他们静心修炼作用的差异很模糊,但与现实领域联系起来即可见出它们的差异是判若云泥的。因此,一旦越出

---

① 对此道家的社会人生态度,钱满素说:"道家不想介入社会、在社会中实现自己,而是要逃离社会。根据'无为'原则,争取政治权利毫无意义。他们要的是与自然合一,最终归融于自然。唯一反叛方式是逃遁,不是隐居于高山名川,就是迢迢于醇酒诗画。"钱满素:《三千年文明,为何培育不出一株自由之花》,http://www.sohu.com/a/278800326_100279823。

② 李天道:《老庄美学"与道合一"说现代释义》,《商丘师范学院学报》2012年第2期。

静坐范围，直面现实，就可见佛道选择了逃避与幻化现实的虚无主义态度，而苏轼选择了积极参与和面对世事的现实主义态度，并且要将之做到不自知的自然无心的境界。但是苏轼与道家一样也强调了要力避私心杂念等心理意识活动对天道自然无为在自身流行中的干扰破坏，这种有意识地做到无心贯穿在任何一个活动与修养的阶段。因此，这种无心不仅有利于天道的无心在人身上更好地体现，还有利于人在实践活动中更好地达到无心的境界。这是苏轼有意识地做到无心的第二个含义，即在入世行为中摒除各种私心杂念的干扰而一心扑在当下该做的事情上。因此，有意识地做到无心，包括不要为其他的私心杂念所干扰静心体验道在自身的流行以及一心向着自己该做的事勉力而行这样两种重要的体验道的方式。

综上，苏轼将人为与自然有机地结合起来。如此就将道家的有益思想较好地融入了儒家积极的入世精神之中，因而苏轼的哲学不是"诸家并举，会而不通"，[①] 而是吸收佛道，援佛道入儒，将之融为一炉，会通成为一个有机的整体体系，成就了苏轼独特的哲学，成为蜀学学派的中坚。

第二种无心是"'未尝有心也，心以礼作'——在应物上的无心"，这种无心的核心是要遵循礼而做到无心，使得道德规范内化为自身的一种自觉遵守的意识。概言之，就是在遵循道德规范的行为上要做到自然而然，由仁义行，非是有意识地去行仁义。这种通过道德而做到无心以体证道是宋明理学的中心课题，苏轼当然也不会忽视这个主题。虽然苏轼的本体之道与理学家的本体之道不同，但是对伦理道德的重视则是共同的。因而，通过道德而体证道不是苏轼哲学的独有特色。因此，本书在此问题上不再赘述，只是在阐述其他问题关涉此问题时再随文而论。另外，精于用物上的无心即在苏轼实践中主要是文学书画艺术上做到无心与应物无心都是通过易而悟道，两种无心悟道有共同点。因而可以通过重点讨论苏轼最具特色的艺术上做到无心的思想而了解到在道德上做到无心的思想及其特色，这就是通过同类相通的特点而避免烦琐与更好

---

① 陈仁仁：《〈东坡易传〉论"道"与"性"——兼论其中儒佛道三家关系问题》，《湖南大学学报》（社会科学版）2001 年第 4 期。

的抓住要点与精髓的方法。但此处仍要不避烦琐地在原作之外再补上一则苏轼通过应物无心而悟道的材料，以便更深刻地理解苏轼这种无心悟道的思想。苏轼道："余游于四方二十余年矣，虽未得归，而想见其处。敏行使其徒法震乞文，为道其所以然者。且颂之曰：吾观世间人，两目两手臂。物至不能应，狂惑失所措。其有欲应者，颠倒作思虑。思虑非真实，无异无目。菩萨千手目，与一手目同。物至心亦至，曾不作思虑。随其所当应，无不得其当。"① "物至心亦至，曾不作思虑"，就是讲应物达到了无心的境界，物至心不必思虑就已经应付得自然而然。

（二）在技艺上达到无心的境界

第三种无心就是"'不自知'——精于用物上的无心"，在苏轼主要是指文学书画艺术上做到无心。通过这个悟道途径的考察，我们最能看出苏轼道的特色，因而与前两种无心分别开来作为单独一小节进行详细阐释。我的原作将第三种无心归纳为精于用物上的无心不甚准确，因为在如说话走路写字等日常事务上的无心是苏轼的一种类比说法，这种日常事务上娴熟到无心的状态并不能算是悟道。因此，苏轼认为不是在任何事情上做到无心的程度，就体验了道，而是与己的精神境界提升有关的事情上做到如此才可谓体验了道。因此，那些与道不甚相关的事情上做到不自知只能说是与道相似。苏轼说："是岂非性也哉？君子之至于是，用是为道，则去圣不远矣。虽然，有至是者，有用是者，则其为道常二。犹器之用于手，不如手之自用，莫知其所以然而然也……虽有圣智，莫知其所以然而然。君子之于道，至于一而不二，如手之自用，则亦莫知其所以然而然矣。此所以寄之命也。"② 从"犹器之用于手"这句话我们可以看出，苏轼认为手之自用到了不自知的程度是一个悟道方式的比方，而其本身不是悟道的方式与体现。

所以，虽然道无处不在，我们可以随时随地体验道，但是对于人来说，总有一些途径是将自身从平庸状态提升至更高层次的关键途径。在

---

① 苏轼著，孔凡礼点校：《苏轼文集》，中华书局1986年版，第395页。
② 曾枣庄、舒大刚主编：《三苏全书·苏氏易传》（第1册），语文出版社2001年版，第142页。

苏轼哲学中，这种升华到更高层次以至于悟道的关键主要是道德与艺术。所以，对于一个学道之人来说，体验道不仅要有意识地做到无心，而且要在一些关键事情上做到像天道一样的自然无为，这样方可谓真正体验了道。说话写字等事上做到无心是用来比方由技艺而悟道。因此这种无心是在技艺上做到无心，并非泛泛地在许多事上做到无心也是悟道途径。但我的原作这种概括的方向是不错的，因为精于用物包括了精于技艺。

对于精于技艺而悟道，苏轼说："……口不能忘声，则语言难于属文，手不能忘笔，则字画难于刻雕。及其相忘之至也，则形容心术，酬酢万物之变，忽然而不自知也。自不能者而观之，其神智妙达，不既超然与如来同乎！故《金刚经》曰：一切贤圣，皆以无为法，而有差别。以是为技，则技疑神，以是为道，则道疑圣。古之人与人皆学，而独至于是，其必有道矣。"①

"以是为技，则技疑神，以是为道，则道疑圣"这几句话是讲由技可以通神、道与圣，简言之，技是通达道的途径。苏轼认为在技艺上达到了相忘之至而不自知的艺术境界就是对道的一种领悟。这正如有学者所言："苏轼提出，'法'的彻底内在化只有在学习者忘却了自己的艺术，也忘却了自己对完美的追求的时刻。只有当他发现真正束缚自己的力量乃是他内心的欲望，哪怕欲望的对象是解脱，他才会真正领悟自然创造力（也可以称天道或佛法），而这最终的领悟必然是顿悟。"② 无心用以上引文的话来说就是将束缚自己的力量即内心的欲望彻底予以解除，在技艺的锤炼上达到了随心所欲不逾矩的程度，已经没有自我的存在而听之于自然，这种境界就是天人合一的境界。

苏轼的本体之道显然不是道德之义，而是更高一层的存在。既然通过艺术可以体认道，则有人一定会问：一个道德品行不高甚至有问题的人难道也能通过艺术体认本体之道吗？在苏轼哲学中对这个问题似乎是持肯定的态度，这与我们一般所认为的道德上有问题的人是不能悟道的看法相违背。苏轼是怎么调和这个冲突以便不至于使之与人们的常识相

---

① 苏轼著，孔凡礼点校：《苏轼文集》，中华书局1986年版，第390页。
② 杨治宜：《"自然"之辩：苏轼的有限与不朽》，生活·读书·新知三联书店2018年版，第86—87页。

背离呢?

综合苏轼的悟道途径来看,他认为对道在不同方面的领悟是相辅相成的,领悟道是一个整体工程。不能是一方面对道是有所领悟的,另一方面对道又是违背的。只有在各方面都领悟了道才算是真正领悟了道。在苏轼的哲学中,这几个方面主要是在道德与技艺上领悟道,同时在一般的状态上处于一种无心以便天道在自身自由流行的状态。而实际上,如果不能从整体上领悟道,即便他在艺术上有所领悟,也始终不能达到一个至高无上的境界,即道之全体直觉的境界。从悟道之全与部分的不同,苏轼也谓之大小的不同。他说:"夫道之大小,虽至于大菩萨,其视如来,犹若天渊然……"① 各人对道之全之领悟的差异实际上决定了他悟道的高低,苏轼谓之各人所悟道之大小不同。因此,若某人只是在某项艺术上领悟道,而在其他方面做得不够,则我们可以说他的道是不大的,也可以说他即便在艺术上也没有达到一个很高的境界。所以,一个人要使得自己领悟道之大必须扩大自己的心胸,放大自己的格局,至少在道德与艺术等方面都领悟到道。由以上分析可见,苏轼在艺术上做到无心而悟道与一般所认为的真正悟道之人其道德境界必然是很高的观念是一致的。

其实,苏轼通过技艺而悟道也是对儒道圣人思想的传承。孔子就说过"志于道,据于德,依于仁,游于艺"(《论语·述而》)的话。孔子将道、德、仁与艺并提,表明游于艺有利于志于道,而不是违背道。孔子还说:"人而不仁,如乐何?"(《论语·八佾》)乐是六艺之一,不仁之人,他就不能运用乐。因此,作为艺术的乐的内在要求应该是仁的,音乐不能是郑卫的靡靡之音,那种乐是没有教化意义的。因此,儒家所热爱的乐与仁是一致的;而乐属于艺术,则儒家所崇尚的艺术是寄托着儒家之道在内的。庄子也认为由技艺也可以通达道,《庄子》中说:"通于天地者德也,行于万物者道也,上治人事者事也,能有所艺者技也。技兼于事,事兼于义,义兼于德,德兼于道,道兼于天。"(《庄子·天地》)"技"可以通于"道"。可见,苏轼由技艺而通于道,是受到了孔子与庄子思想的启发。但是在通于道的方法上则更加明确,其道也是充

---

① 苏轼著,孔凡礼点校:《苏轼文集》,中华书局1986年版,第390页。

满了蓬勃的生命力，因而作为表现与继承这种天道的人道也是生机盎然、旺盛蓬勃的。

艺术与道的关系也为现代学者所认同，宗白华说："中国哲学是就'生命本身'体悟'道'的节奏。'道'具象于生活、礼乐制度。道尤表象于'艺'。灿烂的'艺'赋予'道'以形象和生命，'道'给予'艺'以深度和灵魂。"① 德国诗人侯德林（Hoerdelin）说："谁沉冥到无边际的'深'，将热爱着这生动的'生'。"② 无边际的深之道是通过生动的"生"加以表现的，就是通过对生活与艺术的热爱加以表现的，达到不自知的境界就是道。宗白华又道："艺术的境界，既使心灵和宇宙净化，又使心灵和宇宙深化。"③ 所以艺术净化和深化了心灵，必然对道德情操的升华也是有帮助的，至少是一致的，即艺术境界与伦理境界相一致。正像有学者在总结宗白华的治学特点时说："中国哲学、中国诗画中的空间意识和中国艺术中的典型精神，被宗白华融成了一个三位一体的问题：一阴一阳谓之道趋向音乐境界，渗透时间节奏书法中的飞舞；其实都体现着一种精神：人的悟道、道合人生，个体生命与无穷宇宙的相应相生。"④ 在宗白华的美学思想中，道就是艺术的至境，这正符合苏轼所主张的通过在技艺上达到不知其所以然而然的境界而悟道。

刘纲纪也说："中国哲学的'合内外、平物我'的'见道'方式，使得中国艺术不局限在所描绘的有限的一事一物上，而始终把它放到体现着与'人道'相通的整个天地之'道'的宇宙中去观察，因而使得中国艺术即使在描绘一花一草、一木一石的时候，也经常能给人以一种广大深邃、悠远无尽的宇宙感、时空感。因为在中国的艺术家看来，一切值得艺术去加以表现的现象，都是贯通着全宇宙的'道'的具体显现。立足于这贯通全宇宙的'道'去观察和表现天地万物，这是中国艺术的一个极为重要的特点。"⑤ 艺术所表现的现象，是贯通着全宇宙的"道"

---

① 宗白华：《美学散步》，上海人民出版社1981年版，第68页。
② 宗白华：《美学散步》，上海人民出版社1981年版，第67—68页。
③ 宗白华：《美学散步》，上海人民出版社1981年版，第72页。
④ 许家铭：《〈中国园林建筑所表现的美学思想〉评述》，《艺海》2018年第9期。
⑤ 刘纲纪：《"艺"与"道"的关系——中国艺术哲学的一个根本问题》，《江汉论坛》1986年第1期。

的具体显现，即艺术是道的体现。因此，通过艺术而体验道是可行的，也是行之有效的。现代学者在诠释海德格尔关于艺术与道德的关系时说："海德格尔强调被创造性的两个特性。他说，被创造性总是使'在世界与大地的对立中的疏朗与遮蔽'的冲突显露出来。他把这种对立或冲突称为'间隙'……这两极不可能被分隔开，我们绝对不可能有完全的清澈与无蔽。真理绝不是纯粹的在场，它总是在有限的历史性环境中出场的，总是混合着遮蔽或非真理。艺术作品在我们面前容纳了这种紧张，因此我们能认识到它是我们的人类处境。海德格尔说，艺术作品把真理固定下来。"① 艺术拨开历史与现实的层层迷雾，显露了真理的真容，并将真理固定下来。这种真理就是苏轼眼中的道，艺术揭示了真理正是艺术的创作者在瞬间体悟了道的表现。

道的确是生命的运动与创造，而这些也是艺术所反映的实质。美国美学家苏珊·朗格曾说艺术是"生命的形式"，她说："你愈是深入地研究艺术品的结构，你就会愈加清楚地发现艺术结构与生命结构的相似之处。"② 艺术与生命的结构是相似的，艺术的本质就是生命，而生命的学问与道就比较接近了。因此艺术与道的关系是十分紧密的。

以上都是从理论上阐释苏轼艺术与道的关系以及这种关系在其他学人那里的佐证。为了进一步获得具体的观感，我们有必要从苏轼在艺术上最有代表性的诗词与书法入手分析其艺术与道的关系。

苏轼作于元丰六年（1083年）的《临江仙·夜归临皋》③ 这首词已经达到了很高的艺术境界，但它不是刻意雕琢而成，而是主体到达一种不自知境界中自然而然完成的结果。表明苏轼在创作这首词时已经忘记了自我，自我已经与所要表达的意境合二为一了。因而与其说是苏轼自己填完了这首词，不如说这首词说出了苏轼的心声而自动地得以自我表达，仿佛是自然天成的一样。这种忘我的状态就是自我完全融入了一种天人合一的无限和谐美好的境界之中，这种无心是一种境界的全然展现，

---

① ［美］帕特里夏·奥坦伯德·约翰逊（Patricia Altenbernd Johnson）：《海德格尔》，张祥龙等译，中华书局2014年版，第90页。
② ［美］苏珊·朗格：《艺术问题》，滕守尧、朱疆源译，中国社会科学出版社1983年版，第55页。
③ 苏轼著，邹同庆、王宗堂校注：《苏轼词编年校注》，中华书局2016年版，第467页。

而没有意识到经验中的我的存在。所以,将艺术锤炼至炉火纯青的境界是一种审美的体验,这种审美的境界苏轼也认为是道的境界。

而其对人生悲剧的审美超越,如"人生如寄耳"①的反复咏叹。人生如梦,的确令人心生怅惘之感。但是当苏轼想到月有阴晴圆缺,而月又始终不变时,他就释然了,也就实现了对人生悲剧的审美超越。因为他从月不变联想到了天地之道不变,而我们即是天地之道的一种化身,因而从天地之道的永恒中我们也获得了永恒的意义。简言之,我们是道的表现,道的精神永恒,我们在世的行为因为践行了道襄助了道便是道的化身而具有了永恒之意。所以,苏轼对人生悲剧的审美超越还是因为对道本体永恒意义的坚信并在诗词散文等文学艺术上达到了一种不知其所自然而然的境界从而体验了这个道而实现的。所以,苏轼书画文学艺术的实践就是其哲学信仰的直接表现,或者说他在这种包括书画文学艺术的各种人生实践中获得了相应的哲学感悟,亦可说艺术与哲学不可分割,它们在苏轼的人生社会实践中如影随形相伴而生互相促进相得益彰。②

苏轼的书法与他的人品及修养是息息相关的,由此也可见其技艺与道的关系紧密。黄庭坚在评价苏轼的书法时说:"(东坡大字)虽时有遣笔不工处,要是无丝毫流俗。"③"东坡简札,字形温润,无一点俗气。"④"余谓东坡书,学问文章之气,郁郁芊芊,发于笔墨之间,此所以他人终莫能及耳。"⑤显然,在苏轼的艺术实践中,精神气质与审美趣

---

① 苏轼在《过淮》诗中吟道:"朝离新溪县,出乱一水碧。暮宿淮南村,已渡千山赤。磨齱号古戍,雾雨暗破驿。回首梁楚郊,永与中原隔。黄州在何许?想象云梦泽。吾生如寄耳,初不择所适。"(苏轼著,冯应榴辑注,黄任轲、朱怀春校点:《苏轼诗集合注》,上海古籍出版社2001年版,第98页)苏轼在《次韵刘景文登介亭》中也感叹:"吾生如寄耳,寸晷轻尺玉。"(同前,第1616页)在《和陶拟古九首》之三中,诗人亦云:"吾生如寄耳,何者为吾庐?"(同前,第2158页)此外,诗人在《和王晋卿》《郁姑台》等诗歌中也曾反复提及这一人生喟叹。

② 王水照、朱刚说:"如果我们对于苏轼'致道'的内涵及其方法的理解是不错的话,那么,苏轼确是把道学带向审美的领域了。"(王水照、朱刚:《苏轼评传》,南京大学出版社2004年版,第223页)这段话也表达了苏轼道与艺术合一关系的思想。

③ 黄庭坚:《题东坡大字》,《山谷题跋》卷八,四库全书本。

④ 黄庭坚:《题东坡字后》,《山谷题跋》卷五,四库全书本。

⑤ 黄庭坚:《跋东坡书远景楼赋后》,《山谷题跋》卷五,四库全书本。

味高于一般的技法，要达到更高的艺术境界必须在精神修养上有相应的水准。

以上分析表明苏轼通过技艺而悟道是中国文化特色的表现，这一点也与中国人信仰的天道有关。因为中国人信仰的天道是在世界之中而非之外，因此它也便在艺术中，当然由此而可以悟道。

（三）对学界有关苏轼哲学观点的回应

1. 对天道总名的回应

从前文的论述，我们知道苏轼最高哲学范畴天道既是具有实体性质的本体，又是境界本体，因此对那种将苏轼的道看作空洞总名的观点当然难以认同。这种观点认为："苏轼的'道'概念，其主要的意义不在形而上方面，而在它作为一切事物及规律的总名方面……于是它的'道'概念在形而上方面的缺失，倒促成他向着实践的领域全面地开放，使它实际上成为一切事理的总和。"① 这实际上是否认了苏轼"道"的形上超越性，把道看成了一切事理的概括。果真如此，则道与事理为同一个层次的关系，如同水果对桃子、梨子等的概括。但苏轼之道与作为事理及万物等的易处在不同的层次，道是本体，易是流行与作用。道是易层面不同现象的本体，这些现象层面的东西根源于道。因此道也不是可以对杂多予以概括的无，那也是同一层次的概括。从这种规定出发，道更不能是善，因为它既是易层面的概念，同时像无对杂多可以进行抽象的概括也未能达到。所以，苏轼说善不是道与性，只能是本体之效。②

中国哲学的道不是空洞的总名，而是有实质内容的，其他的概念也不例外，此诚如俞孟宣所言："中国哲学中的概念称为'名'，名的意义在于它所指的实，而不是从名与名之间相互关系得出的东西。"③ 苏轼的道正是这样的有所实指的概念，而不是对一切事理进行概括的抽象的名词。

将苏轼的道看作没有实指的名词，这是将中国的哲学概念与西方的

---

① 王水照、朱刚：《苏轼评传》，南京大学出版社2004年版，第182页。
② 苏轼的这个思想受到了庄子的影响。《齐物论》中提到，儒家与墨家对"是非"的判断，是其"成心"的结果，即主观臆断的，而"道"的本质却不是如此。"道"本身是没有"是非"标准的，"是非"标准恰恰是人主观的一种看法。
③ 俞宣孟：《本体论研究》，上海人民出版社1995年版，第122页。

哲学概念进行简单相比附的结果。这种中西哲学简单比附的不当倾向源于作者将中国哲学的部分本体论看作接近于西方哲学的是论的观点所造成的。他说:"宋人的天道观,虽都以'道'为最高概念……一是探讨事物的'所以然之理',即事物之所以'是'(存在)的原因,其求得的事物的形而上的本性,存在的根据,而不是其生成、发展的原理、规律。严格来说,只有第四种问题才近于西方哲学传统中的'本体论'(实当译为'是论')问题,即柏拉图所提出过的真正的形而上学问题。"[1] 将探讨事物"所以然之理"之道理解成西方的是论是将道看成西方哲学纯概念一样的总名的根源,这种看法值得商榷。有学者的观点就与此针锋相对,其曰:"本体是在世界之中而不是之外,是中国哲学本体论最根本的规定。'本体'的设定本身就是服务于人们解释对象世界的需要的,与现实无关的纯概念的推演不为中国文化传统所青睐。"[2] 基于中国本体的这个特点,即便是探讨事物之所以然之理的道概念也不是西方的是论中的"与现实无关的纯概念",因此,这种道论与西方的是论不是相似的关系。"本体在世界之中而不是之外",也是中国哲学的道在易中,而非与现实隔着一条不可跨越的鸿沟处于对立的理念界的准确论述。就苏轼来说,其天道本体就是在易中,而不是与易脱节只存在于易未产生之前的一个阶段。苏轼的道存在任何一个阶段的易中,因而它是无处不在的,是大全的。

从中西哲学本体论的比较来看,西方的是论是建立在纯概念的逻辑演绎基础之上,而中国古代的哲学没有这样的特征,因而古代中国没有西方意义上的本体论。如果有本体论,其意义与西方的本体论(是论)是不同的。中国的天道与性等概念都是实有所指的,并非像数学中可以通过计算演绎的抽象概念符号。这种中西本体论的差异从根本上讲根源于中国人的思维模式与西方不同。熊十力认为中国先哲的思维不可能是"思",而只能是"悟",即直觉。这种悟的直觉思维模式不甚重视形式逻辑的纯概念推演,其概念都不是与现实无关的抽象符号,而是有所实指的。苏轼的道概念也不例外。[3]

---

[1] 王水照、朱刚:《苏轼评传》,南京大学出版社 2004 年版,第 174—175 页。
[2] 向世陵:《中国哲学的"本体"概念与"本体论"》,《哲学研究》2010 年第 9 期。
[3] 参见高晨阳《论中国哲学的传统思维方式》,《文史哲》1991 年第 3 期。

2. 对自然之性的回应

苏轼的道与本体之性是同一的。他说:"阴阳之未交,廓然无一物而不可谓之无有,此真道之似也。阴阳交而生物,道与物接而生善,物生而阴阳隐,善立而道不见矣……夫善,性之效也。孟子不及见性,而见夫性之效,因以所见者为性。"① 性与道一样都是不可见的,善都是道与性之效,而不是道与性本身。这些说法都表明了道与性所具有的本体的特征,而最高的本体只有一个。因而,在苏轼哲学中,其道与性是同一的关系。

苏轼的性不仅有上述本体之性之义,也有自然之性之义。这一点已在原作所论,因而不能以自然之性来概括苏轼人性论的全貌。而有的学者正视此自然之性为苏轼人性论的全部内涵,其言道:"这并不是简单的自然人性论,不是将人的动物性的感官欲求当作人性的本质,而是将这种欲求的自然而然的特点提到了本体的高度,进而将其规定为人性的本质。"② 自然之性并非本体之性,它不是本体,而是本体之性的表现。本体之性如同天道一样是自然而然的,但是并非其自然而然的特性使之成为本体,而是其实质上与天道同一的本源作用使之成为本体,自然而然只是其创造力的不曾思虑如何而为的自由表现。③ 因此,情感的自然而然性属于性,人的创造力的自然而然性是天道在人身的流行,也属于性。前者是自然之性,后者是本体之性。自然之性是本体之性的一种表现,所以苏轼的性的自然含义与其本体之性是相联系的。自然含义是性之本义的一种表现,性之本义的表现也是多方面的。因此,将苏轼之性归结为自然之性有失全面。

我们还可以通过下面的材料领悟苏轼人性不是生理自然之性所能全

---

① 曾枣庄、舒大刚主编:《三苏全书·苏氏易传》(第1册),语文出版社2001年版,第352页。
② 冷成金:《从〈东坡易传〉看苏轼的情本论思想》,《福建论坛·人文社会科学版》2004年第2期。张培高有类似看法,他说:"苏轼不同意孟子、荀子、扬雄和韩愈的人性论,认为'性'是无善无恶的,即'性之与情,非有善恶之别也'(《东坡易传》卷一),是圣人把'天下之所同安者'规定为'善',把'一人之所独乐者'规定为'恶',而这里的'天下之所同安者'就是人本真的自然欲求。"张培高:《"性无善恶"与"穷理尽性"——苏轼的〈中庸〉诠释解析》,《哲学动态》2017年第4期。
③ 参见冷成金《苏轼的哲学观与文艺观》,学苑出版社2004年版,第96页。

部涵盖的这一特点。苏轼说:"丧其所存,尚安明在己之是非,与夫在物之真伪哉?故君子学以辨道,道以求性,正(贞)则静,静则定,定则虚,虚则明。物之来也,吾无所增,物之去也,吾无所欠,岂复为之欣喜爱恶而累其真屿?……能得吾性不失其在己,则何往而不适哉?"①性不因外物有所增减,也不因自己的喜怒哀乐之情改变其真。性就是性,是一个人之所以成为他保持他最本质的东西。可见,此性也不只是饮食男女的生理需要,在此应当是天道中最根本的生生不已精神的写照。苏轼为了强调这一点甚至有时也对人的自然人性加以否认,这反映了他对性的不同层次的不同重视。他说:"衷,诚也。若,顺也。仁义之性,人所咸有。故言'天降'也,顺其有常之性,其无常者,喜怒哀乐之变,非性也。能安此道,乃君也。"② 而在他处,苏轼却认为喜怒哀乐等的自然情感的发露也是性,他说:"愈之说,以为性之无与乎情,而喜怒哀乐皆非性者,是愈流入佛、老而不自知也。"③ 此处严厉批驳韩愈否定喜怒哀乐之情为性的说法。这种表面的不一致实际是苏轼之性有两层含义的表现。在以上第一则引文中,苏轼认为比起喜怒哀乐之性来仁义之性是更根本的性,是第一义的性。喜怒哀乐之变是无常的,可能不能恪守仁义之性,若此,就不是性了。但是从人性的自然需要来看,它也是性。此处苏轼进行了过分的强调,因而将自然之性也给否定了,而实际上,苏轼是认可并且重视人的自然的喜怒哀乐之性的,只是比起人的本体之性的重视要次一些。

3. 对情本论的回应

在前文的分析中,我们发现苏轼哲学的总体架构是自然无为的本体之道在自然流行的同时,人通过无心的方式体证天道,从而做到人道与天道的同一。体证天道的主要方式是人通过有意识地做到无心和在应物及技艺上做到不知其所以然而然而达到道的境界,这是苏轼哲学的精髓。所以,笔者对有的学者将情本论作为其哲学的主要特征心生疑问。情本论的确说出了苏轼哲学的一个特点,但是用以概括苏轼的哲学全貌或者

---

① 苏轼著,孔凡礼点校:《苏轼文集》,中华书局1986年版,第333页。
② 曾枣庄、舒大刚主编:《三苏全书》第2册,语文出版社2001年版,第16页。
③ 苏轼著,孔凡礼点校:《苏轼文集》,中华书局1986年版,第111页。

苏轼哲学的本质则是不甚准确的。苏轼哲学的总体特征要从其本体论上把握，其哲学的特质也要从其中去探寻。

苏轼的确重视对人的情感需要的满足，这种重视也是由其性的实质所决定的。但是他并没有将人的感情上升到本体的高度，其本体之性仍是不可见和不具体的。因此，其情只能算是他哲学建构中的一个环节。苏轼对情的理解也是多方面的，有的学者将《中庸论》中有关情的说法作为论证其情本论的依据。[①] 而这个材料中的情恰恰又主要是从人之感情出发，实际发挥作用的主要是人的理性。因此，其情主要是人的理性之义。他说："君子之欲诚也，莫若以明。夫圣人之道，自本而观之，则皆出于人情……今夫五常之教，惟礼为若强人者。何则？人情莫不好逸豫而恶劳苦，今吾必也使之不敢箕踞，而磬折百拜以为礼；人情莫不乐富贵而羞贫贱，今吾必也使之不敢自尊，而揖让退抑以为礼；用器之为便，而祭器之为贵；亵衣以为便，而衮衣以为贵；哀欲其速已，而伸之三年；乐欲其不已，而不得终日；此礼之所以为强人而观之于其末者之过也。盖亦反其本而思之？今吾以为磬折不如立之安也，而将惟安之求，则立不如坐，坐不如箕踞，箕踞不如偃仆，偃仆而不已，则将裸袒而不顾，苟为裸袒而不顾，则吾无奈亦将病之！夫岂独吾病之，天下之匹夫匹妇，莫不病之也，苟为病之，则是其势将必至于磬折而百拜。由此言之，则是磬折而百拜者，生于不欲裸袒之间而已也。夫岂惟磬折百拜，将天子之所谓强人者，其皆必有所从生也。辨其所从生，而推之至于其所终极，是之谓明。"[②] 苏轼所说的由明而诚之明就是从人情开始，而终于人的理性所安；礼也是在人之理性所安的基础上形成的，它不是由最初的感官欲望所决定的，但是在本质上又是最有益于人的需要。那种认为礼是强人所难的看法不是从礼能最好地最大程度上满足人情所得出的结论，而是从礼与人之不经过理性所决定的情感的冲突来看问题。简言之，苏轼以为礼的确立是基于人情而在现实实践中权衡其不同的利弊而选择了一种最好的形式实现的。礼的形成显然是人的理性发挥作用的结果。

所以，苏轼这个例子讲的人情，其实质主要还是指人的理性。通过

---

① 参见陆庆祥《苏轼情本哲学论》，《乐山师范学院学报》2011年第7期。
② 苏轼著，孔凡礼点校：《苏轼文集》，中华书局1986年版，第61—62页。

人的实践理性，人明白了要从最初的感性欲望出发，从而选择了一个最能实现自己愿望的最佳方案。

苏轼的人情论从情感出发，而衡之以理性，表示这个理性是由内而外的，是以人的感受与感情等感性欲求为基础的。这样就保证了理性的人道性，而不会违背人道。正是由于对理性的高度重视，苏轼有时也不免夸大理性的能动作用。他说："君子必自敬也，故内直；推其直为物，故外方。直在其内，方在其外，隐然如良师益友之在吾侧也，是以独立而不孤，夫何疑之有？"①"内直"的理性作用即能方外物，达到对外物的直觉与认知。理性之作用在苏轼思想中如此重要，因而他禁不住对之有夸大之词，但是由此也反映出苏轼思想对理性的倚重。②

苏轼强调了志的作用，也反映了对理性的重视。在苏轼的思想逻辑里，理性的彻底贯彻与实现就是志的表现。因为理性的思维告诉我们个人的未来要想获得一个更好的结果、有更大的贡献就必须诉诸"以志一气"，才能使自身的行为超越于感性的惰性、随意性、平庸性等各种不利于个人进步的因素之上而进入积极进取和勇攀高峰的状态，而这就是立志。这种理性的完全落实就是志的展现。

儒家向往的理想人格是成圣成贤，而志在苏轼看来正是这种使人成圣成贤的关键因素。所以，苏轼认为众人与圣人的区别就在于众人气胜志，而圣人是"以志一气"。因而众人为魄，圣人为魂。他说道："一人有二知，无是道也，然而有魄者有魂者何也？众人之志不出饮食男女之间，与凡养生之资，其资厚者其气强，其资约者其气微，故气胜质而为魄。圣贤则不然，以志一气，清明在躬。志气如神，虽禄之以天下，穷至于匹夫，无所损益也，故志胜气而为魂。众人之死为鬼，而圣贤为神。"③

以上的分析表明苏轼虽重视人情，但是人情在其哲学本体论中只是

---

① 曾枣庄、舒大刚主编：《三苏全书·苏氏易传》（第1册），语文出版社2001年版，第155页。

② 苏轼以为人正是凭借自身的理性决定了礼应当怎样，而不能怎样。这种理性同样能知道哪些事于悟道是重要的，是该做的；并将其做好，做得自然而然，从而通达道、领悟道。所以苏轼通过道德与技艺而悟道也是由理性所决定的。

③ 曾枣庄、舒大刚主编：《三苏全书·苏氏易传》（第1册），语文出版社2001年版，第350页。

其中的一个环节,并没有将情上升到本体的高度。用来论证其情本论的重要依据中的情的主要含义是理性而非人情,足见以情本论为其哲学的主要特征和本质的观点不符合苏轼哲学思想的实际。

综观上文,我们对苏轼的哲学本体论进行了深入剖析,并用它对学界的一些在笔者看来值得商榷的观点进行了回应,希望以此能进一步推进对苏轼哲学的研究。果能如此,则幸甚至矣。

二 苏轼的哲学思想及其荀学特色

苏轼的思想类型经常被目为杂家,这种评价无疑是贬义的。他虽然吸收了佛道的思想,但是其哲学凝练成了以儒学为主干的思想形态,也是形成北宋时代蜀学的中坚。从其思想的主流和落脚点来看,苏轼思想的儒家积极入世和向上追求的精神是非常鲜明的。因而我们应当还苏轼思想儒学流派的本来面目。从儒学内部的思想倾向来看,苏轼的思想不仅具有孟学一路的特点,而且又有荀学的特征,后一个特征正是本节主要阐发的对象。

(一) 苏轼的道心人心说

苏轼通过《尚书·大禹谟》"人心惟危,道心惟微,惟精惟一,允执厥中"这四句在宋代新儒学思潮中引起高度关注的心传警句,阐述了对那个时代热门话题的道心与人心以及它们之间关系的理解,他说:

> 人心,众人之心也。喜怒哀乐之类是也。道心,本心也,能生喜怒哀乐者也。安危生于喜怒,治乱寄于哀乐,是心之发,有动天地、伤阴阳之和者,亦可谓危矣。至于本心,果安在哉!为有耶?为无耶?有则生喜怒哀乐者,非本心矣;无则孰生喜怒哀乐者?故夫本心,学者不可以力求而达者,可以自得也,可不谓微乎?舜戒禹曰:吾将使汝从人心乎,则人心危而不可据;使汝从道心乎,则道心微而不可见。夫心岂有二哉?不精故也,精则一矣。①

---

① 曾枣庄、舒大刚主编:《三苏全书》第1册,语文出版社2001年版,第470—471页。

苏轼的这段话出自《东坡书传》，此部学术专著是他最为看重的有关性命之道的三部书之一，是其思想成熟时期的作品。我们将此段话放入理学家的文章中一点儿也看不出有什么异样，但苏轼的思想又与理学家很不同。所以，不能为其表面措辞的类似而误以为他与理学家为学术的同道。事实上，苏轼的道心类似于自然心，而理学家的道心具有道德本体之意味。如果我们用以上的理解重读这段话，则苏轼这段话的思想不同于理学家的地方就显现了出来。①

苏轼认为"有则生喜怒哀乐者，非本心矣"，其意为如果本心为有，则一个具体的当下有的心就不可能同时表现为喜怒哀乐这么多不同的情感，而喜怒哀乐又为本心所生，因此本心不是有；"无则孰生喜怒哀乐者"，无也不可能生喜怒哀乐，所以本心是非无非有的非具体的存在。它是超越的，不可揣度的。这与苏轼对道的看法相同，他认为"道是难以认识和不可说的，我们只能去体认它"。②

苏轼之人心有选择性的意向，即他对心的理解是："见其意之所向谓之心。"③ 所以，心之选择性意向表明了人所具有的是非判断能力：能知道哪些事情是该做的，哪些事情不该做。同时也知道事情怎么才能做好。人心的这种功能也就是心的理性能力，也正是在人心的理性能力发挥作用之下，人心才有可能与道心合一。这种道心不仅是自然的，也是合理的。因为只有首先是合理的，结果才能是自然的。

对于苏轼以人心中的理性如何通达天道，有研究者做了很好的诠释。他说：

> 用现代西方哲学的语汇来看，苏轼的人性论即是以人心中固有的理性的一面来化解人性中固有的自然欲望的一面，这种化解并不是禁欲，而是以理性为主体，在理性的限制下使欲望得到有限度的

---

① 苏轼所说的仁义等词的意义与理学家不完全相同。如苏轼在解释"惟精惟一"时说道："此岂有二道哉，一于仁而已矣。孟子曰：'天下定于一，孰能一之？曰：不嗜杀人者。'愚故曰圣人一于仁。"（苏轼著，孔凡礼点校：《苏轼文集》，中华书局1986年版，第168页。）这个语境中的"仁"是与天道相通的最高的和谐境界之意，而非仁义道德之仁。
② 胡金旺：《道在易中：苏轼哲学体系略论》，《中州学刊》2012年第3期。
③ 曾枣庄、舒大刚主编：《三苏全书》第1册，语文出版社2001年版，第220页。

释放……对于圣人而言，则要求更高，不仅要用理性来驾驭欲望，在于天道相合这一层面上，就连人心的理性认知也是必须抛弃的，因为理性同样是一种有意，这不符合天道无心的自然本质。但苏轼这里所说的抛弃理性并不是放浪形骸、绝圣弃智，而是在将人心的理性发挥修炼到极致之后，为了把握天地之道真正的天理而作出的顿悟，是一种超越世俗理性与知识而把握道之大全的大智慧。此时心之所谓的"无"并不是真的没有了，而是抛却了一切有意，与天道合一而复归于天心之自然而然了……①

人心的理性能够形成本于人情的伦理教化，并遵守此众人所达成的关于人际关系及社会规则的成果，这样就能有效化解人心与道心、自我与他人之间的矛盾冲突，从而使它们趋于一致。但这种发挥理性作用通达道的方式仍然是有意，还没有完全做到无意与自然。圣人则不然，他能够在运用理性的作用之下豁然顿悟而超越理性与知识而把握住道之大全，就能随心所欲不逾矩而与道心及天道合一。苏轼之意是只有圣人如此，而普通人是要充分运用人心的理性功能来通达天道与道心。所以，苏轼人心主要表现为理性功能，这种理性功能不仅包括意向性，还有认知能力。关于人心的认知能力，苏轼说："其心至静而清明，故不善触之未尝不知，知之，故未尝复行。"② 这种认知能力与善或恶无关，因为它不是善或恶之本体。其心更重要的是一种向外学习和分析的能力。所以，两相比较，苏轼之心与同时代孟学一路的理学家的本心有本质差异，却与荀学一路之心非常类似。

（二）苏轼的思想：孟学与荀学之间

苏轼思想中的性与天道都是超越经验事物的，从它们所具有的超越性看，苏轼的思想具有孟学一路的特点。苏轼说："古之君子，患性之难见也，故以可见者言性。夫以可见者言性，皆性之似也。君子日修其善，以消其不善；不善者日消，有不可得而消者焉。小人日修其不善以

---

① 杜秉俊：《苏轼的道论与心性之学》，硕士学位论文，复旦大学，2012年。
② 曾枣庄、舒大刚主编：《三苏全书》第1册，语文出版社2001年版，第380—381页。

消其善；善者日消，亦有不可得而消者焉。夫不可得而消者，尧舜不能加焉，桀纣不能亡焉，是岂非性也哉？君子之至于是，用是为道，则去圣不远矣。虽然，有至是者，有用是者，则其为道常二。犹器之用于手，不如手之自用，莫知其所以然而然也。性至于是，则谓之命。命，令也。君之令曰命，天之令曰命，性之至者亦曰命。性之至者非命也，无以名之，而寄之命也。死生祸福，无非命者。虽有圣智，莫知其所以然而然。君子之于道，至于一而不二，如手之自用，则亦莫知其所以然而然矣，此所以寄之命也。情者，性之动也，溯而上，至于命；沿而下，至于情，无非性者。性之与情，非有善恶之别也，方其散而有为，则谓之情耳。命之与性，非有天人之辨也，至其一而无我，则谓之命耳。"①

"古之君子，患性之难见也"，这个性是本体意义之性，与道心及天道是同一层次的概念。这种本体之性是不能用经验层面可见的性加以类比的，它是超出经验层面之外。因此只有超越经验层面的名言概念才能体验到，如超越善或恶等，② 体证了性当然就体证了天道及道心等超越性存在。君子做到这一点的途径是什么呢？苏轼以为就是要将事物熟练地运用至莫知其所以然而然的程度。因而这种本体的体证是由心来确证的，不是有一个本体在先，我们顿悟它以后就能将道的精神体现在它物之身，就无往而非道。苏轼认为我们每一次对道的体证只能说明你当下的体证，这种体证是不能推之四海而皆准的。亦即通过其他事物体证道又必须从头再来。因为各个事物的规律是不一样的，事物是我们通达道的途径，对个别事物的道的领悟是不能顿悟全体之道的。这正如前文所说，只有圣人才能顿悟，普通人必须通过认知之心理性地体证道。既然不能顿悟，就只能是通过每一件事情来体验道。这一次的体验是不能代替下一次的体验，因此体验道永远在路上。而且每一次的体证都可能不一样。因而苏轼的道不是不变的实体，而是随着事物的不同引起人心体

---

① 曾枣庄、舒大刚主编：《三苏全书》第 1 册，语文出版社 2001 年版，第 142—143 页。
② 也有人认为苏轼这种人性论类似王阳明的无善无恶之性，乃是至善之意，并以为它是阳明心学之源，明代董其昌就说过王阳明的心学"其说非出于苏（轼），而血脉则苏（轼）也"。（朱良志：《扁舟一叶》，安徽教育出版社 1999 年版，第 269 页。）但苏轼这种至善显然没有伦理的性质，而王阳明的至善有伦理的性质。因为阳明的良知即为善，而苏轼的本体是超越道德伦理的。

验的不同而变化的。

概括地说,苏轼的道本体是心通过事情得以体证的,事情不同则所体证之道也就不一定相同。更重要的是,其道是将事情做到一定的娴熟程度即达到一定的境界之后才得以体证,而人又处于世俗事务的缠绕之中,他不可能一直保持这样的状态,因而人也就难以始终处于悟道的境界之中。所以,苏轼"道"的独特性在于:道是变化的,由于道的变化性和悟道境界的难以持久性,因而人永远处于悟道的路上。由此可见苏轼之道与心学家之道有很大的不同。心学家主张心即理,而此心主要是道德意义的,与天道实体同一。因为它是至善之本体,因而是不变的。所以,心学家以为一旦领悟本心就意味着对心与理全体的领悟,悟道之人的道德境界就达到了一个更高的层次,因而其所言所行就无不合于道。而苏轼之道是难以言说的,不是道德本体,这种本体就不是一朝能全部领悟的,需要不断地去实践而体证。

对于苏轼所领悟本体的境界性,我们从以下一段话能得以进一步知晓。

苏轼说:"口不能忘声,则语言难于属文,手不能忘笔,则字画难于刻雕。及其相忘之至也,则形容心术,酬酢万物之变,忽然而不自知也。自不能者而观之,其神智妙达,不既超然与如来同乎!故《金刚经》曰:一切贤圣,皆以无为法,而有差别。以是为技,则技疑神,以是为道,则道疑圣。古之人与人皆学,而独至于是,其必有道矣。"① 不自知的境界,就是对本体体验的一种心理状态,因而,苏轼所体验的本体具有境界本体的特点。从根源上讲这个道本体具有超越性,但是这个由人所体证的天道显然与后天的情境相关甚至由它决定。所以,从人体验道来说,其天道不具有实体的性质。只是从万物都从天道那里来看时,它才具有实体的性质。可见,苏轼是从宇宙论和心性论两个含义来界定天道的;即宇宙论上天道是实体的存在,心性论上天道要由人心体证。

以上的分析,实已透露了苏轼与孟学一路思想天道观上的同中之异,其异可以概括为如下几个方面:第一,苏轼认为体证本体之性以及道等需要达到一个无心的境界,无心就是排除有意和人为,因而其道即具有

---

① 苏轼著,孔凡礼点校:《苏轼文集》,中华书局 1986 年版,第 390 页。

道家自然性的特点。第二，苏轼的心性论与孟学进路的心性论最大的不同在于孟学进路的本心本性的核心内容是仁义礼智信，孟学将仁义礼智信提升至本体的地位。而苏轼认为仁义礼智信是人的理性认知在社会生活实践中逐渐获得的，而非本体。如此，孟学进路逐渐形成了以伦理道德主义为中心的思想，容易导致忽视人的自然需求的倾向。而苏轼的本体之性的特征是无心，是没有实际的内容，只是对人的行事方式的一种要求，即要做到自然和无心，表现出在强调从事世俗事务的同时又不为它们所累的思想。苏轼没有将经验层面的任何一个内容提升至本体的地位，因而这种本体相应于万物就不会偏向哪一个方面，而忽视另外一个方面。他强调的是人要用自己的认知理性去分析判断从而获得最好的办法来从事实践，从社会实践中获得一般性的原则和规则进而又返回来更好地从事社会生活的实践。苏轼所认为的一般性的规则和原则不是本体所决定的，而是由人在实践中获得的思想符合荀学一路思想。苏轼在人文实践上不是以伦理道德为中心。当然，他也重视伦理道德的实践，但同时也非常重视人的其他方面的需求和发展进步。苏轼重视文学书画艺术的创造，重视人的自然欲求就是这种思想的体现，而孟学进路的思想则常常对这些人的自然与精神需求不甚重视。第三，苏轼的心不是道学家的本体之心，而主要表现一种意向性和认知理性。这种认知之心也是荀学一路的思想。

以上分析表明，在苏轼性与道的超越性中，孟学中交织着荀学。而在苏轼对荀子"虚一而静"用语的使用中，也包含着孟学思想。我们知道，荀子的"虚一而静"的思想与佛教之静不同，主要是要静下心来专心致志地学习之意。不是像佛教一样追求一种静的本体，而是一种学习的方法和工夫。苏轼虽然也借用了此说法，其含义与荀子不同。苏轼说：

> 臣愿陛下先治其心，使虚一而静，然后忠言至计可得而入也。今臣窃恐陛下先入之言已实其中，邪正之党已贰其听，功利之说已动其欲，则虽有皋陶、益稷为之谋，亦无自入矣，而况于疏远愚陋者乎！[①]

[①] 苏轼著，孔凡礼点校：《苏轼文集》，中华书局1986年版，第302页。

苏轼对"虚一而静"中的虚、一与静三个字进行了逐字的解释，"虚"就是排除内心先入为主之见，能对外界的新事物、新思想和各种情况保持一种公正无私客观的态度，而不会以一己之见对事物的真实情况进行曲解。所以，苏轼不仅能够学习外界知识，而且能够对各种不同的思想保持开明的态度。"一"就是不能为邪与正两个方面的意见乱了方寸和阵脚，必须有自己坚定的意见和信念，毫不动摇。苏轼说："中有主之谓一，中有主则物至而应，物至而应则日新矣。中无主则物为宰，凡喜怒哀乐皆物也，而谁使新之？"① 心中有主见，乃至对形上之道有坚定的信仰乃谓之"一"。有了此一，人心就不为其他的邪见和杂念所夺。苏轼认为圣人是一于仁的，他说："此岂有二道哉，一于人而已矣。孟子曰：'天下定于一。孰能一之？曰：不嗜杀人者。'愚故曰圣人一于仁。"② 仁是最高的信仰，与天道同，而不仅仅是仁义道德之仁。因而，苏轼的"一"就是对形上超越的本体有坚定的信仰，而不会在精神和立场上摇摆不定。"静"是在功利面前要有是非之心，正当的利益就争取，不当的利益要断然拒绝，要保持自己清醒的头脑，欲念毫不为不当利益所动。可见，苏轼的"虚一而静"是围绕着静心来展开的，用苏轼的话说就是"无心"。但是无心不是随波逐流毫无主见，而是在坚持自己信念的前提下做到自然静心。苏轼说："天下莫能知，知者莫能行，何则？虚一而静者，世无有也。"③

只有做到了虚一而静才能够知天下并将所知行于天下。苏轼将虚一而静提到了本体之心得以展现的高度。如此，心才是不被遮蔽的状态。

从上文之"一"表达了一种超越性的信念和虚一而静使得心免受遮蔽来看，苏轼用"虚一而静"的荀子用语表达了孟子对超越性实体信仰的思想。

与"虚一而静"之"静"相关，苏轼还提出了"静以存性"的观点。他说：

> 以一人之身，昼夜之气，呼吸出入，未尝异也。然而或存或亡

---

① 曾枣庄、舒大刚主编：《三苏全书》第2册，语文出版社2001年版，第31页。
② 苏轼著，孔凡礼点校：《苏轼文集》，中华书局1986年版，第168页。
③ 苏轼：《东坡志林》，中华书局1981年版，第13页。

者,是其动静殊也。后之学者,始学也既累于仕,其仕也又累于进。得之则乐,失之则忧,是忧乐系于进矣。平旦而起,日与事交,合我则喜,忤我则怒,是喜怒系于事矣。耳悦五声,目悦五色,口悦五味,鼻悦芬臭,是爱欲系于物矣。以眇然之身,而所系如此,行流转徙,日迁月化,则平日之所养,尚能存耶?丧其所存,尚安明在己之是非与夫在物之真伪哉?故君子学以辨道,道以求性,正则静,静则定,定则虚,虚则明。物之来也,吾无所增,物之去也,吾无所亏,岂复为之欣喜爱恶而累其直欲?君齿少才锐,学以待仕,方且出而应物,所谓静以存性,不可不念也。能得吾性不失其在己,则何住而不适哉!①

从这段话可见,苏轼认为人所存之本性在世俗生活追求满足自己的物质需要和地位晋升的过程中为物欲所累是很容易丧失的,于是自我的是非观和对外物真伪的辨识就变得模糊不清了。所以,君子学道的目的就是寻找失去的本性,这种本性就是前文所述的虚一而静中的"一",就是最高的天道。性之确立就意味着"正","正则静,静则定,定则虚,虚则明"。所以,使得本性确立起来是前提。但是苏轼的本性与理学家的本性又不同,其本性主要是天道无心之意。在苏轼看来,人在本性就是要做到无心,就是不要为世俗的追求充斥了自己的内心,而使内心处于纷扰复杂的状态。这不是真实的人性,真实的人性应当是处于虚一而静的状态。有坚定的信仰和主见,内心有恒定的"一",则自我就不为外物所左右,相反是外物为我所用:物来而顺应。苏轼说:"其静有道,得己则静,逐物则动。""得己"即为"己得",自我能够做到"一"就是"得己",即能处于静的状态中,不为外物所物而能物物;"逐物则动"就是为外物所累、所引而动,就失去了"一"。要做到"一",苏轼认为要存养,他说:"君子所受于天者无几,养之则日新,不养则日亡。"② 怎么存养呢?苏轼不是禁欲主义者,是认可物欲和人的自然需求的。因此他的养不可能是禁欲,而是有所节制。同时要改变自

---

① 苏轼著,孔凡礼点校:《苏轼文集》,中华书局1986年版,第332—333页。
② 曾枣庄、舒大刚主编《三苏全书》第1册,语文出版社2001年版,第294页。

己的思想和人生态度,用当下即是与把一切放下的思想来养性。

从苏轼用事例来证明虚一而静的作用,可见要做到虚一而静也是需要一定条件作为辅助的,而人为了满足这些条件就面临了一种抉择。他说:

> 古之圣人,将有为也,必先处晦而观光,处静而观动,则万物之情,毕陈于前……臣敢以小事譬之。夫操舟者常患不见水道之曲折,而水滨之立观者常见之。何则?操舟者身寄于动,而立观者常静故也。弈棋者胜负之形,虽国工有所不尽,而袖手旁观者常尽之。何则?弈者有意于争,而旁观者无心故也。若人主常静而无心,天下其孰能欺之?①

在此,苏轼强调了无心的妙用,这种无心与虚一而静是近似的。这种无心乃至虚一而静的妙用是如何产生的呢?苏轼通过操舟者与水滨之立观者以及弈棋者与旁观者的不同阐述了他的观点。操舟者在晃动的船身上和由于船身的遮挡比起水滨之立观者来是要难以看到水下的河道的曲折,他们有一动一静的不同;因而操舟者难以做到无心,而立观者能做到。同理,弈棋者是在争输赢,而旁观者是超然于输赢之外,心就不为输赢所扰乱而能做到无心。所以,要做到无心就必须处于立观者与旁观者的位置,而不能做操舟者与弈棋者。这是做到无心的条件。抛开这个事例,苏轼之意是要做到无心,我们必须有立观者与旁观者的心态,而不能像操舟者与弈棋者一样在当下牵挂着以前或以后的事情使自己的内心纷扰不已。因此,要做到无心的条件应当有"当下即是"的精神和"一切放下"的襟抱。② 当下即是就能使自己的内心不走作,不纷扰四

---

① 苏轼著,孔凡礼点校:《苏轼文集》,中华书局1986年版,第1018页。
② 现代新儒家在他们的《宣言》中就有关"当下即是"的思想说道:"西方人应向东方文化学习之第一点,我们认为'当下即是'精神,与'一切放下'之襟抱……中国文化以心性为一切价值之根源,故人对此心性有一念之自觉,则人生价值,宇宙价值,皆全部呈现,圆满具足。人之生命,即当下安顿于此一念之中,此即所谓'无待他求,当下即是'之人生境界。"引自唐君毅等《为中国文化敬告世界人士宣言——我们对中国学术研究及中国文化与世界文化前途之共同认识》。日本学者小路口聪对陆九渊的"当下即是"的理解是:"陆九渊'当下便是'的思想,是要消解光明透彻的每个人在光明透彻的'即今现在'的时间里所遇到的切实问题,它是在形而上学的人间论中,来消解阴暗的'人间'的一般问题,……"小路口聪:《陆九渊的"当下便是"是"顿悟"论吗》,载吴震、吾妻重二主编《思想与文献:日本学者宋明儒学研究》,华东师范大学出版社2010年版,第297页。

起；人生价值在当下即圆满自足，这是对自己天道的一种虔诚信仰的体现。只将注意力投到当下，这样就能做到无心与虚一而静。

从以上的分析可见，苏轼将孟学一路对超越性天道的信仰融入了虚一而静之中，因而有了孟学思想的特征。所以，在苏轼的思想中，孟学与荀学两种进路的思想交织在一起，较为充分地表达了苏轼对超越性实体和终极追求的信念与渴望，也表达了苏轼对人的自然需求、认知能力与实践的重视。从苏轼的思想实践来看，儒学的发展是既需要孟学，也需要荀学，因而，两种思想资源与进路对发展儒学不可或缺。

（三）苏轼思想的荀学特色

1. 苏轼思想与荀学的相关性

由前文的论述可知，苏轼之性是超越于善恶的，因而他既反对性善论，也反对性恶论。他说："由此观之，则夫善恶者，性之所能之，而非性之所能有也。"① 人的行为的合理性并非是人本性之善决定的，而是人的理性在实际情境中实践选择的一种结果。苏轼说："孟子之于性，盖见其继者而已。夫善，性之效也。孟子不及见性，而见夫性之效，因以所见者为性。"② 将性之效与苏轼把事情做得不自知的效果合起来看，这种效果之善显然是人的实践理性行为结出的果实，这种思想与荀子运用理性而化性起伪的人性论类似。对于荀子的性恶论，我们要拨开向来对之曲解的迷雾而洞悉其性恶论的真意。其实，荀子的性恶论是从人没有经过教化时的状态而言的。荀子认为人通过化性起伪的工夫，是可以化性为善的；③ 人也是趋向善的，最终可以成善。因而，荀子不是人性本恶之意，其人性恶是从人的现实存在的自然性来说的。

荀子之性恶经过化性起伪的努力之后，就变成了善。所以人性善是后天形成的，这就是"性善后天形成论"。这与苏轼的人性论是接近的，苏轼认为人性既不能说它是善的，也不能说它是恶的，性是超越善恶属性的，像道一样它不以经验层面的存在为它的实质内容。所以，苏轼就

---

① 苏轼著，孔凡礼点校：《苏轼文集》，中华书局1986年版，第111页。
② 曾枣庄、舒大刚主编：《三苏全书》第1册，语文出版社2001年版，第352页。
③ 参见路德斌《荀子人性论之形上学义蕴——荀、孟人性论关系之我见》，《中国哲学史》2003年第4期。

不像理学家一样只重视人的道德性，而是重视人的多种需求，因为其根源之性不只是道德之善。但是人的理性在社会生活和实践中一定会使人向善，因为人的理性明白这是一种于各方最好的选择。因此，苏轼认为性善是在后天实践过程中教育和自我努力提升的结果。

荀子论人性从自然之性的意义进入，这与苏轼的自然人性论比较接近。① 苏轼虽然从感情上更倾向于孟子，但他儒家入世的思想从自然性与心的含义来说更接近荀子。实际上，在苏轼的作品中，也间或可见他对荀子学说的同情。② 荀子与《易传》一路的思想对苏轼的影响更大，他们吸收了庄子的思想，③ 表现出了自然主义和人文主义融合的倾向。

苏轼与荀子在人性论上是相似的，而在心的理性认知能力上苏轼也与荀子类似。荀子的化性起伪之主体之心是认知之心，苏轼思想中在形成礼等社会规范中起主要作用的人的理性之根源也是认知之心。因此，苏轼的心具有认知的功能，其要将事情做到不自知的程度也需要认知之心对外在的世界有正确的认识，进而做到娴熟得不知其所以然而然，到达一个自由的境界，像庖丁解牛一样。

苏轼在以认知之心对外物的认识及自然之性上接近荀子，这是苏轼作为一个对人民饱含同情的思想家出于对人们的基本需求的认可的情感下产生的朴素的亲民思想。

苏轼在拒斥人可以顿悟先验本体之后，在其情理结构中理性的作用必然表现为对利与欲的重视而不是忽视。因为利与欲都是人所需要的，

---

① 苏轼的自然人性论也受到了庄子的影响。庄子《达生》中说："孔子从而问焉，曰：'……蹈水有道乎？'曰：'亡，吾无道。吾始乎故，长乎性，成乎命。与齐俱入，与汨偕出，从水之道而不为私焉。此吾所以蹈之也。'孔子曰：'何谓始乎故，长乎性，成乎命？'曰：'吾生于陵而安于陵，故也；长于水而安于水，性也；不知吾所以然而然，命也。'"庄子将命界定为不知其所以然而然，就是顺其自然，没有不符合自然的主观意愿参与其中之意。苏轼的性命解释与庄子如出一辙。

② 马积高说道："苏轼对荀子的明王道给予了肯定，对其新说，也认为只是'特以决一时之论'，在另一篇论文里，他甚至说：'孟子既据其endo，是故荀子不得不出于恶……故夫后世之异议皆出于孟子。'(《子思论》)"马积高：《荀学源流》，上海古籍出版社2000年版，第260页。

③ 强中华认为："在视'性'为与生俱来之属性或顺'性'而动之无意识活动方面，荀子吸收了庄子的思想。"强中华：《反者道之动：荀子"化性起伪"对庄子"性"与"伪"的因革》，《中国哲学史》2009年第2期。有关《易传》受《庄子》的影响参见陈鼓应《〈易传·系辞〉所受庄子思想之影响》，《哲学研究》1991年第4期。

从人之现实需要的理性考量而不受制于更高的脱离人情需要的本体的思想必然要充分认可人的利与欲。在荀子的天生人成的结构中更是将人之性与欲作为我们人类活动的前提来看待。这些都显示了苏轼与荀子相同的一面而在理学学术气氛日益浓厚的宋明时代表现得特立卓异。

苏轼与荀子这种以认知之心来看待自己的利欲与探索外物以便形成我们安身立命的社会规范以及礼与法的思想非常符合西方建构主义的思想。正如有作者所说:"构建主义强调价值规范既不系于外在独立客观的规范实体,也并非仅仅人类主观爱好的反映;相反,构建主义认为价值规范是基于人类特质及其生存环境的理性构建——价值规范是针对人类实践问题的理性回答,并因此是理性行动者有充分理由遵从的价值标准。"①

2. 苏轼与荀学有关的思想特色

苏轼是以类似于自然心的无心来从事人事,并要将人事做到自然的程度。他是要将人文精神与自然主义有机地结合起来。所以,他的无心是要人们在从事自己的事业中免除纷扰,以更单纯的心来从事自己所做之事。如此不仅保持了一颗自然本真的心,而且也只有如此才能将我们的事情做好、做得出色乃至于达到极致。从自然主义的角度来说,苏轼认为要保持无心;而从人文主义来说,苏轼认为在从事我们所做的事情之中,我们的心又要充分发挥意向性和认知的功能,这样才能保证我们能将事情做好。意向性和认知的心同无心实际上是一个心,是统一的。当我们以一种全幅的心灵来从事我们的事业的时候,我们的心这时主要展现为认知心;但是从它是顺着事物而为是自然而然的,它心无旁骛只专心于当下所做的事情而对其他丛生的杂念不相干来看,此时之心也是一种无心。所以我们也可以说苏轼的认知之心与无心也是统一的,这种统一表现了苏轼要将自然主义与人文主义结合起来的意愿与企图。

苏轼的本性是通达无心的道心。但是从其所崇信的"一"来说,毫无疑问又有他所信的实际内容而不是佛道的空与无。但这种性对应于现实的存在又不仅仅局限于仁义礼智信,而有更多的内容。无论是仁义礼智信,还是其他的人所遵循的社会规则,苏轼认为都不是本体,而是后天人的认知理性在人际交往及实践中形成的。而本体只能是类似无心的

---

① 邓小虎:《荀子的儒家构建主义刍议》,《邯郸学院学报》2018 年第 12 期。

天道，这个本体与实践的关联就只能是以类似于无心的自然心来从事人事，同时将人事做到符合自然。所以，苏轼哲学的核心就是以一颗自然之心来从事人事。在人事上做到自然，表现在两个方面：第一，就是在做事情的方法上表现得符合自然，即以"顺而导之"的心态来从事人事，而不会逆事物的规律来从事人事。只有顺而导之才能够顺乎自然，进而做到自然。苏轼说："世之方治也，如大川安流而就下，及其乱也，清溢四出而不可止。水非乐为此，盖必有逆其性者，泛溢而不已。逆之者必哀，其性必复；水将自择其所安而归焉。古之善治者，未尝与民争；而听其自择，然后从而导之。"① 这里苏轼是讲治世之方要顺着事物的本性而不能违逆事物的本性而动，违逆者必哀，而事物的本性必然恢复。古代善治者，不违逆民众要求自择的本性，然后加以适当的引导。在顺其自然的前提下，再加以引导，老百姓自然就会乐于接受王者的教化。治世之方如此，做其他所有的事情何尝不也是如此呢？即了解并顺物之自然本性，然后在此基础上努力实践，就一定能将事情做好。概言之，我们做任何事情都要顺其自然规律，而不能违逆规律而动。随顺自然而动其本身的行为就是符合自然，就不会为因违背自然而产生的破坏和麻烦所累，因而就能达到一种无心的状态。如果不能顺着自然而动，节外生枝的事情就会层出不穷，就会疲于应付，事情也难以做好。这就与无心自然的心理状态背道而驰了。

苏轼又说：

> 周公之意，盖曰孝友，民之天性也，不孝不友必有以使之。子弟固有罪矣，而父兄独无过乎？故曰：凡民有自弃于奸宄者，此固为元恶大憝矣，政刑之所治也。至于父子兄弟，相与为逆乱，则治之当有道，不可与寇攘同法。我将诲其子曰：汝不服父事，巳不大伤父心？又诲其父曰：此非汝子乎，何疾之深也？又诲其弟曰：长幼天命也，其可不顺？又诲其兄曰：此汝弟也，独不念先父母鞠养初劳之哀乎？人非木石禽獭，稍假以日月，须其善心油然而生，未

---

① 曾枣庄、舒大刚主编：《三苏全书》第1册，语文出版社2001年版，第326页。

有不为君子也。①

人是有感情的动物,因此,我们对百姓的教化工作要顺从他们的感情,要晓之以理,动之以情,不可以强迫命令的方式来使他们就范,这不是治理社会的长久之计。对待民众,要让他们心悦诚服。这是民众教化上的顺其自然,无心而治。就是顺着事物的本性而为,不要将自己主观而不合事物本性的意愿强加在教化民众的事情上,这样就是有心,最终不可能获得成效。

3. 在境界上合乎自然

这种无心在笔者以前的文章中已经详论,② 在此不再赘述。

总之,苏轼哲学的典型特征是要将自然而然的精神与人文事业水乳交融般地融为一体。所以,苏轼的"一"融合了自然与人文两种精神:既有无心自然之意,又有于人文实践活动中所获得的生活规则与人生信念之意。

综观全文,荀子与苏轼都强调了理性即心的认知功能,因而十分重视学习。隆礼重法,反映了荀学重视与知识的学习相联系的外在规范制约,这是对孟学片面依赖主体的道德自觉而忽视外在规范制约的有益补充。而苏轼的思想也强调对外在知识的学习,并且要将其娴熟地运用到不可知的程度。而在性与天道的超越性与"虚一而静"的思想中又属孟学一路。可见苏轼的思想由于自身完善性的需要,他一方面吸收了孟子天道超越性思想,以便确立道德信仰的终极根源;另一方面他出于对实践和规范人的礼法制度的重视,因而自觉或不自觉地受到了荀子思想的影响,其思想打上了荀学的烙印。苏轼的思想及其实践表明,儒学是人的道德践履之学和建设精神家园之学,有对道德终极根源追问的诉求。儒学由于她激励人不断提升到一个超越现实的层次,其超越性就明显地展现出来,这是孟学的主要特征。而她又要对治由于体验超越性实体所引起的对道德实践的忽视,所以她必定又要强调实践性和外在的礼法对人的制约,这是荀学的主要特征。因此,通过苏轼我们得出,儒学的自身发展必然表现为对孟学与荀学的并重,缺一不可。实际上,孟学自身

---

① 曾枣庄、舒大刚主编《三苏全书》第 2 册,语文出版社 2001 年版,第 116 页。
② 参见胡金旺《道在易中:苏轼哲学体系略论》,《中州学刊》2012 年第 3 期。

也强调实践和礼法的制约，荀学从其思想根源看也没有排斥超越性。由此也可见孟子与荀子之学有所偏重而不失全面，只是流弊所及而有所偏颇罢了。荀子所认为的人性恶也是从人性的感性需要不加人为的干预与改造而放任其流来讲的，而经化性起伪之后人性可以变善，这一点没有否认人性的根源为善，进而没有否定一个背后的终极超越的实体。因而其超越性也蕴含在其思想之中。而荀学发展到了明清自然气本论那里其人性向善论只具有超越性特征，而明显排除了一个超越实体的存在。这种情况由于对实体的排除，道德践履背后的终极支撑的缺失导致了道德行为的迷茫。于是，在儒学的下行而化民成俗的过程中，为了满足民众的信仰需要，儒学与对神的信仰的宗教就结合起来。荀学的这种发展深刻地表明了儒学对信仰的终极根源的需要与依赖。

我国台湾学者刘又铭认为明清自然气本论的思想具有荀学品格，而我们从思想家的内容实质来分析，则苏轼的思想也具有荀学的特征。他还认为，荀学一路思想更贴近现代人的感受。他说："这样的思想理路，是荀学思维在宋明理学主流观点的质疑与贬抑下一个创造性的发展，它关于宇宙、生命、成德之道的认知和诠释比宋明理学主流观点更贴近现代一般人的感受，它是表现了'中国文化脉络下的早期现代性'的一个哲学典范。"① 如果此言不虚，则荀学在今日有更大的发展前景，而具有荀学品格的苏轼之学也就更加值得我们重视了。

三　相辅相成：苏轼贬谪生涯中的哲学与文学

本节主要在苏轼境遇的巨变中来考察其思想境界与文学艺术的关系，因而我们的目光主要投向苏轼自贬谪黄州以后的人生阶段。

（一）黄州期间的文学与哲学

元丰二年（1079年），苏轼赴任湖州知州后，即给皇帝写了一封《湖州谢上表》，这本是例行公事。但苏轼说自己"愚不适时，难以追陪

---

① 刘又铭：《明清儒家自然气本论的哲学典范》，《"国立"政治大学哲学学报》2009年第22期。

新进","察其老不生事或能牧养小民",① 这些话被新党抓住了把柄,他们从苏轼的大量诗作中挑出他们认为隐含讥讽之意的句子,一时间,朝廷内一片倒苏之声。这年七月二十八日,苏轼上任才三个月,就被御史台的吏卒逮捕,解往京师,受牵连者有数十人。这就是北宋著名的"乌台诗案"。这次险遭灭顶的灾祸是苏轼人生的一个转折点,从此苏轼过上了以颠沛流离为主的贬谪生活,也使得苏轼心灵经受了极大的磨难。上天似乎跟他开了一个极大的玩笑,以一种置之死地而后生的方式让苏轼完成他的思想境界脱胎换骨的改变与超越。

苏轼在黄州时期的哲学思想不仅是他的思想境界的反映,而且与他的文学艺术所表达的思想境界层次也是紧密相关的。② 在黄州期间,苏轼写了《东坡易传》等哲学著作。苏轼在《与滕达道六十八首》第二十一简中记载:"某闲废无所用心,专治经书。一二年间,欲了却《论语》《书》《易》,舍弟已了却《春秋》《诗》。虽拙学,然自谓颇正古今之误,粗有益于世,瞑目无憾也。"③ 他已开始研究经学。在《黄州上文潞公书》中,苏轼又说:"到黄州,无所用心,辄复覃思于《易》《论语》,端居深念,若有所得,遂因先子之学,作《易传》九卷。又自以意作《论语说》五卷。"④《与王定国四十一首》第十一简曰:"某自谪居以来,可了得《易传》九卷,《论语说》五卷。今又下手作《书传》。

---

① 苏轼著,孔凡礼点校:《苏轼文集》,中华书局1986年版,第654页。
② 中国古代文化中,文史哲向来是一个融合在一起的整体,没有现在的文科系列中的分科而治。但是既然现代能对古代文化进行分科,它内部必然有侧重点的不同。就苏轼而言,其哲学主要是用文字阐释的形式将自己的有关儒释道的思想表达出来,而文学主要是以诗词散文的形式表达的作品。在此论文中,笔者主要探讨苏轼哲学与文学的关系。苏轼的哲学的最高范畴是道,正是因为这个道使得苏轼确立起一种儒家的健康质朴向上的精神,天道是生生不已的,因而人也当如此。天道是四时行焉,百物生焉,天道何言哉。天道的无言启示我们要在向上的行动中体验生命的意义和价值。而在文学中,苏轼将其无心论发挥到了极致。体现在文学艺术中所达到的炉火纯青的境界——天然自成,毫无拖泥带水,雕琢修饰。第二就是文学作品在思想上也达到了超越而无心的境界,其中有许多作品是通过悲剧意识的审美而给人以超脱现实而无心的启迪,例如《念奴娇·赤壁怀古》通过对过往英雄事迹都烟消云散的回顾使我们领悟到人要追求对自己有意义的事情,对那些与此无关的事情要尽量表现出无心的态度,即是不要将它们放在心上,要做到虚怀若谷,心胸坦荡。以心中之道看待世事而对它们表现出一种超越的情怀。所以,苏轼强调志于心,要时时对与心中之道无关之事有一种无求无作的精神。
③ 苏轼著,孔凡礼点校:《苏轼文集》,中华书局1986年版,第1482页。
④ 苏轼著,孔凡礼点校:《苏轼文集》,中华书局1986年版,第1380页。

迂拙之学，聊以遣日，且以为子孙藏耳。子由亦了却《诗传》，又成《春秋集传》。闲知之，为一笑耳。"①

在《东坡易传》中，苏轼论述了"无心"说，其无心主要有三层含义，一是在各种技艺上做到不自知，不知其所以然而然的境界，就是娴熟得不知在从事此事情。二是有意识地做到无心，主要是静坐以体验道。三是以道的超越性来观照万物，而能超越万事万物，事过心空，心不为其所累，而常能保持无作无求的状态。第三种是思想境界方面的追求，也是本文所要关注的内容。苏轼在其哲学著作中这方面的思想，笔者已有论述，② 在此不做过多讨论。我们在此所要关注的是通过考察苏轼的文学作品看他是否达到了这种境界。通过我们的研究发现苏轼在黄州期间的文学作品没有完全达到他在哲学著作中所论述的境界，可见苏轼在黄州期间基本上是将哲学的境界作为一种目标来对自己进行要求的，而其实际的思想境界还在提升中，对现实还是难以超越的，他的心灵仍在挣扎中，一时还难以平静。这个时期苏轼有对现实超越的思想境界，但也有抒发自己怅惘心情的作品，其思想是较为复杂的。但苏轼始终以儒释道中健康向上的思想引领自己的精神，因而有助于他的思想境界保持不断的提升。

苏轼在黄州期间，其思想主要表现为要从被贬谪的抑郁痛苦的心境中超越出来，因而其心境既有愁苦，也有从自然审美中所获得的喜悦。此时苏轼对身外之事还难以保持一种超越的无心的常态，只是一种暂时的忘怀。苏轼的无心与孟子的不动心有相似之处。孟子的不动心是君子不为外物所诱，要实现自己的理想，能够保持自己的节操，修炼自己的心智，从而成为一个真正的儒者。而苏轼无心的含义也是在诱惑和名利面前，不能为其所动，如果它是违背自己心中之道的话。所以，当坚持了认为是正确的政见而遭到贬谪之后，苏轼认为自己的正义行为是对在道德与境界上所做不动心与无心的坚守，因而就问心无愧而能够认识到自己的行为是对自己信仰的坚持。那么在精神思想上要做到无心就有了现实的坚实基础。从苏轼的行事与工夫修养上看，他在这两个方面的精神指向是一致

---

① 苏轼著，孔凡礼点校：《苏轼文集》，中华书局1986年版，第1519—1520页。
② 参见胡金旺《道在易中：苏轼哲学体系略论》，《中州学刊》2012年第3期。

的。所以，虽然苏轼在贬谪之后，其心灵受到了很大的创伤，但是他仍然不屈不挠，原因主要有两个方面：一方面他坚信其行为在道义上是正确的；另一方面是因为苏轼在贬谪之后，采取了恰当的治疗心理创伤的方法，这就是从儒释道思想和自然审美中实现了对自身所遭痛苦的超越。

由于受到乌台诗案的打击，苏轼身心备受折磨，虽然他以儒释道的思想平衡自己的心理落差，但是仍然不能释怀。所以，此时是超越与痛苦的心情交织在一起。痛苦心情的诗作如："忽逢绝艳照衰朽，叹息无言揩病目。"①（《寓居定惠院之东杂花满山有海棠一株土人不知贵也》元丰三年作）"南来不觉岁峥嵘，夜拨寒灰听雨声。"②（《侄安节远来，夜坐》元丰四年作）"也拟哭途穷，死灰吹不起。"③（《寒食雨》元丰五年作）"空床敛败絮，破灶郁生薪……哪知我与子，坐作寒蜇呻。"④（《大寒步至东坡赠巢三》元丰六年作）"去年花开我已病，今年对花还草草。"⑤（《和秦太虚梅花》元丰六年作）

苏轼在黄州时的作品重在内心世界的探索，因而以抒发内在的思想感情为主旋律。在痛苦与孤寂的情绪宣泄中，作者不是像普通人一样只是简单的倾诉，而是在倾诉中实现了对痛苦的超越，使自己从一个更高的层次上超脱这些痛苦、失落与沮丧。而作者之所以能超脱这些世事沧桑一个重要原因是在自然审美中获得了心灵的愉悦，在艺术的陶冶中缓解了自己内心的痛苦等负面情绪，而儒释道思想在这种思想超越中起到了主要的作用。这期间，文学成了其哲学思想的一种重要的表现形式。哲学思想成了他的文学的灵魂，文学更进一步以艺术的形式将这种哲学思想加以强化和提升，使得这种哲学思想反映的境界更加生动、丰富、真实、坚实与稳定。苏轼在黄州的哲学思想是要不为现实所牵连，要达

---

① 苏轼著，冯应榴辑注，黄任轲、朱怀春校点：《苏轼诗集合注》，上海古籍出版社2001年版，第1003页。

② 苏轼著，冯应榴辑注，黄任轲、朱怀春校点：《苏轼诗集合注》，上海古籍出版社2001年版，第1056页。

③ 苏轼著，冯应榴辑注，黄任轲、朱怀春校点：《苏轼诗集合注》，上海古籍出版社2001年版，第1082页。

④ 苏轼著，冯应榴辑注，黄任轲、朱怀春校点：《苏轼诗集合注》，上海古籍出版社2001年版，第1112页。

⑤ 苏轼著，冯应榴辑注，黄任轲、朱怀春校点：《苏轼诗集合注》，上海古籍出版社2001年版，第1138页。

到无心的境界，但还没有达到无心的境界。

如苏轼作于元丰六年（1083年）的《临江仙·夜归临皋》：

> 夜饮东坡醒复醉，归来仿佛三更。家童鼻息已雷鸣，敲门都不应，倚杖听江声。
> 长恨此生非我有。何时忘却营营，夜阑风静縠纹平。小舟从此逝，江海寄余生。①

此词中的"长恨此生非我有"，此乃由自身的身不由己所引发的苦恼。这种身心分离的状态也表明了作者的修养境界还没有达到自己满意的高度。在现实中的营营与内心的不愿意也是同样精神苦恼的表现，作者不能免除世俗之累表明了精神上的不自由。或者是自身不能将世俗之事务与精神追求之境界统一起来，而形成分裂的局面。这都是精神世界还不能令自己满意的表现。从苏轼的文学作品可见，他的诗词反映了自身的思想境界水平，是以文学艺术的形式对自己主观精神苦苦追寻更高层次和更大自由境界的记录。这与陶渊明的诗歌真实地反映了他的"贞志不休，安道若节"，"大贤笃志，与道污隆"②思想境界是一样的。但是与陶渊明不同，苏轼还用了哲学语言的形式表达了自身对道的看法以及人所应当达到的精神境界的见解，并且这些不仅仅是一种表面的认识，而是在提升自己的思想境界中的真实体验。

在《寓居定惠院之东杂花满山有海棠一株土人不知贵也》③中，作者通过对自然景物的审美实现了对自身被贬谪艰难生活的超越。其中的诗句"也知造物有深意，故遣佳人在深谷"既是写景，也是自况。还有诸如"雨中有泪亦凄怆，月下无人更清淑""忽逢绝艳照衰朽，叹息无言揩病目"等诗句，通过对海棠花拟人化的想象与描写，作者

---

① 苏轼著，邹同庆、王宗堂校注：《苏轼词编年校注》，中华书局2016年版，第467页。

② 照明太子认为："其（陶渊明）文章不群，词采精拔；跌宕昭彰，独超众类；抑扬爽朗，莫之与京。横素波而傍流，干青云而直上。语时事则指而可想，论怀抱则旷而且真，加以贞志不休，安道若节，不以躬耕为耻，不以无财为病，自非大贤笃志，与道污隆，孰能如此乎！"萧统：《陶渊明文集序》，载袁行霈《陶渊明集笺注》，中华书局2003年版，第613—614页。

③ 苏轼著，冯应榴辑注，黄任轲、朱怀春校点：《苏轼诗集合注》，上海古籍出版社2001年版，第1002—1003页。

在审美中实现了对现实生活中不幸命运的超越。可是我们不禁要问,为什么自然审美中可以实现超越,而在娱乐中忘我的状态不能实现自我提升与超越?因为自然审美使我们进入了更高的层次,而娱乐往往不能让我们跃入更高的层次,不能引起我们的反思与醒悟,不能有更高和更美的体验。

苏轼在黄州时的诗词流露出内心的痛苦与在自然的审美中的快乐交织在一起的心情,此时的心境可以说是二者参半的。因心境不佳,苏轼在黄州的部分作品带有悲凉的色彩。元丰五年(1082年)写下的《寒食雨二首》,书写了苏轼孤寂凄凉的心境:

> 自我来黄州,已过三寒食。年年欲惜春,春去不容惜。今年又苦雨,两月秋萧瑟。卧闻海棠花,泥污胭脂雪。暗中偷负去,夜半真有力。何殊病少年,病起头已白。①

这首诗写出了作者在贬谪黄州之后的艰苦生活与失落痛苦心情。凄风苦雨秋萧瑟,泥污海棠胭脂雪。一夜偷去真有力,少年病起头已白。诗人感叹美景昙花一现,海棠花为泥所污,夜半即消逝。从海棠花的遭遇中,作者看到了自己的悲惨命运,因而流露出悲痛与失望的情绪。而少年病起头已白是对遭到贬谪之后的自己的真实写照,是诗人遭受身心摧残之后所留下的身体创伤。然而,谪居黄州期间,苏轼也表达了心情格外舒畅、潇洒与乐观的诗作,如他在作于元丰五年(1082年)的《定风波》中填写道:

> 莫听穿林打叶声,何妨吟啸且徐行。竹杖芒鞋轻胜马,谁怕,一蓑烟雨任平生。
> 料峭春风吹酒醒,微冷,山头斜照却相迎。回首向来潇洒处,归去,也无风雨也无晴。②

---

① 苏轼著,冯应榴辑注,黄任轲、朱怀春校点:《苏轼诗集合注》,上海古籍出版社2001年版,第1081—1082页。
② 苏轼著,邹同庆、王宗堂校注:《苏轼词编年校注》,中华书局2016年版,第356页。

苏轼一扫往日的阴霾心情，字里行间流露了快乐旷达的心情。同样是旅途遇雨，有人的好心情好兴致就被破坏了，而苏轼则乐观其变，以一种置身其外的洒脱情怀观照此事。但是苏轼这种快乐还是相比较而显现的，途中遇雨，与其兴致大减，不如尽情享受雨中之乐。这是词人说给旁人听的，也是说给自己听的。所以作者的这份好心情，是相比较而存在的，表明心中的阴霾还不时涌现心头，袭扰词人渐渐好转的心境。

苏轼黄州时期的思想在内心的痛苦中实现了超越，此过程中他还从佛道思想中汲取精神力量，用以平衡自己在乌台诗案中所遭受的精神打击。在《答秦太虚书》中，苏轼写道："吾侪渐衰，不可复作少年调度，当速用道书方士之言，厚自养炼。谪居无事，颇窥其一二。已借得本州天庆观道堂三间，冬至后，当入此室，四十九日乃出。自非废弃，安得就此，太虚他日为仕宦所縻，欲求四十九日闲，岂可复得耶？"① 苏轼用道家方法修身养性有两个目的，一是可以静心修养，以便实现对现实的超越，提升精神境界。苏轼决心很大，要在天庆观道堂中修炼四十九日，没有坚强的意志是根本不能做到的。一是养生，苏轼所说的吾侪渐衰，不可作少年调度，都是从养生的角度来说的。所以，苏轼不仅重视思想的修养，而且还重视养生。他还学习了道家许多的养生法。从苏轼给王定国与苏辙的信中即看得很清楚。苏轼在道家道教方面还有一定的造诣，如对龙虎铅汞的看法。②

苏轼在《黄州安国寺记》里概述了初到黄州学佛情景："盍归诚佛僧？求一洗之……焚香默坐，深自省察，则物我相忘，身心皆空，求罪诟所从而生不可得。"并且"间一二日辄往"，"且往而暮还者，五年于此矣"。③ 在佛寺的幽静环境中，苏轼忘记了曾经发生的一切，而能够物我两忘，身心皆空。现实生活中的折磨，也就顿然消逝了。如此，苏轼在佛教的空的思想下实现了对世事的超越。在《答毕仲举书》中说："学佛老者，本期于静而达；静似懒惰，达似放；学者或未至其所期，

---

① 苏轼著，孔凡礼点校：《苏轼文集》，中华书局1986年版，第1535页。
② 参见胡金旺《苏轼与"龙虎铅汞"说》，《江西师范大学学报》（哲学社会科学版）2017年第6期。
③ 苏轼著，孔凡礼点校：《苏轼文集》，中华书局1986年版，第391—392页。

而先得其所似，不为无害，仆常以此自疑。"① 苏轼学佛是学习佛教的静与达，而不是与之似是而非的懒与放。静与达是积极向上的心态，而懒与放是消极沉沦的心态。可见，苏轼即使是处在人生最痛苦、最失落的时期，他的精神仍是以健康向上的思想来引领的。

为什么说苏轼黄州期间还不能完全从一个更超然的心态看待万物？不能完全摆脱功名利禄对自己的束缚呢？这从苏轼被贬惠州前后心态的对比可以看出来，被贬惠州之前的苏轼是不能完全释然的，因而有时呼天抢地，痛不欲生，有时又非常洒脱。这说明苏轼的思想有一个自我升华的过程。而被贬惠州之后苏轼彻底释然和平静了，其思想境界已有了彻底变化，不再有感情的大起大落，而是趋于稳定与超然，有所遵循而从心所欲不逾矩，符合儒家极高明而道中庸的境界。

（二）贬谪岭南之后的文学与哲学

在不断地外放之后，苏轼逐渐习惯了颠沛流离的艰难生活，而将被他人看来是荒蛮之地的偏僻落后之地视为自己的乐园。在被贬惠州与儋州之后，苏轼反而逐渐进入人生状态的佳境，这与其思想不断提升有关，也与此时期学习与和陶渊明的诗歌有关。陶诗淡泊的境界有助于苏轼天地境界的形成与巩固，但苏轼并非羡慕隐居，因为他一直是出仕的。他追求一种不为世俗所累的境界，向往一种既入世又洒脱的生活。

初入南海时，苏轼有这样一段情感经历，他说："吾始至南海，环视天水之际，凄然伤之曰：'何时得出此岛耶？'已而思之，天地在积水之中，九州在大瀛海中，中国在少海中，有生孰不在岛中？覆盆水于地，芥浮于水，蚁附于芥，茫然不知所济。少焉水涸，蚁即径去，见其类，出涕：'几不复与子相见。'岂知俯仰之间有方轨八达之路乎？念此可以一笑。"② 在长期的贬谪生活中，苏轼学会了从更高一层的角度看问题，这极大地缓解了自身所承担的压力，胸怀也更加宽广了，视野也更加开阔了，完全能够随遇而安，而不计较于外物与境遇的好坏。这表明此时期的苏轼已经具有很强的超越情怀，基本上能做到心不系于外物，不为外物所左右。

---

① 苏轼著，孔凡礼点校：《苏轼文集》，中华书局1986年版，第1672页。
② 王文诰：《苏海识余》，《苏文忠公诗编集成总案》，巴蜀书社1985年版，第5页。

苏轼到了蛮荒瘴炎之地，生活条件极为恶劣，以为此去无生还之可能。他说："并鬼门而东鹜，浮瘴海以南迁。生还无期，死有余责。"①（《到昌化军谢表》）行前他也做好了死别的准备："某垂老投荒，无复生还之望，贻与长子迈决，已处置后事矣。今到海南，首当作棺，次当作墓。乃留手疏与诸子，死则葬海外。"②（《与王敏仲书》）苏轼到了海南情况比想象的更艰苦，连书籍都看不到。苏轼说："此间食无肉、病无药、居无室；出无友、冬无炭、夏无寒泉。"③（《与程秀才书》）。但是苏轼竟然逐渐安定下来，在海南居住了三年之久，并且喜欢上了那个地方。苏辙读了他的《儋耳》诗"垂天雌霓云端下，快意雄风海上来"④（作于元符三年）之后，就非常放心，说此诗"精深华妙，不见老人衰惫之气"（《追和陶渊明诗引》）。他从前对海南的畏惧心理一扫而光，一个方面当然是已经习惯了那里的生活，另一个更重要的原因乃是他随遇而安的性格在起作用，他已不在意艰难的物质生活条件，而能很平静地接受它们。这是苏轼思想境界提升的一个表现。苏轼写道："他年谁作舆地志，海南万古真吾乡。"⑤（《吾谪海南……》）"我本儋耳人，寄生西蜀州，忽然跨海去，比如事远游。"⑥（《别海南黎民表》）"借我三亩地，结茅为子邻。鴂舌倘可学，化为黎母民。"⑦（《和陶癸卯岁始春怀古田舍二首》）"余生欲老海南村，帝遣巫阳招我魂。"⑧（《澄迈驿站通潮阁二首》）他对海南做了总结："九死南荒吾不恨，兹游奇绝冠平生。"⑨

---

① 苏轼著，孔凡礼点校：《苏轼文集》，中华书局1986年版，第707页。
② 苏轼著，孔凡礼点校：《苏轼文集》，中华书局1986年版，第1695页。
③ 苏轼著，孔凡礼点校：《苏轼文集》，中华书局1986年版，第1628页。
④ 苏轼著，冯应榴辑注，黄任轲、朱怀春校点：《苏轼诗集合注》，上海古籍出版社2001年版，第2214页。
⑤ 苏轼著，冯应榴辑注，黄任轲、朱怀春校点：《苏轼诗集合注》，上海古籍出版社2001年版，第2107页。
⑥ 苏轼著，冯应榴辑注，黄任轲、朱怀春校点：《苏轼诗集合注》，上海古籍出版社2001年版，第2473页。
⑦ 苏轼著，冯应榴辑注，黄任轲、朱怀春校点：《苏轼诗集合注》，上海古籍出版社2001年版，第2165页。
⑧ 苏轼著，冯应榴辑注，黄任轲、朱怀春校点：《苏轼诗集合注》，上海古籍出版社2001年版，第2216页。
⑨ 苏轼著，冯应榴辑注，黄任轲、朱怀春校点：《苏轼诗集合注》，上海古籍出版社2001年版，第2216页。

(《六月二十日夜渡海》)

在绍圣四年（1097年）写成的《纵笔》中，苏轼写道："白头萧散满霜风，小阁藤床寄病容。报道先生春睡美，道人轻打五更钟。"[①] 诗以白描手法三言两语便勾画出一位饱经风霜老病缠身，却安闲自得淡然处之的自我形象。后两句写僧人听说东坡先生春睡正酣，于是轻轻敲钟，以免惊醒他。虽然是日常生活中的一个小小的细节，却透露了人与人之间关系的和谐与快乐。对于被贬谪到如此遥远而又荒凉之地的苏轼来说，能够有如此的好心情实属难得，这是他的思想境界达到一定层次的表现。表明苏轼早已看淡世间的一切，而能够不以之为怀，达到了超然于万物之上的天地境界。但是苏轼又是热爱生活、关心现实生活的。因此，他的这种超然境界与佛教的空的境界、道家的无为境界又有不同。从文学艺术的角度来分析，苏轼此首诗歌是非常平淡的，但是就是在这种平淡中显示了生活的丰富多彩和闲适自得。因此，此首诗歌的意境与哲学思想境界是融为一体、相辅相成的。苏轼后期这类诗歌的写作固然与他的思想趋于超然而平淡的境界有关，同时也是他习陶与和陶努力的结果。[②]

以下我们即通过苏轼的一首和陶诗来分析苏轼的文学艺术与哲学思想的关系。苏轼的《和陶止酒》写道：

> 时来与物逝，路穷非我止。与子各意行，同落百蛮里。萧然两别驾，各携一稚子。子室有孟光，我室惟法喜。相逢山谷间，一月同卧起。茫茫海南北，粗亦足生理。劝我师渊明，力薄且为己。微疴坐杯酌，止酒则瘳矣。望道虽未济，隐约见津涘。从今东坡室，

[①] 苏轼著，冯应榴辑注，黄任轲、朱怀春校点：《苏轼诗集合注》，上海古籍出版社2001年版，第2081页。

[②] "陶渊明与他们不同的地方，便是他与大自然之间没有距离。在中国文化史上，他是第一位心境与物境冥一的人。他成了自然间的一员，不是旁观者，不是欣赏者，更不是占有者。"（罗宗强：《玄学与魏晋士人的心态》，天津教育出版社2005年版，第273页。）苏轼一生仰慕陶渊明，于儋耳给弟弟子由写信说："吾于诗人无所甚好，独好渊明诗……然吾于渊明，岂独好其诗也哉！如其为人，实有感焉。"（苏辙：《子瞻和渊明诗集引》，载陈宏天、高秀芳点校：《苏辙集》，中华书局1982年版，第1110页。）

不立杜康祀。①

这首诗是苏轼在雷州与苏辙相伴一个月之后告别时所作,由于身处同样艰难的境地,所以,这首语淡而情深的《和陶止酒》就有了特别的意义。苏辙在《子瞻和陶渊明诗集引》中指出:"东坡先生谪居儋耳,置家罗浮之下,独与幼子过负担渡海。葺茅竹而居之,日啖薯芋,而华屋玉食之念不存于胸中。平生无所嗜好,以图史为园囿,文章为鼓吹,至是亦皆罢去。独犹喜为诗,精深华妙,不见老人衰惫之气。是时,辙亦迁海康,书来告曰:'古之诗人有拟古之作矣,未有追和古人者也。追和古人则始于东坡。吾于诗人,无所甚好,独好渊明之诗。渊明作诗不多,然其诗质而实绮,癯而实腴。自曹、刘、鲍、谢、李、杜诸人皆莫及也。'"② 苏轼崇尚陶渊明诗歌的"癯而实腴""外枯而中膏"的艺术境界。从前激情澎湃、富于想象、情思跌宕的苏轼在和陶诗中变得虚心静气起来,这是他的诗歌艺术风格的转变,同时也是他思想趋于超然和平的表现。

苏轼平生最看重的是在黄州、惠州与儋州的这些岁月中所取得的成果。他在建靖国元年(1101年)游览镇江金山寺时给自己一生做了总结:"心似已灰之木,身如不系之舟。问汝平生功业,黄州惠州儋州。"③(《自题金山画像》)这些成果不仅指外在的文学书画艺术作品,更有看不见的思想境界的提升。可能在苏轼看来,后者更加重要,因为自我境界的提升是文学作品思想性得以提升的保证,作品的思想性一般总是反映了创作者的思想境界的实际状况。在惠州与儋州期间,苏轼的思想比起在黄州来更加成熟与稳定,以超脱与洒落为主;而在黄州期间,其内心还无法平静地接受现实中的一切,因而其文学作品感情起伏较大,充满了激愤之情。后来苏轼渐趋平静与平淡,仿佛一切皆释然了。这就是

---

① 苏轼著,冯应榴辑注,黄任轲、朱怀春校点:《苏轼诗集合注》,上海古籍出版社2001年版,第2108页。
② 苏辙:《子瞻和陶渊明诗集引》,载陈宏天、高秀芳点校《苏辙集》,中华书局1982年版,第1110页。
③ 苏轼著,冯应榴辑注,黄任轲、朱怀春校点:《苏轼诗集合注》,上海古籍出版社2001年版,第2475页。

哲学思想境界在文学上的反映。反过来，苏轼在文学上的努力，特别是对陶诗的学习，有助于思想境界的提升。哲学上就表现出向往内心的无求无作，这种无求无作也不是什么也不为，而是不为与道不相干的事情，从而做到对道的忠实恪守。苏轼在惠州儋州时期表现出了更加成熟的个性，能看淡世间的一切，对世间万物表现出超然的态度。他这时的思想境界主要表现为天地境界，与黄州时期内心还夹杂着失落与绝望的心情相比，此时期苏轼的思想趋于平静与超然，而能释怀于外物。苏轼能做到超脱于外物不为外物所累，就能够做到从心所欲不逾矩，不逾矩就是对道的遵循。在哲学上苏轼以无心的概念加以表达，而在文学上表现为平淡的思想境界。从修道的进程来看，哲学与文学的活动毋宁也是苏轼修道的一种方式，它们之间互相作用，是一种相辅相成的关系。后期则是自然不以之为怀，是人格境界上的真正超越。根本上是由于作者与天地为一体，而不以私我为念。欣赏中超越了现实，而不是勉强忘记现实。

　　苏轼接受佛道修养方法，主要出于实用的目的和修养的需要，唐宋时期的儒家学者大多有出入佛老问学经历。这是因为佛老思想出世与淡泊名利的倾向较为明显，这一点正好可以对治儒家学者心气浮躁和名利观念较重的弊病。苏轼从为我所用出发而学习佛道思想。在《过大庾岭》一文中，苏轼写道："一念失诟污，身心洞清净。浩然天地间，惟我独也正。今日岭上行，身世永相忘。仙人抚我顶，结发受长生。"①这里暗用了《庄子·德充符》中的句子"受命于地，唯松柏独也正，在冬夏青青；受命于天，唯尧舜独也正，在万物之首"，苏轼将"尧舜独也正"改成了"惟我独也正"，对修道给自己的精神面貌带来的改变是充满无限自信。苏轼在此认为自己也是受命于天的，他引用庄子的语句，暗示自己是向庄子逍遥游的自然精神学习。后面直接引用李白的语句，更表示自己学仙的决心，这是一种自觉的需要。而其他的练气方面的文章，更是身体的需要，也与被贬谪有关。②

---

　　① 苏轼著，冯应榴辑注，黄任轲、朱怀春校点：《苏轼诗集合注》，上海古籍出版社2001年版，第1945—1946页。
　　② 参见钟来茵《苏东坡养生艺术》，江苏文艺出版社1995年版，第149页。

(三) 苏轼积极进取的精神是其思想境界与文学造诣提升的根本原因

苏轼类似于天地境界的无心境界是在自我修炼提升与艰难境遇而能自强不息中锤炼出来的，根本的原因在于其精神和思想在自我的砥砺奋进中不断升华的结果。如果不能在思想上进行自我严格的要求，是不可能自然跃入一个更高的层次。与苏轼形成鲜明对比的多愁善感的秦观在艰难的贬谪生活中不堪重负而忧郁离世，乃是由于他缺乏一种自立自强的精神，不能很好地对自己的愁思加以调适、转化与升华。

虽然苏轼一生的心境极其复杂，有消极隐退，也有积极进取；有愤世嫉俗，更有逍遥山水。但他与世无争的思想背后，时常流露出不甘妥协的积极进取精神和鄙弃富贵、傲然独立的旷达情怀。①

苏轼的人格类型是自强不息型的，儒学的积极入世，佛教的静与达，道家的委运任化，在苏轼的思想中有机地得以融合。儒学的入世情怀是他积极进取精神的思想根源，而佛道的修养又有助于这种精神的发展、壮大与提升。在进取的精神状态中，苏轼遵循的是儒家的仁义礼智信的道德信念，绝非投机钻营，谋取私利。而苏轼后期实现了对现实的超越，更是从根本上遵循了仁义礼智信，因为他再也不会为私利所牵绊。

苏轼始终如一的修身养性的原动力在哪里呢？来源于他对道所树立的志向。即他所说的志于道，则无求无作。苏轼对孔子的"志于道，据于德，依于仁，游于艺"解释道："志者，无求无作，志于心而已。孟子所谓心勿忘。据者，可求可作之谓也。依者，未尝须臾离。而游者，出入可也。君子志于道，则物莫能留；而游于艺，则道德有自生矣。"②心勿忘就是不能忘此道，而当以此道为心的主宰，做到心与道为一。此心对于不相干于道的外物保持勿作勿求，也就是苏轼所说的无心。勿求即是勿助长，助长就是心为外物所左右，偏离了养道的正常轨道，而非心与道为一，此时就不是道心，而是以人欲为主的人心了。所以苏轼的意思是人始终要保持一颗道心，最重要的方法就是保持此心志于道，以

---

① 参见徐刚翔《大学语文与心理素质培养》，《丹东师专学报》1998 年第 2 期。
② 邵博：《邵氏闻见后录》卷十一，见邵伯温、邵博《邵氏闻见录　邵氏闻见后录》，上海古籍出版社 2012 年版，第 176 页。

道为己任，保持道心的主宰性、超越性。苏轼常说无心，就是勿求勿作之意，而时刻保持道心的淡泊与超越。对于不相干于道心的外物来说就是一种拒绝与自觉抵制，因而道心对于不相干的外物来说，就是无心。处于这种状态的人就做到了无心。正是由于苏轼有志于道的精神，才使得他渡过了一个又一个的难关，境界也因此得以逐步提升，其哲学思想也更趋成熟与自成一体，文学艺术也到了一个更加平淡而丰赡的意境。

志于道的苏轼就不会在失意中以声色自遣，自甘沉沦。他在给王定国的书信中，也清醒地认识到人在失意中是很容易以声色自娱，产生及时行乐的想法，他说："又寻常人失意无聊中，多以声色自遣。定国奇特之人，勿袭此态。"① 这种心态是普通人的心态，这种由失意情绪支配的缴械投降而不进取任命运摆布的人生观与披荆斩棘一往无前要克服各种艰难险阻的积极的自强不息的人生观是迥然不同的。苏轼的人生观是后者，它塑造了百折不挠的苏轼形象。苏轼不是一个平庸之辈，他是一代文坛巨匠。因而他克服困难的途径有他独自的特色，一是通过对自然景物的艺术刻画，他发现了人生的乐趣，实现了对现实的审美超越。一是他在儒释道积极有为一面思想的影响下，实现了对现实的思想超越。所以，苏轼从佛道思想中，汲取的是积极向上的因素，而不是消极的因素。

我们从苏轼对坎卦的解释中也可见其积极向上的人格类型，他在解释坎卦中的"'维心，亨'；乃以刚中也"时说："所遇有难易，然而未尝不志于行者，是水之心也。物之窒我者有尽，而是心不已，则终必胜之。故水之所以至柔而能胜物者，维不以力争而以心通也。不以力争，故柔外；以心通，故'刚中'。"② 苏轼对水之心的解释，无疑也是他自身的写照，他是以志于行的水之心来要求自己的，终其一生也是力行不倦。这种人生态度决定了他的文学艺术作品的价值不仅在于它的艺术价值，而且还有给人以哲理启迪和催人奋进的思想价值，这种思想价值主要是从人的内在修养上来讲的。苏轼崇尚佛道，汲取的主要是它们的思想修养方法，而不是出世的世界观。苏轼没有看破红尘，他学习佛道

---

① 苏轼著，孔凡礼点校：《苏轼文集》，中华书局1986年版，第1516页。
② 苏轼著，龙吟点评：《东坡易传》，吉林文史出版社2002年版，第129页。

不是学习它们的出世和避世的思想,这一点他胜过了白居易。苏轼向上昂扬的主旋律始终贯穿了他的哲学与文学,这一点他又超越了秦观。

总之,苏轼由志于道而产生的永不气馁的精神和善用以柔克刚的方法渡过艰难困苦的人生智慧是他的哲学与文学不断进入新境界并相互促进的源头活水。

第七章　相与为体：船山哲学思想简论*

船山哲学是对宋明理学的继承和发展，其重要的特点在于体要在用中才能得以确立，用要以体为主导方可谓之体之用。体用互相依存，它们是相与为体的，都以对方为存在的根据和前提。因而，船山哲学既不满于程朱理学中脱离修身的格物之学倾向，又批判了陆王心学重体轻用的不切实际与空疏无用，其批判与重建的精神十分鲜明。船山哲学中的体即是阴阳之气及其性与理，性表现在心就是仁义之心，而用是主体的知觉之心及其与外物交接时所表现出的情与才。本章正是从仁义之心与知觉之心的关系，性与情才的关系以及知性与格物、存理与遏欲的关系来深入阐述船山哲学体与用互相依存、互为根据的关系，并用这种相与为体的关系来评论当今学人的一些相关看法。

一　船山论知觉之心与仁义之心

船山哲学虽然以气为世界的根源，但是他也不忽视对其他宋明理学所重视概念的运用，也非常重视心、性、理等范畴，只是认为它们都来源于气，以气为根据。船山说："程子统心、性、天于一理，于以破异端妄以在人之几为心性而以'未始有'为天者，则正矣。若其精思而言得知，极深研几而显示之，则横渠之说尤为著名。盖言心言性，言天言理，俱必在气上说，若无气处则俱无也。"[①]

---

* 本章已载《兰州学刊》2017年第2期。
① 王夫之：《读四书大全说》，中华书局1975年版，第718页。

在心性论中，船山认为，性为无为，心为有为，无为要通过有为而发出，即性要通过心来体现自身。船山说："性，无为也；心，有为也。无为固善之性，于有为之心上发出，此是满腔仁义礼智之性，在者里见其锥末。亦为受襄故。故西山以尾言端，则已非萌芽之谓矣。萌芽即笋义。"① 善之性是无为的，它要通过有为之心发出，表明有为之心中包含了性善的一面，这就是心之仁义之心。

心不仅有仁义之心的向度，还有知觉之心的向度。船山言道："乃下直言心，而言心即以言仁，其非仅以知觉运动之灵明为心者亦审矣。"② 意为不能仅仅以知觉运动之心为心，心还包括了仁义之心的一面。

又道："唯知此，则知所放所求之心，仁也；而求放心者，则以此灵明之心而求之也。仁为人心，故即与灵明之心为体；而既放之后，则仁去而灵明之心故存，则以此灵明之心而求吾所性之仁心。以本体言，虽不可竟析之为二心，以效用言，则亦不可概之为一心也。"③ 此处，船山明言所放所求之心为仁心，而求放心者为知觉灵明之心。因而心从效用上讲，是有两个面向的，不能只是从本体上讲一心而排斥效用上的二心。船山这种思想合于张载对心"合性与知觉有心之名"④ 的定义，是对张载思想的重要继承，这也就不难解释为什么船山在其思想中对张载的肯定最多，而对其后的大儒都有或多或少的批评。这也是船山区别于张载之后的儒家的主要地方，不仅如此，船山还比张载更进一步对二心的不同作用做了界定，而这种界定也是船山对心的认识区别于宋明儒学的主要地方，由此而开创了船山哲学的独特性一面。

船山认为人所具有的仁义之心将自身与动物区别开来，但是它们的知觉之心却是相同的。其言道："西山于此，似认取个昭昭灵灵、自然觉了能知底做心，而以唤醒著、不沉不掉为存。此正朱子所谓禽兽之心者。看孔子作《春秋》，天道备，人道浃，定王道之权衡而乱臣贼子目懼，全是雷雨满盈、经纶草昧事，何曾与禽心、兽心有毫发相似，如所

---

① 王夫之：《读四书大全说》，中华书局1975年版，第573页。
② 王夫之：《读四书大全说》，中华书局1975年版，第690页。
③ 王夫之：《读四书大全说》，中华书局1975年版，第691页。
④ 张载：《张载集》，中华书局1978年版，第17页。

谓昭昭灵灵、唤醒主人者哉！"①

又说："除却仁，则非心。非无心也，知觉运动，将与物同，非人之心也。"② "圣贤言心，皆以其具众理而应万事者言之，岂疑于此肉团之心哉！孟子言此具众理而应万事者，则仁以为之德，而非能知能觉之识即可具众理，能运能动之才即可应万事。不然，则物之有其知觉运动者，何以于理昧而于事舛也？"③ 由这三则引文可见，船山将具众理之心归于仁之德，即仁义之心，而将知觉运动之心等同于动物之知觉之心。

动物有知觉之心，而动物不能思，表明知觉之心是不能思的。人的知觉之心与动物相同，因而，人的知觉之心也是不能思的。而人又能思，表明思是仁义之心的功能，而非知觉之心的功能。船山说："天与人以仁义之心，只在心里面。唯其有仁义之心，是以心有其思之能，不然，则但解知觉运动而已。（小注：犬牛有此四心，但不能思）此仁义为本而生乎思也。"④ 人之思是由于有仁义之心，知觉之心不能思，但是知觉之心中始终隐藏着仁义之心（详下），因此当提到知觉之心的时候，实际上通常也是包含着仁义之心，这时知觉之心的所思所想也是仁义之心发出的。船山只是在阐述知觉之心本质的时候，才说知觉之心不可思。因而，当船山在阐述以知觉之心去求放心时，这时所说的知觉之心其中必然包含着仁义之心，因为它知道去寻找丢失的仁义之心，而这种所思所想正是仁义之心的功能。

由此也可以看出船山二心不同于其他儒家的特点。首先心有两个效用，这在前面已述。其次，知觉运动之心同于动物的知觉运动之心，但人的知觉运动之心中始终寓于仁义之心，这也是知觉运动之心之所以能思的原因。即知觉运动之心本身不会思，之所以看起来会思，是因为知觉运动之心中始终所寓的仁义之心的功能所起的作用。在这种对二心关系的认识中，认为知觉运动之心中始终寓于仁义之心是船山哲学至少在对心的认识上区别于宋明儒学最重要的地方，由此也显露了船山哲学的

---

① 王夫之：《读四书大全说》，中华书局1975年版，第631页。
② 王夫之：《读四书大全说》，中华书局1975年版，第689页。
③ 王夫之：《读四书大全说》，中华书局1975年版，第689—690页。
④ 王夫之：《读四书大全说》，中华书局1975年版，第700页。

一个重要特点。① 就是说无论什么人，只要是有主体行为能力的人其心中始终显露着仁义之心的一面。而宋明儒家以至于现代新儒家一般认为没有二心，要么是本心，要么是心气之心，二心不能并存。不能并存之二心，实际上对于同一个人来说就是一心。当只有仁义之心时，就不会有追求外在的耳目之欲的心气之心。当只有心气之心时，仁义之心就会被遮蔽覆盖。所以对于一个良心丧失殆尽的人来说，船山与宋明儒家的认识是有根本差异的。船山认为这个人虽然仁义之心近于丧失，但是由于其夜气源源不断地提供了仁义之心，因而天明之际，其知觉运动之心中又补充了接近丧失的仁义。而宋明儒家认为此人的仁义之心完全隐而不显，其仁义之心完全丧失。只有在特殊的时候如见到孺子入井这样的偶发事件才可能突然显现，如果不及时抓住此善端，又很快会消失。

在船山看来，只有承认心的两种功能，承认仁义之心始终存在，才能增强人的自信心，并以此自信去追求丢失了的仁心。也只有如此，才能将人何以能够求放心解释得通。正是因为人始终存在仁义之心，因而在此仅存的仁义之心的引导下，人才能以知觉之心进一步去扩充仁义之心。扩充此仁义之心就是求其大者。

知觉之心的本性是追逐外物，如果一个人在其所思所行中没有确立起仁义之心的主导地位，则知觉之心一味追逐外物，仁义之心就会丧失殆尽。但是无论其仁义之心怎么丧失殆尽，为何其仁义之心却能始终游丝尚存呢？船山认为这是气日生、性日生的原因。他说道："天之与人者，气无闲断，则理亦无闲断，故命不息而性日生。学者正好于此放失良心不求亦复处，看出天命於穆不已之几……以日见天心、日凝天命者，亦于此可察矣。若云唯有生之初天一命人以为性，有生以后唯食天之气

---

① 陈来先生似乎未能注意到知觉之心中始终隐含着仁义之心，说道："心可以说是仁心与灵明知觉的合体，放心是放失了仁心，而灵明知觉的能力仍在，……"（陈来：《诠释与重建——王船山的哲学精神》，生活·读书·新知三联书店 2010 年版，第 312 页。）这种"能力仍在"乃由于其中隐含着些微的仁义之心的原因，此点似未加阐明。与朱熹相比，其道心与人心的分别看起来与船山对心的划分有相似之处，但是从朱子认为道心是未发、人心是已发看，也与船山不同（参见蒙培元《理学范畴系统》，人民出版社 1989 年版，第 283—284 页。）盖船山之道心既可以是未发，也可以为已发，其未发只是性。这是因为船山注意到将道心看作未发容易"把工夫引向空洞的内心收敛"。参见陈来《诠释与重建——王船山的哲学精神》，生活·读书·新知三联书店 2010 年版，第 311 页。

而无复命焉……乃胡为牿亡之人非有困心衡虑反求故物之功，而但一夜之顷，物欲不接，即此天气之为生理者，能以存夫仁义之心哉？"①

人不能牿亡其方受之理气，因而气日生、性日成。这就是人的仁义之心永远不会丧失全无的原因。虽然人可能由于知觉运动之心追逐外物，导致仁义之心几近丧失，但是日生之气又对其进行了补充。而这种补充主要是通过夜气进行的。

船山说："君子之夜气，与牿亡者之夜气，所差不远，故牿亡者得以近其好恶。君子之昼气，丽乎动静云为而顺受其清刚正大者，则非牿亡者之所可与，而气象固已远矣。奈之何舍平人荣卫之和，而与危病者争仅存之谷气哉！人有息，则夜之所顺受于天者微，而气行阴中，则抑以魄受而不以魂承。是故苟非牿亡其心者，不须论夜气也。"② 船山认为君子与小人之夜气相差不远，因为人的行为与思想在入睡之际处于不活动的状态，因而不能对夜气产生影响。所以，君子在昼气上用功，而不重视夜气，因为夜气人人都是一样的，重视与否对于夜气都不会有所改变。夜气中在天为阴阳在人为仁义的成分又寓于知觉运动之心中而使仁义不至于消亡。这也是为何永远不同于动物的原因。船山说："唯不能思而放，故心官失职，而天明之仅存，寓于知觉运动者犹未亡也，是以可得而用之。"③ 故人虽然可能堕落如禽兽，但是其心也不可能变成动物一样的知觉运动之心，而始终会残存一点仁义之心。

船山这种气日生、性日生的观点当然是基于气本论的思想而提出的，正是因为气是不断生成的，因而由此而产生的一些概念如性、理等也是不断生成的。但是阴阳之气之善却是始终如一、永恒不变的。这也是一种实体，只是它的独特之处在于实体可以分化，这样既保证了天道所具有的稳定性、不变性的特点，其日生的特性又使之具有开放性、变化性的特点。当然这种开放性与变化性是就本体对人而言的。人对于气本体是不断获得和更新的，是日新月异变化着的。

正是知觉之心中始终隐含着仁义之心，才使得人即便在失去了仁义

---

① 王夫之：《读四书大全说》，中华书局1975年版，第684页。
② 王夫之：《读四书大全说》，中华书局1975年版，第683页。
③ 王夫之：《读四书大全说》，中华书局1975年版，第683页。

之心为主导的情况下，也能够以此内含着仁义之心的知觉之心去找回仁义之心。船山说："唯知此，则知所放所求之心，仁也；而求放心者，则以此灵明之心而求之也。仁为人心，故即与灵明之心为体；而既放之后，则仁去而灵明之心故存，则以此灵明之心而求吾所性之仁心。"① 知觉之心之所以能求仁义之心，扩充此仁义之心，就在于知觉之心中始终隐含着仁义之心。因而主体知道怎样扩充此仁义之心，此时的关键就决定于人愿不愿意和有多大的意志及决心去扩充此仁义之心了。仁义之心扩充到一定的程度，此仁义之心在整个心中的主导地位就得以确立。此时也可以说是确立了大体，小体就不能夺其地位。

船山说："若教人养其大者，便不养其小者，正是佛氏真赃实据……唯小体不能为大体之害，故养大者不必弃小者。若小体便害大体，则是才有人身，便不能为圣贤矣……特此'从'之'以'之之心，专是人心，专是知觉运动之心，固为性所居，而离性亦有其体，性在则谓之'道心'，性离则谓之'人心'。性在而非遗其知觉运动之灵，故养大则必不失小；性离则唯知觉运动之持权，故养小而失大。知觉运动之心，与耳目相关生，而乐寄之耳目以所得藉。则主此心而为道心者，则即耳目而不丧其体，离耳目而亦固又其体也。"② "主此心而为道心者"，即以性主导此心，而性在心为仁义之心，因而是以仁义之心主导知觉之心，此心从整体倾向上看即为道心。则主体虽然不弃小体，但必然不为大体之害，因为大体主导了小体。

从气的角度来说，人不能确立其大体，在于气有失其和者，这就导致了气之不正、行为之不善。船山说："若已生以后，日受天气以生，而气必有理。即其气理之失和以至于戾……"③ 这时气之表现就不符合理，其性也就隐而不显。要使得性显，就必须养气，④ 将天之阴阳健顺之气保护好，使之不至于流失。所以，关键是养气，养性，以柔弱克刚

---

① 王夫之：《读四书大全说》，中华书局 1975 年版，第 691 页。
② 王夫之：《读四书大全说》，中华书局 1975 年版，第 694—695 页。
③ 王夫之：《读四书大全说》，中华书局 1975 年版，第 467 页。
④ 船山说："气本参和，……养之，则性现而才为用；不养，则性隐而惟以才为性，性终不能复也。养之之道，沈潜柔友刚克，高明强弗友柔克，教者，所以裁成而矫其偏。"王夫之：《张子正蒙注》，中华书局 1975 年版，第 110 页。

强。这种工夫如果用孟子的话讲，就是求放心，求失去的仁心，将健顺五常之性从气理失和的状态中解脱出来。

如果像有些儒者受佛教的误导而将收摄精神当成求放心，以为可以确立大体，则仍是在知觉之心上打转，而不能求到仁义之心。船山说："双峰为之辨曰：'若把求放心做收摄精神，不令昏放，则只从知觉上去，与"仁，人心也"不相接。'伟哉其言之也！彼以知觉为心而以收摄不昏为求放心者，不特于文理有碍，而早已侵入异端之域矣！"① 船山认为要用此知觉之心去求仁义之心，这才真正是求放心。而要实现这个目的，须在具体的事情上依照仁义行，方可逐渐扩充此仁义之心。因而像许多宋明儒家在静中体证绝对不能求得此仁义之心。船山说："且言'仁义之心'，则以'存之'为工夫，孔子曰'操则存'，孟子曰'存其心'者是也。若人之异于禽兽，则自性而形，自道而器，极乎广大，尽乎精微，莫非异者，则不可以'仁义'二字括之。故曰'非行仁义'，明夫非守'仁义'二字作把柄，遂可纵横如意也。特其人纪之修，人极之建，则亦往往依仁义以为用，故曰'繇仁义行'。此自舜至孔子，无不以之尽君子之道者。"② 又说："《中庸》说'诚之者，人之道也'，方是彻底显出诚仁、诚知、诚勇，以行乎亲、义、敬、别、信之中，而彻乎食色之内，经纬皆备，中正不贰，方是人之所以异于禽兽。而明伦察物，恶旨酒，好善言，以至于作春秋，明王道，皆从此做去。岂孤保其一念之善，而求助于推广之才哉！"③

而新儒家的代表牟宗三对知觉之心与仁义之心关系的认识却与船山的认识完全不同。牟宗三认为心气之心（船山所认为的知觉之心）有思维能力，可以遵循所谓的理而行动，此时本心（船山所认为的仁义之心）被遮蔽而没有活动起来。二心分离。只有本心拨云见日，从心气之心的遮蔽状态中解脱出来才可谓确立了大体。因而，在新儒家本心与心气之心是对立的关系。④ 而船山的心气之心无思维能力，必有本心与之结合，在本心的支配下，心气之心为本心所用，则不失轨范。其大体的

---

① 王夫之：《读四书大全说》，中华书局1975年版，第690页。
② 王夫之：《读四书大全说》，中华书局1975年版，第635页。
③ 王夫之：《读四书大全说》，中华书局1975年版，第634—635页。
④ 胡金旺：《论牟宗三"即存有即活动"之要义》，《青海社会科学》2014年第3期。

确立不是本心对心气之心的排斥，反而是本心主导心气之心的结果，它们是并存的关系。

牟宗三在心性论上视陆王心学为同道，而船山对之主要持批判的态度，这就不难解释为什么牟宗三与船山的心性论有如此大的分歧，也就不难理解以牟宗三为代表的新儒家为什么不重视船山了。①

与新儒家相比，船山哲学的关键点和中心也是如何立其大者，是接着儒家的核心问题来讲的，但是在如何立其大者的问题上展现了其独特性。他既批判了陆王的空疏不学的倾向，又与朱熹哲学没有将心明确划分为两个面向不同，而是基于心的两个不同的效用提出了知觉之心对确立大体的重要作用与意义。因为人与外物的联系首先和最明显表现出来的是知觉之心，因而对知觉之心的重要作用是不能熟视无睹的。但是知觉之心只有在仁义之心的支配下才能够为善，这就是必须先立其大者的根本原因。

二 在情才上立其大者

气的攻异取同的特性，亦是知觉之心的同异攻取。同异为情，攻取为才，因而情才是知觉之心与外物交往的具体表现形式。船山说："告子既全不知性，亦不知气之实体，而但据气之动者以为性。动之有同异者，则情是已；动之于攻取者，则才是已。若夫无有同异、未尝攻取之时，而有气之体焉，有气之理焉，即性。则告子未尝知也。"② 又说："又曰'生之谓性'，知觉者同异之情、运动者攻取之才而已矣。又曰'食色性也'，甘食悦色亦情而已矣。"③ 可见，气之同异攻取即是知觉运动之心的同异攻取，同异者为情，攻取者为才。

船山认为从道德的善恶上讲，情才可以为善也可以为恶。其言道："固必因乎阴之变、阳之合矣。有变有合，而不能皆善。其善者则人也；其不善者则犬牛也，……天不能无生，生则必因于变合，变合而不善者

---

① 吴根友：《唐君毅、牟宗三、刘述先的明清思想研究》，《学海》2010年第2期。
② 王夫之：《读四书大全说》，中华书局1975年版，第661页。
③ 王夫之：《读四书大全说》，中华书局1975年版，第661页。

或成。其在人也，性不能无动，动则必效于情才，情才而无必善之势矣。"① 气之变合中，其善者为人，不善者为动、植物。而在人处，性不能无动，动表现在情、才，情才又有不善之势，即有善有不善。

船山还将情比喻为动的湍水，才比喻为由杞柳做成的杯棬，可善可不善。船山道："孟子曰：'乃若其情，则可以为善矣。'可以为善，则可以为不善矣，'犹湍水'者此也；'若夫为不善，非才之罪也'。为不善非才之罪，则为善非才之功矣，'犹杞柳'者此也。自注：杞柳之为杯棬，人为之，非才之功。即以为不善之器，亦人为之，非才之罪。"②

船山还将情才之善否与气、质联系起来，他说："气充满于有生之后，则健顺充满于形色之中；而变合无恒，以流乎情而效乎才者亦无恒也，故情之可以为不善，才之有善有不善，无伤于人道之善。"③ 此处论述了情才之不善的根源在于气之变合无恒，导致了不善的发生。而气之所以导致不善的发生，最终要归咎于质。"气馁者，质之量不足；气浊者，质之牖不清也；故气以失其条理而或乱，抑亦不相继续而或挠也。"④

既然情才之不善是由于气在变合无恒过程中失其条理所导致的，而气之失其条理是由质引起的；质又是对某个人的规定性，因而船山将情才之不善归咎于质也就等同于归咎于此个人。船山说："小人喜用其逸（耳目之不思而得），而又乐其所得之有量，易于得止而属厌；大人重用其劳（心之愈思而愈得），而抑乐其所得之无穷，可以极深研几而建天地、质鬼神、考前王、俟后圣；故各以其所乐者为从，而善不善分矣。乃耳目之小，亦其定分，而谁令小人从之？故曰小不害大，罪在从之者也。"⑤ 以耳目之得为所乐者则是以小害大，以心之得为所乐者则不能以小害大，所以，情、才之善否从根本上是由以何为所乐者的人自身所决定的。这与上面所讲的气之失和根本上是由于质之量不足及质之牖不清所决定的思想是一致的。

---

① 王夫之：《读四书大全说》，中华书局1975年版，第660—661页。
② 王夫之：《读四书大全说》，中华书局1975年版，第661页。
③ 王夫之：《读四书大全说》，中华书局1975年版，第662页。
④ 王夫之：《读四书大全说》，中华书局1975年版，第468页。
⑤ 王夫之：《读四书大全说》，中华书局1975年版，第697页。

但从表面上看，船山在一处地方出人意料地将不善归咎于情，他说："然则才不任罪，性尤不任罪，物欲亦不任罪。其能使为不善者，罪不在情而何在哉！"① 实际上，这反映了船山的行文特点。他有时没有明言在某个意义上所做出的论断，这时只有从整体上才能理解他某句话的确切意思。因此读船山的著作要有整体和全局的观念。此处，船山字面上将罪归咎于情，但却不是将罪的根源归咎于情。这个意思，他在另一处做了一个以免引起读者误解的补充。船山说："孟子言'情则可以为善，乃所谓善也'，专就尽性者言之。愚所云为不善者情之罪，专就不善者言之也。孟子道其常，愚尽其变也。"② 他说的不善之罪在情与孟子及他自己在其他地方的论述看似矛盾，但只是从不同角度来说的。情之为恶，在于人不能修为而决导之，其根本在于不能尽性，根本是人出了问题，而不是情才本身的问题。这种看似突兀、前后矛盾的论述，也是船山为学的一个特点，思路灵活多变，大开大合，具有跳跃性。但又都是围绕着情才之不善的根源在于人自身这个中心论题来展开的。

那么如何使得情才为善呢？首先要使得才尽之于性，性对才起主宰作用。尽心尽性，则才善情正。如果不能尽其才，才听命于情，则情荡而屈其才。船山说："才之所可尽者，尽之于性也。能尽其才者，情之正也；不能尽其才者，受命于情而之于荡也。惟情可以尽才，故耳之所听，目之所视，口之所言，体之所动，情苟正而皆可使复于礼。亦惟情能屈其才而不使尽，则耳目之官本无不聪、不明、耽淫声、嗜美色之咎，而情移于彼，则才以舍所应效而奔命焉。"③

才尽之于性，则是尽心尽性，自然情正；从情来说，如其为性所节，则就能尽才以成其大用。因而可以说，情、才只要有一方为性所用，则另一方也必为性所用，此二种情况下情才双方皆善。如果性不能节制情，则才听命于情而与情之为性所节南辕北辙。船山说："盖恻隐、羞恶、恭敬、是非之心，其体微而其力亦微，故必乘之于喜怒哀乐以导其所发，然后能鼓舞其才以成大用。喜怒哀乐之情虽无自质，而其几甚速亦甚盛。

---

① 王夫之：《读四书大全说》，中华书局1975年版，第675页。
② 王夫之：《读四书大全说》，中华书局1975年版，第678页。
③ 王夫之：《读四书大全说》，中华书局1975年版，第675页。

故非性授以节，则才本形而下之器，蠢不敌灵，静不胜动，且听命于情以为作为辍，为攻为取，而大爽乎其受型于性之良能。"① 虽然，情、才只要一方受制于性，则情与才皆善，但情、才相比较而言，情是一种非常活跃且变化很快的力量，如果受制于性，则情正，才自然也就能尽其性。相反，性不能节情，则必然不能尽才，而是屈才以为情用。所以，情才之善的关键点是情受制于性。

对性节情，船山又言道："情以性为干，则亦无不善；离性而自为情，则可以为不善矣。"② 情以性为干，也是情为性所节的意思，如此则情无不善；如果离性而使情泛滥，则导致情不善。

基于对船山这种性情论的认识，我们就可以对今人的船山性情论做出一点回应。郭齐勇教授认为王船山对情防范甚严，这种看法给人以情为恶之根源的印象。③ 实则船山认为虽然情可能为恶，但是没有情，人也不能为善，因为善只有在情上才能得以确立。非常明显，船山并没有将恶的根源归咎于情。王船山与朱子以至于宋明理学家对情的看法之不同根源于情在他们的哲学体系中与性的关系不同。船山的哲学体系中情是知觉之心与外物的交往，而性的体现形式就是仁义之心。真正显示船山性情论的独特和核心之处在于他认为性情永远是性是性、情是情，它们是两回事，这是与他从功效上将心分作仁义之心与知觉之心相一致的。它们二者永远不能相同。这种独特性如果将它与宋明理学家比较就立即显现出来。宋明理学家通常认为情是性的表现。性通过情而表现自身。而船山认为情不是性的表现，他所说的情不由性生就是这个意思。为什么船山执意做这种二元论的区分，而不赞同宋明理学家的情为性之体现的说法呢？这是因为在船山看来如果将性看作情的表现，则会自以为是地认为我之所发之情都是善的，因为它是性的表现。而如果将性情分开，情之善只是在以性为主导的情况下为善，否则可能为恶，则我们要随时

---

① 王夫之：《读四书大全说》，中华书局 1975 年版，第 676 页。
② 王夫之：《读四书大全说》，中华书局 1975 年版，第 573 页。
③ 郭教授在该文中也的确明说道："但如上所述，船山在'性情论'上，有时显得比朱子更保守，例如在四端之心的非情说上，恪守'性'的纯洁性，不容掺假，认定情是不善的根源，批评朱子'以性为情''以情知性'。"参见郭齐勇《朱熹与王夫之的性情论之比较》，《文史哲》2001 年第 3 期。

以性主导情，要防止情可能为不善的情形。船山这种性情关系，根源于它的性情二元论的关系，它们对应于仁义之心与知觉之心的关系，永远是有分别的。而只有在性主导情的条件下情方可不至于为不善。船山这种性情论我们当然可以说他要随时防止情为恶，但是理学家的性情论我们何尝不也如此认识，即情如果不是性的表现，就可能为恶。所以要悟道知性，而一旦豁然贯通，情就是性的表现，就必然为善。所以，宋明理学家尤其是心学家要体证到本体之性，然后就能使得情必善。而船山是性情分开，只有一直确立其性的主导地位，才能使得情为善。它们的这种分离关系，表明性要始终努力确立自己的主导地位，但是也可能随时丧失这种地位。而心学家认为一旦确立，性表现为情就不易改变。所以，船山与宋明理学家的差别在于对性情关系以及性的确立和流行的保持的认识不同。而实际上他们都认为情都是可能为恶的，所以都以为要严加防范。

船山的四端为性论也要在其性情二元论的间架中加以认识。四端是性之见端，当然在现实中表现出来的只能是情，但是从四端为善来看，它们都根源于仁义礼智之性，因而从其实质来看为性，只是从其显现来说为情。在船山看来，这种显现也不是性的显现，而只能说是情的一种表现。此时由于仁义礼智之性的主导，使得此情为善。从情的实质可为善、也可为不善来说，本质上善的四端也不可能为情，否则就存在明显的矛盾。郭齐勇教授还进一步从船山的四端为性论得出船山执定道德理性的未发与已发都为性，他说道："看来船山与他们都有不同，他否定四端为'情'，把道德理性的未发、已发都执定为'性'。[①]"船山不认为已发为性，这从他说的性为无为可见出，其已发应为仁义之心。船山说："无为固善之性，于有为之心上发出。"[②]所以，性的表现不是情，而是仁义之心。这样，将道德理性的已发也看作性显然是不符合船山的原意，已发只能是仁义之心，虽然它们的实质相同，但是一为未发，[③]一为已发。仁义之心与情虽都为已发，但也不同。情是知觉之心的表现，

---

① 郭齐勇：《朱熹与王夫之的性情论之比较》，《文史哲》2001年第3期。
② 王夫之：《读四书大全说》，中华书局1975年版，第573页。
③ 陈来教授亦以船山之性为未发，参见陈来《诠释与重建——王船山哲学的精神》，生活·读书·新知三联书店2010年版，第108页。

显然与外物交往的是情，而不是仁义之心；虽然仁义之心为已发，但是它还只是一己之活动，没有实际和直接地关涉外物。当四端真的如其所是地发挥作用时，就主导了情，此时情为善。但是四端是仁义之心，其本质是性。与此相关的情善，只是由于性起到了主导的作用。当然郭教授将船山之性看作已发与船山四端为性论的表述也有关系，盖船山的四端为性论是从根源上说的，而不是从四端的表现来讲的。如果从其表现来说，船山也无法否定四端为情论。这与船山有时将不善之罪归咎于情、有时又将此罪归于人也是从不同角度而言一样，是相同的行文习惯使然的表现。

我们再回过头来看情、才与性的关系。船山还从才之美者未必可以成圣、才之偏者不迷其性而终究能成圣来表明情为性所节对成圣的关键作用。他说："才之美者未必可以成圣，才之偏者不迷其性，虽不速合于圣，而固舜之徒矣。"① 又说："成，犹定也，谓一以性为体而达其用也。善端见而继之不息，则终始一于善而性定矣。盖才虽或偏，而性之善者不能尽掩，有时而自见；惟不能分别善者以归性，偏者以归才，则善恶混之说所以疑性之杂而迷其真。继善者，因性之不容掩者察识而扩充之，才从性而纯善之体现矣，何善恶混之有乎！"② 只要是以性为体，则才从性，即便才有偏，其结果仍然是"善端见而继之不息"。就是说才对行为之善不负有主要责任，关键是性能否起到主导作用。这增强了那些自以为才不如人的人的自信心。

才之偏不妨碍人最终成圣，同样才之不全者只要尽性也可以成其人格之美。船山说："用之大者因其才，性其本也，性全而才或不足，故圣人不易及。然心日尽则才亦日生；故求仁者但求之心，不以才之不足为患。"③ 只要日尽其心，则才也是日生的。所以，君子但求其心，而不以才之不足为患。通俗地讲，才主要是后天培养的。因此，成人之道最为关键的不是一个人的才之不足，而是这个人是否尽其心。所以，要尽心尽性，那么人就能博施济众，施之无穷，能弘圣人之道。

---

① 王夫之：《张子正蒙注》，中华书局1975年版，第109—110页。
② 王夫之：《张子正蒙注》，中华书局1975年版，第110—111页。
③ 王夫之：《张子正蒙注》，中华书局1975年版，第174页。

从以上的分析可见,情才之不善,是因为才之不尽于性或者情之不受制于性,换句话说,就是在情才上没有确立起性的主导作用,即没有立其大者。所以,在船山哲学中立其大者也成为其修养工夫论的核心内容。陆王心学也重视立其大者,但是其在静中体证大体确立大体、主观自以为确立的大体与船山在情才上,在与外物打交道中确立大体存在工夫上的显著不同,因而遭到了船山的批判。

船山说:"孟子就'四端'言之,亦就人之显以征天之微耳。孔子'一阴一阳之谓道'一章,则就天之显以征人之微也。要其显者,在天则因于变合,在人则因于情才,而欲知其诚然之实,则非存养省察功深候到者不知。"①

天道表现明显的是一阴一阳的变合,而人道表现明显的是情才。所以只有在情才上做到善才能将人身上的天道之微彰显出来,才能立其大者。这一点从情才是知觉之心的同异攻取也可以看出来,人与外物的交流首先是因为有知觉运动才能与外界交接,因而知觉之心是仁义之心得以树立的凭借。也就是说仁义之心只有在知觉之心与外物的交流上才能确立起来,而知觉之心与外物的交往就是情才,仁义之心就是其大者。因此,立其大者只有在情才上才能立起来。因而在情才上做到善是仁义之心得以确立的标志。②

船山还从周易位与时的角度分析了不善产生的原因。船山认为不是气之偏造成了不善的结果,而在于"气禀与物相授受之交也","气禀能往,往非不善也;物能来,来非不善也。而一往一来之间,有其地焉。化之相与往来者,不能恒当时与地,于是而有不当之物。物不当,而往来者发不及收,则不善生矣"。③ 化之相与往来者,不能恒当其时与地的原因何在,船山在下一段作了交代。船山说:"故六画皆阳,不害为乾;

---

① 王夫之:《读四书大全说》,中华书局1975年版,第665页。
② 我国台湾学者林安悟认为现代儒学的发展方向是由熊十力回到王船山,其理由正是船山哲学所具有的从器物上(也就是具体的事情上)开显性与天道的哲学思想。他说道:"重返王夫之,他所采取的学问路向,比较不是'乾元独显',而是谈'乾坤并建',不诉诸那'本心',而是即其'器'而言其'道',是就当下任何一个存在的事物,就那个辩证之过程而去彰显'道'。"参见林安悟《儒学革命:从"新儒学"到"后新儒学"》,商务印书馆2011年版,第217页。
③ 王夫之:《读四书大全说》,中华书局1975年版,第571页。

六画皆阴，不害为坤。乃至孤阳、畸阴，陵躐杂乱而皆不害也。其凶咎悔吝者，位也。乘乎不得已之动，而所值之位不能合符而相与于正，于是来者成蔽，往者成逆，而不善之习成矣。业已成乎习，则熏染以成固有，虽莫之感而私意私欲且发矣。"① 即是说化之相与往来引起不善的情形并非由于气的原因，而是由位引起的，而位引起不善又是由于"乘乎不得已之动，而所值之位不能合符而相与于正"。乘乎不得已之动就是气之同异攻取，即情与才，如果此取同攻异不恰当，则所遇之位就不能与确定的阴阳之位合符而相与于正，即人道未能与天道相符，就导致不善。所以人道之变合之几，即表现为是否得位的关键。而"圣人为能知几。知几则审位，审位则内有以尽吾形、吾色之才，而外有以正物形、物色之命，因天地自然之化，无不可以得吾心顺受之正"，② 所以要加倍重视人道之几，知几就能审位，就能尽才，就能得位而皆善。

紧接以上的引文，船山再从气之先天之动与后天之动来再次阐发这种思想，③ 先天之动造成了人与物的差别，而后天之动造成了人之得位与否的差别，如果人不能够得位就造成不善，反之，则善。人之所以不得位在于气之同异攻取之动，就是情才上要注意省察，不能违背仁义之性。而是否违背了仁义之性的判定准则在于仁义之心是否主导了情才，就是情才如果不是追逐外物，为外物所用，则情才就为善，否则就为不善。如果用易学位的语言表述就是若仁义之心主导了情才，则气之变合就得位，结果为善。反之，则相反。因而船山用得位的思想来考察不善的原因与结果的时候与其用知觉之心与仁义之心以及性与情才的关系来分析不善的原因是一致的。

可见，不善之罪主要在于在与外物打交道中出现了差错。善与不善在于是否得位，而得位的关键又是由人的表现所决定的。

所以，陈来教授责备船山忽略了人的作用，其所认为的船山将不善不由人负责的看法似乎有失公允。陈先生说："难道'大化'对不善负

---

① 王夫之：《读四书大全说》，中华书局1975年版，第571页。
② 王夫之：《读四书大全说》，中华书局1975年版，第572页。
③ 王夫之：《读四书大全说》，中华书局1975年版，第571页。

责而人无须对不善负责吗？船山常常不忘记从自然的必然性来看待人类社会的这一类问题，但也绝不能因此忽视了人的意义。"[1] 实际上，船山在此正是要强调人的作用，船山认为只要人之取舍应乎位，在伦理上即为善。

上文论述了性与情才的关系，其性只是针对天地之性而言，而船山在回应理学家的人性论时也阐述了气质之性与才的关系，在此问题上的看法也独具一格。船山说："……而此言气质之性，盖孟子所谓口耳目鼻之于声色臭味者尔。盖性者，生之理也。均是人也，则此与生俱有之理，未尝或异；故仁义礼知之理，下愚所不能灭，而声色臭味之欲，上智所不能废，俱可谓之为性……理与欲皆自然而非由人为。故告子谓食色为性，亦不可谓为非性，而特不知有天命之良能尔。若夫才之不齐，则均是人而差等万殊，非合两而为天下所大总之性，性则统乎人而无异之谓。"[2] 气质之性为声色臭味之欲，因而人人生而具有。气质之性人人都是相同的。但是船山认为人的才是不同的。从才的实质都是气之攻取来说，我们也可以说人人都相同；而从各人之才有大小差异来看，才又是不同的。气质之性也是如此，从人都具有饮食声色之欲来说，气质之性是相同的；而从人之欲望的强烈差异来说，也可以说气质之性人人都不相同。既然如此，则船山认为人之才不同，而气质之性相同的理据又何在呢？

这个疑问只有从整体上来理解船山性与才的关系才能得以解决。因为船山始终认为人性无论是天地之性还是气质之性都是自然而非人为，都是善的，性是表明人本质的范畴。[3] 船山这种对性的规定无非透露了这样的思想，即任何人的本性都是一样的，都不要妄自菲薄，自不若人。后者不是一种对人本质正确的认识，而是缺乏进取精神、不负责任的一种不愿实现自身价值的庸人哲学的体现。人之不同完全是才之不同，因

---

[1] 陈来：《诠释与重建——王船山的哲学精神》，生活·读书·新知三联书店2010年版，第274页。
[2] 王夫之：《张子正蒙注》，中华书局1975年版，第108页。
[3] 船山说："如是而后知天命之性无不善，吾形色之性无不善，即吾取夫物而相习以成后天之性者亦无不善矣，故曰'性善'也。"参见王夫之《读四书大全说》，中华书局1975年版，第572页。

此变化自己主要是从才上用功,这种看法从根源上增强了人的自信与自立。从前文的论述可见,船山更是进一步认为气之偏导致的才之偏,也不能从原则上影响到人性本质的实现。只要是以性主导才,而不是以情主导才,则都是善的,就能实现自身的价值。一句话,才之不同是后天所造成的,而这种不同也不影响一个人本质上善的实现。这即是船山将气质之性规定为人人皆同而才不同的根本原因。

船山之性在心表现为仁义之心,性无不善。① 船山前期只提天命之性,其所提气质中的性也是天命之性。后期说到气质之性是欲,是天生而非人为,这与仁义之性是自然而非人为的特性一样。船山在后期诠释张载的性二元论不得不正视气质之性这个概念的时候,对张载的气质之性进行了有意的误读,将其限定为正当的人欲。从而将《正蒙注》中的性二元论的思想与前期性一元论的思想进行会通,也调和了自身与张载人性论所存在的差异。所以,船山前期的性一元论与后期的性二元论大同小异。总之,船山将欲当作气质之性的目的是为了突出人欲的正当性。对此,李承贵先生说道:"王夫之说:'盖声色、货利、权势、事功,皆谓之欲。'(王夫之:《读四书大全》卷六)可见,'欲'不再仅是感性层面之追求,也是理性、德性层面之追求,从这个含义出发,这个时代(王夫之时代)的思想家从多个角度肯定了人欲之合理性。从'欲'的来源方面看,'欲'是人之自然性。"② 气质之性与仁义之性具有相同的自然特性,因而都是正当的,都是要肯定的,这是船山哲学相比于宋明理学的又一个突出特点。

---

① 而在解说《论语》时,船山提出了性相近,只是命善,说道:"孟子之言性,近于命矣。性之善者,命之善也,命无不善也。"(参见王夫之《读四书大全说》,中华书局1975年版,第470页),这是船山尊重孔子的一种解释,但是船山自己的看法则是认为性本善的。因为他说到了"以愚言之,性之本一"。这种前后观点有出入的情况也是船山诠释的一个特点。就是在诠释圣人的思想时,尤其是他所服膺的孔子、周敦颐、张载,他总是将自己的思想与他们进行调和,以便使自己的思想最大程度的与他们的思想相接近,或者一致。在论述张载的气质之性时同样也表现了这个特点。对张载的气质之性进行了误读。其共同点是以自己的思想来观照、评价被诠释者。船山诠释还有一个特点就是要综合而观前贤的思想,反对以管窥豹。参见王夫之《读四书大全说》,中华书局1975年版,第638页。
② 李承贵:《中国传统伦理思想中的"理""欲"关系论》,《江西师范大学学报》(哲学社会科学版)2006年第2期。

三 存理与遏欲上的相与为体

在船山哲学中，格物是在知觉之心与外物交接时以仁义之心为主导而使物来而顺应，使才尽之于性，情为性所节。格物获知事物之性，此之谓知性。因而船山认为格物只有在已有仅存的仁义之心的主导下才谓之为与正心诚意实质相同的格物，才有可能格物而知性。达到物格知致之效之后，要涵养，即存理养性是也。格物是知性的工夫，是从正面来说的；而遏欲是从反面来说的，即是不要使大体流失，做有违背此性的事情。

船山说："大学固以格物为始教，而经文具曰'以修身为本'，不曰格物为本。章句云'本始所先'，夫岂有二先哉？格物致知，一修身之事也。经云'欲修其身者，先正其心'云云，必先欲之而后有所先，吃紧顶著修身工夫，却是正心、诚意。正心、诚意之于修身，就地下工夫也。致知、格物之于诚正，借资以广益也。只劈头说'欲明明德于天下'，便是'知止为始'。从此虽六言'先'，而内外本末，主辅自分。"① 此处，船山以为朱子既以格物为先，又对《大学》的格物为先，以修身为本做出"本始所先"的解释，从而确认朱子的格物为先，即是贯彻修身为本的精神于其中，即"格物致知，一修身之事也"。但比起正心诚意对修身更为直接来说，格物致知的工夫对正心诚意起到了扩充的作用。但毫无疑问它们都是一修身之事。

又说道："今以管氏言之，其遗书具在，其行事亦班然可考……然而终以成其为小器者，则不以欲修、欲正、欲诚之学为本，而格非所格、致非所致也。"② 因而格物致知必须是修身正心诚意意义上的格物致知，否则，则终不能成为大器。可见船山之格物与研究事物所蕴含的规律不同，其实质是正心诚意而修身，只是入手的工夫有所不同而已。

格物的工夫实质是正心诚意，而要做到这一点，就必须以仁义之心主导格物。船山说："盖格物者知性之功，而非即能知其性；物格者则

---

① 王夫之：《读四书大全说》，中华书局1975年版，第228页。
② 王夫之：《读四书大全说》，中华书局1975年版，第228—229页。

于既格之后，性无不知也。故朱子以曾子之唯一贯者为征。'一以贯之'，物之既格也，而非多学而识之即能统于一以贯也。穷理格物只是工夫，理穷物格亦格物穷理之效。乃至于表里精粗无不豁然贯通之日，则岂特于物见理哉！吾心之皆备夫万物者固现前矣。"① 格物不必然能知性，只有达到一以贯之之后，才表明获得了物格知致之效。而这个"一"就是仁义之心或性。

经过格物致知的工夫而达到物格知致之效，即为知性。换句话说，性只有在格物中才能知与确立。船山道："异端存个'廓然无圣'，须于默中得力；圣人则存此各正性命、保合太和，在默不忘。释氏说一切放下，似不言存，然要放下，却又恐上来，常令如此放下，则亦存其所放者矣。"② 存得此各正性命之心，而非放下一切之心。又要将其在具体的用上体现出来，方才谓之为使此心得以确立，即是立其大者。因而仅仅有此涵养还不够，还要使得其用与情才依奉当然之理而皆善，其心体才可谓真正确立。因此，问题的关键是第一要存此各正性命、保合太和之心，第二是要在用上使此心得以真正实现，而此点尤为关键。

只有格物才能知性，故性是不能自动确立的，天理同样如此。因而在静中做除去人欲的工夫，而不在实际的事情上格物致知、存养省察，就不能真正除去人欲，也就不能获得天理。

船山说："庆源云'须是人欲净尽，然后天理自然流行'，此语大有病在。以体言之，则苟天理不充实于中，何所为主以拒人欲之发？以用言之，则天理所不流行之处，人事不容不接，才一相接，则必以人欲接之，如是而望人欲之净尽，亦必不可得之数也。故大学诚意之功，以格物致知为先，而存养与省察，先后互用。则以天理未复，但净人欲，则且有空虚寂灭之一境，以为其息肩之栖托矣。"③ 过度的人欲当然有害于天理，但是也不能说除去人欲便是天理。因为天理是不能自动显现的，是要经过格物才能获得。没有格物，不能获得天理，实际上也就不能戒除过度的人欲。而正当的人欲是不可能被除净的，这种工夫只能导致虚无寂灭。

---

① 王夫之：《读四书大全说》，中华书局1975年版，第714页。
② 王夫之：《读四书大全说》，中华书局1975年版，第205页。
③ 王夫之：《读四书大全说》，中华书局1975年版，第370—371页。

第七章　相与为体：船山哲学思想简论

以上的分析表明体要在用上才能得以确立，体是有赖于用的。因此，船山不认为存在与用分离的本体，当然也就反对体证分离的本体，用与体是相与为体。船山说："朱子以'格物'言知性，语甚奇特①。非实有得于中而洞然见性，不能作此语也。孟子曰'万物皆备于我'，此孟子知性之验也。若不从此做去，则性更无从知。其或舍此而别求知焉，则只是胡乱推测卜度得去，到水穷山尽时，更没下落，则只是得以此神明为性。故释氏用尽九年面壁之功，也只守定此神明作主，反将天所与我之理看作虚妄。是所谓'放其心而不知求'，不亦哀乎！"②③ 只有格物，才能知性，舍此而求性，例如面壁九年之功求性，实际上只是以神明为性，而真正的性却没有用心去寻获，丢失殆尽。

只以神明为性，而不寻找仁义，不以其为性，这是庄子与释氏的共同点，因而船山将他们放在一起加以批判。船山说："不正之谓邪，因而深陷于邪之谓僻。然则庄子之嗒然丧偶，释氏之面壁九年、一念不起，皆邪僻也，皆'饱食终日，无所用心'者也。"④ 邪僻就是不格物知性，

---

① 针对船山所言"盖循物穷理，待一旦之豁然，贤者之学，得失不能自保，而以天德为志，所学皆要归焉，则一学一习皆上达之资，则作圣之功当其始而已异。此张、朱学海之不同，学者辨之"（参见王夫之《张子正蒙注》卷六，中华书局 1975 年版，第 203 页），嵇文甫认为船山在此"明白指摘朱子以格物为始教之说，认为'贤者之学'；……只有横渠，……才是'作圣'的正路"（参见嵇文甫《王船山学术论丛》，生活·读书·新知三联书店 1962 年版，第 111 页）。实际上，船山在多处也提到了朱子的格物之学为始教与《大学》是一致的，是针对那些空疏不学者的对症下药。更为关键的是此处格物是与正心诚意一致的。因此与张载的以天德为始教大同小异。嵇文甫同时也引用另一处说法来证明他的观点。引文为："抑张子以博文之功在能立之后，与朱子以格物为始教之说有异，而《大学》之序，以知止为始，修身为本，朱子谓本始所先，则志道强礼为学之始基，而非志未大，立未定，徒恃博文以几明善，明矣。"（参见王夫之《张子正蒙注》卷六，中华书局 1975 年版，第 148 页）船山在此处明言朱子格物始教之说是以"志道强礼为学之始基"，其与张子的"以博文之功在能立之后"只是入手工夫不同，但实则相同。所以，船山在以上的第一则引文中的意思应当是批评朱子的这种始教之说可能在学者中产生的流弊，没有张载以天德为始教来得更加鞭辟入里。从整体上看，他是不反对朱子所具有的正心诚意精神的格物始教说的，从《读四书大全说》中的多处论述也可以看出这一点。

② 王夫之：《读四书大全说》，中华书局 1975 年版，第 714 页。

③ 这个思想其实是对宋儒以"知心而不知性"（参见《唐君毅全集》第 26 卷，台湾学生书局 1986 年版，第 359 页）的观点批判佛教的继承，只是船山从心的效用上将心划分为仁义之心与知觉之心，而将前者与性联系在一起，因而将心性关系厘清得更加具体。此思想对唐君毅也产生了重要影响，在与劳思光书中认为佛教只是在智心上用工，而没有确立起仁心的主导地位（参见《唐君毅全集》第 26 卷，台湾学生书局 1986 年版，第 359 页）。仁心是性，是存有，从宋儒到王夫之一直到唐君毅与牟宗三、陈来的仁心本体都是如此（参见陈来《仁学本体论》，生活·读书·新知三联书店 2014 年版）。

④ 王夫之：《读四书大全说》，中华书局 1975 年版，第 481 页。

没有用心去寻找和确立仁义之心，就不能除去过度的人欲。

而格物的过程是没有止境的，要在用中不断地依照仁义行，使得情才为善，不断扩充此仁义之心性。

船山说："义，日生者也。日生，则一事之义，止了一事之用；必须积集，而后所行之无非义。气亦日生者也，一段气止担当得一事，无以继之则又馁。集义以养之，则义日充，而气因以无衰王之闲隙，然后成其浩然者以无往而不浩然也。"①

天长日久不断地格物致知，自然能够达到物格知致之效。船山说："安在初之为生，而壮且老之非生耶？迨其壮且老焉，聪明发而志气通，虽未尝不从事于学，乃不拘拘然效之于此，而即觉之于此，是不可不谓之生知也。"② 到了老壮之际，人自能生而知之，但实际上也是人长期格物的效果。这种思想坚定了人在格物中且只有在格物中变化和提升自己的信念。

船山重视格物，因而非常重视学习，反对陆九渊之约而不学，认为约是博的基础上厚积薄发的自然结果，并非空疏不学习。③ 当然船山所重视的学习，主要是与修身有关的学习。他说："学不厌、教不倦，下学之功也。乃即此以学而即此以达，则唯尽吾性之善、充吾心之义而无不达矣。故其为学，始于格物、致知，而要于明德之明。孟子曰'万物皆备于我矣'，则物之所自格者，即吾德之本明者也。"④ 其学习的目的乃尽吾性之善、充吾心之义，重在修身，与通常讲的学习知识不同。

遏欲是从反面即已有之性不致流失的角度来说的。

气善则性善，理善⑤，气之聚散决定了气散时，气有健顺五常之理与性，因此，当然要体证此体；但是气聚成为人之后，由于气之变合引

---

① 王夫之：《读四书大全说》，中华书局1975年版，第538页。
② 王夫之：《读四书大全说》，中华书局1975年版，第459—460页。
③ 王夫之：《读四书大全说》，中华书局1975年版，第630页。
④ 王夫之：《读四书大全说》，中华书局1975年版，第547页。
⑤ 船山以为气是世界的本源，且为善。但讲气善，必然与恶对，说气善也意味着气之不善。船山为了避免这个逻辑悖论，将气、性、理都称之为诚，而不称为善。因而他非常赞赏周敦颐的思想。当然，船山在论述气、性、理的思想时，一般还是称为善，而不为诚。只是在论述这些概念将善与诚进行比较的时候，他才认为诚是对它们最好的定性。总之，最好定性为诚，善也未尝不可，但是态度有所保留，认为是一种约定俗成。

起了阴阳之气发生了局部的改变进而导致了人之形质之偏（始终没有发生改变的阴阳之气保证了人性之善），因而不能使日生之气保持此气之和，使气失之于和①，此健顺五常之性就失去其对于知觉之心的主导地位。遏欲就是在气上不至于使气失之于和，严禁过度的人欲。仍然是要用仁义之心主导知觉之心。

人之正当的人欲，是船山所认可的气质之性，因而船山讲遏欲之欲都是过度的人欲，他说："天理充周，原不与人欲相为对垒。理至处，则欲无非理。欲尽处，理尚不得流行……"②

又说道："故遏欲、存理，偏废则两皆非据。欲不遏而欲存理，则其于理也，虽得而复失。非存理而以遏欲，或强禁之，将如隔日虐之未发，抑空守之，必入于异端之三唤主人，认空空洞洞地作无位真人也。"③ 不遏欲而存理，理也会得而复失；不存理而遏欲，则将入于异端之空洞寂寥。

要用所存之理来遏欲，因此当佛教以此心恒虚的方式来遏欲时，其归宿就是虚空之境。船山说："遏欲有两层，都未到存理分上：其一，事境当前，却立著个取舍之分，一力压住，则虽有欲富贵、恶贫贱之心，也按捺不发……其一，则一向欲恶上情染得轻，又向那高明透脱上走，使此心得以恒虚，而于富贵之乐、贫贱之苦未交心目之时，空空洞洞著，则虽富贵有可得之机，贫贱有可去之势，他也总不起念……圣学则不然。虽以奉当然之理压住欲恶、按捺不发者为未至，却不恃欲恶之情轻，走那高明透脱一路。到底只奉此当然之理以为依，而但繇浅向深，繇偏向全，繇生向熟，繇有事之择执向无事之精一上做去；……繇此大用以显，便是天秩天叙。所以说'一日克己复礼，天下归仁'，非但无损于物而以虚愿往来也。"④ 遏欲不能没有存理作为主导，因而不能像佛家以虚空来消解此欲望，则将导入虚空一途或因为失去价值信念的支撑而最终使得欲望爆发。而儒家依据当然之理遏欲，虽然也有强制的因素在内，但

---

① 船山说："质能为气之累，故气虽得其理，而不能使之善。气不能为质之害，故气虽不得其理，而不能使之不善。"参见王夫之《读四书大全说》，中华书局1975年版，第468页。
② 王夫之：《读四书大全说》，中华书局1975年版，第407页。
③ 王夫之：《读四书大全说》，中华书局1975年版，第717—718页。
④ 王夫之：《读四书大全说》，中华书局1975年版，第237—238页。

是却能由浅入深，由偏入全，并由此以显大用。

船山强调遏欲与存理相互依存与贯通的关系，但是有时似乎又超脱了这种关系。其言道："君子学繇教入，自明而诚，则以'尽心'为始事。圣人德与天合，自诚而明，则略'尽心'而但从'诚身'始。圣人无欲，不待'尽心'以拣乎理欲之界。贤人遏欲以存理者也，而遏欲必始于晰欲，故务'尽心'；存理必资乎察理，故务'知性'。"① 又说道："乃此专纪静存之德而不复及动察者，则以慎独之事，功在遏欲，故唯修德之始，于存理之中，尤加省察；及乎意无不诚而私欲不行矣，则发皆中节，一率其性之大中，以达为和而节无不中。"② 船山在此的思想与心学家似乎没有什么差别，只要意诚不行私欲，则自能发而皆中节，即有体必有用。这只能说是已达到的圣人的境界有这种效验，而凡人与贤人要达到这种境界，就必须不断地正心诚意格物致知。如能到达物格知致之效，就是知性，就是万物皆备于我。但是即便如此，船山也主要认为仍然要在用的层面格物与遏欲。

遏欲是用仁义之心去控制知觉之心对外物的追逐，而格物便是穷理、知性，用知觉之心去求得仁义之心。物格而知性，遏欲而存理，格物与遏欲的目的与功效是相同的。

以上所说的格物致知、穷理遏欲与前文所论的仁义之心和知觉之心的关系以及情为性所制、才尽之于性，其目的都可以用一句话加以概括，即立其大者，就是将性立起来，将仁义之心找回来。这就回到了船山哲学的核心问题上来，即要用知觉之心将仁义之心找回来。这个时候知觉之心与仁义之心到底是一个什么关系，知觉之心怎样才能够不至于追逐外物，而能够受到仁义之心的主导。在知觉之心为外物所引诱或寻找仁义之心的十字路口，决定知觉之心做出取舍的力量是什么呢？应该来源于人性本善原始而深沉的呼唤以及人后天的格物致知、穷理遏欲的努力，人性善决定了人之行为始终受到一种始源性为善的力量的召唤，而后天的格物致知、穷理遏欲又不断地呼应和强化这种力量，到一定的时候这种力量自然能够强大到超过外物对自身的诱惑，而终究获得物格知致之

---

① 王夫之：《读四书大全说》，中华书局1975年版，第152页。
② 王夫之：《读四书大全说》，中华书局1975年版，第192页。

效，大体也就自然能够树立起来。因此，人树立大体，找回失去的仁义之心，从根源上是由于还保留的仁义之心之善所决定的。另一方面是由于知觉之心不断地格物致知而能够不断地扩充仁义之心所决定的，仁义之心的扩充就是仁义之心逐渐起着主导作用而能够主导情与才，而不至于才为情用、任情而为。因而相应于人性本善，就要不断地体证，要存理养性，使已有之性不止于流失；相应于扩充仁义之心，要不断地在情才上格物致知。所以，船山哲学这种对体用的并重，尤其是认为只有在情才之用上才能真正确立大体的思想是对宋明特重静中体证本体的一种有效的矫正。

综合以上的分析，可以看出船山哲学的核心是要在具体的情才上立其大体，体的确立是有赖于用的，而用要成为体之用，必须以性、天理或曰仁义之心作为主导。因而体用是相与为体的，此相与为体之体是依靠、根据的意思。船山说："寂然不动，性著而才藏；感而遂通，则性成才以效用。故才虽居性后，而实与性为体。性者，有是气以凝是理者也。其可云'才出于气'而非理乎？"① 性成才，性之效用方得以显现，没有主体的尽才，则不能尽性，性无以显现。因而性在用层面的确立有赖于人的尽才，在此意义上可以说，才与性为体。而才只有以性为主导方可尽才，由此也可见性与才为体，它们是相与为体。性为体，才为用，体用是互相依存、互相贯通的关系。

因此，在船山看来，如果仅是孤立地体证气之本体，则不能决定在用的层面必由仁义行。因为气之动为同异、攻取时就可能不善。这时便要在气之同异攻取上做工夫，不能只是在静中做存理养性的工夫。所以与陆王心学以至现代新儒家牟宗三只要体证本心就把握住了体用的枢纽，其用就自然符合体的思想有显著差别。与心学家相比，船山工夫表现在体用双方上，更重视用，但亦不忽视体。因此，那种认为船山解构了形而上学的看法，显然是一种主观过度的诠释。②

体用关系为相与为体，决定了船山哲学既重视在体上存养以尽性，

---

① 王夫之：《读四书大全说》，中华书局 1975 年版，第 325 页。
② 参见陈赟《回归真实的存在——王船山哲学的阐释》，复旦大学出版社 2007 年版，第一章。

也重视在用上省察以治情。船山说:"既存养以尽性,亦必省察以治情,使之为功而免于罪。集注云'性虽本善,而不可无省察矫揉之功',此一语恰合。省察者,省察其情也,岂省察性而省察才也哉!……乃不知人苟无情,则不能尽恶,亦且不能为善……"①

相对而言,体,表现为静;用,表现为动。船山哲学重视体用决定了其对动静的重视。船山说:"'五性感而善恶分',故天下之恶无不可善也,天下之恶无不因乎善也。静而不睹者睹其善,不闻者闻其善,动而审其善之或流,则恒善矣。静而不见有善,动而不审善流于恶之微芒,举而委之无善无恶,善恶皆外而外无所与,介然返静而遽信为不染,身心为二而判然无主,末流之荡为无忌惮之小人而不辞,悲夫!"② 可见,人要做动静的双向工夫,不能以为"善恶皆外而外无所与,介然返静而遽信为不染",以为不问世事就能不染善恶,而只是在静中体证本体。实际上体要在用中才能得以体证与确立,如果缺乏此工夫,一旦与现实交接,情才又不免为不善,因而在静中体证本体是没有根本作用的。

船山之体是要在用中获得,理是要经过人去亲证才可知。因而强调了实践的重要性,不是清心寡欲不问世事孤坐就能自动获取理的。且由于气日生,理日生,因而必须不断地实践,才能不断地扩充此理与性,才能保持此大体无丢失之虞。船山不仅重视开源,即扩充此理与性,而且也非常重视断流,即涵养此性与理。当然,如不能做到断流也一定要节流,使之不至于因为世事的影响与干扰而流失殆尽。可见,船山重视体主要表现在三个方面:第一,用只有是体主导下的用才是体之用,表明了先立其大者对于用的重要性;第二,体要日生,要不断扩充此仁义之心与仁性;第三,要涵养此性此体,船山赞扬李延平对体的体证即为此种思想的表现。③ 可见,船山对形而上之体是非常重视的,因为没有此大体,就不是儒家的精神。但船山对体的重视与对用的重视是不分伯仲的,并不像心学者认为只要体证了此体,在用上就自然能符合体,体

---

① 王夫之:《读四书大全说》,中华书局1975年版,第677—678页。
② 王夫之著,严寿澂导读:《船山思问录》,上海古籍出版社2000年版,第36—37页。
③ 王夫之:《读四书大全说》,中华书局1975年版,第81页。

决定了用。

体用是互相依存、互相贯通的关系，因而船山反对有一个与用分离外在独立的体。

船山说："此'存'字，与'去'字对说。庶民之去，亦非决意用力而去之，但就其迷失无存，而谓之去。君子之存，亦非必有物焉为其所据，但纲纪不紊，终远禽兽而谓之存耳。'存之'，在成德上见天理、民彝、人官、物曲，节节分明。既不使此身此心坠于利欲之中，与麀之淫、虎之暴、狼之贪等，亦必不使此心孤据一空洞昭灵，以握固而守之，与鹤之警、鹦鹉之慧、眠牛饱豕之漠然无求同。乃以使吾人居天地之闲，疆界分明，参天地而尽其才，天下万世乃以推其德成之效，而曰人之道于是而存也。"① 在用上用工夫，而非"必有物焉为其所据"，不是有一个外在的体，要我们去体证，而是"在成德上见天理、民彝、人官、物曲，节节分明"，即在主体与外物之交接上符合仁义，即为确立了其体。又说："君子之存，在德业上有样子可见，如舜、禹所为等，而非有下手工夫秘密法也。只如明伦察物、恶旨酒、好善言等事，便是禽兽断做不到处。乃一不如此，伦不明，物不察，唯旨是好，善不知好，即便无异于禽兽，故曰'几希'。"② 存理，就是要在德业上用工夫，在用上做到善。

既然没有一个外在的体，因而船山对佛教外在的体提出了批判。他说："存者，存其理也，存学、问、思、志所得之理也。若空立心体，泛言存之，既已偏遗仁之大用，而于鸢飞鱼跃、活泼泼地见得仁理昭著者，一概删抹，徒孤守其洞洞惺惺，觉了能知之主，则亦灵岩三唤主人之旨而已。"③ 又说道："此释氏之所谓'才发菩提，即成正觉'，更不容生后念，而孤守其忽然一悟之得，保任终身者。乃不见鸢飞鱼跃，察乎上下之诚理。一指之隔，邈若万重山矣！"④ 佛教"孤守一悟之得"与儒家"察乎上下之诚理"不啻有天上地下的差异，船山对佛教空守一悟之得而不格物穷理之说表现出轻视与批判的态度。

---

① 王夫之：《读四书大全说》，中华书局 1975 年版，第 632 页。
② 王夫之：《读四书大全说》，中华书局 1975 年版，第 633 页。
③ 王夫之：《读四书大全说》，中华书局 1975 年版，第 490 页。
④ 王夫之：《读四书大全说》，中华书局 1975 年版，第 510—511 页。

综观上文，船山哲学体系鲜明的体用并重的特点即呈现在我们面前。以阴阳之气为体，而性理即是此种气之属性，也属于体。用是主体与外物交接时所表现出的行为。体在主体身上的确立有赖于在交接时的行为，如果依奉性与理，则行为就是善的，不断做这样的工夫，其大者就得以确立。因而体用是互相依存、相与为体的。

第八章　船山的荀学思想及自然气本论

一　船山的两层存有论

船山反对性在气质中，而主张气质中的性的说法。他说："新安云'性寓于气质之中'，不得已而姑如此言之可也；及云'非气质则性安所寓'，则舛甚矣。在天谓之理，在天之授人物也谓之命，在人受之于气质也谓之性，若非质，则直未有性，何论有寓无寓？若此理之日流行于两间，虽无人亦不忧其所寓也。若气，则虽不待人物之生，原自充塞，何处得个非气来？即至于人之死也，而焄蒿凄怆、昭明之上者，亦气也。且言'寓'，则性在气质中，若人之寓于馆舍。今可言气质中之性，以别性于天，实不可言性在气质中也。"① 船山是气本论者，性是气之性，这种性似乎就不是实体性质的性。如同气在先，理是气之条理一样。应该说，这种理论必然得出这样的结论：性与理都是气所派生的概念。如理是一种实体，则必然导致一种性之本体说与气质蒙蔽说。陈来说："这两种不同的思想涉及到了本体论上理气观的两种不同立场：如果说宇宙之间，理是作为气之中的一种实体存在的，那么就自然地导出在人性论上的性之本体说和气质蒙蔽说。如果坚持气异理异说，那么推而上之，必然得出结论，即理并不是气之中的某种本体、实体，而只是气的属性、条理。而后一种论点就不是理学的本体论了，而近于气学的气本观点了。"② 但是对于船山而言，这种分析逻辑可能不适用。船山的确是

---

① 王夫之：《读四书大全说》，中华书局1975年版，第471页。
② 陈来：《元明理学的"去实体化"转向及其理论后果——重回"哲学史"诠释的一个例子》，《中国文化研究》2003年夏之卷，第2页。

主张理在气中，但是其气也可以是本体之气。而他所说的性即为气质之性；在船山看来，气即性，性即气。这从船山气日生性日生等思想都可以看出来，气与性有同一的关系。因而，性也是本体之性，但他又否定了理本体的说法。他说："故唯圣人为能知几。知几则审位，审位则内有以尽吾形、吾色之才，而外有以正物形、物色之命，因天地自然之化，无不可以得吾心顺受之正。如是而后知天命之性无不善，吾形色之性无不善，即吾取夫物而相习以成后天之性者亦无不善矣，故曰'性善'也。呜呼，微矣！"① 这里的天命之性无不善，即本然之性，即本体之性或气质之性。船山主张性本善，盖气质之性作为本体之性为善；但在日生之气中，也有非本体之气，这种气就可能不善。所以船山之气与性不善的情形是从形下层面来说的，非是本体之气与性不善。

所以，船山的思想具有当时时代的特征，有去实体化的一面。之所以说是有去实体化，是因为如果对船山思想进行整体考察的话，就会发现他是在现象层面来讲理是气中的条理以及气质中之性，其性与道还有超出气质的另一个含义，就是具有实体性质的本体含义，即上文所讲的其性与气同一，气为本体之气，则气质之性也为本体之性。因此，如果我们对他的思想进行综合全面的考察，就会发现其思想不具有去实体化的倾向，而是在实体和现象两个层面都兼顾到了。

所以，他坚持了气质之性的观点，表明了与那个时代重视气质相同的一面；但同时其气本论之气也有不同于气质的一面，而有实体本体的性质，这就与程朱理学又一脉相承。所以，刘又铭明清气本论的文章就未将船山收入其中，而认为其是神圣气本论者，与新起的自然气本论的思潮有区别。② 因此，船山在本体论上是接着宋明理学讲，而非对着宋明理学讲，当然也非照着宋明理学讲。

船山这种关涉到现象和本体两个层面的两层存有论的思想，③ 在解

---

① 王夫之：《读四书大全说》，中华书局1975年版，第572页。
② 参见刘又铭《明清自然气本论的哲学典范》，《"国立"政治大学哲学学报》2009年第22期。
③ 这里借用了牟宗三的说法，牟宗三以康德认识论中现象与物自身的超越的划分为切点，提出了两层存有论的哲学架构，即对应于物自体的"无执的存有论"与对应于现象的"有执的存有论"。

释朱子的"与道为体"的思想时表现得更加分明。船山说：

>"与道为体"一"与"字，有相与之义。凡言"体"，皆函一"用"字在。体可见，用不可见；川流可见，道不可见；则川流为道之体，而道以善川流之用。此一义也。必有体而后有用，唯有道而后有川流，非有川流而后有道，则道为川流之体，而川流以显道之用。此亦一义也。缘此，因川流而兴叹，则就川流言道，故可且就川流为道体上说，不曰道与川流为体。然终不可但曰川流为道之体，而必曰川流与道为体，则语仍双带而无偏遗。故朱子曰："'与道为体'一句，最妙。"①

这一段话，船山说明了体用论的两种情形。第一种是从现象上来说的体用论，其体是形体，而用即为形体之用。如器有器具之用，这个用就是器之道。所以，船山进而提出了天下唯器而已。器在先，道在后，但是这个器先道后的思想是从现象层面来说的，而不涉及超越的层面。而其体用论的第二个含义，就是先有道后有器。即引文中的先有道，即存在，后有川流，即存在的表现。综合来看，两种体用论，第一种的体用论是器为道之体，第二种体用论是道为器之体。因此，器具与道是相与为体的。所以，船山的相与为体的思想综合了两种不同的体用论。这种综合的思想也将船山思想的特色概括无遗，即第一种体用论强调了对现象层面的关切，这与船山的气质中的性相应，即理、性都是现象层面的概念，而有了去实体化的特性。但是别忘了，船山还有一种体用论，即道是产生器具的根源。这个道就是一种超越层面的存在，强调了形下层面之理、性之根源。这种思想对应于船山的先天之气、天命之性（在船山如前文交代的那样，他也以气质之性称之，如他说气质之性依然一本然之性也）的思想，具有接着宋明理学讲的特点。这一点表明船山没有解构程朱理学中具有形而上学特征的超越实体。所以，船山的气与其他自然气本论者的气也不同，既具有时代特色的一面，也具有继承传统的一面。盖船山思想的总的特色是既重视现实的践履，也重视信仰的超

---

① 王夫之：《读四书大全说》，中华书局1975年版，第342—343页。

越实体的建立。

　　船山这种两层存有论之间还是有联系的,并非是各自独立不相干的,它们联系的中介就是相与为体的思想。船山将二者结合起来,得出二者缺一不可、互相依赖的思想。超越性实体的实质如仁义也要在用即事情中方能得以确立,因为从现象层面的存有论来看,用也是超越性实体之体,所以体的确立严重依赖用。没有用就没有体,主体要在用中确立体。通过这种思想的论证,船山拒绝了如佛道一样于静中体认本体的可能性。这种在用中确立本体的思想与苏轼在主体的现实生活的实践中体悟道的思想就非常接近了,因而与荀学一路思想在学和实践中获得真知也非常接近。只是船山首先强调了一个超越性的本体,而荀子否定之。但从他们获取实体与真知的路径和人的实践在先、实体与真知在后看,他们的思想是相同的。只是船山预设了一个实体,以此来做人可以规范自己行为和能最终确立本体的保障,而荀子为了与孟子的超越性实体划开界限,断然否定了这个实体。船山与苏轼一样都预设了一个超越性的实体,但是这个实体又不能实际指导我们的实践,因而我们的实践还是依赖我们的理性以及社会环境在现实中不断探索,从而确立起本体。这种思想只是比荀子的思想多了一个本体论的预设,而路径和到达结果采取的办法以及依赖的手段与荀子如出一辙。所以我们说苏轼与船山的思想虽然表面上与孟学一路相同,但是他们思想的实质却有许多接近荀子的思想。这种孟学与荀学的结合,表明儒学由于自身发展的现实需要,是既需要孟学,也需要荀学。而孟子重视超越性实体的建构,荀子重视现实生活和伦理道德的实践。因此从儒学对两种路径的需要来看,儒学的本质有对超越和实践强烈的需求,或者可以说儒学的最大特性就是超越性和实践性。即便是孟学内部来说,它也表现出强烈拥抱超越性与实践性的学理特性,荀学也是如此。但是他们在发展中各有偏颇,因而需要互相补充。荀学的实践性当然非常鲜明,但是超越性也不寡淡。荀子一路思想其中心也是以道德为认知的主要对象,[①] 人也是趋向于善的和最终能成

---

① 对此,杨春梅说:"荀子的'学止''知止'主张无疑从正面确立了一种以'礼义''王制'为中心的道德的知识论价值取向。"参见杨春梅《由荀子"学止"与"不求知天"看儒家知识论之价值取向——兼论中国文化的信仰》,《宗教与哲学》第1辑,第293页。

善的，这就是荀学一路思想家的超越性信仰。其做道德工夫，也是为了成善成圣。当然由于荀子明确对超越性实体的否定引起了信仰与道德行为终极支撑的危机，因而，这一路思想就有可能走向有神论，从而以神解决信仰的终极根源问题。董仲舒的天人感性论就是这种解决终极根源的表现，而到了明清自然气本论那里就采取了直接对神信仰的策略。这种思想内部的转向使得荀学一路从内在超越性的信仰转为外在超越性的信仰。

正是由于对王船山的两层存有论所关涉的其总体哲学思想认识上的分歧，所以不同的研究者将船山的思想划入了不同的学术类别。刘又铭在《明清儒家自然气本论的哲学范畴》①的《宋明清气本论分类表》中对不同的研究者的分类做了一个统计。可以看出杨儒宾是将王船山划入了整体类、自然主义（后修正为后天型气学）的气学类，而刘又铭自己是将王船山划入了神圣气本论（与理本论相容）的类别。马渊昌也认为船山是朱子学系气的哲学，与刘又铭是接近的。从王船山的两层存有论的思想特色看，将他划入不同的思想类别都是有根据的，但是都失之一偏（当然从与明清自然气本论相区别和其哲学的总体的角度看，将王船山的思想类型划入神圣气本论要更加恰当一些），而没有看到船山的思想是兼有神圣气本论和自然气本论两种气型特征。所以，我们在探讨自然之气时也要将船山的思想纳入我们的研究视野，而不能忽略船山的这种思想对于自然气本论的贡献。

在此，我们要注意的一个问题是：船山的两层存有论的第一层存有论是道为万物的根源，则道是一种超越的存有。因此这种气之存有就具有超越的本体性质，神圣气本论与之贴切，此神圣乃是对超越的界说；而第二层存有论是现象界的性为气质中之性、理为气之条理之意，这种气、性与理就是经验层面的概念，因而与神圣气本论之本体不同，但是仍然以之为本体，则此本体就不是超越形上的概念。所以，在刘又铭的神圣气本论与自然气本论的两个概念中本体的含义是不一样的；将这对概念用之于船山，我们就不能说船山的思想中有两个超越性的本体。其

---

① 参见刘又铭《明清自然气本论的哲学典范》，《"国立"政治大学哲学学报》2009年第22期。

实在自然气本论中其本体之气是以气为本的意思，而非超越性的本体之意。这是需要加以说明的问题，我们不能误以为船山思想中有两个相同层面的本体，则就将船山误读为二本论者，而船山的思想实际上并非如此。

以上内容主要是就王船山思想中的荀学特征进行讨论，与第七章苏轼的荀学特征一样都是刘又铭有关荀学系列文章中所没有注意到的。主要是苏轼与王船山的思想从其思想架构来看，都认可了一个超越性实体的存在，这种思想架构显然是孟学一路。但在这个架构之中，又有明显的荀学思想的特征。因此，准确地说，苏轼与王船山的思想是孟学思想的外衣下藏有荀学一路的思想，他们的思想受到了孟子与荀子思想的双重影响。儒学在不同思想家中都有或多或少的孟荀思想的痕迹，只是苏轼与王船山思想中的孟荀思想印迹要明显一些。这表明儒学的发展不仅需要孟学，也需要荀学。而孟学与荀学相较而言，孟学对形上超越的实体的建构更加重视一些，荀学更加重视道德实践和礼法对人的外在制约作用。所以，儒学对孟荀双方的需要表明儒学的性质既具有超越性，又具有实践性。

经过理学心学由兴而衰的思想影响的船山在体证道上又与苏轼相同。虽然船山之道主要是仁义，而非苏轼之道超越了仁义，但也不忽视人其他方面的需求。船山之仁义也是主体在行事中得以确证。船山也强调超越性的天道实体，这从他的两层存有论中超越界的存有论可以见出。但是在强调天道超越性的同时，也将这个天道为主体所确证放在当下实践的行为中。这样，他一方面避免了只是在观念中为善去恶而力求将这种观念的东西在道德的实践行为中得以落实与体现。另一方面，他也高度认同这种与天道一致的儒家核心价值观仁义礼智信，即不能因为转向行动实践而忽视了在道德心性方面的工夫修养。实践也是正确的价值观指导下的实践，也是与最高价值追求相一致的实践，绝非盲目的实践，忽视心性修养的实践。船山对天道超越性实体的信奉与其在实践中主体对于天道实体以及仁义礼智信的确证的思想是孟学思想与荀学思想结合得较为理想的思想形态，因而船山的思想典型地体现了儒学的性质：超越性与实践性。

苏轼与船山虽然都对荀子有所不满，但是他们的思想从其核心结构来看，既有孟学的特性，也有荀学的特征。荀子的化性起伪其伪根据学者的研究就是具有形而上学性质的道，荀子是要化先天未经雕琢的质朴之性为伪，也是要将道确立在实践之中，而不是先顿悟本体，而后就全部是本体的朗现。由此可见，苏轼与船山的思想同荀子思想在为学的路径上是接近的。因而，说他们的思想具有荀学的特征大体上是没有问题的。

二 孟学与荀学进路的差异

从前文对苏轼与王船山思想的分析可见，他们的思想在超越性实体方面深受孟子的影响，而在对心的认知和意向性功能则深受荀子的影响。所以，对于孟子与荀子之学的不同，我们有必要做些探讨。

对于孟子与荀子的不同，邓小虎说道：

> 但无论如何，孟子对儒学规范的理解，仍然和荀子有关键的不同：孟子至少会坚持，儒家的"仁义"规范来源于真实存在的价值实体——孟子称之为"天"，而将其在人的体现称之为"人性"。而荀子则认为，伦理规范并不来源于外在的价值实体，而是产生于人的创造性工作。换言之，孟子是一位实在论者，而荀子则不是这种意义下的实在论者。①

荀子提出了与孟子针锋相对的人性论，接受了庄子的自然人性论的观点，因此，他与庄子有相似的地方。而同时他又坚持了儒家由人心的理性作用所确立起来的礼仪规范的原则性立场。在这个观点中，荀子坚持了心之官能在各种器官官能中占据主导地位的观点，这点与孟子相同。另外就是重新确立了儒家仁义礼智信的道德规范的意义与作用。但是荀子既然否定了天的价值秩序，认为它只是自然秩序，则必然使得儒家的价值规范的本体源头崩塌，因而在现代新儒家那里遭到了站在孟学立场的儒家如牟宗三的批判。但是荀子的理论从世俗和理性的观点来看又是最令人信服的，而孟子的思想有一种信仰主义的色彩，从理性的角度看，

---

① 邓小虎：《荀子的儒家构建主义刍议》，《邯郸学院学报》2018年第12期。

有武断的嫌疑。

孟子的人性善之根源在于天道本体之善，而荀子的"礼义法正"的社会规范是人"虚一而静""以相群居，以相持养，以相藩饰，以相安固""长虑顾后"①（《荀子·荣辱》）的结果，即人在社会生产生活以及人际交往的过程中运用理性的结果。所以，比起孟子来，荀子的化性起伪之结果伪是没有去追溯天道的形而上学根源的。但我们不能由此否认荀子的思想中隐含着一些认可形而上学的命题。这正如路德斌所说：

> 不过在此需加申明的是，说荀子拒斥形上学，说他的哲学是一个经验论的形态，这并不是说在他的思想体系中就绝对没有具有形上学意义的命题。我们在前文中提到过，与许多经验论者有所不同的是，荀子并不否认天地万物皆有其形而上之根据在，但对这形而上之根据，荀子的态度则是经验论的，一个比较贴切的说法，就是"存而不论"。"存"则不否认其"有"，"不论"则必无其"学"。所以在荀子，他没有而且拒斥对事物进行形而上学的演绎（形上学），但他却有对事物之形而上"根据"的一些简单肯定与判断（因为形上学的问题常常是无法回避的），如其所谓"涂之人可以为禹"，所谓"人之所以为人者，非特以二足而无毛也，以其有辨也"，所谓"涂之人也，皆有可以知仁义法正之质，皆有可以能仁义法正之具"，凡此等等，无疑皆具有形而上学的意义。当然，无需多言的是，此类命题在荀学中之存在，说到底，其实正是荀子为建构其经验论体系而敷设者。②

三　自然气本论与礼教主义的超越性与实践性

（一）罗钦顺的自然气本论

罗钦顺是一个自然气本论哲学家。首先，他认为世间万物从根源上

---

① 张觉：《荀子译注·荣辱》，上海古籍出版社1995年版，第57、59页。
② 路德斌：《荀子与儒家哲学》，齐鲁书社2010年版，第31—32页。

讲都来源于气，他说："凡吾之有此身，与夫万物之为万物，孰非出于乾坤？"① 既然一切根源于气，因而理就是气之理，而非有一个独立于气之外的理，也非有一个在逻辑上先于气之理。罗钦顺说："盖通天地亘古今，无非一气而已。气本一也，而一动一静，一往一来，一阖一辟，一升一降，循环无已。积微而著，由著复微，为四时之温凉寒暑，为万物之生长收藏，为斯民之日用彝伦，为人事之成败得失，千条万绪，纷纭胶轕，而卒不可乱，有莫知其所以然而然，是即所谓理也。初非别有一物依于气而立，附于气以行也。"②

理只是气之理，是物质气所固有的，不是"别有一物依于气而立，附于气以行也"，更"非有一物主宰乎其间"。"（理学家认为）类有一物主宰乎其间，是殆不然。"③

作为朱子学者，罗钦顺也当仁不让地对程朱的理气相离论提出了质疑，他说：

> 盖朱子尝有言曰："气质之性，即太极全体堕在气质之中。"又曰："理只泊在气上。"仆之所疑莫甚于此。理果是何形状，而可以"堕"，以"泊"言之乎？"不离""不杂"无非此意，但词有精粗之不同耳。只缘平日将理气作二物看，所以不觉说出此等话来。④

又说：

> 所谓叔子小有未合者，刘元承记其语有云："所以阴阳者道。"又云："所以阖辟者道。"窃详"所以"二字，固指言形而上者，然未免微有二物之嫌……所谓朱子小有未合者，盖其言有云"理与气决是二物"，又云"气强理弱"，又云"若无此气，则此理如何顿放"，似此类颇多。⑤

---

① 罗钦顺：《困知记》，中华书局1990年版，第109页。
② 罗钦顺：《困知记》，中华书局1990年版，第4—5页。
③ 罗钦顺：《困知记》，中华书局1990年版，第5页。
④ 罗钦顺：《困知记》，中华书局1990年版，第159页。
⑤ 罗钦顺：《困知记》，中华书局1990年版，第5页。

罗钦顺批评了小程子与朱子将理与气看作二物的思想，这种思想源于理乃形而上的存在，气乃形而下的存在，气是理之表现与作用。无气则理无表现与顿放处。罗钦顺认为理乃气之表现，同气一样，理也是经验层面的存在。但气的性质和气自身毕竟不能等同。他说："理须就气上认取，然认气为理便不是。此处间不容发，最为难言，要在人善观而默识之。只就气认理与认气为理，两言明有分别，若于此说不透，多说亦无用也。"① 只能"就气认理"，而不能"认气为理"。罗钦顺也承认它是永存的。"若夫天地之运，万古如一，又何死生存亡之有？"② 一气之运化永无生灭，这是他对世界本体和具体事物的看法。罗钦顺的这个思想是对张载气有聚散而无生灭的继承，同时与朱子的看法正相反。朱子说："然气之已散者，既化而无有矣；其根于理而日生者，则固浩然而无穷也。"③ 朱子认为理无穷而气有生灭，这种观点与气只有聚散而无生灭的观点针锋相对。

罗钦顺认为气之理是可以认识的，这种理是由人通过研究事物而获得的，并非是心中本来就具有此理。罗钦顺说：

> "穷理"云者，即卦爻而穷之也。盖一卦有一卦之理，一爻有一爻之理，皆所当穷，穷到极处却止是一理。此理在人则谓之性，在天则谓之命。心也者，人之神明，而理之存主处也。岂可谓心即理，而以穷理为穷此心哉！良心发见，乃感应自然之机，所谓天下之至神者，固无待于思也。然欲其一一中节，非思不可，研几工夫正在此处。④

心是神明，可以探知外物之理，因此心是理之存主处。而非心即理。可见，理是在事物中，一物有一物之理，作为物理之心也有理，这些理可以由心来探知的。理就在事物之中，不依赖于人的探知，但是人心要

---

① 罗钦顺：《困知记》，中华书局1990年版，第32页。
② 罗钦顺：《困知记》，中华书局1990年版，第30页。
③ 朱熹：《晦庵先生朱文公文集》，朱杰人、严佐之、刘永翔主编《朱子全书》第22册，上海古籍出版社、安徽教育出版社2002年版，第2082页。
④ 罗钦顺：《困知记》，中华书局1990年版，第114页。

发而皆中节，就必须思，有心之往和物之来，从而探明物之理。

阳明心学错误在于误认为人心、知觉就是人性。人作为物，他也有理，其理即为性，主要由仁义之心来体现。而人心对这个作为物之理的探寻是人心的一种认知能力。因此，人的仁义之心是人作为一个如同其他事物一样都有理的体现者，而认知之心是用来认识外物之理的。王阳明误将人的认知能力也当成理，当成人性。

罗钦顺的批评也正针对于此，他说：

> 近时格物之说，亦未必故欲求异于先儒也。祇缘误认知觉为性，才干涉事物，便说不行。①

良知不是理，只是理的存主，因而在现实的行为实践中不是发而皆中节。这分两种情况，第一，当我们的良知由于是理的存主，因而它确实有灵明和可能中节的一面。但是每一事物有每一事物之理，因此仅仅凭借已掌握之理还是不能推测出未掌握的事物之理。因而仅凭良知已掌握之理就难以保证对未知事物发而皆中节。第二，更为严重的是，当我们的良知完全与理相违背，而人处于任性妄为的时候，也自以为是良知，是理。这样所发之行为，不仅不能中节，而且完全与中节背道而驰，危害甚大。

罗钦顺说：

> 有如《论语》"川上"之叹，《中庸》"鸢飞鱼跃"之旨，皆圣贤吃紧为人处，学者如未能深达其义，未可谓之知学也。试以吾意着于川之流、鸢之飞、鱼之跃，若之何"正其不正以归于正"邪？②

从人格物的过程以及最终获取理来看，物不是理之存主处和先于人格物这个过程就已经被确定的先验的理，而只能是有待于探索的未知的理。以先验的理为对象做工夫只能是刻意安排，终无可认识之时。因为，

---

① 罗钦顺：《困知记》，中华书局1990年版，第69页。
② 罗钦顺：《困知记》，中华书局1990年版，第113页。

以先验的理为工夫格物不可能认识事物之理，它以先入之见为主，生硬地以为事物之理是已经认取之理。每一事物之理都可能是不一样的，因此不要以先入之见以及成见来干扰我们的格物。以理之存主即心为格物对象也不全面，因为心只是物之一种，物是无限的，不能局限于心。

作为自然气本论哲学家的罗钦顺不会同意理在气之外，也不会同意"心即理"的命题。对"心即理"的否定意味着罗钦顺不会赞同只要在观念上就可以实现我与物之合一，或者更进一层地说不是在观念上就可以实现天人合一。物我合一、天人合一是要在探究事物之理的基础上做到"物我无间"才能实现的。

罗钦顺说：

> 格物之格，正是"通彻无间"之意。盖工夫至到，则通彻无间，物即我，我即物，浑然一致，虽合字亦不必用矣。①
> 物我兼照，内外俱融，彼此交尽。②
> 察之于身，宜莫先于性情；即有见焉，推之于物而不通，非至理也。察之于物，固无分于鸟兽草木；即有见焉，反之于心而不合，非至理也。必灼然有见乎一致之妙，了无彼此之殊，而其分之殊者自森然其不可乱，斯为格致之极功。③

要达至物我无间有一个物我互推的过程，直至物之理合我心，我之心合物之理。心具有综合分析的功能，终究能推出物之理。实际上是讲物之理一定能够被人所认识。这个理的获得不是依赖心之意就可以的，心之意也绝非物之理。而是要在对事情与物的充分了解与认识的基础之上才有可能获得物之理。做到了准确认识物与事就是能达到通彻无间的境界，在行为上才有可能做得正确。罗钦顺强调了实践，否认了王阳明心之意即物之理的论断。

以上是从人对外物之理认识的角度来讲人与物之通彻无间，罗钦顺

---

① 罗钦顺：《困知记》，中华书局2013年版，第5页。
② 罗钦顺：《困知记》，中华书局2013年版，第3页。
③ 罗钦顺：《困知记》，中华书局2013年版，第4页。

还从人亦是物，因而有一致之理来讲物我无间。他说：

> 凡吾之有此身，与夫万物之为万物，孰非出于乾坤？其理固皆乾坤之理也。自我而观，物固物也，以理观之，我亦物也，浑然一致而已，夫何分于内外乎！所贵乎格物者，正欲即其分之殊，而有见乎理之一，无彼无此，无欠无余，而实有所统会。①

"以理观之，我亦物"，因而可以由"即其分之殊，而有见乎理之一"。做到了"无彼无此，无欠无余，而实有所统会"，就是与道合一，就是符合善。虽然我们不能由此证明人本性是善的，但至少表明人是趋向善的。其成圣得道之目标表明了人有超越现实的道德追求。因而，即便是自然气本论罗钦顺的思想也仍具有超越性特性。

（二）凌廷堪的礼教主义以及在人性论与重情上同戴震的相似

从孟学思想家的本意来说，他们并非不重视心性之学的道德实践，即心性之学的外化于行。② 但是孟学进路的发展，由于重视体证某个超越的天理或本心，因此往往易导致在观念上追求一个超越的实体而与现实的实践了无相关。其实就理学与心学杰出的创立者朱熹与王阳明来说，他们都重视道德的践履以及礼教的推行。后者就是儒家民众化的路线，如朱熹给乡村自治组织的劝诫文、王阳明的《南赣乡约》等。③ 所以，儒家的心性之学的外化形式就是礼教，或者说心性之学与礼教是一致的，但是心性之学发展的流弊导致了儒学发展陷入了困境。到了清代，以至于凌廷堪等思想家认为如果不果断采取以礼代理的策略振兴儒学，儒学

---

① 罗钦顺：《困知记》，中华书局 2013 年版，第 142—143 页。
② 伊东贵之说："中国近世乃至前近代的后期，换言之，随着旧中国最后阶段的来临，并非如岛田虔次所称的'内的胜利'，而是在把重点置于'外'的同时，将'内'与'外'连接起来，从这两方面将人们纳于一定的'秩序'之中、进行再编的过程日益明显。"［日］伊东贵之：《从"气质变化论"到"礼教"——中国近世儒教社会"秩序"形成的视点》，载沟口雄三、小岛毅主编《中国的思维世界》，孙歌等译，江苏人民出版社 2006 年版，第 542 页。
③ ［日］伊东贵之：《从"气质变化论"到"礼教"——中国近世儒教社会"秩序"形成的视点》，载沟口雄三、小岛毅主编《中国的思维世界》，孙歌等译，江苏人民出版社 2006 年版，第 539 页。

将积重难返，一蹶不振。以凌廷堪为代表的思想家认为只有重视以礼教为实质内容的道德实践才能挽救儒学的危机，从而使儒家的主流思想以及发展真正回到与民众化路线一致的轨道上来。

经过长期对古代礼制的研究以及同当时学者的往来交流，凌廷堪对古礼有了自己独特的见解，他提出了"复礼"的思想主张。这就超出了考据学的范畴，而是以礼来表达自己的义理主张。凌廷堪说：

> 夫人之所以受于天者，性也；性之所固有者，善也；所以复其善者，学也；所以贯其学者，礼也。是故圣人之道，一礼而已矣。①

凌廷堪认为性是受之于天，人的本性是善的。而要恢复自己的本性是通过学的途径，贯彻学问之道的方式只能是礼。因此归结到最后，贯彻圣人之道的关键就是实行礼，遵循礼对领悟圣人之道起到了提纲挈领的作用。在此，凌廷堪也讲天命之谓性与人性本善，但是这个善在明清以来的气本论的学术背景下，不是有一个超越的实体本性是善的，而是讲人之性根据自己的理性认知会趋向善。② 当然，人趋向善也可能是由人的本性所决定的。但是明清气本论思想家视野中的性善是从人之现实表现与最终会成善来说的，至于人性趋向善的终极根源他们是不去深究的。这样做的目的就是为了避免重走理学家的老路——在观念上而不是行动上以体验人性之善。这个思想就是荀学进路的思想，荀子认为人性恶是从性之天生不加修养上讲的，因为任何人如果不约束自己的欲望，

---

① 凌廷堪：《校礼堂文集》，中华书局1998年版，第27页。
② 日本学者马渊昌也将这种趋向于善称为"性善后天形成论"，并认为它最先由陈确所提出，他说："陈确的这一思想成果主要表现为这样一点：否定了刘宗周所坚持的本来圣人说，提出了善的后天形成论。正如上面已讲过的那样，它认为善之性虽然是人人共有的，但它并不是当下直接地以完成的形态赋予的，而必须在后天的扩充努力之后，才能见人性之全体。""不妨再重申一遍，陈确所放弃的本来圣人说，乃是宋明原来儒教思想的主流观点。"又说："从这些事例来看，性善后天形成论在明末清初以降，即便是散发式的观点，但也被反复提起，得以继承下来，一直到戴震那里，可以看到他已建构起具备一定体系的儒教理论，达到了与宋明理学有很大不同的另一完成形态。正是在此意义上，我们可以作这样的评价：陈确的思想在某个侧面给宋明理学打上了休止符，为清代儒教的新发展提示了方向。"［日］马渊昌也：《从刘宗周到陈确——宋明理学向清代儒教转换的一种形态》，载吴震、吾妻重二主编《思想与文献：日本学者宋明儒学研究》，华东师范大学出版社2010年版，第408、411、413页。

肆意妄为必然发展为恶。但是人有认知理性，他必然要对此不良的发展趋势加以约束与改变，因而人必将趋向于善。但是这个善是否就是人性从天道而来的根源呢？荀子并没有讨论。他所关注的是人要从学和现实的实践中改造人性趋向于善，他不关注本体之善，是为了避免孟子的人性善而以为人对自身的行为有充分的自觉从而忽视对人进行制度上的约束。因而荀学是对着孟学讲的，是孟学有益和不可缺少的补充。

正是由于明清以来的气本论的学术大趋势重在关注人之结果上的趋向于善，人性本善或者本恶都不是他们学术的重点，因而同样持有气本论的思想家有人会认为人性本恶，有人会认为人性本善。即便对于同一个哲学家有时也会在人性本善或本恶上出现自相矛盾的说法。凌廷堪正是如此。他有时主张性善，有时又主张性恶之说。就其性为善，凌廷堪说：

> 好恶者，先王制礼之大原也。人之性受于天，目能视则为色，耳能听则为声，口能食则为味；而好恶实基于此，节其太过不及，则复于性矣。《大学》言好恶，《中庸》申之以喜怒哀乐。盖好极则生喜，又极则为乐；恶极则生怒，又极则为哀；过则佚于情，反则失其性矣。先王制礼以节之，惧民之失其性也。然则性者，好恶二端而已。①

凌廷堪认为人有好恶之性，此性若好其所当好，恶其所当恶，即在好恶上做到一个适中的程度，就是符合人之本性。性就是在人之好恶上的不过与及，在此适当的区间，就符合人的本性。从人的本性是好恶在一个合理的区间来看，人性是善的。先王制礼作乐的目的正是为了预防人们失其性而避免人之过度的好恶遮蔽人的本性。这种性论还是受到了程朱理学的影响，要在人欲上做工夫，以免人欲破坏了人的本性。但是凌廷堪的性善之说并没有贯彻始终，这是由他的以礼化人的礼教观所决定的。当凌廷堪论及以礼节性时，其性论倒是与性恶之说有必然的关联，因而其性就有恶的特点了。凌廷堪说：

---

① 凌廷堪：《校礼堂文集》，中华书局1998年版，第140页。

> 夫人有性必有情，有情必有欲。故曰：饮食男女，人之大欲存焉。圣人知其然也，制礼以节之，自少壮以至耆耄，无一日不囿于礼而敢越也。制礼以防之，自冠婚以逮饮射，无一事不依乎礼，而莫之敢溃也。①

又说：

> 夫性见于生初，情则缘性而有者也。性本至中，而情则不能无过不及之偏。非礼以节之，则何以复其性焉。②

欲出于情，情出于性。因而欲与情及性有一致性，欲与情的根源在于性。导致过与不及的情与欲之恶的最终根源就是性。可见，凌廷堪在此认为性是恶的。基于这种犹豫彷徨的人性论，凌廷堪对孟子性善论与荀子的性恶论就表现出调和的姿态，他说：

> 孟曰性善，荀曰性恶，折衷至圣，其理非凿，善固上智，恶亦下愚，各成一是，均属大儒。③

凌廷堪之所以有这种人性善或恶表面矛盾的看法，乃是由于人性之于我们也可以说是善、也可以说是恶之原因。这是从不同角度论性所得出的结论。而无论是性善还是性恶都会赞同礼在保持人性之善或改变人性之恶中都起到了至关重要的作用。因而对于将学术的重点放在以礼教人的凌廷堪来说，都可以接受这种性善还是性恶的人性论。因而人性善还是人性恶在其理论视野中变得不那么重要了，重要的是人要通过崇礼来改变自己趋向善。

礼在规范人的行为上，从其发生论上讲，是遵循两个原则的，即"尊尊与亲亲"。尊尊体现了对社会秩序的维护，而亲亲体现了礼是基于

---

① 凌廷堪：《校礼堂文集》，中华书局1998年版，第76页。
② 凌廷堪：《校礼堂文集》，中华书局1998年版，第27页。
③ 凌廷堪：《校礼堂文集》，中华书局1998年版，第77页。

人情而制定的，与人情是一致的，因而会得到人的支持与自觉的遵守。通过这种合乎人情的引导，人发自内心地崇礼，就能更自觉地趋向于善。而这种亲亲也是对尊尊的维护。凌廷堪说："先王制礼，合封建而言之，故'亲亲'与'尊尊'并重。"①

对于亲亲中子为母丧的情况，凌廷堪从母子的亲情出发，认为即便是子与继母、子与养母，妾子与其生母、庶子承重后与其生母间也应当遵循一般的服丧。但实际上，宋以来，妾之子为其生母之丧不得伸为齐衰三年，往往只服九个月或三个月之丧，不仅违背了亲情，也违背了礼。这个原因乃是胡安国"以妾母为夫人，徒欲崇贵其所生，而不虞贱其父"②之论而起。凌廷堪反驳说：

> 胡安国即不能知《礼》与《春秋》，岂《论语》《孟子》亦不能知乎？说《春秋》者啖、赵而下，妄人固多，未有如安国之甚者。凭陋腹以为理，其罪乃至上通于天，宜见黜于圣世也。③

凌廷堪在此批驳了胡安国妾之子不能为其生母服丧三年的看法乃是凭陋腹臆测，而枉顾人情与圣人之意，是以心为理主观臆断的结果。凌廷堪认为礼之精意要通过人情并参考圣人之意而获得。表明了凌廷堪对礼之意的领会与宋儒获取的途径有根本差异，宋儒的主观性很强，而凌廷堪重视从礼之实践与人情来确定礼意。这体现了清中叶礼学家的荀学进路与宋儒的孟学进路的不同。

（三）论戴震的人性论

自然气本论思想家由于以自然之气为本，重视人的自然性需求。而人情与欲求正是人之自然需求的表现，或者说是根源于它。因此，自然人性论者必然重视感情与感性的满足。凌廷堪视之为私淑之师的戴震不仅重视人情，在人性论上也表现出与凌廷堪类似的特征，即他通常情况

---

① 凌廷堪著，邓声国、刘蓓然点校：《礼经释例》，江西人民出版社2017年版，第163页。
② 凌廷堪著，邓声国、刘蓓然点校：《礼经释例》，江西人民出版社2017年版，第168页。
③ 凌廷堪著，邓声国、刘蓓然点校：《礼经释例》，江西人民出版社2017年版，第168页。

下的性善论，在有时又变成了性恶论。而且他的性善论与孟子的性善论本质上也很不同，实则是从荀子的认知和经验的角度论人性之善，而不是从人的根源性来论人性之善，表现为阳孟阴荀的思想特色。有关人性论，戴震说道：

> 孟子之所谓性，即口之于味、目之于色……四肢之于安佚之为性；所谓人无有不善，即能知其限而不逾之为善，即血气心知能底于无失之为善；所谓仁义礼智，即以名其血气心知所谓原于天地之化者之能协于天地之德也。①

戴震借用了孟子有关人的自然需求为性的说法来论性，② 虽然孟子紧接着说不以之为性，但是戴震全然不顾这些，看来他是打着孟子的旗号来谈论自己所主张的人之自然之性。在人的自然之性的基础之上，戴震进一步谈论了人性之善是不逾越此自然之性的规范，即在人欲合理的程度和范围之内就是善的。这种善显然既有自然之义，也有价值之义，自然义与价值义是合一的。这种特色如果与理本论与心本论③做一比较就明显地呈现出来。理本论与心本论的共同点就是有一超越的道德本体，理本论是理，心本论是心，它们就只有价值义而无自然义了。而自然气本论者赋予了自然之气以价值，因而必然导致自然义与价值义的合一。戴震这种人性论的特点是从人的自然需求上定义善，而不是将善追寻到一个超越的实体上，这是戴震人性论与孟学进路的人性论最大的不同。在上文中，我们的看法是基于"即能知其限而不踰之为善"这句话得出的，而对于紧接着的一句话"即血气心知能底于无失之为善"却不好理解。刘又铭将"能底于无失"理解为"即向善的潜能"，④ 也难以令人信

---

① 戴震撰，汤志钧校点：《孟子字义疏证》卷中《性》，《戴震集》，上海古籍出版社2009年版，第306页。

② 孟子曰："口之于味也，目之于色也，耳之于声也，鼻之于臭也，四肢之于安佚也，性也，有命焉，君子不谓性也。"《孟子·尽心章句下》，中华书局2018年版。

③ 有关心本论与理本论同自然气本论的差异参见刘又铭《明清自然气本论的哲学典范》，《"国立"政治大学哲学学报》2009年第22期。

④ 刘又铭：《明清自然气本论的哲学典范》，《"国立"政治大学哲学学报》2009年第22期。

服。关键是对"底"字的理解,在古代"底"与"抵"是相通的。因而其意即是血气心知能够达到无失就是善,也是将自然之性的需求保持在合适的范围之内。戴震在《原善》中也谈到了血气心知之善,与以上的不逾为善不同,他是从未感来论性善。戴震说:

> 人之得於天也一本,既曰"血气心知之性",又曰"天之性",何也?本阴阳五行以为血气心知,方其未感,湛然无失,是谓天之性,非有殊於血气心知也。是故血气者,天地之化;心知者,天地之神;自然者,天地之顺;必然者,天地之常。①

戴震认为血气心知未感时的湛然无失,谓天之性之意,即没有受到人的主观影响的天然自然之性,此种状态下的自然之性为善。

戴震在上述两个意义上论自然之性善,但他也在"性与才质一贯"的前提下讨论才质的不齐。才质不齐,则与其一贯的性也就不齐了,因而性是可善可恶的。所以,戴震如凌廷堪一样,在人性论上以性善论为主,但也有性不善的说法。这种不一致的看法仍是由于他重视在道德践履守礼的行为中来使人自身趋向于善,因而性善与性恶变得不那么重要。而且更为重要的是他们论性善或性恶都是从后天的气质之性来着眼的,因而,从血气心知之不失来说,当然是善的;相反,从血气心知有失来说,性又是不善的。因而,他们的论性就有不一致的地方,乃是从不同的意义上得出的看法。再者,无论是性善或性恶,戴震与凌廷堪都会赞同人之向善之途径(崇礼)与结果(成善),因而性善或性恶于他们的最大关怀都是可以接受的。

戴震是凌廷堪以礼代理的先声,他从血气心知论性也表现出了对情的重视,这也是二人的相似点。刘又铭在论到这一点时说:

> 当然,比起理本论的"性即理"和心本论的"良知即天理"来说,在自然气本论里,"心知"只具备一个有限度的价值直觉,它不能直接生发"道德创造"的活动,也不能当下自足地展露价值讯

---

① 戴震:《戴震集》,上海古籍出版社2009年版,第333—334页。

息。这就是戴震所以主张必须本著一己情感去体察、设想他人情感，在其中斟酌、衡量人事物的条理、分寸（所谓"以我之情絜人之情"）的原因。应该说，自然气本论不认为有"内在自足、现成圆满的天理"，不相信有个价值满盈的先验自我可以直接产出这样的"理"，因此终于走出宋明以来专求之于内、以自证为主的工夫形态；而开始注意到，必须在思辨操作的配合中，在对自身情感、他人情感交互脉络的体察中，以及在一次次的尝试错误中，才能找到和确认"理"。①

这也就是荀学进路的学术特别重视情的作用的原因。因为他们所讲的道德规则都是要人去遵守的，都不是人心内在先天具有的，而是要人去探知的。这种探知就只能通过与人之自愿遵从最相关联的人情去探知，并在经典中加以验证和互相参照，当然人情还是根本标准。因为经典中的说法可能会随着时间的流逝而过时。所以，以我之情絜人情在自然气本论中是获得气之理的根本途径，也是荀学学术展开的基本依据。重视情与人欲也是自然气本论的应有之义，因为气与情与欲是接近乃至一致的。

（四）自然气本论的局限性及价值

说到清代学者重视人在自然之性以及情，我们有必要正视清代社会这样一个事实，即为何在重视人情和合理的人欲满足的清代学术环境下妇女对守贞观念的膜拜反而愈加盛行。美国学者周启荣对这个问题进行了回答，我们不妨引述如下。他说：

> 这是因为此侧重于从经验主义的角度来进行考证研究的学者只占士绅阶层的一小部分，而其余大部分还是深受程朱学派那套思想体系的影响。不过诚如上文所提到的那样，不同学派不同信仰的学者其实都支持妇女膜拜守贞的观念。如果我们能够跳出汉学和宋学

---

① 刘又铭：《明清自然气本论的哲学典范》，《"国立"政治大学哲学学报》2009年第22期。

两派纷争的窠臼，转而从大宗族的数量连续翻番所产生的影响以及净教主义所鼓吹的那套礼教日渐流行这两种现象着眼来考察，那么禁欲主义的观念日益受到热捧也就是顺理成章的结果了，至于各地的地方志为何记载那么多守贞妇女的事迹也就不难理解了。①

周启荣认为由于大宗族的兴起以及净教主义对禁欲主义的鼓吹，汉学与宋学之间存在的那些狭隘的纷争已经被全社会所达成的对妇女守贞观念的共识所掩盖，汉学家例如汪中对妇女守贞观念的批驳在众人对守贞观念的狂欢中显得无比的微弱乃至没有任何实质性的作用了。②戴震愤慨地认为理学乃"忍而残杀之具"，也败坏了社会的风气，"穷天下之人尽转移为欺伪之人"（《疏证》卷下）。戴震认为理学是要人们"绝情欲之感"，以求得"空有理之名"（《疏证》卷下），这与圣人之道是相违背的。而"帝王之所尽心于民"，即为"体民之情，遂民之欲"。③ 他说："圣人之道，使天下无不达之情，求遂其欲而天下治。"④（《与某书》）又说："圣人治天下，体民之情，遂民之欲，而天道备。"⑤（《疏证》卷上）。戴震的这些发声，从妇女对贞节观的膜拜以及她们坚守贞节的行为给她们的身心带来的巨大痛苦来看，并没有产生较为广泛的社会影响。由此也可见出，清儒中的有识之士在占据统治地位的程朱理学意识形态的大环境下仍然难以突破旧有思想所建造的牢笼的禁锢，他们这种新生力量在以宗族为统治基础的中国仍然是非常弱小的，为这些支配宗族的士绅阶层所排斥，也为更高的统治阶级所排斥，因为宗族成了他们统治的基础和政治上最能发挥效用的工具。

妇女对贞节观的膜拜受到了社会表彰以后，其社会地位与形象就有了提升，进而在社会上形成了一种激励效应，导致了这种压抑与摧残人

---

① ［美］周启荣：《清代儒家礼教主义的兴起——以伦理道德、儒学经典和宗族为切入点的考察》，毛立坤译，天津人民出版社2017年版，第368—370页。
② ［美］周启荣：《清代儒家礼教主义的兴起——以伦理道德、儒学经典和宗族为切入点的考察》，毛立坤译，天津人民出版社2017年版，第353—358页。
③ 戴震：《戴震集》，上海古籍出版社2009年版，第327—329页。
④ 戴震：《戴震集》，上海古籍出版社2009年版，第188页。
⑤ 戴震：《戴震集》，上海古籍出版社2009年版，第275页。

性的社会现象愈演愈烈。由此可见，任何一种思想如果要获得广泛的社会影响，离开政治上的支持可能也难以成功，仅仅在学术的圈子里流行是难以深入到广大人民之中的。就自然气本论的思想而言，它本来是容易为广大的人民群众所接受，因为这种思想满足了人们对自己需求的满足。奈何它没有得到当时社会最核心的基层组织——宗族的支持，因而就难以形成大的影响。甚至它对守礼的重视反过来演变为与统治阶级的统治需要沆瀣一气了：将贞节当作一种礼来加以遵守，从而将人欲的合理需求掩盖得严严实实。郑宗义就批判戴震说取代以理杀人的是以礼杀人，他说："东原斥宋明儒以理杀人，但恐怕他自己才真的下开了一以礼杀人的传统。"[①]

　　为何一种即便适合人们需要的思想它的发展也会在社会环境中受到抑制甚至其核心思想受到了扭曲，除了统治阶级认为不适合其统治从而加以排斥外，还有一个与此相关的现实的原因：就是得不到现实的效果，或者甚至与现实社会要求背道而驰。我们可以将人们对一种思想的接受划分为两个方面需要的满足：第一个就是对精神上的更远更高的满足，即精神终极需要的满足；第二个就是自身行为需要社会认可的满足，这是一种很现实的需求。明清以来的儒家在自然人性论上的观点必然地引申出了对人的欲求的重视，但是由于统治阶级的反对导致社会环境支持的缺失，因而人们的这种表现无法获得社会的认可，就难以产生大的影响。但是自然气本论者所倡导的道德实践反倒为统治阶级所利用，也为人们所接受。然而事与愿违，最终成为套在人们脖子上的精神枷锁，人们在走向成善的道路上付出了巨大的痛苦与牺牲。也可能表现为另外一种情形：为了逃离现实的痛苦，而只是活在自己的精神世界里。但是无疑地在那个压抑和摧残人性的时代，广大的民众陷进了精神理想与现实痛苦的巨大的冲突和分裂之中。但无论社会环境如何恶劣，人们永远也没有放弃自己的理想和精神生活的追求，他们永远走在向上向善的道路上，这也是儒家思想的超越性作为一个大的人文背景对人们的精神生活影响的结果。具体到凌廷堪来说其以礼代理重点不是在观念上做存善去

[①] 郑开义：《明清儒学转型探析——从刘蕺山到戴东原》，香港中文大学出版社2000年版，第252页。

恶的工夫，去体验那个先验的本体之善，而是在实际的行为和行为的效果上为善或为恶一见分晓。有人认为这比起理学家来更能将这种礼所包含的观念在外化为行的同时，更能内化为心。因为理学家是他律伦理，而凌廷堪的以礼代理是自律伦理。持这种观点的杨际开说：

> 在理学中，在上者是主体，这是一种他律的伦理，违背善恶二元的人性，而在复性于礼的廷堪礼学思想中，在下者是主体，君主只是客体。上与下形成一共生互动的伦理。这是一种自律的伦理，人通过礼进行对行为善恶的自我调节，以维持社会的合理秩序。张寿安认为："礼，不只是社会秩序的外在规范，亦兼具变化气质、端正人心的内在作用。"凌所提倡的复性于礼的途径是养情节欲与礼乐化性。①

对礼的遵循并非只是外在和强制性的，当然它有其强制性。但是若强迫人长期遵守礼，肯定是不能成功的。凌廷堪以礼代理的思想中由于在下者是主体，客体是君主，因而礼不是在上之君主强加给在下之民众，上下形成了一种共生互动的关系；这就是一种自律伦理，百姓就会自觉地遵循，并将它内化于心。因而，在以凌廷堪为代表的礼学家的思想中，礼也有改变人性情的作用，因而礼不只是强制性，也具有与人的性情一致性的特点。人也有心甘情愿接受礼的特性。这表明在未接受礼之前人的行为上如果有所偏差，则当接受礼时，立即就有幡然悔悟之感，反而对礼心生感激，而不是对礼进行抵制。从礼能变化气质、端正人心来看，凌廷堪以礼代理并非是对人之趋向于至善乃至于成圣的否定，而是在这条途径上表现出了与理学家的截然不同，理学家是在观念上成圣，而在道德践履上表现得不够，而凌廷堪等礼学家是通过在具体的礼教实践中使人趋向于善。例如，在对复性的理解上，理学家多在内在的修身养性上理解，而礼学家是通过遵守礼来复性。既然都是趋向于善，则凌廷堪的成人的儒学目标还是非常明显的。这也是他们精神上的终极追求，是

---

① 杨际开：《评张寿安：〈以礼代理——凌廷堪与清中叶儒学思想之转变〉》，《杭州师范大学学报》2006年第1期。

一种超越性的追求，因而也具有超越性。而有的学者所认为的乾嘉时期的儒家其善恶判别的标准是外在的社会规范之礼，而非成圣成善。这个成善成圣是理学家意义上来说的，而非是否定他们所发之于行为的礼教的目标是成善成圣。其言曰：

> 可见，清儒以外在之"礼"代内在之"理"，作为判断人的行为道德标准，把对于善恶的评价放在外在的行为是否合乎礼（规范）上，而不在是否成圣上。①

善恶判别的标准并非成圣不是讲人之遵循礼与社会规范其最终目标是成圣成善，而是否定宋明儒家在静修路径上的成圣成善，强调了要有道德的实践行为，反对理学家静修路径的成善成圣，因为这种儒学与佛道二氏就难以分别了。这从该文的另一段话中得到印证，该段云：

> 那种认为只要能够克尽自己私欲，就能够成仁成圣的说法，无疑与二氏一般。因为从内里克去私欲、修养身心的角度而言，或如戴震所说的，仅仅就对心理修养的躬行践履而言，释老与儒家并无不同。②

所以，该文从乾嘉学者的立场上所否定的成圣成善的道路是有特殊的含义，即我们的修养工夫重点不是在静修和日常行为中克制自己的私欲最终成圣成善。这种意义上的成圣成善是乾嘉儒家所反对的，但是没有否定乾嘉儒家通过循礼法而成善，即没有否定儒家的行为是有目的的，不是为了守礼而守礼。儒家的这个终极目的并没有因为学术路径的改变而改变。儒学对人生意义的终极追求的目标与努力都是自始至终的，只是途径与方法有了改变而已。刘又铭也认为明清自然气本论思想家在追求成德目标上与心本论及理本论的思想家的追求没有什么两样。他说：

---

① 吴晓蕃：《乾嘉思想的伦理新向度——以阮元、凌廷堪为中心的解读》，《华东师范大学学报》（哲学社会科学版）2012 年第 1 期。
② 吴晓蕃：《乾嘉思想的伦理新向度——以阮元、凌廷堪为中心的解读》，《华东师范大学学报》（哲学社会科学版）2012 年第 1 期。

"明清自然气本论的哲学典范跟理本论、心本论一样,对儒家成圣成德、内圣外王的课题都有它完整的、融贯的主张。"① 又说:"自然气本论有它自己完整自足的哲学典范,也一样是儒家成圣成德之学的一种正当的形态,而且它的精神、性格跟西方启蒙时代的人本主义思潮正相呼应,标志着中国本土进入现代性的开始。"②

　　回到凌廷堪之以礼代理与社会环境的关系上来说,凌廷堪提出礼有以下两种原因:一是由于当时社会风气的颓靡和混乱,二是由于程朱理学的发展已经僵化和陷入困境之中,这种僵化与它成为统治阶级的教条与脱离现实有关。而对礼的重视正可以医治以上的病症。于是清儒的以礼代理的思潮和社会运动得以产生和进一步发展。但是我们又要看到对礼的遵守并非只是一种对外在规范的遵循而缺乏内在的修养。

　　以上只是列举了自然气本论者中的罗钦顺和以礼代理的凌廷堪及其私淑之师戴震的思想与程朱理学相比所具有的新时代的特点,它代表了明清思想家中不同于程朱理学的思想思潮。这个时代的新思想可以归结为荀学一路。③ 荀学进路的思想虽然没有孟学进路的思想那样超越性的实体,但是其思想仍然满足了人们对精神理想的终极追求,满足了人们成善成圣的超越性的愿望,因而也具有超越性。

(五) 自然气本论的独特性

　　荀子的思想一直以来以潜流的形式发展着,因为自从宋代的孟子升格运动以来,对荀子大多采取了贬抑的态度,只有少数思想家将荀子作

---

① 刘又铭:《明清自然气本论的哲学典范》,《"国立"政治大学哲学学报》2009 年第 22 期。

② 刘又铭:《宋明清气本论研究的若干问题》,杨儒宾、祝平次编《儒学的气论与工夫论》,中国台湾大学出版中心 2005 年版,第 203—246 页。

③ 有关明清之际思想界的新动态及新思想的特点,刘又铭说:"明清时期罗钦顺、王廷相、吴廷翰、顾炎武、戴震等人的哲学可以称为'自然气本论'。它的哲学典范跟程朱理本论以及陆王心本论有明显的、基本的差异,因此一向被理学主流观点所排挤。事实上,经由所谓创造的诠释,我们可以发现它是荀学一路,这就难怪明清以来它在尊孟抑荀的氛围下得不到恰当的理解和肯定了……由于宇宙、人生的一切现象都是'自然中有其必然',因此成德之道就是直接就着宇宙、人生的种种现象,探求其中所蕴含所潜在的必然之则,予以凝定并且据以遵行。"刘又铭:《明清儒家自然气本论的哲学典范》摘要,《"国立"政治大学哲学学报》2009 年第 22 期。

为与孟子同样地位的大儒看待，如明代的李贽。但正是在明代统治者将荀子从孔庙中移除，取消了他陪祀孔子的资格，这种状况一直延续到封建社会的解体，足见荀子在明清两朝占统治地位意识形态的儒家思想中是没有被当作大儒看待。荀子自然天道以及主体自我实践的思想与统治阶级提倡的程朱理学不是很合拍，而许多思想家为荀子翻案的努力也没有使荀子的地位得以根本改变（在明清时期，为荀子翻案的思想家有李贽、傅山等）。也反映了儒家思想在明清时期存在着程朱理学的心性论与反对这种心性论而主张经世致用及贯彻礼教主义的斗争的同时，其主导的思想意识形态仍是程朱理学。

孟学进路的气质之性与荀学进路的气质之性是不同的，荀学之气质之性就是本然之性，无本体之性，不需要除去气质之性，而是强调通过认知之心对礼教的实践遵守。① 如果只有气质之性，则它就不存在与本体之性对立的情形，就不会犯主张本体之性的心性论者可能走向彻底的本体之性而认为气质之性是与本体之性完全对立的情形从而轻视气质之性的需要导致禁欲主义。而是重视气质之性的欲望需求，重视在实践中变化之。所以气质之性论者那里，重视欲望与自我克制是不矛盾的。在王汎森的文章中，就讲到了这个问题。他认为自然主义与道德严格主义在明末清初是并存的，即自然主义当然也可能引起思想解放，但是它也可能出现相反的情形，导致了道德严格主义。王汎森说：

> 这种两级并存的现象委实令人感到困惑。为什么发展出自然的人性论的同时也会有道德的严格主义？——自然的人性论只是对人性的一个新认识。它可以为人的解放奠下基础，但也可以发展出道德严格主义。而其中道理并不难理解。
>
> 自然人性论与道德严格主义并存的现象有两种理由。第一，心的天然状态既不再是纯然无暇，所有过去认为先天的、义理的、道

---

① 对此本然之性、气质之性与礼教的关系，伊东贵之说："也就是说，与朱子学'气质之性'论的退后密切相关、逐渐出现的向'气质之性'的一元化（对人类内心深处存在'本然之性'的设想持疑问的态度），具有对'礼教'化推波助澜的方向性特点。"［日］伊东贵之：《从"气质变化论"到"礼教"——中国近世儒教社会"秩序"形成的视点》，载沟口雄三、小岛毅主编《中国的思维世界》，孙歌等译，江苏人民出版社2006年版，第543页。

德的，可以完全放心拿来作为行为依据的说法，此时皆无法稳稳的站住……

第二，过去理学家认为应当断然排除的东西，现在看来都是必要，但却也是危险的东西。①

王汎森认为，过去从理或天理出发，认为是毫无问题的说法，从气的标准来看，却问题丛生。因此明清自然气本论与程朱理学已经是两套不同体系两种不同模式的学说。日本学者也认为气向理的渗透逐渐压倒了理而确立了不同的思想流派，其云："马渊昌也正确地指出：明清时期的思想史在其最终阶段，以向肯定'欲望'、重视'气'的思想家回归的形式，完成了整序，存在着某种'近代'主义的偏向。在哲学层面上，就是'气'向'理'的渗透，并逐渐增大其比重。结果，在明末清初，'理'的观念得以变化、刷新，'人欲'从被否定的对象，实现了向包括人的所有欲、生存欲在内的肯定性'人欲'的转换和再生。"②

这种以气为中心的思想的根本特点在哪里呢？自然气本论者非常重视变化气质，而且不是通过向内静修的形式变化气质之性以便恢复到天地之性上来。他们不讲本然或天地之性，因为这样可能会导致对外在实践的忽略，而片面重视在静修中以观念的方式除去外物的遮蔽从而恢复本性。在自然气本论学者看来，无所谓本体之性，只有自然之性，人性是没有经过雕琢的原生物。只有经过现实实践的切实努力，才能变化之。从而抛弃了于静中从观念上体认天理的工夫路向，而转向了道德行为的实践。这个从王夫之到自然气本论的转变是儒家学者为了使儒学摆脱困境所做努力的一种合乎逻辑发展的必然结果。

虽然自然气本论者认为没有本体之性，但是人的理性却能够使人趋向善，因为只有向善才是最好的结果。所以他们相信人是一定能够走向至善的，一定能够成圣的。这是他们的信念。

人通过自身的努力能最终成圣是明清思想家的共同信仰，体现了他

---

① 王汎森：《晚明清初思想十论》，复旦大学出版社2004年版，第93—95页。
② ［日］伊东贵之：《从"气质变化论"到"礼教"——中国近世儒教社会"秩序"形成的视点》，载沟口雄三、小岛毅主编《中国的思维世界》，孙歌等译，江苏人民出版社2006年版，第528页。

们的终极关怀，因而从其信仰能实现自身的价值和意义来说，从其起到了精神家园的作用上来说，明末清初无论是自然气本论还是以礼代理者的思想都具有超越性。虽然他们扬弃了超越性实体，但其思想所具有的超越性及其信奉者成善成圣的目标仍体现了儒家一以贯之的思想特性。

总体上讲，自然气本论与礼教代替心性的内在体证体现了一种实学需求的潮流，考证之学也是这种时代思潮的一个表现和组成部分，由此足见这种思想潮流的实践性。但是儒学发展到现代，港台新儒家却走上了复兴心性之学的道路，比起明清之际自然气本论所倡导的实践之学的路线似乎是一种倒退。但是港台新儒家是在西方文化不断向外索取而忽视了人内在精神建设与需求的弊病下而兴起的，它的兴起是在现代化的背景下发生的，有其必要性。同时就全球问题向世界提出中国的方案，有利于提升中国文化的影响力，也有利于中国文化走向世界，让世界人民都能够接触和了解中国文化。因而，不能从自然气本论是为了摆脱心性论的困境而产生的儒学发展史再来批评港台新儒家思想是一种倒退。思想史的发展虽然有其内在的逻辑发展的理路，但是有时因为受到发生了天翻地覆般改变的外在环境等因素的影响而往往不是按照我们想象的路线发展。

（六）儒学的超越性以及儒学与中国古代社会政治等的复杂互动

前文提到自然气本论者在张扬个性、重视人们的自然需求方面的特点，但是通过对当时社会妇女的地位及与她们的生活状况生死攸关的贞节观的了解，发现至少在妇女这个占人数中的一半的群体的人性的基本需求遭到了很大的限制。这种情况表明了一种思想的发展不仅有它的内在理路，而且还与它存在的外在的政治生态环境有非常紧密的关联。而这个学术与政治的关系也不局限于自然气本论的发展，也适用于一般的学派与政治之间的关系。

在中国古代的政治结构中，儒家中的有识之士不断地要求获得自主的政治权力和拥有独立的人格。有宋一代，儒家知识分子的地位空前提高，诸如王安石等人也提出了与君共谋天下的主张，但是没有形成一种制度性的建设使之定型。在那种君临天下、率土之滨莫非王臣的政治制度下，臣子要获得独立的政治人格是很难的事情。因而无论是台谏制还是宰相的职位当君主觉得有碍他权力通行的时候，他就用手中的绝对权力加以扫除。因而，臣子获得独立的政治人格最大的障碍就是君主绝对的权力，在中国古代历史的发展中，似乎难以发展出一个有利于臣子乃至儒家知识分子获取足可以与君主相抗衡的政治环境，因而臣子要获得独立的政治人格和确立自己的主体意识就成了一种幻想。这与中国古代政治结构与政治制度有着深度的关联。而政治制度与结构又与农耕社会的经济社会状况紧密相关，因此中国古代那一套政治经济文化社会环境内部的各方面互相关联盘根错节的关系造就了有利于形成君主专制的统治，儒家知识分子也难以打破这个维护君主统治所形成的铁幕。

作为思想领域的儒家学者，他们主要从思想上探讨这种走出维持封建统治阶级统治的铁幕的控制的出路，当然这些思想从宋代以来不仅有与佛道二氏在广大的民众中争取思想地盘的作用，由此也可以因为在民众中的声望而获得统治阶级的重视，而且儒家思想家所建构的思想从来都不是为思想而思想的，不是纯粹思辨的，还表现了现实政治的诉求和理想：汉代的儒学有如此鲜明的政治功能，宋代儒家的思想也与政治有深层次上的关联。宋明两朝无论是程朱理学还是陆王心学从内圣上发挥了独善其身从而与现实的污浊政治划清了界限的功能，或者在政治失意时以这种儒家的内圣来慰藉受到现实政治伤害的心灵，以此满足人对于精神世界的超越性追求；而且还借此表达了自己与君主分庭抗礼的诉求，因为人人都有体悟天理的能力，所以从天理上讲人人都是平等的。这种能力是由人所具有的本性所决定的，因为天命之谓性，人性乃天所赋予，因而人的平等性也是天所赋予的。理学家就是通过这种思想曲折地反映了他们的政治理想和主张，并且以此为思想上的强大支持而从事政治活动。心学家的心即理更是如此，他们认为人心即是天理，而非皇帝之言是天理，因此对君主的绝对权力从内心就无法接受。王学发展到后期的泰州学派更是在下层民众中通过讲学推广这种思想，在民众中影响很大，统治阶级对这种挑战他们绝对权威和一言堂的思想非常恐慌，因而从思想和政治上进行围剿，最终泰州学派在学术界的名誉扫地，与统治阶级的思想围剿关系甚大。这就是清代的统治阶级之所以抛弃心学而将程朱理学确立为统治阶级思想的主要原因，盖心学之以自我之心所认为的是天理的思想对统治阶级所宣扬的观念有很大的冲击和威胁，而程朱理学之天理可以为他们所用，将此天理确立为僵化的天理教条有利于他们的统治。

与统治阶级所宣扬的天理观不同，明清儒家中的有识之士针对理学与心学在学理上的缺陷而转向了自然气本论，这乃是儒学空疏的流弊和脱离民众而引起的儒学自救运动，是思想内在理路发展的结果，是儒家思想发展的内部调整。这种思想重视民众的合理需求的确对他们产生了很大的吸引力，其重视格物与道德践履也有利于人们的接受和推行。但是其重视民生的欲求方面却没有获得良好的社会效果，这从与占有民众中一半的女性生活生死攸关的贞节观可以看出来。当然其重视遵守礼教的思想是有利于统治阶级所宣扬的礼教的推行和实施，也有利于民众在一种和平的生活中对自己精神生活的追求，从而在一种可资有限利用于自己发展的环境中满足自己向善的精神追求。

自然气本论对自我欲求、自我发展的满足的诉求无疑受到了政治制度和社会分层结构的制约，但是其对诸如遵守礼教等实际行为的重视则由于与封建规范及家族精神相一致，因而获得了广泛的影响。但是这种在遵守礼教方面的成功反而削弱了自然气本论对民众生存权和发展权关注的作用。这还是政治和社会的基本结构在思想的流传中发挥的"顺我者昌逆我者亡"的重要作用所致。总之，思想流派中的那些与政治和社会有冲突的思想主张的发展必然要遭到这些势力的打压与抑制，而与之相一致的思想就能得以畅通无阻的发展。因而，无论何种派别，儒家思想中的那些心性方面的思想因有利于统治阶级的统治，因而都能得以发展，这也就是中国文化中的内倾特点特别明显的原因，盖心性论也为统治阶级所提倡。它在满足广大民众追求精神生活和更高的超越性精神的同时，也有利于统治阶级的统治更加稳定。

当然心性论也并非铁板一块，以其主要是个人的修身养性的总的精神为统治阶级所认可的同时，其思想内涵所指也有与统治阶级的意志相违背的地方。这种思想表达了他们对现实政治的诉求，其异端性质要么为统治阶级所批判和压制，要么就难以发挥作用。例如，在乾嘉时期，考据学盛极一时。这不仅是学术内在发展理路所导致的，即反对宋明时期的空疏之学，强调经典文献的依据；同时也是政治上高压态势压制的结果，不敢随意主观地表达自己的想法，只好转向故纸堆寻求学术的出路与价值。这是政治对学术影响最显著的例子。而与此同时,乾嘉时期,以凌廷堪为代表的儒家学者掀起一场以礼代理的思想转向运动,这场运动将礼提升到了空前的地位。他们宣扬的礼有与统治阶级意识形态相一致的一面,凌廷堪们要求人们遵守这种礼从而变化自己的性情,追求一种有意义的生活,以此实现人在此世的价值,这一点迎合了统治阶级意识形态的需要,令他们暗喜。但是这种礼也有与统治阶级的思想不一致的地方,而且他们同考据学家一样是通过对文献的考证而论证了他们所坚持的礼的正确性,而否定了统治阶级以及家族的做法。这种礼教主义以古典文献考据为强大的后盾,因而统治阶级对这种礼教主义感到非常棘手。例如,妾子为生母守孝的问题,凌廷堪就引用了《论语》《孟子》与《仪礼》加以论证,证明子与母的亲亲关系比起父母之间的婚姻关系来得更重要,因而妾子为生母服丧与夫人所生之子为其母服丧应该相同。[1] 这种礼显然与封建统治阶级所制定的封建等级制度明显冲突,是对这种不合理的制度的挑战。表面上看是妾子守丧的问题,但是通过这个与统治阶级相违背的礼曲折表达了平等的政治诉求,也委婉地表达了儒家知识分子要与最高统治者平起平坐的思想。在封建统治者政治思想意识形态日益强化的时期,这种诉求很难为统治阶级所采纳。

以上论述了儒家思想在发展中,其对精神生活的超越性追求基本上没有冲击统治阶级的统治,因而多少能得以顺利发展。广大民众在艰难的生活中,多少能够在精神世界中获得一些安慰乃至自我麻醉。而对于儒学发展史与社会政治经济之际的复杂的互动关系表明儒学的发展有其内在的理路的同时,也受到了外部因素的巨大影响。在复杂的关联互动中,儒家采取了怎样的对策以及与统治阶级的关系的演变是值得深入研究的。由于本文题旨与篇幅的限制,也只能就这种复杂活动与儒学所具有的超越性做些简单的勾勒,具体的实际情形则只能有待另文详论了。

---

[1] 张寿安《以礼代理——凌廷堪与清中叶儒学思想之转变》,河北教育出版社 2001 年版,第 73—74 页。

(七) 经世致用与建功立业

明末清初与自然气本论思潮有某种关联的不仅有以理代礼,还有经世致用,它们都有一个共同的特色即重视实践及国用民生的效果,而反对落入形而上的思辨建构的窠臼。理是由气而生,因此,由理而形成的礼不是先验的,而是事物在发展中形成的,这样的理(礼)同理学家先验的理就有了本质的区别。表明自然气本论学者重视的是一个现实可见的世界,他们不关注一个观念上想象的世界。因而经世致用也就由此而生,此经世致用不仅在于要将礼教主义推向广大的民众之中,从而建立人间有序而健康向上的新秩序(从这一点也可见,经世致用也包括礼教主义,但此处经世致用偏重与礼教相关的内容之外的建功立业,因此,仍将它们分开论述),而且还要建立一番有利于社稷苍生的伟大的功业。颜元就是重视建功立业的学者。他说:

> 有国者诚痛洗数代之陋,用奋帝王之猷,俾家有塾,党有庠,州有序,国有学。浮文是戒,实行是崇,使天下群知所向,则人才辈出,而大法行,而天下平矣。①
>
> 凡在下而立心、立身、立家、立业,在上而立政、立功、立业、立位、立社稷、立国邑,皆是。我欲成立,谁不想成立?便欲推欲立之心去立人。这达字便是"在家必达""在邦必达""赐也达""不成章不达"、达道、达德、达尊等达字。我欲通达,谁不想通?便推欲达之心去达人。这一欲字,把千古帝王、百代圣贤、愚夫愚妇心事都通同无隔。这立、达两字,把帝典王道千百事功、千百政务、圣人一贯、成己成物的作用都统括无遗。②
>
> 人必能斡旋乾坤,利济苍生,方是圣贤。③
>
> 孔子与三千人习而行之,以济当世,是圣人本志本功。④

---

① 颜元:《颜元集》,中华书局1987年版,第661页。
② 颜元:《颜元集》,中华书局1987年版,第190—191页。
③ 颜元:《颜元集》,中华书局1987年版,第673页。
④ 颜元:《颜元集》,中华书局1987年版,第157页。

正是因为对事功的重视，作为清初反宋儒最激烈的学者，颜元曾气愤地指出宋儒的静修耽误了儒家的事功，他说："朱子教人半日静坐，半日读书，无异于半日当和尚，半日当汉儒。"① 又说："今天下兀坐书斋人，无一不脆弱，为武士农夫所笑者，此岂男子态乎？"②（《存学编》卷三）宋、明理学家重文轻武，从而给国家社会造成了极大的危害，颜元对此深恶痛绝，他说："宋元来儒者却习成妇女态，甚可羞。'无事袖手谈心性，临危一死报君王'，即为上品矣。"③（《存学编》卷一）

从颜元对外王事功的重视来看，明清儒家的经世致用不仅包括以礼教来治理社会以便收拾人心使社会重回正轨，而且还有建功立业之意。但心性道德之学，仍然是明清儒学的重点，也是儒学自开创以来的主要面相。

（八）从哲学思想上看，心本论是否优于自然气本论以及自然气本论的实践性

程朱理学与自然气本论相对于王阳明心学而言，它们在将格物之物当作心之外的存在上是相同的，这在有的学者看来就造成了心与物、心与理的二元对立问题，而这种对立只有在王阳明心学那里才得以消解。虞圣强说：

> 程朱理学的为学方法之所以被王阳明批评为将一件事打作两截，其根本原因就在于他们不能克服心与物、心与理的二元对立。王阳明心学的提出，其目的正在于要克服这种对立。他以本心固有的良知作为本体，将事物看作本心的作用，将天理看成是良知的显现，因此在阳明心学中，格物致知与正心诚意修身与明明德是同一个过程，即是去除物欲对本心的遮蔽即存天理的过程。阳明心学较之程朱理学与罗钦顺的气本论无疑具有逻辑上的一致性和理论上的完整性，其积极意义就在于试图解决心与物、心与理的矛盾，从而将它

---

① 颜元：《颜元集》，中华书局1987年版，第270页。
② 颜元：《颜元集》，中华书局1987年版，第73页。
③ 颜元：《颜元集》，中华书局1987年版，第51页。

们统一起来。①

但事实上，上引文作者所认为的心与物、心与理的对立是由于作者自身的哲学立场所导致的，而其本身却不一定在事实上是对立的。自然气本论者非常重视道德实践，正是由于实践活动使得其活动中心物等实现了统一。

将外物看作独立于观察者自身的存在就导致了心与物等的对立的思想根源与英国哲学家贝克莱的"存在就是被感知"的思想有相似之处。即如果将外物看作独立于人心之外的存在，则必然导致心与物的关系无法衔接与打通，因为心是精神意识的存在，而物是物质的存在。一个人无论怎样去探索外物，他都无法将精神与物质打通，精神永远也不等于物质。而贝克莱的存在就是被感知就将整个世界统一于精神与感知的存在。世界的物质性我们不可知，但是世界给予我们的表象却是可以感知的，世界给予我们的只是其表象。于是心与表象就统一于人的精神与感知的精神活动而避免了心与物的对立。王阳明的"心外无物"的思想也有同样的特点。于是以此思想来观照程朱理学与自然气本体论，则会得出它们的思想陷入了心与物等的二元对立。

而罗钦顺等自然气本论者认为世界的存在不是因为被我们所感知而存在，而是真实独立地存在着，我们也能够完全认识这个世界。这是不同思想立场所做出的判断，当然若坚持自己的立场，则谁也无法说服对方。因此，王阳明说服不了罗钦顺，罗钦顺也说服不了王阳明。当然，中国古人还是认为外物是真实存在的，而没有贝克莱的这种意识：存在就是被感知，因而得出了外物是物自体，而我们的精神活动对此物质世界一无所知的结论。中国人即便是王阳明的心学也不曾有贝克莱的我们对外物一无所知的意识，而是认为外物是真实存在的。但是王阳明心外无物的思想在构建意义世界上，的确起到了贝克莱一样的作用，只不过王阳明是认为心外之物对我是没有意义的，而贝克莱认为物质世界是不能认识的。但结果是一样的，即他们用精神意识统摄对象世界。进入王

---

① 虞圣强：《气本论与心学的格物之争——记罗钦顺与王阳明的两封通信》，《孔子研究》1996年第4期。

阳明视野的是心中之物，进入贝克莱视野的是表象。

如果我们走出心学以及贝克莱所主张的思想，而承认物质世界是独立存在的，也是可以认识的，就不会出现王阳明所主张的心外无物的思想认识下一切由心所决定，而可能导致对我们的行为要征得诸外物的验证的取消，也不会使自我变成无往而非是的狂人。所以，当我们承认外物和外在规范在我们的心外实实在在地存在时，我们就走出了心外无物的迷障。

如果我们用青年马克思的新唯物主义来看待这个问题的话，就会明白，只要是主体的感性实践性的活动，这种感性实践性就一定能够将主客二体有机地统一在一起。① 因为，感性的实践性活动不仅关涉了主体，同时也关涉了客体。所以，气本论没有导致主客二者的对立，相反，他们用道德实践将心与物、心与理的关系很好地统一起来。

有关青年马克思感性实践性的思想，我们可以引用最新发表的一些论述，从而加深对这个问题的理解。苗启明说：

> 在这里，马克思一是批判旧唯物主义哲学"直观地"把对象世界理解为与人对立的、独立自在的"客体"，这就不能不出现主体与客体的二元对立，成了旧哲学摆脱不掉的天生局限。马克思提出克服这种二元对立局限的新主张，就是把"对象、现实、感性"，"当做感性的人的活动，当做实践去理解"，要"从主体方面去理解"。②

作者在论到青年马克思新唯物主义是如何消解主体与客体的对立时又说：

> 因而，这种以人的人类学特质理解世界的唯物主义，不是没有人的因素的单纯的"客体"唯物主义，而是以人的人类学特质为根

---

① 笔者还就青年马克思的主体实践观与儒学的实践性的类似性写过一篇文章，参见附录《从马克思主义看牟宗三存有的活动性》，《广西社会科学》2016 年第 5 期。

② 苗启明：《从人类学哲学视域对马克思〈关于费尔巴哈的提纲〉的新理解》，《思想战线》2018 年第 6 期。

基的"新"唯物主义。这就消解了主体与客体的二元对立,构建了主客一体的"新唯物主义"。这也就是说,由于它是建立在人的人类学特质之上的,因而"新"唯物主义也就不能不是人类学唯物主义。①

唯物主义是以人类学为根基的"新"唯物主义,因而就解决了主客对立的问题。这种新唯物主义世界观不能理解为实践唯物主义,苗先生说道:

> 二是不能理解为实践世界观,因为实践不是脱离开人的独立自在环节,它不过是"感性的人的活动"而已。因而,应当从人的活动来理解世界而形成世界观,这样的世界观只能是人类学世界观而不是实践世界观,是从人类学立场和人类学视野出发看世界而形成的人类学世界观。②

因此,当我们从以上认识重新审视罗钦顺与王阳明的争论时,③ 他们差异的核心在于心外有物与否上,这是心学与气本论的实质差异之所在。心外无物的根本理论实质在于认为进入我心之物才有意义,没有进入心中之物对于我们是没有意义的。而气本论者以为通过我们格物的实践就可以将意识与对象联系起来,这很类似青年马克思的感性活动性的理论,强调了人的活动在统一外物与意识上的根本作用。而王阳明是将对象物看作心的作用而将它们统一起来。王阳明强调了主体性,弊端在于心即理,以为心具万理,从而导致遗落外物、面壁十年之类的弊病,或者以意见为理,导致狂禅。而气本论则无此弊端,他们最有意义之处在于重视践履。

---

① 苗启明:《从人类学哲学视域对马克思〈关于费尔巴哈的提纲〉的新理解》,《思想战线》2018 年第 6 期。
② 苗启明:《从人类学哲学视域对马克思〈关于费尔巴哈的提纲〉的新理解》,《思想战线》2018 年第 6 期。
③ 有关罗王争论,参见虞圣强《气本论与心学的格物之争——记罗钦顺与王阳明的两封通信》,《孔子研究》1996 年第 4 期。

第九章 性可不善乎：论船山在人性善恶上的一个转向

船山在《尚书引论》（下文简称《引论》）中提出了气有不善、性有不善的看法，而在其两年之后撰写的《读四书大全说》（下文简称《四书说》）中，船山就对这种看法进行了修正，认为性无不善，这种认识贯彻到了他之后学术的始终。而《引论》中所认为的性善论与性日生日成论则是其自始至终的一贯之论。即船山的性论主体终其一生都是一致的，其前后的不同并非由于人性论的主体有阶段性的发展与变化，而是在性可为善可不为善上发生了一个转向。因而其人性论的全貌也非可以用性之体为善、性之用有不善加以统摄。

一 《尚书引论》中的人性论

在《引论·汤诰》中，船山着重阐述了其理气合一、性气合一的观点，此与程朱之理气二元、性气二元的观点适成对照。对此，学者陈明说道："而船山此篇所论则正是针对朱子之说，以阐发其理气一元、性气合一之主张。"[①] 可见，船山之理气合一、性气合一的思想在其较为早期的作品中就已经成型，而这个合一之思想在他的作品中一直得以延续与发展。这是船山思想一个非常不同于宋儒贵性贱气的地方，他建构了一个以气为本来统摄其他诸如理、性等概念的一个思想体系。因而其气不是物质意义上的气，而是兼具精神内涵的。船山在人性论上的另一个

---

① 陈明：《王船山气论视野中的人性学说——以〈尚书引义〉为中心》，《儒道研究》（第一辑）2013年8月，第134页。

特点是坚持了性气本善的观点,这一点在其人性论中也是贯彻始终的;而就在这一点上船山思想在其发展过程中发生了一个细微但又非常重要的转向。在《引论》中,船山认为性与气虽为善,但在习以成性的过程中,气与性可能变成不善。但后来对此作了修正,认为气与性始终为善。实际上如果认为气与性本善,而在习以成性的过程中,气与性会发生改变,则是有问题的。用体用关系的话语来说,就是体善则用也应当善。显然,在《引论》中,船山是认为体善而用可以不善,这种观点在学理上有不圆融之处。由性本善而用有不善的看法发展为性始终为善的这个转向不仅可以扭转其体用观的扞格不通,而且更为重要的是,由其人性论的这个转向导致了其工夫修养论与宋儒在侧重点上有很大的不同。即不是气与性之不善,不善是由于主体在与外界交往过程中不能善于驾驭情势与正确对待的结果,不善的结果主要由主体负责。而如果认为在习以性成的过程中,习导致了气与性不善;而气与性也不是立即能加以改变的,且容易将其看作一个客观外在的存在,于是主体就将不善的责任归咎于不能立即加以改变和在一般情况下被视为客观形式的气与性,而主体就不能当下立即醒悟与振作起来,负起改变自身不善的责任来。因而主体就听天由命无可奈何地接受了这种不善而没有自信奋起加以改变了。因为他潜意识里,不善不是直接由主体自身造成的。这又落入了宋儒将不善归咎为气的窠臼。

在《引论》中,船山认为气是可以不善的,性也可以不善,与其性气本善的观点是矛盾的。船山说:"今夫气,则足以善、足以恶、足以塞、足以馁矣。足云者,有处于形之中而堪任其用者也。若夫恒而不迁,善而无恶,塞而不馁者,则气固有待而足焉,而非气之堪任也。故曰性衷气也。气非有形者也,非有形则不可破而入其中。然而莫能破矣,而絪缊抟散者足以相容而相为载,则不待破以入,而性之有实者,固与之为无间。"① 有待而足,气只有依赖性为之衷才能够善而不恶,即是讲气是可能变成恶的。气善而无恶,塞而无馁并非气本身所能胜任的。在此船山明言气可以为不善,而不能一直保持善。气可以为不善,则相应地,性也可以为不善。气为什么能演变为不善,这个问题船山在《太甲二》

---

① 王夫之:《船山全书》第 2 册,岳麓书社 2011 年新版,第 293 页。

进行了阐述。

船山说:"习与性成者,习成而性与成也。使性而无弗义,则不受不义;不受不义,则习成而性终不成也。使性而有不义,则善与不善,性皆实有之;有善与不善而皆性气禀之有,不可谓天命之无。气者天气,禀者禀于天也。故言性者,户异其说,今言习与性成,可以得所折中也矣。"① 在《太甲二》中,船山首先申明其人性论的主张是习以性成。船山认为只有他的人性论可以折中各家在人性论上的众说纷纭。他认为如果性本善,则就不受不善之义;不受不善,则习成而性终究难以养成,因为习与性成。习不善,则性不善。但现在此性不接受不善,则此性就是自相冲突的。一方面它随习之不善要演变为不善,另一方面它又不接受不善,这种情况下的性岂不是难以形成?它就只能停滞在过去或是自相冲突,这与性日生日成的事实是矛盾的。而如果性有不善,则性就有善有不善,相应地,气禀也是有善有不善。而气是禀受于天的,气之不善,则表明天有不善。这种性恶论与儒家传统所认为的天道必善是不相符合的,因为儒家到了宋代以信奉性善论为主流。于是,宋儒只好将性与气分别对待,天命之性是善的,气质之性可以为不善。这种性气二元论是船山不能接受的。

通过对过往人性论的回顾,船山认为它们总有这样或那样的缺陷。于是在破除前人人性论的基础上,船山提出了自己习以性成的人性论,认为它正好可以解决以上的诸多困难和矛盾。为什么人性可以为不善,就是不善之习之熏染逐渐使得本来为善的性变成了不善,恶之根源就是人日常不良的习气。在船山看来这个习气解决了人性沦为不善的问题,也就解决了人之性有不善和善的问题。

船山的习以性成是基于他的性不是在人初生之顷时就决定了的,而是不断地日生日成的。船山言道:"若夫二气之施不齐,五行之滞于器,不善用之则成乎疵者,人日与偷瞙苟合,据之以为不释之欲,则与之浸淫披靡,以与性相成,而性亦成乎不义矣。"② 船山以为阴阳二气如果流行不齐,五行在器具上滞留不前,人如果不善用之以及偷瞙苟合,则可

---

① 王夫之:《船山全书》第2册,岳麓书社2011年新版,第299页。
② 王夫之:《船山全书》第2册,岳麓书社2011年新版,第301页。

能使得性流于不善。在此船山只是说性为不善。而在紧接的下文中，船山不仅说到了气之不善，而且还说到了气之不善引起了性之不善。这种观点也证明了船山在《太甲二》开篇中的论述是有气可以为不善、性可以为不善的意思在内的。

船山又云："然则饮食起居见闻言动所以斟酌饱满于健顺五常之正者，奚不日以成性之美；而其卤莽灭裂以得二殊五实之驳者，奚不日以成性之恶哉！"① 船山以为得健顺五常之正者，就是成性之美，即是说气之符合五常之正者，则性就表现为善。如果得健顺五常之驳者，就是成性之恶，即是说气不善，则性亦不善。以上的说法是船山在《引论》中认为气可以为不善、性可以为不善的明证。

既然性可以由善变成恶，表明性是变化的，则性也可以由恶变成善。船山说："然则'狎于弗顺'之日，太甲之性非其降衷之旧；'克念允德'之时，太甲之性又失其不义之成。惟命之不穷也而靡常，故性屡移而异。抑惟理之本正也，而无固有之疵，故善来复而无难。未成可成，已成可革。性也者，岂一受成侀，不受损益也哉？故君子之养性，行所无事，而非听其自然，斯以择善必精，执中必固，无敢驰驱而戏渝已……天命之谓性，岂但初生之独受乎？"② 太甲之性非其降衷之旧，即已经由善变成了不善。但只要克念允德，则太甲之性又可以返回为善。

概而言之，在《引论》中，船山人性论的中心观点是性与气是合一的，它们在人之初生之顷是善的。但随着人之习天长日久的影响，气与性就可能变成不善。但人只要遵循天命去做，其气与性就一定能保持原初之善。因而，在此阶段，其人性本善当是原初之善，在初生之顷时为善之意，而在之后可能变成不善。

二　《读四书大全说》中的人性论

船山在《四书说》中的人性论与《引论》中性可为善的思想是一致的。但是在《四书说》中，船山放弃了气与性可以变成不善的说法。

---

① 王夫之：《船山全书》第2册，岳麓书社2011年新版，第302页。
② 王夫之：《船山全书》第2册，岳麓书社2011年新版，第301页。

第九章　性可不善乎：论船山在人性善恶上的一个转向

在《四书说》中，船山主要是从气质之性来论人性，并且认为人性就是气质之性。船山说："程子创说个气质之性，殊觉峻嶒。先儒于此，不尽力说与人知，或亦待人之自喻。乃缘此而初学不悟，遂疑人有两性在，今不得已而为显之。所谓'气质之性'者，犹言气质中之性也。质是人之形质，范围著者生理在内；形质之内，则气充之。而盈天地间，人身以内人身以外，无非气者，故亦无非理者。理，行乎气之中，而与气为主持分剂者也。故质以函气，而气以函理。质以函气，故一人有一人之生；气以函理，一人有一人之性也。若当其未函时，则且是天地之理气，盖未有人者是也。未有人，非混沌之谓。只如赵甲以甲子生，当癸亥岁未有赵甲，则赵甲一分理气，便属之天。乃其既有质以居气，而气必有理，自人言之，则一人之生，一人之性；而其为天之流行者，初不以人故阻隔，而非复天之有。是气质中之性，依然一本然之性也。"① 船山与宋儒不同，宋儒是性二元论者，而船山是性一元论者。因此，船山虽然也提到了气质之性，但此气质之性与天命之性是一个性，而不是两个性②。船山主张性本善，因而气质之性为善。但船山气质之性虽然为一本然之性，与宋儒的天命之性与气质之性都不同，它是天之流行于人者，而不再完全属于天之有，是先天与后天的综合。人不能阻隔天理之流行，因而气质之性中有天理在。但是气质之性也不同于天理，因为它是天理在人身中之流行，随人之形质之不同而不同。船山说："乃若性，则必自主持分剂夫气者而言之，亦必自夫既属之一人之身者而言之。"③ 性既要从主持分剂夫气之理而言，也要从一人之身，即人的形质而言。其意为性不仅包括理，而且还包括人之质，由于形质千差万别，因而性只能是相近的。但是这个相近不是善与不善的相近，而是气与性都是善的，善因不同的人而有不同，因而是不同的善之间的相近。

船山在比较孟子与孔子的人性论时，以气质之性论来评价孔孟的人性论。认为孟子所言性为命，是从天命之角度来说的。而孔子所言性是质中之性，是符合船山所讲的随质以分凝，即是从命与气质二者相结合

---

① 王夫之：《读四书大全说》，中华书局1975年版，第465—466页。
② 这实际上是对宋儒人性论的批判。船山并非为了标新立异而凸显自身学术的独特与价值，而是为了避免坠入佛道滔空说玄远离变化气质之性的实学的陷阱。
③ 王夫之：《读四书大全说》，中华书局1975年版，第470页。

谈性。其言道："孟子之言性，近于命矣。性之善者，命之善也，命无不善也。命善故性善，则因命之善以言性之善可也。若夫性，则随质以分凝矣。一本万殊，而万殊不可复归于一。易曰'继之者善也'，言命也；命者，天人之相继者也。'成之者性也'，言质也；既成乎质，而性斯凝也。质中之命谓之性，（此句紧切。）亦不容以言命者言性也。故惟'性相近也'之言，为大公而至正也。"① 这种气质之性是命与气质的综合，而不只是命。所以，船山赞同孔子的性相近是大公至正之论。这种相近是由于质的不同而有不同，但又都是善的。所以，从性善论的意义来说，孔孟的人性论并无根本分歧。

气质之性是相近的，这种相近是由于各人的气质各有不同。船山即从气质本身之偏与气质相对于主体人来说的不合适两个方面来论证气质对于人性的影响。但是又认为气质并非不善，因而气质之性也不为不善。

（一）气质之偏

船山认为导致气质之偏的原因在质而不在气，其言道："以愚言之，则性之本一，而究以成乎相近而不尽一者，大端在质而不在气。盖质，一成者也；气，日生者也。一成，则难乎变；日生，则乍息而乍消矣。夫气之在天，或有失其和者，当人之始生而与为建立，所以有质者，亦气为之。于是而因气之失，以成质之不正。乃既已为之质矣，则其不正者固在质也。在质，则不必追其所自建立，而归咎夫气矣。若已生以后，日受天气以生，而气必有理。即其气理之失和以至于戾，然亦时消时息，而不居之以久其所也。"② 船山以为质是已成之相对稳定的形式，而气是日生的，不断变化的。即便是所由之而形成的气不正，但是一旦质形成，就不能归咎于所形成之气，而只能归咎于已成之质。而形质形成之后，新生之气加入形质之中，不正之气也不会久居形质之中，因而对气质之性的影响也是有限的。即便气质有不正，但是仍是大正之中，而不同于犬羊草木之不正。船山云："质之不正，非犬羊、草木之不正也，亦大正之中，偏于此而全于彼，长于此而短于彼。"③ 因此，气质不像犬羊草

---

① 王夫之：《读四书大全说》，中华书局1975年版，第470—471页。
② 王夫之：《读四书大全说》，中华书局1975年版，第467页。
③ 王夫之：《读四书大全说》，中华书局1975年版，第470页。

木一样存在不善的问题，气质最多是有所偏而不正。

既然存在气质之偏，理所当然就要改变它，船山接着就谈到了要变化气质，他说："乃人之清浊刚柔不一者，其过专在质，而于以使愚明而柔强者，其功则专在气。质，一成者也，故过不复为功。气，日生者也，则不为质分过，而能〔为〕功于质。且质之所建立者，固气矣。气可建立之，则亦操其张弛经纬之权矣。气日生，故性亦日生。"①清浊刚柔不一，其过在于质，是质之不正所造成的。但是这种不正并没有导致道德上的不善，只是质有所偏。而使得愚明而柔强，其功在于气，因为气是不停地出入于人之形质的，就能改变人之愚与柔。气能变化形质，而气日生，因而形质在不断变化。如果人听任气的变化，则可能将本是良之质变成劣质；相反，如果主体能主宰此气的变化，善于养气，则能变化不良之质，船山说："是故质之良者，虽有失理之气乘化以入，而不留之以为害。然日任其质，而质之力亦穷，则逮其久而气之不能为害者且害之矣。盖气任生质，亦足以易质之型范。型范虽一成，而亦无时不有其消息。始则消息因仍其型范，逮乐与失理之气相取，而型亦迁矣。若夫繇不善以迁于善者，则亦善养其气，至于久而质且为之改也。故曰'居移气，养移体'，气移则体亦移矣。"②如果不养气，任其质，即便是良质也有用尽之时。久而久之，气之不能为害于质者也有害于质了。进而就改变了良质之型范。原因在于虽然型范已成，但是气不断出入此型范，开始迁就此型范，待到与失理之气相结合，则此型范便逐渐改变。所以，即便是良质因任其气都会改变其型范。由此可见不能因任其气，而要善于养气。养气则质最终会为之改变，而养气便是习。船山说："乃其所以移之者，不可于质见功。质，凝滞而不应乎心者也。故唯移气，斯以移体……乃所以养其气而使为功者何恃乎？此人之能也，则习是也。是故气随习易，而习且与性成也。"③迁移型范不可从质上见功，因为质是凝滞而不能因应于心。意思是只有气才能因应于心，此也表明心是养气的主宰。这与船山所主张的人心要负起改变自身的责任的思想

---

① 王夫之：《读四书大全说》，中华书局1975年版，第468页。
② 王夫之：《读四书大全说》，中华书局1975年版，第469页。
③ 王夫之：《读四书大全说》，中华书局1975年版，第469页。

是一致的。不因任其气,则是养气,养气就能移气,移气则能移体。养气就是习,是故气随习而改变,而习由此也成就了性。

王船山对气质之性的观点,当然受到了那个时代学术的影响。正如陈来所说:"在经历了明中期以来的在'理'的理解方面的'去实体化'的转向以后,儒学思想家大都走向了这种气质之性(条理之性)的人性一元论。"① 船山也的确认为人性即为气质之性,其性亦有条理之意,但是船山之气质之性与其气善理善的形上思想是联系在一起的。船山之理有形而上的倾向,而与明代的王廷相之理去实体化不同。王廷相其理有去实体化的倾向,当然其性也有如此的倾向。

在这种学术大潮下,船山能够卓尔不群,在受到当时时代学术思想影响的同时,也坚持了自己的学术主见,足见船山学术上的卓然独识和坚定的自信,自然也便成就了一代思想大家。

(二) 气质相对于主体的不适合

上文是讨论气质之偏,而在下面的论述中,船山又认为气与质之不善是相对于主体而言的,是时与位所影响的。而就其本身来说,则为善。在《四书说》中,船山说:"性以纪气,而与气为体。(可云气与性为体,即可云性与气为体。)质受生于气,而气以理生质。(此句紧要。)唯一任夫气之自化、质之自成者以观之,则得理与其失理,亦因乎时数之偶然,而善不善者以别。若推其胥为太极之所生以效用于两闲,则就气言之,其得理者理也,其失理者亦何莫非理也?就质言之,其得正者正也,其不正者亦何莫非正也?"② 得理与失理皆因乎时与数之偶然所导致,这种得理与失理就区分了善与不善。但这种不善是针对主体的不适合,而就气之本身来说,它是没有不符合理的,没有不正的情况。因此船山说其不正亦莫非正也,其失理亦莫非理也。就是讲后天之气也为太极所生而运行于天地间,当然是实与诚的,即为善。但是由于气的数量以及其所出现的时间空间(后文讲的位就是从空间上来讲的)上合适与

---

① 陈来:《诠释与重建——王船山的哲学精神》,生活·读书·新知三联书店 2010 年版,第 512 页。
② 王夫之:《读四书大全说》,中华书局 1975 年版,第 469—470 页。

否等因素，此时此地之气就有一个对于某个人来说恰当与否的问题。不恰当，则气似乎就不善，不正，失理，这只能说是气对此人来说是这样，但就气之本身来说则无不正，无不善和合理。所以，对这种不善我们要做辩证的对待，不能对其进行断章取义的理解。

在此，船山还提到气与质之不得理在于主体一任乎气之自化与质之自成，所以不得理与主体有很大的关系。当然，主体形在形成过程中，这时主体还是不能干预这个形质的形成。但是主体在形质形成之后尤其是心智成熟之后是可以对形质与气进行干预的。所以形质之不尽如人意，主体当首负其责。因而主体不能放任气之自化与质之自成。

（三）何者不善

不善表现在主体与外物的交往上，而主体主要以气质的形式表现自身，不善不是主体之不善，也就不是气质之不善。从此点最可证明气质不为恶，相应地，气质之性也不为恶。

船山云："若夫气之日入于人中者，在天之化，或和或乖，而人任其自至以受之，则固不为之变也。"① 气之偏是由于人懈怠与不作为而任气自至不加干预的结果。又云："故孟子将此形形色色，都恁看得玲珑在。凡不善者，皆非固不善也。其为不善者，则只是物交相引，不相值而不审于出耳。惟然，故好勇、好货、好色，即是天德、王道之见端；而恻隐、羞恶、辞让、是非，苟其但缘物动而不缘性动，则亦成其不善也。孟子此处，极看得彻。盖从性动，则为仁、义、礼、智之见端；但缘物动，则恻隐、羞恶、辞让、是非，且但成乎喜、怒、哀、乐，于是而不中节也亦不保矣。"② 船山将不善归咎为物交相引，不相值、不审于出，不审于出乃是人不能如此，因此，船山在此仍然将不善的责任由主体来承担。主体随仁义礼智等性动则善，而随物动则不善。善不善由人决定，船山由此强调人要有勇于担当和变化气质的决心与精神。人对不善负责却不等于人是引起不善的根源。船山认为不善既不是人直接导致的，也不是由外物直接导致的，而是二者交接所引起的。船山云："虽然，气

---

① 王夫之：《读四书大全说》，中华书局1975年版，第468页。
② 王夫之：《读四书大全说》，中华书局1975年版，第569页。

禀亦何不善之有哉？（如公刘好货，太王好色，亦是气禀之偏。）然而不善之所从来，必有所自起，则在气禀与物相授受之交也。气禀能往，往非不善也；物能来，来非不善也。而一往一来之间，有其地焉，有其时焉。化之相与往来者，不能恒当其时与地，于是而有不当之物。物不当，而往来者发不及收，则不善生矣。"① 善不是气质之不善，而是气禀在与物交往中所产生的。

对于主体与外物交往所引起的不善，船山认为与得位与否有关，船山云："后天之动，有得位，有不得位，亦化之无心而莫齐也。得位，则物不害习而习不害性。不得位，则物以移习于恶而习以成性于不善矣。此非吾形、吾色之咎也，亦非物形、物色之咎也，咎在吾之形色与物之形色往来相遇之几也。"② 不得位，那么，物以移习于恶而习以成性于不善。紧接着，船山说道，这种不善不是由物之不善引起的，也不是由人之形色不善引起的，而是由物之形色与人之形色往来之几引起的。这种往来之几导致了不善。位与前文所论的地与数则是可能的不利或者有利的因素，在此过程中的作用只是辅助性而非决定性的。在此，笔者要关注的是船山说习之恶可能会造成人性之恶，但是又说这种不善不是由人之形色和物之形色引起，而是它们的相交所引起。则所谓不善就是相交之际不恰当。而性的定义是合虚与气，它不是人之形色与物之形色之相交，因此就无所谓不善。此处所说的物之形色无咎，也表明人之气是无咎的。而船山的气与性的关系是合一的，即是讲性善气善，气善性善。则其性不善的说法只是一种随俗或者习惯说法，而就船山对不善的定义来说，不善不是性的属性，而是由于不相值、不得位所引起的；性就像初生之顷时的情形一样仍是善的。正是由于这个对性善的认识，在后期著作《相宗络索》中，船山不认为具有本体意义的八识是染识③。反过来，《相宗络索》中八识为净识的认识也证明了船山后期所认为的本体意义的性是善而无恶的。

---

① 王夫之：《读四书大全说》，中华书局1975年版，第571页。
② 王夫之：《读四书大全说》，中华书局1975年版，第571页。
③ 船山说："八识带一分镜中远影，藏已舍而此不舍，名毗播伽识……不受一毫熏染，无始以来原不曾熏动丝毫，还与真如契合无二，名无垢识，一曰白净识。"王夫之：《相宗络索》，《船山全书》第13册，岳麓书社2011年新版，第574页。

第九章　性可不善乎：论船山在人性善恶上的一个转向　245

对于船山这种人性不善是受一般说法影响的习惯表达，我们从他对于是人之几还是物之几造成了人行为之不善可见一斑。他认为既不是人之几所引起，也不是物之几所引起，而是它们的结合所引起。试看其表达。

船山云："天地无不善之物，而物有不善之几。非相值之位则不善。物亦非必有不善之几，吾之动几有不善于物之几。吾之动几亦非有不善之几，物之来几与吾之往几不相应以其正，而不善之几以成。"① 一说物有不善之几，又说物亦非必有不善之几，这从语义上讲是没有矛盾的。因为有与非必可以并存，就是说物可有不善之几，也可以没有。人之动有不善之几，也可以没有。这里没有什么问题。但从后文不善之几成于"物之来几"与"人之往几"相交之际不能相与于正来看，不善是从人与外物的关系来说的，是从事上来说的。单独地，物之几与人动之几是看不出不善的，所以船山这种说法是与其思想所认为的相交之际不善的思想不合，从整个语义上看也不相合。所以，船山所说的物之几与人动之几不善是从表面上说的，是一种迁就于世俗之见的方便说法。前文所说的物与人之形色非不善也证明物之几与人动之几非不善，但是船山依然说物之几与人动之几有不善，可见在其行文中论点的阐述是比较曲折的，而从整体上又论证了一个基本的思想。所以，我们读船山的书要有整体观，对他的一些顺应世俗的方便之见要有甄别能力。当然这种迎合成见也可能是他强调其不同于世俗之见时运用了以退为进的表达手法，即以世俗之见为参照，再提出一个与之不同的观点。

在以上简要提到主体对不善负责的基础之上，船山再从知己审位进一步阐明主体所应承担的责任。船山云："故唯圣人为能知几。知几则审位，审位则内有以尽吾形、吾色之才，而外有以正物形、物色之命，因天地自然之化，无不可以得吾心顺受之正。如是而后知天命之性无不善，吾形色之性无不善，即吾取夫物而相习以成后天之性者亦无不善矣，故曰'性善'也。呜呼，微矣！"② 不善之几的形成在于物之来几与人之往几不能相与于正，于是不善就产生了。而圣人能审位，就能够使得物

---

① 王夫之：《读四书大全说》，中华书局1975年版，第572页。
② 王夫之：《读四书大全说》，中华书局1975年版，第572页。

之来与己之往相与于正，而天命之性无不善，形色之性无不善。所以，物之来与己之往相遇之际所产生的不善应由主体人负责，是主体，具体来说就是人心不能知几审位所造成的。船山对人心是充满高度自信的，但人心的作用与责任是同等的，其云："天地自然之化，无不可以得吾心顺受之正。"① 天地自然之化可以得人心之受而正，反之，如果没有正则也是人心没有授之的结果。从儒家"我欲仁，则斯仁至矣"（《论语·述而》）的观点看，为仁与时及位无关。但这里船山认为时与位对人与物交往之不善有关，即是讲客观原因对主体行为之善否是有关的。这个问题怎么看？我们在此可以从两个方面看，首先船山在此借用周易的思想话语来讲人与物交往的问题，是着重于从事情的成功与吉凶祸福来讲，因此与客观的情势有关。其次，船山所论的客观形式是讲气与质同时与位有关，是讲主体自身的气化不正与质之偏的问题，这样直接与人的行为善否就有一定关系。说得直接些就是讲人能不能审时度势（位）。所以虽然是用周易的语言看似讲客观问题的时与位，实则也是讲主观问题。这主要是船山的气不仅是客观的，也是主观的精神。讲客观的同时，也是在讲主观，这是其乾坤并建思想的一贯体现。从船山自己的思想来看，船山讲知几审位主要还是从以上所论的第二个意义上来讲的。即是讲人为何不能"吾欲仁"的问题。

三 《张子正蒙注》《思问录》中的人性论

船山的人性论在《四书说》中相对于稍早的《引论》坚持了人性是天命在人形质中流行，因而不仅与天命有关，也与人的气质相关的看法，同时改变了气质以及人性可以为不善的看法。这种在《四书说》中的看法在船山此后的思想中一直没有改变，这一点我们可以从其后期的著作《张子正蒙注》（下文简称《正蒙注》）及晚年改定的《思问录》看得很清楚。可见，在《四书说》中这种人性论是船山发展成熟的思想，其中隐含了一个相对于稍早的人性论难以觉察的转向。

在《思问录》中，船山表达了《引论》《四书说》中相同的观点，

---

① 王夫之：《读四书大全说》，中华书局1975年版，第572页。

认为性是变化的，是日生日成的。性不是初生之顷就决定了的，相应地，性也不决定于初生之顷的形体，而是随着时间的推移与形体的变化而不断变化。船山云："天下之疑，皆允乎人心者也；天下之变，皆顺乎物则者也。何善如之哉！测性于一区，拟性于一时；所言者皆非性也，恶知善？性者，生之理，未死以前皆生也，皆降命受性之日也。初生而受性之量，日生而受性之真。为胎元之说者，其人如陶器乎！"① 不能测性于一区，是从形色皆性的意义上而言。形色是随着人的成长而不断改变，因而性也是不断变化的。船山在此讲未死以前皆生也即为此意。可见，船山所讲的性者生之理不是告子意义上的生者谓性，告子是讲初生之顷为性。"初生而受性之量"是从善大而性小来讲的，天道之善比起人性之善来范围要大。"日生而受性之真"是讲每一天性的变化不是想象的，而是真实的。那种认为人性是由其一开始的胎元决定的，如同将人性看成做成的陶器一成不变一样的荒唐可笑。所以船山接着言道："'成性存存'，存之又存，相仍不舍。故曰'维天之命，于穆不已'。命不已，性不息矣。谓生初之仅有者，方术家所谓胎元而已。"②

又说："孩提始知笑，旋知爱亲；长始知言，旋知敬兄；命日新而性富有也。君子善养之，则耄期而受命。"③ 性日新而富有，性的内涵是不断丰富的，这是由于气日生而日新所决定的。人所受之气在不同阶段其内涵是不一样的，因而与之相应的性的内涵就不断丰富。这种意义上的性之丰富内涵就不能说有恶的属性，气善则性善。

性是日生而不断丰富的，但又始终是善的。在《思问录》中，船山在多处谈到了性为善，而没有不善的说法，其云："言性之善，言其无恶也。既无有恶，则粹然一善而已矣。"④

性为善，相应地，与性之合一的气也是善的。船山说："气质之偏，则善隐而不易发、微而不克昌者有之矣，未有杂恶于其中者也。何也？天下固无恶也，志于仁则知之。"⑤ 气质只是偏，而没有恶隐藏于其中。

---

① 王夫之：《船山全书》第 12 册，岳麓书社 2011 年新版，第 413 页。
② 王夫之：《船山全书》第 12 册，岳麓书社 2011 年新版，第 413 页。
③ 王夫之：《船山全书》第 12 册，岳麓书社 2011 年新版，第 414 页。
④ 王夫之：《船山全书》第 12 册，岳麓书社 2011 年新版，第 426 页。
⑤ 王夫之：《船山全书》第 12 册，岳麓书社 2011 年新版，第 426 页。

天下本来没有恶，志于仁者其行为就不会为恶，恶是主体在与外界交往中产生的。

我们在肯定船山在《思问录》性无不善的同时，有必要讨论一下船山性之体与性之用的看法。对于船山的这种表述，我们不能得出其性之用为恶的结论，更不能将此性体与性用的说法与《引论》中的性与气可以为善可以为不善的观点混为一谈，从而认为可善的是性体，不善的是性之用。其实《思问录》中的性之体及用的观点与《引论》中的气性可为善可为不善之间有实质性的差异。在《引论》中，船山认为性可以为不善，那还是有待完善的观点。有学者将船山性可以为善和不善的观点用性之体为善、性之用不善的思想加以概括和解释①。但是在《思问录》中船山所提到的性之用没有不善的意思。如果以这种体可为善，用可为不善的思想概括船山一生的人性论是不正确的，因为船山只是在《引论》中有性为不善的思想，而在之后他在人性善恶上有了一个转向，由有善和不善转变为性无不善。而且体可为善用可不善的思想本身也犯了体用背离的错误。因为从学理逻辑上讲，体为善，则体之用也必为善。这也正是船山在《引论》中性可善可不善的思想不完善的症结所在，也是他在随后的《四书说》中在人性善恶上发生转向的原因。盖船山在《四书说》中意识到了这个问题，并对它进行了修正。

在《思问录》中，船山性之用没有为不善的意思。而是讲性之用如果没有性体的制约就可能为不善，不善是性之用即知觉之心一味追逐外物的过程中产生的，而就性之用单方面来说则不为不善。船山云："有善者，性之体也；无恶者，性之用也。从善而视之，见性之无恶，则充实而不杂者显矣。从无恶而视之，则将见性之无善，而充实之体堕矣。故必志于仁，而后无恶；诚无恶也，皆善也。苟志于仁，则无恶；苟志于不仁，则无善；此言性者之疑也。乃志于仁者，反诸己而从其源也；志于不仁者，逐于物而从其流也。体验乃实知之。夫性之己而非物、源而非流也明矣，奚得谓性之无善哉！"② 讲源，是从性体来讲的，性体为

---

① 胡发贵即有此倾向，他说道："王夫之有时甚至也认为气禀如何，会影响人性的善恶分化……王夫之虽然承认人性经后天之'习'有可能恶化，但就人性的本质而论，王夫之是倾向于认为性善的。"（胡发贵：《试论王夫之的人性论及其理论贡献》，《船山学刊》2008年第3期）习有可能恶化性，但性本质又为善。就是讲性的本质为善，而它在发用过程中会出现不善。

② 王夫之：《船山全书》第12册，岳麓书社2011年新版，第426页。

善。讲流,是从性用来讲的,性用是性体对心的主宰与主导,既为之主宰与主导,当然此心就是从知觉之心来讲的。知觉之心无所谓善恶,但是如果脱离性体的支配,就容易滑向恶。所以性是善的;不善,乃是从知觉之心追逐外物而失去性体而言。可见,船山性之体为善、而性之用不为恶。前者是指性之本身,后者是指性在知觉之心上的流行。知觉之心本身不为恶,但如果脱离了性体的制约,则就可能在追逐外物中产生恶[1]。船山所说的"从无恶而视之,则将见性之无善,而充实之体堕矣",即为此意。性之善隐而不彰,则充实之体堕落,知觉之心沉迷于外物而不知返。所以性之用主要是讲知觉之心,不能以此认为船山有性之体为善、性之用为恶的看法。船山在《四书说》之后都是认为气善而性善,不善只是主体与外物交往中产生的,是知觉之心摆脱性体的约束而追逐外物所导致的。

船山在《思问录》中同样认为人心要对不善负责。其云:"五行无相克之理;言克者,术家之肤见也,五行之神,不相悖害,木神仁,火神礼,土神信,金神义,水神知。充塞乎天地之间,人心其尤著者也。故太虚无虚,人心无无。"[2] 人得到五行之秀,当然就有为仁义之天赋,而人心尤其为五行之灵者,人追逐外物,理应由人心负责。

接着说道:"得五行之和气,则能备美而力差弱;得五行之专气,则不能备美而力较健。伯夷、伊尹、柳下惠,不能备美而亦圣。五行各太极,虽专而犹相为备,故致曲而能有诚。气质之偏,奚足以为性病哉!"[3] 气质之偏是讲只得到五行之专气,而没有得到五行之和气,然而不能备美也能成圣。因为五行各有太极,太极是全,所以也能由此而相为备,此是通过较为曲折的途径到达诚的境界。所以,气质之偏不能成为性善的拖累。而联系"天下固无恶也,志于仁则知之"这句话来看,不善之产生乃是不能志于仁的结果,不能志于仁,仍是五行之尤秀者的人心没有发挥应有的作用。

我们再来考察《正蒙注》的人性论,表明它与《四书说》及《思问

---

[1] 有关性与仁义之心及知觉之心的关系的论述参见胡金旺《相与为体:船山哲学思想简论》,《兰州学刊》2017年第2期。
[2] 王夫之:《船山全书》第12册,岳麓书社2011年新版,第426页。
[3] 王夫之:《船山全书》第12册,岳麓书社2011年新版,第426页。

录》中的人性论是一致的。

船山在解释张载的"性者，万物之一源，非有我之得私也"云："性以健顺为体，本太虚和同而化之理也，由是而仁义立焉。随形质而发其灵明之知，则彼此不相知而各位一体，如源之分流矣；恃灵明之知发于耳目者为己私智，以求胜于物，逐流而忘源矣。"① 船山以乾顺为体，性体是仁义之来源。而性之用是灵明之知发于形质者，在心上就表现为知觉之心。知觉之心如果追逐外物，而忘其源即性之体，则就与此外物相交而可能产生不善。这种思想与船山在《四书说》及《思问录》中的思想是一致的。性不仅表现为性之体，也表现为性之用，性之体是仁义，必然是善的。而性之用脱离性体的支配，就在追逐外物中变为不善。这种不善也非性之用之不善，而是性之用在与外物交往中产生了不善。性之用也是属于性，可见船山在此依然是将知觉运动等气质性的存在看作性，并且认为这种性随形质之不同而不同。正所谓"随形质而发其灵明之知，则彼此不相知而各位一体"。

船山在《正蒙注》中所谈到的理与欲皆为性的看法，与以上所讲到的性之体与性之用的划分是相对应的，性之体就是从理的方面讲，而性之用就是从欲的方面讲。船山言道："……而此言气质之性，盖孟子所谓口耳目鼻之于声色臭味者尔。盖性者，生之理也。均是人也，则此与生俱有之理，未尝或异；故仁义礼知之理，下愚所不能灭，而声色臭味之欲，上智所不能废，俱可谓之为性……理与欲皆自然而非由人为。故告子谓食色为性，亦不可谓为非性，而特不知有天命之良能尔。"②

船山在此说的气质之性是从正当的欲望来讲的。欲与理虽然是相对的，但从均为自然而非人为的角度来说，则都是人性，都不为不善③。这种人性论与其从天命以及天命在人身之流行而言的思想是一致的。

由以上的论证可以看出性在船山哲学中也是具有本体性质的概念。这一点从性之体为先天之气就可以看出来，性是气之性，气分为先天之

---

① 王夫之:《张子正蒙注》,中华书局1975年版,第96—97页。
② 王夫之:《张子正蒙注》,中华书局1975年版,第108页。
③ 王夫之认为理在欲中,理与欲具有一致性。欲符合理,也便是善的。有关论述参见王博《理在欲中,公欲即理:王夫之〈诗广传〉中的理欲观》,《武汉大学学报》(人文科学版)2014年第2期。

气和后天之气①，相应地，性就划分为性之体与性之用，而心就分为仁义之心与知觉之心。但是船山说过，心还只是一个心，只是从不同功效和侧面所做的划分，气与性也同此。所以性体从其先天之气来说就具有形上的性质。仁义之心如果主导知觉之心，则为善，相应于气来说，就是先天之气主导后天之气，则为善。从这个善之反面来说，不善的产生乃是因为仁义之心没有主导知觉之心与外物接触的结果，先天之气没有主导后天之气的结果，这个原因在船山看来只能归咎为心的失职，心没有发挥它最大的功能，主体性作用丧失了。

正是因为性随形质之不同而不同，而对于同一个人形质也是不断变化的，因而任何一个人他的性都是不断变化的。所以船山在《正蒙注》中也必然合乎逻辑地提出性日生的命题。其云："有形则有量，盈其量，则气至而不能受，以渐而散矣。方来之神，无顿受于初生之理；非畏、厌、溺，非疫厉，非猎杀、斩艾，则亦无顿灭之理，日生者神，而性亦日生。"②

而性之用即在心上表现的知觉运动之心之所以追逐外物而不知返，也是因为作为心之体即仁义之心没有起到支配作用的结果。船山云："大人不失其赤子之心，而非孤守其恻隐、羞恶、恭敬、自然之觉，必扩而充之以尽其致，一如天之阴阳有实，而必于阖辟动止神运以成化，则道弘而性之量尽矣，盖尽心为尽性之实功也。"③尽心为尽性实功，心在彰显性体上负主责。不善就是性受到遮蔽，是没有尽心的结果。所以，同样在《正蒙注》中，船山认为心对不善负有主要责任。对于心的作用，船山又云："天理之自然，为太和之气所体物不遗者为性；凝之于人而函于形中，因形发用以起知能者为心。性者天道，心者人道，天道隐而人道显；显，故充恻隐之心而仁尽，推羞恶之心而义尽。弘道者，资心以效其能也。性则与天同其无为，不知制其心也；故心放而不存，不可以咎性之不善。"④

---

① 船山在《楚辞通释·远游》中，释"保神明之清澄兮，精气入而粗秽除"云："精气，先天之气，胎息之本也。粗秽，后天之气，妄念狂爲之所自生。凝精以秽粗，所谓铸剑也。"参见王夫之《船山全书》第14册，岳麓书社2011年新版，第353页。
② 王夫之：《张子正蒙注》，中华书局1975年版，第84页。
③ 王夫之：《张子正蒙注》，中华书局1975年版，第98页。
④ 王夫之：《张子正蒙注》，中华书局1975年版，第104—105页。

船山这种思想将人的主体性和责任性都提到了前所未有的高度，人要勇于承担起变化自己气质的职责，不能将这个任务寄希望于他人和社会，自己才是改变自己的主导者和责任人。船山之性善说与性之变化说，如果从体上讲是善的，从用上讲是恶的，在学理上是不通的，因为体用是一致的。这也是宋儒引进气质之性这一概念的原因，因为人性本善，而人实际上又不是都善，因此是气质造成了这个结果。使得人之本性与实际上的表现不一致。因此如果认为船山之性其体是善的，其用为恶是可以的话，那宋儒就不必费神去创造气质之性这一概念。实际上，船山与宋儒一样，认为性是善的，其用也必善。不善乃是人与外物交往所引起的不善。而之所以如此，乃是心没有控制好它们，而使得它们出现不善的情形。这样船山从根本与直接上突出了心的作用，而宋儒将不善归于气质，归于人之形色，是没有船山那种要人自己负责的精神，而重在归于客观的先天之受，不利于增强人改变自己的信心和责任。

从以上的分析可见，船山在《思问录》及《正蒙注》中的人性论与《四书说》中的人性论是完全一致的。人性不是初生之顷就被决定了的，而是日生日成的。气质之偏不是人之不善的原因，不善是主体在与外物交往中产生的，主要原因是人心没有发挥应有作用所造成的。

综观全文，船山的人性论大体是贯穿始终的，但在《引论》中明确阐述的气与性可以变成不善的思想在后来的诸如《四书说》《正蒙注》等书中基本上是放弃了，而这种放弃显示了船山人性论在工夫修养论上一个明显的转向。即船山不再将不善归咎于气、性与习等与客观情况有关的因素和需要漫长的工夫才能见效的因素，这些因素可能被人当作不能当下振作起来改变自我的口实。与此不同，船山将不善的因素归咎为人主体当下的不积极面对和错误的做法。船山之意是要人当下就负起改变自己的责任来，一刻也不能拖延；而且船山也坚信人在当下也能改变自己。正是主要出于这样的想法，船山才改变了气性可以不善的思想，而是认为气性始终是善的，不善乃是人心在主体与外物交往中不能正确面对的结果。由此，船山凸显了人心的作用与责任，其思想的心学色彩是很鲜明的；而其性以仁义为实质内涵，具有客观的规范性，这又具有理学特色。因而船山之学是对心学与理学的综合与融通。

四 余论

对于有的学者用性体为善，而性之用不善的观点来解释船山所论述的性与气为善与不为善的思想，我们有必要将它与对船山哲学本体论影响很大的佛教联系起来进行深究。由此也可以更深层次地看出船山为何在后来要改变这种性为不善的说法，这种改变是儒学之体用与佛教的体相用有很大差别的原因所导致的。

大乘起信论说有空真如和不空真如，它们的关系与唯识宗所说的真如与阿赖耶识的关系类似。不空真如就是受到了染识的作用而使得真如起了变化，与染识交织在一起，因此就不是真如之体了。但是与真如还是有关的，其根本的作用还是由真如引起。而唯识宗之阿赖耶识是为了与真如区别开来所创立的一个概念，因为它是含藏净染的，所以与不动之真如本体还是不一样，而与不空真如类似。由此可见，唯识宗所论真如与阿赖耶识的关系与大乘起信论不空真如与性空真如的关系是一致的。只是唯识宗坚持真如是不动的理体，而大乘起信论认为真如是可以活动的，其活动还受到了染识的影响。[①] 大乘起信论为了将不空真如与空真如从体相用的角度区别开来，将空真如称为真如之体，而将不空真如称为真如之相。这与阿赖耶识真如为体、阿赖耶识为相的关系是一致的。所以船山说性之体时是受到大乘的影响，而将性之用说为有善有恶。但这种用已经不是体之用了，因为有妄心参与其中。严格来讲，既然不是性体之用所以就不能说是性了。船山后来也意识到这个问题，不说性与气不善，而认为是知觉之心不善，其不善之用也就是不善之心之用。则当船山仍说性气不善时，乃是从性与气受到心和行为影响的意义上说的。此种性与气就不是纯粹的性与气了，而是受到了其他因素影响了的气与性。在佛教那里就是受到了熏染的气与性，就是气与性的相，则其用显然就不是体之用，而是相之用了。船山之性论与佛教的体相用的联系很大，很可能是受到了它的影响，从其对《相宗络索》的阐释是用大乘起

---

① 真如缘起家认为，真如并非冥顽无知之死物，若遇无明妄缘，则真如举体起动而成生灭万法。

信论的观点来理解看，船山气与性的本体论受到大乘与唯识宗的影响是可能的，这种可能由于船山的气本论与佛教的类似而得到了证实。所以，那种认为船山性之体为善、而性之用有不善的情形，是失之于笼统的看法。因为，性之体是善的，从体用一源来讲，用也应当为善。此时不善之用不能被认为是性之用，而只能被认为是性与心的共同作用，而其不善不是性引起的，只能是由心引起的。所以，准确地讲，不善非性之用，而是心之用。这与大乘起信论中所说的体相用很相似，性空是体，而相是心的意识引起的，是虚幻的，由这种心的意识引起了森罗万象，而这种相又引起的相应的作用。因此，用就不是体之用，而是相之用，此时，我们就不能说体与用是一致的，①（这正如法藏在《〈华严经〉探玄记》卷一中所说的"体用各别，不相和杂"）其相与体也不同。正是由于后者，我们才说空真如与不空真如是不同的。

在船山哲学中，性体为善，但如果人一味追逐外物就可能不善，则此时已经有了知觉之心的参与，因此，不全是性了。此时性之不善，就不是真正的性之不善。② 如果以性为主导，则主体之志就得以确立。此时之用就是体之用，而如果以知觉之心为主导，则志不立而随外物而引起的意处于主导地位。此时之用就不是体之用，而是知觉之心之用了。而在佛教来说，用都是体之用。因为佛教的体必然是空虚的，而用是由相引起的。

综上，船山之性为善，而不善不能称为性之用，更不是性，它是知觉之心之用。而善之用则是与性相一致的，此时之用才能说是性之用。所以，性之体为善，即不能说性之用可以为不善。因为此时虽然也有性

---

① 中国佛教同样也十分重视"相"。中国佛教的"体用"论用"相"将"体"和"用"联系起来，换言之即在中国佛教的"体用"论中，"体"和"用"本来是隔别开来的，这正如法藏在《〈华严经〉探玄记》卷一中所说的"体用各别，不相和杂"，是"相"使"体"和"用"两者发生了关系，或者说，"体"只有经由"相"才能生其"用"。

② 王阳明在此方面的认识可以与此作一对照，其言道："然心之本体则性也。性无不善，则心之本体本无不正也。何从而用其正之之功乎？盖心之本体无不正，自其意念发动而后有不正；故欲正其心者，必就其意念之所发而正之。凡其发一念而善也，好之真如好好色；发一念而恶也，恶之真如恶恶臭，则意无不诚而心可正也。"（《王文成公文集》卷二十六，《续编》一，《大学问》）性之本体无不正，但是意念发动处之后而有不正，此时本性被遮蔽，而表现为不正之性。此种性就不是真正的性了，而谓之为世俗之性。船山论性也有这个特点。

在其中起作用，但是这种不善是由于知觉之心引起的，而不是性导致了不善。性之体如果为善，则性之用也必然为善。船山有时说性为不善，实际上是由人心及其所表现之行为引起的。这就不能看作纯粹意义上的性。船山有时也将这种由性与知觉运动之心共同作用引起的不善称为性之不善，盖是受到了大乘起信论的影响。因为大乘起信论将真如分作空真如与不空真如，则相当于不空真如的知觉运动之心也就是受到了知觉影响的性了。在船山哲学中，气与性是类似概念，则气也就有浊气了。显然，这种意义上的性与气不能看作纯粹的气与性，因此，就有不善的情形。但是从《四书说》开始，船山已经意识到这个不甚严谨的说法，就很少说性与气不善，尤其是从其实质来论述性与气时。

第十章　论船山《相宗络索》的独特性与价值

船山在论述唯识宗第八识与第七识的关系时，认为人要于第七识立志以灭妄意的种子。七识是志，不能成为以私意和妄意为特征的自我之意。志就是毅然斩断七识之"意"，就是顿悟，但顿悟也要以渐悟作基础。所以，船山对于八识理论的诠释既援引了大乘顿悟思想来解读法相唯识宗，同时也保留了唯识宗所主张的渐悟思想。船山在其研究法相唯识宗的著作《相宗络索》中，①虽然基本上遵循了相宗的思想，但是也渗入了自己的儒家思想。他是从悟道这个大目标来诠释八识理论的，因此，在悟道的关键之处，船山熔铸了儒释道的精华所在，扬弃了它们之间不同的枝节，对《相宗络索》做出了具有自身特色的诠释。

一　用志来解释七识是船山的独特之处与成就

船山用志来诠释七识是对唯识宗思想的一个突破，是将大乘顿悟融入法相宗。虽然与唯识宗宗旨不很契合，但有它的思想意义。船山用志定义七识的论述并不出现在《相宗络索》中，他在《思问录》中说："释氏之所谓六识者，虑也；七识者，志也；八识者，量也；前五识者，小体之官也。呜呼！小体，人禽共者也；虑者，犹禽之所得分者也。人之所以异于禽者，唯志而已矣。不守其志，不充其量，则人何以异于禽

---

①　有关《相宗络索》的写作年代，有作者写道："船山为先和尚订《相宗络索》在1681年（辛酉），时年63岁。《七十自定稿》辛酉有《南天窝授竹影题徐天池香烟韵七首》。第六首自注说：'时为先开订相宗，并与诸子论庄。'"吴立民、徐荪铭：《船山佛道思想研究》，湖南出版社1992年版，第30页。

哉？而诬之以名曰'染识'，率兽食人，罪奚辞乎！"① 船山认为七识将八识当作内自我（详下）是人误入歧途的根源。而用志来定义七识，就是要斩断七识的这种错误，而认为七识是八识本性的体现。七识不能成为以自我为中心的意，而要成为志。意是与将八识当作内自我相应的。

船山认为八识为本体，但被七识熏成有漏种子，遂隐而不彰。他说："'圆成实性'即真如本体，无不圆满，无不成熟，无有虚妄，比度即非，眨眼即失，所谓'止此一事实，余二定非真'，此性宗所证说，乃真如之现量也。八识转后，此性乃现。"②

又说："第八阿赖耶识转为'大圆镜智'八识本体即如来藏，无有境量而大，无有亏欠而圆，无不普照而如镜。由无始以来，七识划地忽生熏习覆障，将此执为内自我，遂成阿赖耶识。然本七识熏成有漏之体，非如来藏遂为拘碍缩小，蒙昧不可还复。"③

八识为真如本体、如来藏，无有虚妄。但不可比度，转瞬即逝，此乃由于七识对八识熏习覆障，将之执为内自我的结果。

在《相宗络索》中，船山还有多处提到了七识将八识当作内自我或者自内我，就将作为本体的八识遮蔽了的思想，船山以为这是人招致烦恼的根源。他的这些论述启示人们要摆脱自我局限的困境和放大自己人生格局的根本方法就是以七识为志而不能让七识妄揽八识为内自我。兹不厌其烦，将船山有关代表性语句摘录于下，以便我们更好地了解这种修道的津梁。船山说：

"八识三转异名"初次凡夫直至远行地，名阿赖耶识，此翻藏识，皆被七识执为内自我，令藏过去末那所熏一类相续种子，亦藏现在前七现行我法二执种子。④

此识虽未思善思恶，而执八识一段灵光之体相为自内我，全遮圆成无垢之全体。⑤

---

① 王夫之：《船山全书》第 12 册，岳麓书社 2011 年新版，第 451 页。
② 王夫之：《船山全书》第 13 册，岳麓书社 2011 年新版，第 542 页。
③ 王夫之：《船山全书》第 13 册，岳麓书社 2011 年新版，第 586 页。
④ 王夫之：《船山全书》第 13 册，岳麓书社 2011 年新版，第 574 页。
⑤ 王夫之：《船山全书》第 13 册，岳麓书社 2011 年新版，第 526 页。

因七识执之为自内我，遂于广大无边中现此识量，而受七识之染，生起六识，流注前五。①
　　因此现行熏习执为自内我体，遂生起不断之阿赖耶识。②
　　七识妄揽八识为自内我，立八识相分为境，非其真实，故不具此境。③

以上船山所说的无论是"内自我"还是"自内我"，都是七识妄揽八识而将八识当作自我独有的意识之意。因此，斩断七识就是斩断七识以八识为内自我，而不是取消七识。斩断七识就是将八识原有的本性得以豁显。

七识是人的意识，它视八识为自己的内自我。因而使得不当的种子现行，人就在这变幻莫测的世界中流转。船山以为这是人对七识的误用，七识是志，而非意。所以斩断七识即斩断七识之意，并恢复其本来之志。对于意与志的区分，船山在《张子正蒙注》中说：

　　因礼文而推广之，于意言先，于志言承，则可从不可从分矣。意者，乍随物感而起也；志者，事所自立而不可易者也。庸人有意而无志，中人志立而意乱之，君子持其志以慎其意，圣人纯乎志以成德而无意。盖志一而已，意则无定而不可纪。善教人者，示以至善以亟正其志，志正，则意虽不立，可因事以裁成之。不然，待其意之已发，或趋于善而过奖之，或趋于不善而亟绝之，贤无所就而不肖者莫知所恶，教之所以不行也。④

圣人纯乎志而无意，是指志其意，意完全为志所化，自我之意就没有了，所以说圣人纯乎志而无意。这个意乃自我之意的意思，不一定符合志。这个志完全摒弃了私意和妄意，这就是纯乎志而无意。诚意即是使得自我之意符合志而得以志化。志也不排除自我之意，只是这种自我

---

① 王夫之：《船山全书》第13册，岳麓书社2011年新版，第526页。
② 王夫之：《船山全书》第13册，岳麓书社2011年新版，第532页。
③ 王夫之：《船山全书》第13册，岳麓书社2011年新版，第534页。
④ 王夫之：《船山全书》第12册，岳麓书社2011年新版，第258页。

之意不能与志相违背。因而从志来讲就没有私意，也可以说是没有自我之意。所以诚意与志其意是不矛盾的。可见，斩断其意就是志其意，除去自我之私意与妄意，斩断七识就是斩断七识向外追逐的私意与妄意。

八识是本体，从圣人纯乎志以成德而无意来看，纯乎志就意味着达到圣人体悟本体的境界。因而，这种志就是符合本体的，或者说就是本体的体现。因此，在七识上做到纯乎志就是圣人，这与在七识上以八识为内自我的普通人来即形成鲜明的对比。

从八识来看，意是随前五识与第六识而起，而第六识是以第七识为根。因而，第六识现行是由第七识以第八识为内自我而生起我执法执之心而驱使的，所以第七识是决定意与志的分水岭。当第七识执第八识为内自我时，遂使得第六识向外追逐，而表现为意。当第七识不以八识为内自我时，七识就斩断了对外在的追逐，而坚持了事物的本来面目不随着人的我执而变易。事物的本来面目是除去了我执的结果，而任由事物自身在志的主宰下呈现。从以上所引用的船山在《思问录》中认为七识是志以及《张子正蒙注》中对圣人纯乎志而拒绝意来看，船山认为七识的本来面目是志，而不是意。意是七识在将八识看作内自我时所产生的我执的表现，船山说要斩断七识就是斩断意。斩断意与《张子正蒙注》中的无意的意思相同。但是他也并非要完全排斥意，而是要排斥私意与妄意。我执将自我看作是真实的，而实际上又没有一个真正不变的我、一成不变的我。由于执自我为实在的，就以同样的执着之心执外界事物为实在不变。而它们本身又是流转不断的，于是自我的这种意识往往为现实无情地击破，因而我们就产生了无穷的烦恼。这种烦恼的根源即是我执，我执围绕自我而产生各种己见，这就是意。我执又称为第六识之根，第六识又将此根所表现出的意识与前五识联系起来，因而将此我执作用于前六识之上，而构成一个以自我为中心的世界。从七识是自我而产生的识来说，是意；从这种意的本性是要向外不断的追逐来看，七识的错误就在于它将八识看作内自我，而没有认识其体现八识的本性。船山斩断七识就是要斩断我执，而不是斩断七识本身，因为七识是真实存在的，只是它没有发挥其应有的功能。

船山认为七识是志而非意，这种看法本身就蕴含了不排斥意的意思在内，当然也就与唯识宗的本意有出入。因为八识本性是无为法，八识未被七识分为相分与见分时,七识以及六识前五是收摄在八识之中而不起意的,七识也就谈不上立志。而立志就是有为法,就不是唯识宗。有为法也就意味着对因物而起意的承认,当然船山是排斥妄意的。可见,用志来诠释七识必然就不是唯识宗意义上的斩断七识,也就不是唯识宗所认可的灭妄还真,而是儒家立场的回归本体,是对有为的认可,与佛教追求涅槃虚寂的意旨有异。这种解释透露了船山融合儒佛的意图。大体上看,在儒佛关系上,船山保留了唯识宗工夫修养论上的一些合理做法,而拒斥了佛教虚寂的本体。

二 八识理论深化了船山前期著作中志与意的关系及其相关思想

船山不从气来讲恶,因为恶是从主体与外物的交往上来讲的,船山说:"故孟子将此形形色色,都恁看得玲珑在。凡不善者,皆非固不善也。其为不善者,则只是物交相引,不相值而不审于出耳。"① 而人与外物交往的职责主要由人心来承担,因此人心就有善恶之分,而气无论是清气还是浊气,船山都不谓之恶。因为形成人之气是善的,而其浊只是行为的影响,其本质却没有变化。从根本上讲,船山不谓气为恶,是由其恶的定义所决定的。船山不从气与性讲恶,而从心与外物交往来讲恶,与唯识宗所认为的人之所以处于生死流转中乃是由于七识错误地将八识当作内自我,从而将外物纳入以自我为中心的世界中有些许类似。主体不仅随外物逐流,也陷进自我的泥潭中不能自拔。唯识宗是从由七识所引起的我执与法执来讲人不能超越与觉悟,与船山从人心与外物讲恶基本方向是一致的。而人心要实现根本方向上的扭转还要以性来主宰人心。从心上而言,就是要将仁义之心挺立起来,而将知觉之心纳入仁义之心的支配之下。② 仁义之心的挺立也就是立志,所以我们就不难理解为何船山将七识解释为志。在船山看来,就唯识宗而言,立志是一个人是否解脱的关键,立志就能将自我从将八识当成内自我中解放出来,而以八

---

① 王夫之:《读四书大全说》,中华书局1975年版,第569页。
② 胡金旺:《相与为体:船山哲学思想简论》,《兰州学刊》2017年第2期。

识的本性来主宰自我。从儒家的立场来讲，就是以性与仁义之心来主宰自我。显然，船山是以八识为本体来讲八识与其他七识的关系，这虽然不符合唯识宗的宗旨。但却与中国化的佛学本体论思想很契合。

船山早在《读四书大全说》中就对性与志的体用关系有了明确的阐述，在对《大学》的诠释中即认为当以性来主宰人心时就是志。他说："是心虽统性，而其自为体也，则性之所生，与五官百骸并生而为之君主，常在人胸臆之中，而有为者则据之以为志。故欲知此所正之心，则孟子所谓志者近之矣。"① 性立于心就是志，心正即为志。心之不正就是不立志。立志是儒家一个源远流长的传统，孔子讲立志，他说："三军可夺帅也，匹夫不可夺志也。"（《论语·子罕》）后来的心学派最重视立志。陆九渊说："所以为学者在乎志。"② "志向一立，即无二事。"③ 阳明说："君子之学，无时无处而不以立志为事。""夫学莫先于立志。"④

对于意与志的关系，船山在对《大学》的诠释中说道：

> 惟夫志，则有所感而意发，其志固在，无所感而意不发，其志亦未尝不在，而隐然有一欲为可为之体，于不睹不闻之中。欲修其身者，则心亦欲修之。心不欲修其身者，非供情欲之用，则直无之矣……当其发为意而恒为之主，则以其正者为诚之则。中庸所谓"无恶于志"。当其意之未发，则不必有不诚之好恶用吾慎焉，亦不必有可好可恶之现前验吾从焉；而恒存恒持，使好善恶恶之理，隐然立不可犯之壁垒，帅吾气以待物之方来，则不睹不闻之中，而修齐治平之理皆具足矣。此则身意之交，心之本体也；此则修诚之际，正之实功也。故曰"心者身之所主"，主乎视听言动者也，则唯志而已矣。⑤

主乎视听言动唯志而已，也便主乎意，这一思路正是解释《相宗络索》七识与八识关系以及斩断七识思想的来源。

---

① 王夫之：《读四书大全说》，中华书局1975年版，第8页。
② 陆九渊：《陆九渊集·论语说》，中华书局1980年版，第264页。
③ 陆九渊：《陆九渊集·与赵然道》，中华书局1980年版，第158页。
④ 王阳明：《王文成全书·示弟立志说》卷七，四库全书本。
⑤ 王夫之：《读四书大全说》，中华书局1975年版，第8—9页。

反过来，用八识与七识的关系解释何以要立志而慎于意就更加令人信服。因为人的第八识与前五识一样是确定无疑的，则本体的存在就毫无疑问。这就坚定了我们要彰显与本源相一致的八识，用八识的本性扭转七识之意为七识之志。可见，唯识宗的八识理论非常有益于儒家本体论的建立。从这个意义上讲，船山的《相宗络索》也是援佛入儒，而将七识看作志，八识是本体又有援儒入佛的性质。因而，从整体来讲，《相宗络索》是儒佛思想相互交汇的，体现了作者融合儒佛思想的意图。

船山这种斩断七识而除去妄意与私意的思想不仅与儒家有关，也与道家的相天思想有关。意在八识系统中相当于种子，斩断七识自我之私意与妄意，即要改变将八识当作内自我，进而形成以自我为中心的我执之私意与妄意的情形。也便是不使私意与妄意现行熏成八识中的未来种子，同时也不使原来已经熏成的以我执为特征的种子不起现行。但是八识中还有前五识中所熏成的种子。船山说："八识皆有种子者，亲生自类种子也。过去现行为现在种子，现在现行为未来种子。故眼恒见色，耳恒闻声，各各禀成八种境界。"① 我为中心产生私意和妄意的种子。船山认为只要七识不追逐外物，八识中引发私意和妄意的种子就能够不起现行，这些种子最终就会灭绝。也就是除去了污染气的种子。污染是污染，气是气，污染是不曾破坏气的性质，而只是覆盖。所以，一旦污染被除去，气顿时清爽起来。可见，这种除去私意与妄意的种子从道教炼气的立场来看，就是将浊气炼成清气，而这就是相天。②

三 八识是真如本体，作为真如本体的八识

"八识转后，此性乃现"，在唯识宗看来是将被污后的八识转为无垢，但是在船山看来只是将本来清静的八识还原为原来的样子，八识不曾被污染毫厘。船山曰："所熏者，被前七熏成种子，非自有种子也。必拣所熏非能熏者，见还灭转智不于此识著丝毫工夫，但绝能熏，自无熏染。"③ 前七是能熏种子，所以，八识不是自有种子。所以于八识下工夫是没有意

---

① 王夫之：《船山全书》第13册，岳麓书社2011年新版，第529页。
② 严寿澂：《〈思问录〉与船山思想》，《百年》1999年9月号。
③ 王夫之：《船山全书》第13册，岳麓书社2011年新版，第565页。

义的，因为八识断绝了能熏，因而自身没有熏染他者的功能。其恶的种子只是依附于其上，并未改变八识的本质，这也就是为什么船山不承认有独立于八识之外与八识不同的九识，就在于根本上他认为八识不是净染相杂的，而是无垢的。

八识同于真如或者如来藏，乃是基于将它们看作实体的存有为前提的。而这种将佛教本体真如实体化的作法来自中国化的佛教。正如有作者所言："'无我'是佛教的根本义理，而真常唯心之'真我'常与外道'神我''自性'雷同……真常唯心论观念的体系化确实是在中国形成的，它是中国传统哲学本体观与旧译唯识及如来藏思想经论的讹误相结合而产生的误读与引申……理由是汉地真常唯心论的如来藏真如是一个能生万物、能藏万物的本体，而藏传佛教的如来藏思想则把如来藏真如当成诸法如实之性理，是正觉所显的无我境界，二者的义理差别判若云泥。"① 就是说中国化的佛教的本体是实有的，而印度佛教的真如是无我。因为八识含藏净染，所以在传承佛教的唯识宗看来就不是虚空，因而就不是真如。而中国佛教的真如是神我，为实体，因而就可以同于除去污染的八识。可以说佛教在中国其主流基本上都本土化了，吸收了本土文化的思想。船山正是在这个儒佛汇流的文化大背景下以儒佛互为资源，促进了二者的对话与相互发展，在此方面做了非常有意义的工作。

正是从中印佛教的主流对本体的认识不同出发，八识在传承印度佛教的唯识宗看来是染净识，而船山认为它本身是不曾被改变和破坏的，它是七识的本体。船山的这种认识就设定了八识的实体性。从八识同于真如出发，也就认定了真如的实体性。这种解释也是以船山一以贯之的思想对法相唯识宗进行儒释会通解读的结果。船山将七识当做志，将八识当作量，志是本体量的表现。② 而量是由本体气日生而富

---

① 胡晓光：《略论"唯识"与"唯心"义》，《法音》2001 年第 2 期。
② 船山在其他著作中论述了以量为体，体量的确立在用和事业中的作用是至关重要的思想。他说："成而不倾，败而不亡，存乎其量之所持而已，智非所及也。量者心之体，智者心之用。用者用其体，体不定，则用不足以行；体不定而用或有所当，惟其机也。机者发而可中，而不足以持久，虽成必败，苟败必亡。故曰非智所及也。"王夫之：《船山全书》第 10 册，岳麓书社 2011 年新版，第 1107—1108 页。又说："成大业者，在量而不在智，明矣。量者，定体于恒者也。体定于百年之长虑，而后机不失于俄顷之利钝。忧喜变迁，须臾不制，转念知非，而势已成乎奠挽，唯定体之不立故也。败则唯死而已，胜则骄淫侈糜，无所汔止，羽、存？之以倾败终也，决于此耳。"王夫之：《船山全书》第 10 册，岳麓书社 2011 年新版，第 1108 页。

有的思想决定的，盖气日生而量不断扩充也。志与量互相促进、巩固与扩展，纲举目张，则其他的一切皆是本体的发用流行而能成就人文化成之大业。所以，"守其志""充其量"成了船山思想与践履的核心要义。

守其志才能得以充其量，而立志乃是心之事。因而，扩充本体之量主要是由具有主动性的心来完成的。船山说："大人不失其赤子之心，而非孤守其恻隐、羞恶、恭敬、自然之觉，必扩而充之以尽其致，一如天之阴阳有实，而必于阖辟动止神运以成化，则道弘而性之量尽矣，盖尽心为尽性之实功也。"①"道弘而性之量尽"，性与八识一样都有待心不断地扩充才能发挥其最大的作用，性与八识这样的本体才谓之有充分地展现。本体要在实践中不断扩充，同时本体之量也要最大限度地得以展现。可见，本体之量的扩充是从两个方面加以展开的：第一，本身之量要在实践中不断开疆拓土，这是外延式地扩展。第二，本体之量要将本身已有之量充分显现，这是内涵式地扩展。船山用量来界定本体，与其性日生气日生的思想有关，它是不断地扩充、不断地丰富，所以有一个量的问题，这个量是要不断地上升。这个量与本体就是同一的，船山之所以用量来定义性与八识等本体是由于其本体的日生而富有的扩充性所决定的。量有无量的意思，量的使用表明了船山的本体不是一成不变的，而是要在实践中不断地茁壮成长。船山对本体的开拓富有时代气息，代表了当时的知识分子对未来的憧憬，表现了他们要努力改造现实的精神。

但无论是中国佛教的本体观还是船山哲学的本体观与唯识宗的本体观在形式上确有相似性。八识不是能熏，是不会熏成种子的。因为有种子就能生成他物，就有生有灭；八识是本体，是不生不灭的。这与船山哲学中本体气只是聚散而不是生灭的思想类似。②

这种形式上的相同给予了船山会通二者思想方便的同时，我们也要看到二者之间内涵上的实质差异。船山从事物存在的实存性出发，认为

---

① 王夫之：《张子正蒙注》，中华书局1975年版，第98页。
② 船山的气性论否定了气与性的不善性质，这种认识可能也是受到了唯识宗八识中只是含藏善恶种子而其本身并非不善思想的影响，也可能是不谋而合。但可以确定的是，从唯识宗获得的这种思想认同加强了船山坚持其气善性善的思想信念。

事物的存在与消失是隐现，而非有无关系。① 船山认为心中的私意与妄意是旋生旋灭的，但这种心识一旦现行，则又很难灭绝。他所说的桀纣之气存于宇宙间就是这个意思，其言道："尧舜之神，桀纣之气，存于絪蕴之中，至今而不易。"② 船山认为气仍是气，只是聚而成形，散而归于太虚；都是气，所以，就没有什么根本性的变化，桀纣之恶附于气，使得气不清。但"养之可使醇，持之可使正，澄之可使清也；其始得于天者，健顺之良能未尝损也，存乎其人而已矣"。③ 恶是附丽于气之上，所以，恶就不是气所发出，而是行为的熏染；如果是气所发出，则气就有本质的变化。

四　大乘顿悟与唯识宗渐悟的统一

在《相宗络索》中，船山特别强调了一刀斩断七识的关键作用，以为这是悟道的根本标志，斩断七识在工夫修养论上可称为顿悟。而唯识宗基本上是主张通过修行次第的上升达到悟道的，因而船山这种诠释就是遵循了援禅宗入唯识宗的路数。但船山在以顿悟解读唯识宗时，也没有忽视唯识宗所重视的渐悟的作用，因而这种诠释体现了顿悟与渐悟的统一。

这种统一主要体现在两个修行次第的调整上，即对资粮与加行的顺序，还有顶与忍的顺序的颠倒。这种颠倒是出于先有基础和原因，再有顿悟和结果的考虑所做出的调整。④

在唯识宗中，依践行所证次第分为资粮、加行、通达、修习和究竟等五位，而船山将践行所证次第由五位缩减为两位，这就简化了修养的次第，为修道顿悟提供了可能。先加行后资粮，是修行次第的表现，是渐修；而资粮的"十回向""以十行迥向真如，发广大愿，得广大心，超彼根门，证知人法二空，在此一位疾入初地"⑤ 是顿悟。通过这种调整和缩减，船山将他对顿悟与渐悟的统一的思想表达了出来。但很显然，

---

① 参见陈赟《回归真实的存在——王船山哲学的阐释》，复旦大学出版社 2007 年版。
② 王夫之：《船山全书》第 12 册，岳麓书社 2011 年新版，第 23 页。
③ 王夫之：《船山全书》第 12 册，岳麓书社 2011 年新版，第 23 页。
④ 王夫之：《船山全书》第 13 册，岳麓书社 2011 年新版，第 575—579 页。
⑤ 王夫之：《船山全书》第 13 册，岳麓书社 2011 年新版，第 576 页。

船山更重视顿悟一些。以顿悟为上就是以心法为上,船山反对陷入烦琐的修养中而不得要领。他以为重要的是斩断七识对外物的追逐,烦琐的修行次第反而可能使人望而却步,丧失信心。因而在修行五位中只取了前两种。而在前两种的四加行中,次第也不一样,将暖、忍、顶、世第一中前两种作因后两种作果。因而本是暖、顶、忍、世第一的顺序成了暖、忍、顶、世第一的顺序,颠倒了"顶、忍"的顺序。这就是船山出于以顿悟为主而以顿悟与渐悟统一的思想考虑而又一个在修行次第上颠倒的表现。

船山这里的颠倒与加行同资粮的颠倒出于相同的树立定力与基础的目的,有了禅定就能为顿悟打下基础,就能由因结果。正如有作者所言:"成就顶、世第一之果位。此处以二类'因果'立品味,引导修行人在加行位分别有'所得'。此亦是船山独到之处,把修行定力成就禅观作为整个次第的基础和根本。"①

以上将资粮与加行次第颠倒并认为资粮达到了顿悟的层次,这种顿悟与七识由意变为志是相呼应的,或者说是一齐实现的。这样船山就将大乘顿悟融入唯识宗主张渐修工夫的思想中,这种融合是由其思想的心学主体意识特强的精神所决定的。因为心学与大乘顿悟精神很契合,所以船山用大乘思想解读唯识宗也就不足为奇了。这种解读对于将唯识宗从烦琐的修行中解脱出来起到了以简驭繁的作用。

五 对学界《相宗络索》研究的回应

从前文的论述可见,船山在《相宗络索》中的论述其主要特色在于一刀斩断七识的思想。他所要斩断的正是意之七识,而不是志之七识,后者恰恰是人所要确立的七识。斩断七识就是由迷变悟,由染转净的果断改变。这反映出船山是以顿悟诠释八识的思想。由志之七识所反映的八识即为本体的净识的八识。用这个本章所重点论述的船山唯识宗思想作为评判准则,我们就可以对学界相关的《相宗络索》研究做出一些回

---

① 广行:《〈相宗络索〉中清净转依的次第问题》,https://www.douban.com/group/topic/14958672/。

应。在"五位唯识"章中,船山说:"然真如流转而成八识,识还灭而即实性,如反覆掌,面背异相,本无异手。"① 在"迷悟二门"章中,船山说:"从真如变赖耶为一变,从赖耶变末那为二变,从末那变前六为三变。"②

对于船山以上二处的诠释,王恩洋先生说:"这一类的思想,与法相宗谓真如是无为法,它是诸法空性,空非生因,以及一切法均从自种生,八识只能受熏持种而并不能亲生诸法之义,是不相合的。因之真如既不能转成八识,赖耶也不能变为末那,末那更不能变为前六。法相有严密的规律,船山皆犯之。"③ 但船山是以大乘来解释法相。烦恼即智慧,只要意念转变,就能由烦恼变为智慧。真如与八识在船山是异名而同实的,所以说真如与八识是一手之二面。同样都是手,只是示人之手心手背不同罢了。而真如变成八识,八识变成末那,末那变成前六,则只是就主导人心的主体渐次发生转移而言。若不能斩断七识对外物的追逐,则主导人心的真如就为含藏种子的八识取代,此时八识的种子就现行为法相,而主导人心的八识就蜕变为七识。七识一味追逐外物,实际上六识前五就成了主宰人身心的主角。所以,王恩洋所批判的,正是船山的创造所在,认为改变七识是人悟道的关键。

对于八识是否为染识的问题,我们也须做一番探究。有作者认为八识为染识,其云:"至此,船山对阿赖耶识的定义深化了,一方面,阿赖耶识是本具如来藏实性的真实存在;另一方面,它又是因为真如刹那起念,并具有染污状态下的染识。"④ 但是船山在此书中的多处都说到了八识没有被污染丝毫的话。如其道:"第八阿赖耶识转为'大圆镜智'八识本体即如来藏,……然本七识熏成有漏之体,非如来藏遂为拘碍缩小,蒙昧不可还复。"⑤ 又道:"八识带一分镜中远影,藏已舍而此不舍,名毗播伽识,……不受一毫熏染,无始以来原不曾熏动丝毫,还与真如契合无二,名无垢识,一曰白净识。"⑥ 八识本如来藏,无论怎么熏习,

---

① 王夫之:《船山全书》第13册,岳麓书社2011年新版,第544页。
② 王夫之:《船山全书》第13册,岳麓书社2011年新版,第570页。
③ 王夫之:《船山全书》第13册,岳麓书社2011年新版,第599页。
④ 杨勇:《论船山唯识思想中的"阿赖耶识"问题》,《船山学刊》2007年第1期。
⑤ 王夫之:《船山全书》第13册,岳麓书社2011年新版,第586页。
⑥ 王夫之:《船山全书》第13册,岳麓书社2011年新版,第574页。

如来藏都没有缩小，蒙昧也可以还复。后则引文更是认为八识自无始以来不曾熏动丝毫。就是说阿赖耶识的本性是不曾改变的，人的本性没变，只是人的行为熏习使之遭受蒙蔽。因此，人之醒悟就是要当机立断，斩断七识，除去分别心，不执着于诸法与自我。没有我执与法执，人就能够消除恶的种子。

船山以为虽然八识被污染，但其本身的性质并没有变化。因此，将船山所认为的八识理解成遭到污染进而改变了自身性质的一种识是不准确的。当然以上所谈到的具有代表性的两种评论主要是以唯识宗的思想作为标准得出的结论，但是从我们的分析来看，船山不是严格恪守唯识宗思想来做诠释，而是在诠释中渗入了自己的儒家思想来理解唯识宗。这一方面借鉴了中国佛教的思想，一方面也是由于唯识宗与中国化的佛教及自身的哲学在形式上有相近似之处，因而为这种以自身哲学诠释唯识宗提供了可能，这也是船山能够在一定范围内融合儒佛思想的一个主要原因。所以，如果我们严格以唯识宗的思想来评价船山的《相宗络索》就不能准确捕捉到此书跃动的灵性，而这正是此书的价值所在。

综观全文，对于法相唯识宗的解释，船山最大的创造在于以七识为志，即用八识的本性来主宰七识，而不是将八识当作内自我；同时八识是量，是不断丰富的。八识是本体，它寓于万物之中，但是它却可能被七识当作内自我而导致其本性遭到覆盖。因此，八识本性彰显与发挥作用的关键就是七识不能将八识当作内自我，这就是船山说的要斩断七识的意思。船山用志来指称恢复了本性的七识，它是以八识的本性为本体来支配自身的。八识为量，则就有多少的区分。在船山看来，本体之八识是随着人的实践而不断丰富的。印度本体是空，而中国本体有丰富的内涵，但即便是后者也有从本质来看待这个本体的情形，即没有量上的变化。用量来描述八识与船山所讲的性日生而不断丰富的思想是一致的，或者说八识可以不断丰富是由性日生的思想所决定的，因为船山在潜意识里就是以这种性日生的思想理解八识的。所以，船山在后期的著作《相宗络索》中提出八识为量的观点，是前期《尚书引论》中气日生性日生思想合乎逻辑发展的结果。船山以上对前六识、七识、八识及相互关系的解读从思想总体上来看主要是一种对唯识宗儒学化的解读，因而从人的认识的视角丰富和深化了自己的儒家思想；在这种解读中，船山特别凸显了儒家健康质朴锐意进取的精神，阅读中使人精神为之一振，启迪人们要从根本上改变自己的精神面貌和提升自己的思想及境界层次。①

---

① 船山这种儒学化的诠释将儒家乾健志强的精神淋漓尽致地展现了出来，读之催人奋进，令人对事业及人生满怀信心与力量。吴立民、徐荪铭对此也说："船山以意气、志向、度量、思维器官（小体之官）释第六、七、八识和前五识，把志向作为人禽的一个根本分野。人而无志，何以为人！……释氏所要斩断的末那，实际上是儒家乾健之性、志强不息的志向。他们'斥七识乾健之性、六识坤顺之性为流转染污之害源'，正如王敔所说：'此言乾健之性、坤顺之性者，为仁由己，乾道也；主敬行恕，要在诚意慎独，坤道也。'（《张子正蒙注》卷二）乾健之性，就是一个人建立德业的志向和志气。从'世间法'说，一个人的德业大小，视其志向与志气而定，'志之笃，则气从其志，以不倦而日新。盖言学者德业之始终，一以志为大小久暂之区量'。"吴立民、徐荪铭：《船山佛道思想研究》，湖南出版社1992年版，第34页。

第十一章　王阳明的觉民行道

王阳明学派的觉民行道，不同于朱熹的格君心之非，而主要是走下行的路线。

在宋代儒家学者不仅主张得君行道，而且他们也非常重视教化民众。当然他们更以得君行道为荣耀。到了明代，士大夫的理想依然如故，但是由于时代政治文化环境不再像宋代那样宽松和自由，因此，"士人教化帝王的故事并不多见，反而倒是不断看到帝王与士人关系交恶的例子。帝王对待士人的利器不仅是罢黜归乡等相对温和的惩处方式，而是多施与人格侮辱式的'廷杖'处罚。甚至像王阳明、黄宗周这样的朝廷干臣都难逃廷杖击打的厄运，这在宋代是难以想象的"。①

彭国翔也说："随着宰相制度的废除以及君主专制在明代的日益强化，'得君行道'对儒家知识人来说已经完全成为一种可遇不可求的东西。"② 明代的君主专制的进一步加强导致了得君行道已经变得举步维艰，因此，儒家学者将主要活动的目标转向了觉民行道。但是无论是什么样的情形，就伦理道德的内圣与政治外王的关系来说，儒家学者都是以为内圣一定能顺理成章地开出外王。内圣做得好，自然外王也就做得好。儒家这种对内圣外王的关系的思路毫无改变的根本原因，是因为儒家没有将汉儒的政治儒学与宋儒的心性儒学很好地融合在一起。同时，君主专制的统治始终笼罩在儒家学者的思维与活动之上，也难以改变儒家学者的视野，而将自身的思想始终局限在一个狭隘的范围之中。

---

① 杨念群：《"儒学地域化"概念再诠释——兼谈儒学道德实践的若干形态》，《清华大学学报》（哲学社会科学版）2010 年第 3 期。
② 彭国翔：《阳明学的政治取向、困境和分析》，《深圳社会科学》2019 年第 3 期。

与上行得君行道相对，下行觉民行道的出路相比而言是安全的，这条安全的出路也是在残酷的现实政治面前经历过生死考验后才转而求其次，另谋出路寻获的。明代政治之严酷可从下面的大臣弹劾把持朝廷的宦官反被廷杖的事实中一窥全豹。正德元年（1506年），戴铣、薄彦徽等20名正直大臣冒死向明武宗朱厚照上书请求严惩把持朝廷、擅权跋扈、气焰嚣张被时人称作"八虎"的以刘瑾为代表的八个太监，结果却都被廷杖三十，戴铣当场死亡。时任兵部主事的王阳明义愤填膺，不顾自身性命危险，上书为这些官员辩护。刘瑾对一身正气的王阳明早就恨之入骨，正愁找不到机会，立即命令将王阳明廷杖四十。廷杖不仅是对士大夫身体的严重摧残，而且是对他们尊严的践踏和人格的严重侮辱。从明代的大臣动辄遭受廷杖的惩罚可见，明代士大夫的处境要比宋代士大夫险恶得多，也表明专制皇权对士大夫和其他民众的控制越发严酷了。廷杖之后，王阳明被贬谪到贵州龙场担任驿丞。龙场万山丛薄，苗僚杂居，在这个非常闭塞而又极其困难的环境里，王阳明结合平生所学所思所历，日夜反省。一天夜里，忽然有所领悟，认为心是感通万物的根源，认识到"圣人之道，吾性自足，向之求理于事物者误也"。① 这就是著名的"龙场悟道"。王阳明在七年之后追忆这段悟道经历时说："守仁早岁业举，溺志词章之习，既乃稍知从事正学，而苦于众说之纷扰疲苶，茫无可入，因求诸老、释，欣然有会于心，以为圣人之学在此矣！然于孔子之教，间相出入，而措之日用，往往缺漏无归；依违往返，且信且疑。其后谪官龙场，居夷处困，动心忍性之余，恍若有悟，体验探求，再更寒暑，证诸五经、四子，沛然若决江河而放诸海也。然后叹圣人之道坦如大路。"② 王阳明认为龙场悟道之前的所学所思总有所窒碍，未能示人以思想行进的畅通性，未能给人以豁然开朗之感，而龙场所悟之心即理，是一条思想的康庄大道。与心即理思想相一致，王阳明还提出了致良知的学说。王阳明认为"吾性自足"，不需要向外求理，因为"良知只是个是非之心"，这个心是每个人都具有的。良知人人具有，这为每一个

---

① 王守仁：《阳明先生年谱》戊辰条。《年谱一》，《王阳明全集》第33卷，上海古籍出版社1992年版，第1228页。

② 王守仁：《传习录》附录《朱子晚年定论序》，《王阳明全集》，上海古籍出版社1992年版，第127页。

人树立自信奠定了坚实的理论以及心理基础。王阳明及其后学将这套人性自足的哲学向下层的普通百姓传播时,使他们认识到了作为一个人的珍贵,极大地振奋了他们的精神和自信心,因而在下层百姓中产生了极大的影响。另外,王阳明从心即理出发,提出了"不离日用常行内,直造先天未画前"又说:"只存得此心常见在便是学。过去未来事,思之何益?徒放心耳。"① 王阳明提出的良知见在,就是当下之意,而我们普通人的良知见在之事都是日用寻常之事,这些事就是良知的当下呈现,因而就是道。(后来王艮在此基础之上进一步提出了"百姓日用即道"的观点。)我们任何人只要做好了自己,就是良知的呈现,就是道,就与圣人一般了。因而王阳明又说:"与愚夫愚妇同的便是德。""满街都是圣人。"所以,君子要思不出位,做好自己的本职之事。日用即道与人人都有良知,所以王艮提出要保护好自己②。王阳明的身边事即为道,就是提醒学者不要一心想着得君行道;做一些当下眼前的事情,即为道。因此,他们深入百姓中传道。让百姓领悟道的真谛,让他们自觉自愿地奉行道,这种传道至少起到了移风易俗的作用。

　　王阳明开辟了一条在百姓中传道,即觉民行道的路线,这在当时严酷的政治环境下也是比较切实可行的一条路线,与宋儒热衷于得君行道的政治文化实践相比实现了一种儒学行道的转向。此正如彭国翔所说:"阳明学者'觉民行道'最为充分的体现,恐怕莫过于各种各样的社会讲学或者说'讲会'活动了。'讲会'活动的一部分内容,固然有些是阳明学者之间的理论探讨,例如罗念庵(1504—1564)的《冬游记》所反映的内容。但是,更多内容却是面向社会大众的宣教。而从各种讲会宣教的内容来看,阳明学者希望社会大众所获得的那种自觉,主要仍然是一种伦理和道德意义上的意识。换言之,阳明学者'觉民'的主要内容,还不是要使广大民众自觉产生一种政治主体的意识,而仍是和传统的儒家士大夫一样,希望民众在伦理和道德的意义上获得充分的自觉,

---

① 王守仁:《传习录》上,《王阳明全集》,上海古籍出版社2012年版,第21页。
② 王艮在《明哲保身论》中写道:"若夫爱人而不知爱身,必至于烹身割股,舍生杀身,则吾身不能保矣。吾身不能保,又何以保君父哉!"王艮:《王心斋先生全集》,江苏教育出版社2015年版,第99页。

以便在社会的层面形成一种'为善去恶'的风气。"①

王阳明在故乡余姚多次讲学,规模最大的一次是明正德十六年(1521年)。当时王阳明平定叛乱后回乡祭扫,在龙泉山中天阁讲学。这次讲学王阳明还收了钱德洪、钱大经、钱应扬、郑寅、俞大本、夏淳、范引年、吴仁、柴凤、孙应奎等众多弟子,共七十四人。从此,中天阁成为姚江之学的研习基地。嘉靖四年(1525年),王阳明作《书中天阁勉诸生》写道:

> "虽有天下易生之物,一日暴之,十日寒之,未有能生者也。"承诸君之不鄙,每予来归,咸集于此,以问学为事,甚盛意也。然不能旬日之留,而旬日之间,又不过三四会。一别之后,辄复离群索居,不相见者动经年岁。然则岂惟十日之寒而已乎?若是而求萌蘖之畅茂条达,不可得矣。故予切望诸君勿以予之去留为聚散。或五六日、八九日,虽有俗事相妨,亦须破冗一会于此。务在诱掖奖劝,砥砺切磋,使道德仁义之习日亲日近,则世利纷华之染亦日远日疏,所谓"相观而善,百工居肆以成其事"者也。相会之时,尤须虚心逊志,相亲相敬。大抵朋友之交以相下为益。或议论未合,要在从容涵育,相感以诚,不得动气求胜,长傲遂非。务在默而成之,不言而信。其或矜己之长,攻人之短,粗心浮气,矫以沽名,讦以为直,扶胜心而行愤嫉,以圮族败群为志,则虽日讲时习于此,亦无益矣。诸君念之念之!②

王阳明将以上勉励亲书于壁,规定每月初一、初八、十五、廿三在中天阁进行讲学聚会。他告诫弟子不可"离群索居",要"以问学为事","或五六日、八九日,虽有俗事相妨,亦须破冗一会于此","务在诱掖奖劝,砥砺切磋,使道德仁义之习日亲日近,则世利纷华之染亦日远日疏"。讲学之风,在余姚乃一时之盛事。

王阳明在龙场悟道以后为给百姓讲学,修建了"龙岗书院"。王阳

---

① 彭国翔:《阳明学的政治取向、困境和分析》,《深圳社会科学》2019年第3期。
② 王守仁:《王阳明全集》,上海古籍出版社2012年版,第310页。

明主要采取与弟子讨论疑问的方式来教学，在一种轻松自如的氛围中帮助弟子解答心中的疑惑。"讲习性所乐，记问复怀腼""讲习有真乐，谈笑无俗流"①。王阳明在教学实践的基础上，制定了"立志、勤学、改过、责善"等学规，谆谆告诫弟子要立志勤学。王阳明所教授的为人处世之道都是非常中正平和的，他以为人不可能无过，过则改之，仍然会成为一个受人欢迎的人。人不仅要向善，还要帮助引导别人向善。教育要讲究方法，不可蛮干，要循循善诱，用恰当的教育方法因材施教。

阳明后学在觉民行道上做得非常出色，如王畿，他罢官以后，"林下四十余年，无日不讲学，自两都及吴、楚、闽、越、江、浙皆有讲舍，莫不以先生为宗盟。年八十，犹周流不倦"。②王畿长期讲学不辍，至老不倦，足迹遍及大江南北的讲舍。在王学于民众中的进一步流播和扩大影响上，功莫大焉。

从总体上看，王阳明与朱熹相比虽然在道德实践的重点上发生了转向，但是从内圣与外王的关系来说，依然没有改变内圣与外王的关系，仍然没有在外王上进行独立的全副展开，这一点与朱熹是相同的。因而君主专制文化转向内在在明代延续了宋代儒学重内圣轻外王的特点。在觉民行道上，王阳明也是从道德上讲的，这一点当然有移风易俗的作用，对社会治理也是有帮助的，因而与政治也不无关系。但是作为独立性质的外王仍没有进入儒家知识分子的视野之中。

儒学在宋明时代，分别以得君行道与觉民行道为主。首先与儒学的性质是道德实践有关。其次，也是时代的环境和需要所决定的。在南宋，体现了当时政治环境的需要，以中原的优越的文化树立对敌斗争的信心。而在明代，只有采取觉民行道的路线，而非直接与朝廷针锋相对的行道路线，才是一种保守而又安全的路线。东林党的悲剧从反面证明了觉民行道的正确性。因而，明清儒学的行道实践很符合那个时代的特征，具有鲜明的时代性。当然他们既然以道德实践为主，因而未免对外王有所忽视③。

---

① 王守仁著，吴光等编校：《王阳明全集》，上海古籍出版社1992年版，第699页。
② 黄宗羲：《明儒学案》，中华书局1985年版，第238页。
③ 王阳明主持制定的《南赣乡约》通过道德实践的形式对乡村进行了有效的治理，也有社会政治的作用。但这只是对基层组织的有限作用，而对整个帝国的上层政治来说，影响也是有限的。

到了清代，向普通百姓传播儒学的道德实践也一度成为热潮。而在现代新儒学中，内圣不仅成为新儒家关注的重点，让世界各国看到了孔子所开辟的儒学在处理不同文明的关系中所可能发挥的巨大作用，而且他们在面对科学与民主的时代主题的时候，也热烈地讨论了儒学与民主相结合的问题，从而将中世纪的儒学从内圣可以直接开出外王的窠臼中解脱出来。儒学与民主的结合表明，儒学是在与异质的西方文化的碰撞与交流中才找到了一个用来发展外王可资借鉴的真正有用的资源，从而才能正确地赋予外王以独立的价值和地位。在这个儒学与民主政治相结合的热潮中，兴起了不同的流派，我们可以从这些讨论中，为儒学的外王寻找一条适合促进当下中国发展的出路。

第十二章　现代儒学及其实践性

从宋元明清的儒学实践来说，内圣没有像他们所宣称的那样真正开创出外王之学。儒学发展到现代，学者们经过不懈努力，企图开创出具有独立地位的外王之学，并且力图将现代政治的最主要元素——民主融入外王的事业之中。在这个探讨的过程中，出现了不同的流派。这种努力不仅赋予了外王独立的地位，而且将时代的主要精神融入其中，因而其对历史问题解决的意图和鲜明的时代精神是当今儒学的亮点。在儒学研究的热潮中，形成了不同的派别，本章试图从他们处理内圣与外王的关系以及得失来进行研究。

一　牟宗三的良知坎陷说及相关批评

（一）牟宗三的良知坎陷说

牟宗三对内圣不能开出外王有清醒的认识，他说：

> 以往二千年来，从儒学的传统看外王，外王是内圣的直接延长……修身齐家在这个时代，不能直接推出治国平天下；不能由内圣直接推出外王这就显出现代化的意义。以前从修身齐家一直可以推展到治国平天下，那就是非现代化。①

牟宗三认为外王不是内圣的直接延长，而传统儒学是这样认识的。因而其所谓的外王就被内圣所笼罩和限制，就不是真正意义上的外王。

---

① 牟宗三：《时代与感受》，台湾鹅湖出版社1984年版，第355—359页。

而在现代，内圣就不能直接推出外王，它们分属于道德与政治不同的领域。即便古代实践中的政治，其外王也不是内圣所能直接限制得了的。因此，传统儒学所谓的内圣外王将二者混为一谈，一方面不仅限制了外王的发展，另一方面内圣在实际上也涵盖不了外王的领域。因而这种内圣外王论不仅在理论上不能准确描述内圣外王的关系，在实践上也阻碍了外王的发展。牟宗三认为，内圣与外王分别是理性的两种不同表现所对应的功能。理性的运用表现的功能对应于内圣，理性的架构表现的功能对应于外王。因此，以内圣的理性运用表现就不能直接开出不是由此种理性的表现所对应的外王。牟宗三说：

> 道德心灵之"智"，一面收摄于仁而成为道心之观照或寂照，这个直接形态或非知性形态是非经验的，所谓"足不出户而知天下"，即不需通过耳目之官之感触，亦即其知不受耳目之官之限制，……非逻辑数字的，不是以思想形态出现，故不需通过辩解的推理过程，故亦不需逻辑的程序与数学的量度，……此为超知性之智，此可曰"神智"（圆而神之神），或曰"圆智"。凡圆智皆是作用表现，而非架构表现，因而它不成为科学知识，也不产生近代意义的国家政治法律。逻辑数学与近代意义的国家政治法律是"理性之架构表现"的成果。①

道德心灵非逻辑数学的，是超知性之智，因而不能成就科学知识，也产生不了民主政治。科学与民主政治是理性之架构表现的成果。牟宗三又将超知性之智称为理性的运用表现，是实践理性。

牟宗三说："而这种运用表现中的'理性'当然是指实践理性，然而却不是抽象地说，而是在生活中具体地说。所以这里所谓理性当该就是人格中的德性，而其运用表现就是此德性之感召，或德性

---

① 牟宗三：《政道与治道》，台湾学生书局1991年版，第50页。

之智慧妙用。说感召或智慧妙用就表示一种作用，必然牵连着事，所以是运用表现。"①

又说：

> 凡是运用表现都是"摄所归能"，"摄物归心"。这二者皆在免去对立：它或者把对象收进自己的主体里面来，或者把自己投到对象里面去……这里面若强分能所而说一个关系，便是"隶属关系"（sub-ordination）……而架构表现则相反。它的底子是对待关系，由对待关系而成一"对列之局"（co-ordination）。是以架构表现便以"对列之局"来规定。而架构表现中之"理性"也顿时即失去其人格中德性即具体地说的实践理性之意义而转为非道德意义的"观解理性"或"理论理性"，因此也是属于知性层上的（运用表现不属于知性层）。②

理性之运用表现与架构表现是不同的，运用表现取消了主客对立的关系，主客是一种隶属关系。架构表现则体现了主客对立关系。这实际上概括了中西文化思维模式的不同。中国文化倾向于天人合一的思维模式，西方文化倾向于主客对立的思维模式。但这样两种不同的思维模式并非泾渭分明和截然对立地分属于中国文化和西方文化，实际上它们在中西文化中都有所体现。只是从政治文化上讲，在古代的中国政治思想特别是儒家思想中主要体现为理性的运用表现，而在西方政治思想中主要体现为理性的架构表现。但无论是古代中国文化抑或西方文化中都有两种理性的运用表现，这是人类思维共同的特点。牟宗三认为儒家思想以理性的运用表现来处理内圣外王的关系是不能从内圣中开出现代民主政治的外王的，必须学习西方的政治思想以理性的架构表现开出民主政治的外王。基于这种构思，牟宗三将传统儒家由内圣直接开出外王的结构转化为由内圣以曲通的方式开出外王，即这种外王与内圣的思维方式

---

① 牟宗三：《政道与治道》，台湾学生书局1991年版，第52页。
② 牟宗三：《政道与治道》，台湾学生书局1991年版，第58页。

不同，是采取了理性的架构表现来建设外王。这样我们就能如西方文化一样开出民主政治的外王了。这种建构从理论上讲应当是可行的。但是牟宗三怎样处理民主政治的外王与传统儒家内圣之间的关系呢？牟宗三这种内圣间接开出外王的主要特点，是我们需要详细考察的。以便可以看出，牟宗三在为中国开出民主政治外王的同时，也以中国传统文化中的优秀思想克服了西方民主政治的缺点。

牟宗三在论述良知自我坎陷说时，表达了内圣间接开出外王的思想。他说：

> 盖民主政体之出现是人之在政治方面自觉地决定其方向，即由此线索，我们可以把它联系于道德理性上。惟此政体既是属于客观实践方面的一个客观的架构，则自不是道德理性之作用表现所能尽。内在于此政体本身来说，它是理性之架构表现，而此理性也顿时失去其人格中德行之意义，即具体地说的实践理性之意义，而转为非道德意义的观解理性……但此政体本身之全部却为道德理性所要求，或者说，此政体之出现就是一个最高的或者最大的道德价值之实现。此即表示欲实现此价值，道德理性不能不自其作用表现，让开一步，而转为观解理性之架构表现。当人们内在于此架构表现中，遂见出政治有其独立的意义，自成一独立的境域，而暂时脱离了道德，似与道德不相干。在架构表现中，此政体内之各成分，如权力之安排，权利义务之订定，皆是对等平等的。因此遂有独立的政治科学。而人们之讨论此中的各成分遂可以政治学地讨论之，力求清楚确定与合理公道。[①]

牟宗三认为儒家重视的"德性之知"是理性的运用表现，而民主与科学是理性的架构表现。良知直接表现为理性的运用，而如果要表现为理性的架构，就须让开一步。这让开一步，就是道德主体的"自我坎陷"的辩证的转折。这是对儒家传统的内圣外王思维架构的一种现代转化，即内圣不能直接开出外王，必须经过一个坎陷，让开一步，以一种

[①] 牟宗三：《政道与治道》，台湾学生书局1991年版，第58—59页。

观解的架构表现间接开出外王，即将以往的直通转为曲通。

这种现代转化，不仅蕴含了对儒学传统由内圣开出外王的批判，也包含了对这种传统的继承。之所以说是批判，乃是因为这种良知坎陷说隐含着这样的意思：传统儒学的道德理性是不能直接开出具有独立意义的外王，更不能开出现代的民主政治。以这种眼光来评价程朱理学乃至后来的王阳明心学的内圣外王的关系就可以看出他们所谓的内圣开出外王，其实是没有赋予外王以独立的地位，只是重视了那些与伦理道德相关的外王，而与伦理道德无关的外王就被轻视了。而对于赋予了独立地位的王安石的外王来说，他如果坚持了那种内圣外王的思维间架，（事实上他正是按照这种间架来考虑内圣与外王的关系），则外王依然是由道德为主的内圣开出。但是他的外王又具有独立性，于是他所坚持的内圣开出外王实际上在外王实践中没有坚持这种原则。因为一旦赋予外王以独立性，它就不是内圣所能统摄得了的。所以，当王安石一旦赋予外王以独立地位的时候，他一定会迷惑怎样处理内圣外王的关系。这个理论问题就没有搞清楚。而如果经过这样一个良知的坎陷，一种步伐的转向，二者的关系就能得到很好的处理。转向之后，具有独立意义的外王就能与内圣很好地联系起来。再者，我们说牟宗三的良知坎陷说是对传统儒家内圣外王的继承，乃是因为内圣经过坎陷之后所开出的外王与内圣还是有千丝万缕的联系，虽然有些外王如制度设计、法律制定等可能不能与内圣直接联系起来，但是它们总是能够间接联系在一起。也就是说，牟宗三的这个理论还是认为儒家的内圣与现代的科学民主是能结合起来的。

具有独立性的外王需要进行专门的研究，而不是只要在道德上做得好就可以直接导致政治上的成功。也就是说，一个道德品质高尚的人不必然是一个出色的政治家，他也不能以自己的道德修行方面的成就而可以置政治规则于不顾。政治建设会给道德教育的推行提供一定的条件和基础，也会促进这种国民的道德教育更深入地开展。但是，政治与道德还是属于两个不同的领域，道德修行高的人在理论上如同他人一样在政治参与面前机会是均等的，不能以任何理由在政治上获得特权。牟宗三在一次讲演中扼要表示："作圣人不同于作总统，圣人若要作总统，也必须离开圣人的身份而遵守作总统办政事的轨则法度，这就是圣人的

'自我坎陷'。"① 对此，牟宗三又强调道：

> 个人自己实践上的人格成就，无论怎样伟大与神圣，若落在政治上发挥，他不能迈越这些限制（政治世界的最高律则），而且必须以其伟大的人格来成就这些限制。能成就这些限制，在古人就称他是"圣王"；在今日，就称他为"大政治家"。否则，在古人就称他是"霸王"，是"暴君"，是"独夫"；在今日，就称他是"集权专制者""独裁者"。②

牟宗三的良知坎陷说是针对传统儒家内圣外王的关系而提出的。他认为传统儒家是内圣开出外王，而这种伦理开出外王、"德性直贯"的政治哲学，是不可能开出现代的科学与民主的。对此结论笔者是赞同的，但是对于传统儒家的内圣开出外王，"德性直贯"，如果将它们说成是宋明理学的一厢情愿倒是符合实情；但如果将它们说成古代内圣与政治的实情，则是有问题的。这一点正是我前面对宋明理学所做研究的一个结论，即他们的内圣开不出外王，现实政治是他们所谓的外王不能涵盖的。因为外王在他们的道德视野中是没有独立地位的，而外王从现实上讲，又具有独立性。因而他们的内圣外王的直接关系就难以说明内圣与现实中存在的外王的关系。而王安石虽然赋予了外王以独立的地位，但是内圣又是道德性质的；如果仍旧用内圣开出外王的思维模式，则必然不能很好地将它们统合在一起。因此，传统儒学在内圣外王关系上的思想总不能自圆其说，难以周全。牟宗三认为传统儒学是内圣直接开出外王，这正是传统儒学在政治思想上的困境所在。只有用坎陷的方法才能破解这一难题。因而，对于牟宗三内圣开不出民主政治的外王，我们进一步修正为内圣不仅不能开出民主政治的外王，而且在古代它也不能开出专制制度的外王。而只有用认知理性对制度进行专门的研究，才是研究外王的正确轨道。以德性直贯的方式是不能触及外王的全部的，即便是古代的外王也无法真正全部涵盖到。基于传统儒学在古代政治中内圣可以

---

① 牟宗三：《中国哲学十九讲》，上海古籍出版社1997年版，第262页。
② 牟宗三：《政道与治道》，台湾学生书局1991年版，第140页。

开出外王的认识，牟宗三区分了直通和曲通两个概念，他说："如果外王只限于治国平天下，则此外王亦是内圣之直接通出去。如是，外王只成了内圣之作用，在内圣之德之'表现作用'中完成或呈现。但如果治国平天下之外王有其内部之特殊结构，即通着我们现在所讲的科学与民主政治，则既不是内圣之作用所能尽。显然，从内圣之运用表现中直接推不出科学来，亦推不出民主政治来。外王是由内圣通出去，这不错。但通有直通与曲通。直通是以前的讲法，曲通是我们现在关联着科学与民主政治的讲法。我们以为曲通始能尽外王之极致。如只是直通，则只成外王之退缩。"① 从这句话可以看出，牟宗三认为古代的内圣直接开出的外王只能就是德治。但是政治显然不只是德治，还有法治与制度设计等，因而这些东西都不是以道德为主的内圣所能涵盖得了的。牟宗三认为科学民主是内圣不能直接开出的，但是它们仍有关系，这种关系就是曲通。实际上，古代的政治与内圣的关系也应当是曲通，这样才能够独立地发展政治而不局限于道德的范畴之内。要将政治发展得好，也只有如此才行。因此，坚持直通的方式无疑是束缚了古代的外王政治。在明代的时候，道德学家仍然坚持以内圣开出外王，对于急于寻求解决复杂的国家政治问题的皇帝来说，这种主张无疑是隔靴搔痒，甚至是缘木求鱼，因而我们也就不能怪罪皇上要鄙弃这样的儒生并施加刑罚了②。

（二）牟宗三民主政治的外王与传统儒家内圣的关系

牟宗三认为中国文化中缺乏分解之尽理之精神，因而开不出民主政治。从全副的人性上讲，中国文化忽视了这种分解之尽理之精神。牟宗三说："在全幅人性的表现上，从知识方面说，它缺少了'知性'这一环，因而也不出现逻辑、数学与科学。从客观实践方面说，它缺少了'政道'之建立这一环，因而也不出现民主政治，不出现近代化的国家、政治与法律。它的基本精神是以个人姿态而向上透，无论是理性一面的

---

① 牟宗三：《政道与治道》，台湾学生书局1991年版，第55页。
② 黄仁宇：《万历十五年》，九州出版社2007年版，第53页。

圣贤人格，或是才气一面的英雄人格（艺术性的天才人格）。兹且就理性一面说，它之向上透是真能彻悟真实而通透天人之源的。"①

牟宗三指出：

> 此步开显是辩证的（黑格尔意义上的辩证，非康德意义上的辩证）。此步辩证的开显可如此说明：（1）外部地说，人既是人而圣人，圣而人……则科学知识原则上是必要的，而亦可是可能的，否则人义有缺。（2）内部地说，要成就那内部地说的必然，知体明觉永不能永停在明觉之感应中，它必须自觉地自我否定（亦曰自我否定），转而为"知性"；此知性与物为对，始能使物成为"对象"，从而究竟知曲折之相。它必须经由这一步自我坎陷，它始能充分实现其自己，此即所谓辩证的开显。它经由自我坎陷转为知性，它始能解决那属于人的一切特殊问题，而其道德心愿亦始能畅达无阻。
>
> 知体明觉之自觉地自我坎陷即是其自觉地从无执转为执，自我坎陷就是执。坎陷者下落而陷于执也。这一执就是那知体明觉之停住而自持其自己。所谓"停住"就是从神感神应中显停滞相。其神感应原是无任何相的，故知无知相，意无意相，物无物相。但一停住就显停滞相，故是执也。执是停住而自持其自己即是执持其自己。②

牟宗三认为中国政治的特点是将人当作一个道德生命去把握，而不是将人当作一个生物学上的个体去把握。因而这种道德政治是仁智合一的，而不是主智的。但是后来中国的政治片面发展了仁的一面，而忽视了智的一面。牟宗三说："经过后来的发展，仁一面特别彰著，这是很自然的，而智的一面则始终未独立地彰著出来。"③

因而对于现代中国的民主政治就必须由与智性相关的理性的架构表现开出，应当发展过去古代中国政治中所忽视的智的一面。但牟宗三在

---

① 牟宗三：《历史哲学》，台湾学生书局1988年版，第191页。
② 牟宗三：《从陆象山到刘蕺山》，台湾学生书局1984年版，第252页。
③ 牟宗三：《历史哲学》，台湾学生书局1988年版，第164—165页。

现代民主政治的谋划中，仍然强调了道德的基础作用。牟宗三说：

> 即要求此行为，而落下来真的去作此行为，则从"主体活动之能"方面说，却必须转为观解理性（理论理性），即由动态的成德之道德理性转为静态的成知识之观解理性。这一步转，我们可以说是道德理性之自我坎陷（自我否定）：经此坎陷，从动态转为静态，从无对转为有对，从践履上的直贯转为理解上的横列。在此一转中，观解理性之自性是与道德不相干的，它的架构表现及其成果（即知识）亦是与道德不相干的。①

民主政治的开出是由观解理性也就是理性的架构表现承担的，而与道德理性也就是理性的运用表现没有直接的关系。既然如此，那么牟宗三以道德理性作为民主政治外王的基础不就是一种人为的强加吗？对于此问题，我们可以从牟宗三的论述中找到答案。他认为理性的架构表现开出民主政治的外王有它的缺陷，为了弥补这个缺陷，我们必须以理性的运用表现所获得的成果内圣作为外王的基础。他说：

> 但若只停留在这一层上，而不承认其与道德理性有关系，或以为只要有观解理性即可处理一切，而不承认有超观解理性的道德理性之特殊作用，则是错误的。科学家志在科学本身，可以不管其与道德理性方面的关系，但若从人性活动的全部或文化理想方面说，则不能不了解其贯通，若是外在于科学而作反省时，却又这样截断，则便是科学一层论之蔽。②

牟宗三以为科学家以观解理性来从事科学是可以不理会道德理性，但是从一个社会的整个政治来讲，从人性的全面发展来讲，则是不能忽视道德理性的。一个社会如果全部依赖观解理性来从事政治，则可能会导致以利益来衡量一切，而不能给观解理性以正确的道德引导。因此，

---

① 牟宗三：《政道与治道》，台湾学生书局1991年版，第58页。
② 牟宗三：《政道与治道》，台湾学生书局1991年版，第58页。

在外王政治中，虽然是以观解理性担负起建设民主政治的任务，但是也不能忽视道德理性的作用，要常常以超越观解理性的道德理性对民主政治的外王进行审视与裁判，看它是否合乎我们所崇尚的伦理道德等价值观。可以看出，牟宗三一方面承认了必须以观解理性从事外王，因而外王是独立的，不是传统儒家内圣基础之上直接开出的外王。那种外王仍然是道德理性承担的，因而难以发展出民主政治的外王；其外王由内圣直接开出，总是受到了伦理道德的牵制，因而不具有独立的地位。但牟宗三又认为这个独立的外王在由观解理性开出的同时，又必须由道德理性所对应的内圣通过坎陷的方式开出，即是讲，从事这种外王的人首先也必须具备较强的道德自觉与道德理性。牟宗三的这种良知坎陷论不能不说在政治的独立性与内圣的影响性之间产生了紧张关系。

在内圣与外王这种曲通关系之上，牟宗三还进一步通过反对"泛道德主义"与"泛政治主义"阐述他的思想。他说：

> 吾人自人性的全部活动与文化理想上主张道德理性贯通观解理性，其贯是曲贯，非直贯，故不是泛道德主义，亦不是泛政治主义，故既能明科学与民主的独立性又能明其与道德理性的关联性。若必停滞在观解理性的架构表现上不能上通，则讲民主政治，而其为蔽与科学一层论同。此为囿于实然境域而窒息文化生命文化理想的泛政治主义①。

道德与政治的贯通是曲通，而不是直通。从二者不是直而是曲的关系来说，政治不是内圣的直接的结果，因而政治就不是内圣的直接延伸，如此就避免了泛道德主义。从二者是通而不是不相干的关系来说，民主政治就没有沦为科学的一层论，因而就避免了泛政治主义。可见，避免泛道德主义就是要给予政治以独立性，避免泛政治主义就是要给予政治以道德的影响，而不能使得政治只有观解理性的作用，同时还要使道德理性作用于其上。在牟宗三看来，传统儒家的内圣外王就是泛道德主义，而西方政治的弊病就可能导致泛政治主义。言下之意是他的良知坎陷论

---

① 牟宗三：《政道与治道》，台湾学生书局1991年版，第62页。

能较好地避免这两种弊病。

如果像以上所说的那样，将内圣与外王截然二分，让它们在各自的领域各行其是，相安无事，井水不犯河水，这样的确可以克服儒家传统泛道德主义的偏失，但是又可能出现泛政治主义的偏失和导致儒家在政治上的自我放弃。对于这个问题，我认为在目前中国政治生态下，最有可能的尝试是儒家积极地参政议政和参加社会建设的活动以便加强儒学融入教育教学和法律精神中的力度。这样，既能克服泛政治主义的不足，也能将儒家的内圣尽最大可能贯彻在政治之中。

（三）自由主义者对牟宗三的批判

中国台湾的自由主义学者反对内圣作为民主政治的基础而主张全盘照搬西方民主的做法，这充分体现了自由主义与传统保守主义在内圣外王观点上的针锋相对。他们的代表人物是殷海光与张佛泉。殷海光在《民主底试金石》一文中写道：

> 如果以道德作民主政治底基础，便与黑格尔底泛逻辑主义（panlogicism）合流。泛逻辑主义则是泛政治主义（panpoliticism）底理论基础之一……在现代技术底影响甚或决定之下，过程比目标更为重要。因为人所亲身接触者为实际的过程，从未尝是理想目标。此点自古已然，于今为烈。实现道德目标的过程如不为道德的，则理想的道德适足以造成现实的灾害。古代的宗教迫害，……都是植根于此。道德本身并没有防止不道德的行为出现之器用。所以，道德丝毫不能作民主政治底基础。退一步说，即令没有这些灾害，道德是在伦理界。它是制度以外的东西，因此与政治制度仍是两橛①。

这种评价否认了牟宗三由内圣曲通而开出外王的可能性。但是曲通的精意应当是以与内圣的理性的运用表现相联系的理性的架构表现开出外王，而非是理性的运用表现开出外王。就是说外王与道德理性有联系，

---

① 殷海光：《民主底试金石》，《祖国》周刊1955年1月3日。

但是是一种间接联系，如此，政治就不是直接由道德所决定，而是有其独立的地位和运行规则的。也就排除了实现政治目标过程中的不道德的行为，因为实现政治过程中的行为是由与政治有关的规则所制约的。牟宗三的这种良知坎陷说实际上也承认殷海光最后一句话的意思，道德与政治是独立的两个领域，不能将政治领域等同于道德领域。可见，殷海光批评现代新儒家是在传统儒家内圣直接开出外王的理解上做出的，显然不符合良知坎陷说的理论实际。

自由主义学者为何否认在道德基础之上以曲通的方式开出外王呢？这是由他们坚持消极自由而否定积极自由的思想所决定的。所谓消极自由就是行动上不受外在阻碍的自由，所谓积极自由就是内心不依赖外在任何力量而自我做主的自由。显然，二者的主要区别就是消极自由是没有价值抉择作为基础，而积极自由有价值抉择作为基础。自由主义者以为如果以价值抉择作基础，行动容易受到控制，也可能给集权主义者以可乘之机。而消极自由只管哪些事应当做，哪些事不应当做，因此，就可避免出现侵犯个人权利的问题。但是自由主义的哪些事情应当做，哪些事不应当做，实际上也涉及价值抉择的问题。因此，消极自由不可能与积极自由形成一个泾渭分明毫不相关的关系，它们还是存在一种紧密相连的关系。这样来看，消极自由不能否认积极自由，也就不能否认价值抉择，因而他们否认伦理道德作为政治的基础就是错误的。进一步来说，自由主义者强调个人自由而否认个人与群体的关系，也是错误的；因为个人与群体的关系包含了一种价值抉择，而价值抉择就必然使得个人关涉到群体。任何一个个体如果失去了群体，他就不能成为一个有意义的个体。这就像人身体上的一只手，如果脱离了它所在的身体，就不能成为一只有用的手一样，是至为明显的道理。因此，个人是离不开集体的。这样价值抉择就证明了在政治自由中是不可缺少的，因而传统儒家的伦理道德成为政治基础不是导致外王出现问题的原因，它也不会阻碍个人自由的获得。

正是看到了自由主义者将消极自由与积极自由对立起来必然所导致的弊端，徐复观对自由主义做了如下的修正，他说：

> 自由主义者从传统与社会中解放出来，并不是根本否定了传统

与社会,而是对传统与社会,作一番心底估价,将既成的观念与事象,加以澄清洗炼,而赋与以新的内容,并创造更合理更丰富的传统与社会。自由主义者依然要生活在传统与社会的大流之中。但他不是被动底、消极底生活着;而是主动底、积极底、向传统与社会不断发挥创造改进的力量,使传统与社会,不复是一股盲目的冲力,而是照耀于人类良心理性之下,逐渐成为人类良心理性的生产品。因此自由主义不仅由自己精神的解放而成就个人,当他成就个人时,也同时成就了群体。①

自由主义学者中的张灏看到否定积极自由、否认内圣所带来的问题,也提出了比较合理的建议,他说:

"内圣外王"这个观念蕴含着一种"人格主义"。这种"人格主义"一方面强调人的社会性,认为人的社会性与人之所以为人有其不可分的关系。因此,人必须参与社会,参与政治。这些"外向"的义务是人格的一部分。这和近代西方的个人主义以个人为本位去考虑政治和社会问题在精神上是有着重要的不同。另一方面,儒家的"内圣"思想是具有超越意识,儒家相信人的本性是来自天赋,因此,在这基础上,个性永远得保存其独立自主,而不为群性所淹没。这种"人格主义",综合群性与个性,而超乎其上,消弭了西方现代文化中个人主义与集体主义的对立,可以针砭二者偏颇之弊病,为现代社会思想提供一个新的视角。②

张灏认为内圣表明了个体与他人有着不可分的关系,个体要在群体中方才是一个社会性的个体。在群体中理解个体才能正确理解个体。这种个体的社会性是人格的一部分。而内圣具有超越意识,相信人的本性是天所赋予的。这种认识就赋予了个体以独立性,因而内圣外王的观念

---

① 徐复观著,萧欣义编:《儒家政治思想与民主自由人权》,台湾学生书局1980年版,第291页。
② 张灏:《超越意识与幽暗意识》,见其《幽暗意识与民主政治》,台湾联经出版公司1989年版,第33—34页。

就是对个性与社会性的综合，是一种有价值的思想。

（四）余论

虽然自由主义者和大陆新儒家对牟宗三的政治哲学的批评有不当之处，但也不是表明牟宗三的政治哲学是完美无缺的。牟宗三在内圣以曲通的方式开出外王的理论上还有如下的不足。

首先，心性之学和道德理性作为外王的基础在现代政治哲学中，不是以事物之间的内在的逻辑关系来进行论证的，而是基于一种信仰。因而从学理上就难以让没有这种道德信仰的人信服。牟宗三认为曲通才能开出民主政治的外王，意味着内圣不能直接开出外王，这是对传统儒学所引起的弊病的反思与克服。但是既然内圣不能直接开出外王，则表明民主政治有其不同于内圣的依据。其次，道德理性的中心地位必然会影响到民主政治的开展，因为民主政治是从认知理性出发来保障全体民众获得应有的民主权利，而这种认知理性必然会与道德理性产生冲突。坚持以道德理性为中心，势必会影响民主政治的实现。最后，牟宗三仍然坚持只有对形而上学的道有了充分的体证之后才能成为政治文化生活中绝对的权威与指导者。这与现代政治的世俗化和大众化，主要是能够满足广大民众的意愿的政治家的政治理念不在一个频道上，难以在现代政治生活中真正落实，从而成为迂阔的思想，难以为广大民众所接受。

这种道德威权主义没有可检验的标准，任何人只要掌握了实权哪怕做出了对民众不利的事情，他也会宣称他是道德的楷模，是一个圣王。这就回到了古代没有客观有效约束力的专制政治，这种道德政治是无法维护人民群众的根本利益的。历史的事实一再证明，道德和人性不能作为政治实现良治的保障，有时反倒成了良治的大敌。因此，我们不能从人性之善与人的道德性来谋划政治运行的依据，因为人性之善与人的道德性只能说明人是善良的一面，但不能保证人在任何时候都是善良和公正无私的，因此必须用客观的标准来约束人，规范人。因此，政治就必须从实际的国情出发，而不能从主观的抽象的人性论出发来制定政治制度。重点是要保证政治运行有序和公正，一定要制定切实有效的制度，确保权力在阳光下运行，从而形成最有效力的监督制度。

当然，牟宗三的良知坎陷说其政治如果能够不以道德为基础，则是可以接受的。实际上，牟宗三也是认为内圣也是以曲通的方式开出外王的。既然如此，则内圣就不能够成为外王政治的基础。政治是独立的领域，与道德领域应当划分开来，在不否认其有联系的前提下。在国家的政治生活中，道德当然依然是有作用的。但这种作用不能与遵循规则相冲突，也就是说任何一个人不管他的身份地位以及修养如何，都是必须遵守政治规则的。道德的作用主要体现在这种要求是有利于形成遵守政治规则的风气的，有利于人们自觉培养自己的德性，从而更好地提高人们的素质。大体说来，道德在政治上的作用，相当于西方的宗教教义对教徒在道德上的要求，以便形成良好的道德人格，从而有利于良好的政治秩序的形成。

二 在乡村建设中发展儒学

儒学在当今的发展从近代儒家学者的探索来看，不能仅仅局限于哲学研究的范畴，还要有为儒学发展勇于担当的人敢于进行不同实践形式的尝试、敢于将儒学推向广阔的社会现实的舞台，让更多的人沐浴在儒学的光辉中，让更多的人从儒学中受益和奋起改造自己，不断地在人生之路上开拓前进；在民众得到儒学教育的同时，社会也得到发展。明代的泰州学派是将儒学在广大的基层民众中传播开来的一次勇敢尝试，极大地扩大了儒学的影响，使得儒学在那个时代发出了璀璨的光芒，这也是儒学与时代社会现状相结合的一个成功范例。但是泰州学派仍然过多地局限在修身方面，而在将修身与社会发展相结合方面做得还不够。到了梁漱溟的乡村建设运动中，梁漱溟在仍保持儒学道德修身重头戏的同时，也将儒学的精神用来发展社会。梁漱溟不仅重视了儒家哲学对人心改造的作用，提升人境界的作用，改善人与人关系的作用，同时他也将注意力投向了儒学与社会的改造及发展的结合上。这是一个了不起的转向，因为他将目光投向当时的乡村社会，是通过研究当时的乡村社会与儒学的发展结合在一起来实现的。因而这个乡村建设运动不仅是儒家哲学的传播运动，也是儒家社会学的研究活动；其中包含了一个哲学向社会学转向的特点。而我国当前的乡村发展仍有相当的上升空间，因此从梁漱溟的乡村建设运动中，我们可以获得一些将儒家思想渗透当前乡村建设的有益启示。

对于梁氏的乡村建设运动,美国研究梁漱溟的学者艾恺说道:"梁漱溟的全部教育活动都可以在历史上宋明时期的讲学风气中找到它的源头。宋明的讲学实践强调师生之间密切的私人关系、团体中的向上气氛和对自身对同伴不断的道德督促……学生在研究院中受教育的基本目的并不真正是让他们了解肥料和手枪是怎么回事,而是使他们'了解其乡运的方向,并以转变其人生思想及日常生活习惯'。"① 研究院的教学类似于宋明时代儒者自我修身的性质。这不仅可以从他们教学的内容透露出来,而且从他们的修养方法也可以看出。艾恺又说:"每天的生活从上午五点半开始就被一个安排得很紧的、严肃得如同修道院的时间表支配着以进行有目的的活动。此外,每个学生还被要求做日记,对他的工作、周围环境及他人作出考察和反省。这种日记要定期上交给班主任进行检查。每天拂晓,全校学生在天还没亮时就集合在一起做一段时间的静思。梁漱溟或其他教师做一段'朝话',这种朝话是进一步思考的材料。梁漱溟希望通过这种体验方式把学生锻炼成为研究院解决山东农村问题的合乎需要的坚强先锋。他们将习惯于在无亲属关系的集体中生活和学习,习惯于艰苦的劳作,明了自己工作的深远意义,满怀儒者的热忱去发挥道德影响。"② 艾恺在此发现了梁漱溟主办的研究院有接近于修道院的清规戒律,这是由儒家的修身养性的精神品格所决定的,没有这些严格的戒律,就不可能训练出忠实的信徒,乃至为此信仰的事业而献身的虔诚的追求者。学员在一起要互相督促和批评,拂晓起床之后,要静思一段时间,这些都是中国传统文化所要求的。目的是达到一日三省吾身,以便发现不足而及时改正,得以顺利成长。因而,梁漱溟的乡村建设运动非常重视以儒家的思想培养学员的素质。首先是将他们培养成为一个儒家,以便让他们以儒家无私的道德情怀服务于社会大众。

梁漱溟乡村建设运动的目的不仅仅是要将乡村建设好,而且有更远大的理想和抱负。对此,艾恺说道:"将邹平的努力和其他乡村工作的

---

① [美]艾恺:《最后的儒家——梁漱溟与中国现代化的两难》,王宗昱、冀建中译,江苏人民出版社2004年版,第176页。
② [美]艾恺:《最后的儒家——梁漱溟与中国现代化的两难》,王宗昱、冀建中译,江苏人民出版社2004年版,第176页。

作用区别开来的是它的宏伟大胆的终极目标——创造出一个对全人类都有意义的全新的中国文化和中国社会。通过复兴与改革传统文化并举，通过以梁漱溟'真正'理解圣人智慧的原则为基础的实验，研究院的工作人员将发展出一个新的无可匹敌的社会和经济的组织形式。这些新形式将使中国能够得到现代化的好处，同时还能避免西方过度都市化和工业化所带来的精神及物质上的罪恶。但是，梁漱溟并不仅仅满足于梦想着他的计划如何能够改造中国的农村；他还看到：这个方案还找到了用中国人创造的农民的新的世界文明最终取代目前变态的、畸形的西方文明的形式。"[1] 梁漱溟早年是非常向往西方文化的，但是经过学习与考察，他发现西方文化也有不尽如人意之处，而中国文化可以弥补西方文化的一些欠缺。对中国来说，如果照搬西方的自由民主制度会水土不服，不能解决中国当下紧迫的实际问题。事实上，西方的政治制度是根本不能移植到中国来并在中国生根的，因为我们的文化与习惯同西方有很大的不同，因而难以移植这种在西方文化习惯土壤上产生的政治制度。[2] 我们探索建立的中国的政治制度一定要与中国的文化习惯相适应，否则就不会促进中国的发展，就难以解决当时许许多多的实际问题。梁漱溟认为探索适合中国制度的道路只能是乡村建设道路，而别无他途。这条乡村建设的道路不仅能解决中国的问题，而且还对世界上解决西方文明的弊病提供启迪和帮助。

梁漱溟的乡村建设运动从当时的实践来看，也不是局限于乡村的经济事务，实际上也涉及了政治。艾恺写道："一旦县政府能够相对于国家和省政府的规章制度进行自主的运行，研究院就能在管辖范围内着手改变政府机构以使它更有效率，更能顺应乡村建设的整个目标。在县一级，研究院废除了所有的局（处理税务、治安等具体问题的独立机关），而代之以政府衙门中的科。由于这种安排，使得科长的办公地方集中在

---

[1] [美]艾恺：《最后的儒家——梁漱溟与中国现代化的两难》，王宗昱、冀建中译，江苏人民出版社2004年版，第174—175页。

[2] 对此，梁漱溟说："因为其中有梗阻处，有养不成处。而其梗阻则从中国数千年文化所铸成的民族精神不同于西洋人而来。我所谓民族精神包含以下两层：其一是渐渐凝固道德传统习惯，其二是从中国文化开出来的一种较高之精神，这两层皆为养西洋式政治制度或政治习惯的梗阻。"《自述》，见《梁漱溟全集》第2卷，山东人民出版社1990年版，第22页。

一起并能很快作出决定,它就杜绝了各局之间及上下级之间的公文旅行和互相推诿,也因此大大地提高了行政机构的工作效率。一年以后,即1934年6月,国民政府下令在全国范围内采用这套系统。"① 这一点有力地说明了梁漱溟的乡村建设是全方位的。他所主持的乡村建设研究院等于是整个试验县的中枢,起着决定整个试验县的主要事务的作用。因而当然也就包含了政治上的改革。梁漱溟的乡村建设还设立了合作社,这些合作社有信用合作社、林业与蚕业合作社、棉花运销合作社,等等。此外,还建立了自卫力量。俨然一个国中之国。这与当时的山东省政府将邹平县交给梁漱溟进行乡村建设实验的初衷是相符合的,的确给予了梁漱溟一个县的相当程度的自治权,以便探索建设中国乡村乃至全国的道路。

梁漱溟对乡村的改建实现了一种社会学的转向,也就是说,他面对所要改造的社会不仅仅是以一种伦理道德的眼光来看待的,像宋明儒者一样以为只要正心诚意就可以了,而对社会所存在的问题无动于衷,而将之看作俗世的事情,当然也只能由俗吏来完成。这样,儒家所要做的事情就是内圣之事。这主要是对自身和他人的思想教化,用儒家的道德使人心得到升华。在梁漱溟看来,这个工作当然也很重要,他在研究院教授儒家的经典以及老师向学员发表的"朝话"和静坐内省主要就是以儒家的伦理道德思想改造人心。但是当儒家在面对现实的具体问题时,就不能将自身束缚在伦理道德的修养上,还要直面现实社会所存在的问题,并想方设法地解决它,而这种理性活动显然就不是用之于内圣的理性的运用表现,而是理性的架构表现。这种理性的活动就是牟宗三所谓的良知的坎陷表现。

因此,当梁漱溟面对社会问题提出他的解决方案时,他实现了一种社会学意义的转向,同时又是一位时时以儒家的精神要求自身的儒者。因此,如果用牟宗三的良知坎陷论来看待梁漱溟,不是内圣坎陷出外王之后,内圣就退居幕后了。相反,内圣是时时处处都伴随着主体的个人,使他时时处处都不失为一个儒家。但是,内圣在标识着主体的儒家本质

---

① [美]艾恺:《最后的儒家——梁漱溟与中国现代化的两难》,王宗昱、冀建中译,江苏人民出版社2004年版,第177—178页。

时，这种儒家的本质也不是掩盖或者取代他的一切其他的活动。也就是说，儒家的本质与这个儒家在面对外在的社会现实时，它以理性的架构表现来处理社会的具体事务是不冲突和矛盾的，这时主体就表现为一个社会改造者的形象。因而，就梁漱溟来说，我们可以说他在处理社会问题时，实现了一个儒者社会学的转向。而就他仍以一个儒家的思想意识形态要求自己时，他仍然是一个儒学的信奉者。因此，他的这种转向并非是转过来之后就不复返，而是在转向之过程中，同时兼及二者。可以说，梁漱溟的社会实践具有从儒学至社会学转向的特征，同时又是二者兼顾的。因而，我们不仅要看到梁漱溟乡村建设的儒家特色，也要看到他的社会学特色。这是对我们对梁漱溟认识的一种转向。

当梁漱溟以一种社会学的探究视角深入乡村社会的考察中，他发现乡村衰败的主要原因是乡村的社会组织和伦理关系遭到了破坏。因此，建设乡村主要的任务就是要建设乡村的社会伦理和社会组织。乡村建设的核心就在于"建设一个新的社会组织构造"，①"增进社会关系（由散漫入组织），调整社会关系（从矛盾到协调）"。② "个人一定要尊重团体，尽其应尽之义务；团体一定要尊重个人，使得其应得之自由平等"，③ "伦理情谊为本源，以人生向上为目的，可名之为情谊化的组织"。④ 个人参加社会组织的建设与个人的道德提升是互相促进的关系，这一点也为许多其他学者所赞同。安静如说："人们可以积极地参与塑造对个人道德发展而言非常重要的公共目标和事业。"⑤ 杜威认为："只有当人性的因素参与到指导共同事物，也就是男男女女组成的如家庭、行业、公司、政府、宗教、科学协会等群体的事物中时，人性才

---

① 梁漱溟：《乡村建设理论》，载中国文化书院学术委员会编《梁漱溟全集》第 2 卷，山东人民出版社 1990 年版，第 276 页。

② 梁漱溟：《乡村建设理论》，载中国文化书院学术委员会编《梁漱溟全集》第 2 卷，山东人民出版社 1990 年版，第 599 页。

③ 梁漱溟：《乡村建设理论》，载中国文化书院学术委员会编《梁漱溟全集》第 2 卷，山东人民出版社 1990 年版，第 308 页。

④ 梁漱溟：《乡村建设理论》，载中国文化书院学术委员会编《梁漱溟全集》第 2 卷，山东人民出版社 1990 年版，第 309 页。

⑤ 安靖如：《当代儒家政治哲学》，江西人民出版社 2015 年版，第 192 页。

得到发展。"① 陈素芬将杜威的这段话理解为人的道德性的提升仅仅依靠他自身是难以完成的，还需要通过社会将其单个人的行为转化为一个具有社会性的行为才能更好地实现，她说："一个仅仅关注自身需要和利益的人在伦理上是不完善的，因为她没有认识到人的社会性，没有思考这种社会性的价值和需求。"② 这就将政治与道德关联起来，说明具有政治性质的公共事务有益于道德。

（一）一种思想建设的方式——朝会

梁漱溟的乡村建设运动所举办的乡村建设研究院最重视改造人的思想，即非常重视思想建设，而朝会就是思想建设的一个主要方式。研究院的师生天天黎明起床即开朝会，冬天的黎明往往天还未亮，是需要点灯的。在朝会上，老师会发表讲话，这就是朝话。梁漱溟说："'朝话'是在朝会上讲的话。我若干年来办学，大都率领学生作朝会；尤其自民国二十年夏至二十三年夏一段，我自任乡建院研究部主任时，行之最勤。"③ 梁漱溟在现存编辑出版的《朝会》第一篇《忏悔——自新》中开宗明义地说道："在人生的时间线上须臾不可放松的，就是如何对付自己。如果对于自己没有办法，对于一切事情都没有办法。"④ 如果一个人自己管不好自己，思想上松懈，由着欲望支配，该干的事情不干，不该干的事情又舍不得放手。这样的人受到欲望的宰制，是难以取得成就的，也就做不好乡村工作。梁漱溟说："本来他（聪明的人）要强的心也比旁人明白，可是他为坏的心也比旁人高；如果内心不澄清，认不清楚自己，这时他心里一定有很多问题。教他去做乡村工作，也一定有很多问题；因为他不能对付自己，则终日惝恍，精神上得不到安慰；自己先不安，还有何法去做乡村工作呢！"⑤ 作为一个行动的儒家，就必须死掉

---

① 转引自陈素芬《儒家民主：杜威式重建》，中国人民大学出版社2014年版，第146页。
② 陈素芬：《儒家民主：杜威式重建》，中国人民大学出版社2014年版，第146页。
③ 梁漱溟：《乡村建设理论》，载中国文化书院学术委员会编《梁漱溟全集》第2卷，山东人民出版社1990年版，第38页。
④ 梁漱溟：《乡村建设理论》，载中国文化书院学术委员会编《梁漱溟全集》第2卷，山东人民出版社1990年版，第41页。
⑤ 梁漱溟：《乡村建设理论》，载中国文化书院学术委员会编《梁漱溟全集》第2卷，山东人民出版社1990年版，第42页。

"自己夸张、好出风头的心",否则就难以做好乡村工作。不仅如此,"懒散不振也不行!这种懒散不振,就是机械性、不由自主的下践性,是从内省的矛盾冲突来"。① 因此,将自己的思想改造好是做好乡村工作的前提。这也是梁漱溟为什么重视学生的思想建设工作的原因,而思想建设的指导思想主要是儒家思想。所以,从思想建设所用的资源是儒家思想来看,梁漱溟的乡村建设运动具有儒家的性质。以下的话可为明证。梁漱溟说:"这样的私欲私意多,心动的地方太多,没有走上一条大道,因此心才这儿跑,那儿跑,鬼鬼祟祟的乱窜乱穿。"② 这是讲要除去自己的私欲私意,与儒家存天理、灭人欲是有继承关系的。梁漱溟以为只有经过自我忏悔和自新之后才能开出新生命来,才能与堕落和懈怠的过去的自我彻底划清界限。梁漱溟认为只有进行诚心诚意的"忏悔"与"自新",才能够杜绝毛病的流露。他说:"能在这里用力,气才壮,志才坚;所有过去的毛病,不拖它,不带它,务期崭然一新……"③ 这是他战胜自己缺点的经验之谈,是非常有价值的。的确一个人如果要战胜自己,就必须深深忏悔,向内用力。一个人要认识到若不自我忏悔,长此以往,必将无法开拓出新的生命。开出新生命也就不会陷进为私心私欲所缠绕的泥潭。梁漱溟还引用了孟子的话强调了自新对于人的重要性。他说:"这样知道臭香,他才能'自新'。孟子很发挥指点这恶绝的意思,'毋为其所不为,毋欲其所不欲,如此而已矣'。这话说的实在到家。人原来分得出来是非——因人都有不偷东西的心思,不要作的就不作,这就是'义';人都有不忍害人的心思,在此扩充,就是'仁'。都是指点在亲切的地方去'自觉'。好恶让他明显,让他有力量。"④ 人有好恶之心,有辨别是非之心。所以孟子告诫人们不要去做自己本来就知道不能做的事情,将此心加以扩充就是仁与义。这样做就是一种自觉,

---

① 梁漱溟:《乡村建设理论》,载中国文化书院学术委员会编《梁漱溟全集》第2卷,山东人民出版社1990年版,第42页。
② 梁漱溟:《乡村建设理论》,载中国文化书院学术委员会编《梁漱溟全集》第2卷,山东人民出版社1990年版,第44页。
③ 梁漱溟:《乡村建设理论》,载中国文化书院学术委员会编《梁漱溟全集》第2卷,山东人民出版社1990年版,第45页。
④ 梁漱溟:《乡村建设理论》,载中国文化书院学术委员会编《梁漱溟全集》第2卷,山东人民出版社1990年版,第42页。

就不是像机械一样受到外在的力量的驱使而运动,而是实现了自我支配自己命运的自觉。以仁义来指导自己不要沉沦,不要随波逐流,而要顺着仁义的大道勇往直前,显然这是儒家所开辟的精神方向。

要开出比起以往来不同的生命更有前途的新生命,就必须发心与立志。而发心是指佛家的"发菩提心"。"他是超过一切,是对众生机械的生命,能有身后的了解原谅与悲悯。"① 儒家的立志与佛家不同,儒家是刚正的态度。但是梁漱溟认为他们二者是可以彼此相通的。"所以终极都是一个自由的活泼泼的有大力量的生命。"② 这种发心与立志,就是"愿力",就是有抱负有理想的初心。唯有此愿力,才能干出大事业,才能拒绝一切不相干的事情、能专注于自己的事业而在此过程中开出自己的新生命。梁漱溟说:"惟有愿力才有大勇气,才有真精神,才有真事业。不论佛家儒家皆可,但须认取其能开发我们培养增长我们力量的那一点。我们只有努力自勉,才能完成我们伟大的使命。"③ 梁漱溟在以儒家的思想指导学生的思想改造时,也不排斥佛家的思想。但都是为了更好地培养一个行动的儒家,在当时是更好地培养一个建设乡村的干部。因此,其思想特色主要是儒家入世实干的精神。

(二) 梁漱溟与泰戈尔论儒家——儒家的道德不只是一种规范

从以上梁漱溟的讲话的精神可见,梁漱溟对人的思想教育主要是从将人培养成有用之人的意义上来讲的,此即儒家讲的成己成物。因此,那种将儒家的道德误以为只是一种外部规范的认识是对儒家极严重的误解。道德不是拘谨的、枯燥的和与日常生活相离很远的甚至是另外的事情。梁漱溟说:"所谓道德,并不是拘谨;道德是一种力量,没有力量不成道德。道德是生命的精彩,生命发光的地方,生命动人的地方,让

---

① 梁漱溟:《乡村建设理论》,载中国文化书院学术委员会编《梁漱溟全集》第2卷,山东人民出版社1990年版,第48页。
② 梁漱溟:《乡村建设理论》,载中国文化书院学术委员会编《梁漱溟全集》第2卷,山东人民出版社1990年版,第48页。
③ 梁漱溟:《乡村建设理论》,载中国文化书院学术委员会编《梁漱溟全集》第2卷,山东人民出版社1990年版,第49页。

人看着很痛快、很舒服的地方，这是很明白的。"① 我们行动背后都有情感和意志的驱动与支撑，情感越直接越深细，越有力量；反之，情感越迂缓越间接，越没有力量。同样，道德高的人，趣味也就越高，行动也就越有力量，人格也越高。道德高的人能达到一种生命的和谐，"即人生生理心理——知、情、意——的和谐；同时亦是我的生命与社会其他的人的生命的和谐"。② 这种道德实际上是对那种生命已经达到很高境界的人的描述。显然道德不是对外在规范的亦步亦趋的恪守，而本质是对自己生命境界的提升。梁漱溟说："儒家圣人让你会要在他的整个生活——举凡一颦一笑一呼吸之间，都佩服赞叹，从他的生命能受到感化变化。他的生命无时不得到最和谐，无时不精彩，也就是无时不趣味盎然。我们在这里可以知道，一个人常对自己无办法，与大家不调和，这大概就是生命的不和谐、道德的不够。"③ 一个道德境界高的人，他给人的印象就不一样。他无时不和谐与精彩，也是十分的趣味盎然的人。所以，一个真正的儒家不只是他遵守道德规范，而是相对于原来庸俗的自我来说发生了一种脱胎换骨的变化。

基于梁漱溟以上对儒家道德的领悟，当他会见泰戈尔而后者认为儒家在人类生命的深处是没有其根据只是一种伦理规范时，梁漱溟非常坚定地反驳说儒家是有自己生命的真力量，不仅仅表现在外面较粗的伦理纲常。梁漱溟认为，孔子也不是一味地要求我们做一个四平八稳的人，而是要求我们做一个依从自己的生命的真力量的人。如果不能做一个中行的人，做一个从生命的真力量而出发的狂者或狷者也是可以的。孔子说："不得中行而与之，必也狂狷乎！狂者进取，狷者有所不为也。"④ 狂者很豪放，狷者有所不为，但是都是从自己生命的真力量而表现出的行为，而不是为了他人而做出大家都喜欢的样子；不是为了迎合他人的

---

① 梁漱溟：《乡村建设理论》，载中国文化书院学术委员会编《梁漱溟全集》第2卷，山东人民出版社1990年版，第86页。
② 梁漱溟：《乡村建设理论》，载中国文化书院学术委员会编《梁漱溟全集》第2卷，山东人民出版社1990年版，第86—87页。
③ 梁漱溟：《乡村建设理论》，载中国文化书院学术委员会编《梁漱溟全集》第2卷，山东人民出版社1990年版，第87页。
④ 杨伯峻：《论语译注》，中华书局1980年版，第141页。

意愿，而是要做一个真正的自己。这与孔子所讲的儒家之学是为己之学、而不是为人之学是一致的。为人之学那是乡愿，孔子特别反感这种人。孔子说："乡愿，德之贼也。"① 又说："过我门而不入我室，我不憾焉者，其唯乡愿乎！"② 孟子也批评乡愿，孟子说："非之无举也，刺之无刺也，同乎流俗，合乎污世，居之似忠信，行之似廉洁，众皆悦之，自以为是，而不可与入尧舜之道。"③ 这种人是做给别人看，而不真正想改变自己，提升自己的思想境界和人格魅力。泰戈尔听梁漱溟一席话之后，如醍醐灌顶，对儒家才有真正的认识。他高兴地说："我长这样大没有人说过儒家这道理；现在听梁先生的话，心里才明白。"④ 所以，梁漱溟以儒家的思想指导乡村建设的学员不是要求他们将儒家的伦理道德当成现成的教条和规则来学习与遵守，而是教导学员要向自己内心用力，努力改造自己的思想，提升自己的思想境界，使自己在学习和工作实践中在思想和行动以及境界上发生实实在在的改变。这种个人自我思想境界的改变不仅可以实实在在地提升自己，而且在实践上又是实实在在有益于乡村建设的。

（三）梁漱溟在《朝话》中不只是讲思想，还讲到了具体的经济等事物

梁漱溟认为只有经济进步了，人们才有余力理性地去做其他的事情。他说："人类虽是理性动物，但理性之在人类，不论其在个体生命或社会生命中，其开发都是渐次的。人类社会的组织制度，也是要渐次的才能入于一种合理的安排，即渐次的把理性开发出来。而能帮助理性开发的，则是经济。"⑤ 只有经济搞好了，我们才有渐次开发事情的基础。如此开来，梁漱溟不仅不忽视其他具体如经济等的事务，相反是非常重视

---

① 杨伯峻：《论语译注》，中华书局1980年版，第186页。
② 杨伯峻：《孟子译注》，中华书局1960年版，第341页。
③ 杨伯峻：《孟子译注》，中华书局1960年版，第341页。
④ 梁漱溟：《乡村建设理论》，载中国文化书院学术委员会编《梁漱溟全集》第2卷，山东人民出版社1990年版，第89页。
⑤ 梁漱溟：《乡村建设理论》，载中国文化书院学术委员会编《梁漱溟全集》第2卷，山东人民出版社1990年版，第102页。

的。梁漱溟说:"有人误会我反对物质文明,反对工业;我安有此意。我对物质生活增加和生产技术改进,原是看得很重要的。我所以看重它的意思,则在于非这样不能给我们挪出更大的闲空,非这样不能使文化日进于高明。大概经济越发达,社会越进步,对一切问题越可以采用细致的办法。亦即是理性的解决办法、细致的办法,是从富力增进来的。唯有富力增进,可以用教育代替杀人打人等办法。到那时人命才值钱。"① 梁漱溟以为只有经济发展了,社会才更加进步,人们才更加有觉悟。一个经济发达的社会必将是一个摆脱了蒙昧落后阶段的社会,也就可以用更加理性教育来代替粗暴对待他人,那时每一个个体才能真正得到社会的重视与关爱。

在谈到制度建设时,梁漱溟尤其令人感到敬佩的是他反对照搬外国自由民主的政治制度模式,而主张要从现实的社会实际情况出发来探索自己的发展制度。这不就是我们当今经常讲的要从国情出发找到适合自己发展的路子吗?他说:"本来一个社会的制度,就是为事实而想的办法,故必事实到了那一步之后,才能产生那新的制度。中国现在不幸得很,因为他的制度,并不是依事实才想出的办法,反都是忘记了自己的事实,仅看见他国的表面——如法律、制度,及一切完备之设施等,——想要全盘采用,希望能突然涌现出新制度来,那怎能成功呢?"② 一个国家的制度是从事实而想出的办法,多么睿智的思想,因而我们不能照搬外国的模式。不仅是制度方面,其他任何一切方面都要依据自己的事情来想办法,而不能脱离自己的事情移植别人的办法。正是从这种思想出发,梁漱溟的乡村建设就是先要了解乡村社会,了解农民,要在充分了解的基础上找到相应的对策。但是我们试回顾一下历史,尤其是近代的历史,多少事情的失败都是犯了这方面的错误。这也反衬出了梁漱溟这种思想的可贵与价值。梁漱溟以为要想建立公共组织,就必须在造出新的事实上着手不可,而这个新的事实主要是经济。他说:"例如经济是事实的主要部分,是事实的骨干,想要公共组织,必先使其经济生活的关系能

---

① 梁漱溟:《乡村建设理论》,载中国文化书院学术委员会编《梁漱溟全集》第 2 卷,山东人民出版社 1990 年版,第 101—102 页。
② 梁漱溟:《乡村建设理论》,载中国文化书院学术委员会编《梁漱溟全集》第 2 卷,山东人民出版社 1990 年版,第 102 页。

达到公共联合的地位而后可。若各自谋生，没有什么关系，则公共组织便不会成功……反过来说，中国以前社会之所以散漫，虽有文化上的其他因素，亦是经济上未进步到需要公共组织。还有经济进步然后人民才有余裕来参见政治。如此，新的行为习惯才能渐渐养成，而新的制度亦随之成立。由此可见，今日注意者，端在新经济如何形成之一点上。"① 经济不仅是其他组织形成的基础，而且经济的发展也需要其他社会公共组织的成立，也能促成其他组织的成立，亦能将人们从为生计的奔波中解放出来。因而经济的发展以及经济组织的形成是社会组织起来的基础和中心问题。只有经济组织及其他组织形成之后，中国才能避免一盘散沙的局面，才能产生凝聚力和紧密地联系在一起。

而所有这一切的建设都是用儒家的思想指导的，因而极好地体现了儒家内圣外王的理念，只是它扬弃了宋儒的那种以正心诚意笼罩一切的方式，而是采取了以儒家的内圣来教育建设的领导者和全体的管辖范围的民众，而在处理具体的事务上又相当务实的态度，而不是不重视这些外在的事务的解决和改善，相反倒是非常重视的。因而，从内圣外王的关系来看，它就赋予了外王独立的地位和作用，这就与宋明儒家轻视外在事务的解决与改进，而一味以正心诚意的方式解决的迂腐做法不同。这种内圣外王的关系就是牟宗三所谓的良知坎陷论，即暂时将内圣放下，另开一条道路的方式来发展外王，如此就赋予了外王以独立性。但是这个外王仍然与内圣有或直接或间接的关系。只是外王不用内圣的思维方式来从事，它是用理性的架构表现来应对的。

（四）梁漱溟在《朝话》中还谈到了婚姻问题，可见他十分关注人们的生活事务，而非完全以儒家伦理纲常为中心

反独身主义者认为一个男人或者一个女人都是不完整的生命，只有男女相合才是一个完整的生命，因此，独身主义在生理上是无根据的。这种反驳，与梁漱溟所认为的一个人的生命就是一个完整的生命是相违背的。也正是从一个个体即为一个完整的生命存在的理念出发，大多数

---

① 梁漱溟：《乡村建设理论》，载中国文化书院学术委员会编《梁漱溟全集》第 2 卷，山东人民出版社 1990 年版，第 102—103 页。

宗教都有禁欲主义的倾向。梁漱溟认为从单个人的不完整性上反对独身主义不是一个很好的策略。从为人类繁衍的未来考虑来反对独身主义比较好，梁漱溟说："为顺遂生理之自然要求及为人类传统计，当然以结婚为对吧！"①

梁漱溟还谈到了结婚的仪式为什么是必要的。他不认为结婚典礼是为了做给大家看，产生一个社会效果，即人们都知道这对人结婚了，就给他们日后的交接异性产生了一定的约束作用。梁漱溟认为如果以此眼光看待结婚仪式，则是将它看作一个工具，既然是工具，那也是可以没有的，并且也不会产生什么缺憾。就像我们到某个短途的地方可以坐车子，也可以不要这种交通工具而步行去一样，也不会有什么缺憾。但是结婚仪式不可少，可见，它不是一种工具，而是两情发展到一定的阶段互相对对方的一种情感的表达仪式，让大家都来见证他们的终身大事的一种仪式。这种仪式会成为他们日后美好的回忆，并且对他们婚后的幸福产生巨大的影响。梁漱溟说："在男女两方彼此之情愈真实，意味愈深厚，则要求于礼者亦愈切。所以说，婚礼是出于人情自然要求……结婚那天的印象于后来很有关系；婚礼没安排好，实为后日不幸的源泉。"② 这种认识不失为一种真知灼见，这可以从男女结婚几乎百分之百地要举行婚礼可以看出。

梁漱溟认为多妻与多夫制度有其社会风俗和历史背景等多方面的原因。但是从人类的生理和情感需要来说，还是一夫一妻制好。

对于择偶，梁漱溟以为西方社会是个人主义突出的社会，因而西方人主要是自己选择自己的配偶。而中国是一个伦理本位的社会，结婚之事不仅关系到个人，也关系到家庭成员的其他人，因为家庭成员之间是互相联系的一个整体。因此，择偶当然首先要自己决定，但同时也要听取家庭成员中长辈的意见。所以，在梁漱溟看来，中国人订婚有两种办法，第一种是家庭与个人兼顾；第二种是托之师友，因为师友最了解当事人的长短优劣和情感性格，能够为之找到一个非常合适的配偶。梁漱

---

① 梁漱溟：《乡村建设理论》，载中国文化书院学术委员会编《梁漱溟全集》第2卷，山东人民出版社1990年版，第115页。

② 梁漱溟：《乡村建设理论》，载中国文化书院学术委员会编《梁漱溟全集》第2卷，山东人民出版社1990年版，第116页。

溟说:"故师友的决定,胜于自己决定(非自己不管,是参酌取决于他),因他知我长短,很了解我;也同时胜过于父母的决定,因师友于帮助向上方面是胜过父母。"①

以上的论述足以证明梁漱溟在《朝话》中所表达的思想不只是儒家的伦理道德思想,而是在以儒家思想作为指导学员的思想建设的同时,也非常重视人们的生产和生活方面的事务。从儒家的内圣外王的角度来观照梁漱溟的《朝话》,我们有理由表明,梁漱溟在阐述他的外王主张时并没有受到儒家内圣思想的羁绊,而是从一种独立的视角来看待外王事务。这种内圣外王关系的处理就非常符合牟宗三的良知坎陷说。因此,有的研究者批评梁漱溟乡村建设理论完全局限于儒家的伦理道德观念,必然导致乡村建设实践的失败就有主观臆断之嫌。②

(五) 为何要建设乡村以及主要策略

梁漱溟的乡村建设是基于中国社会的现状而提出的,中国当时的现状是怎样的呢?梁漱溟认为中国古代是一个伦理本位和职业分立的社会,但是近代以来被破坏了。他说:"我们旧的社会组织,是伦理本位,互以对方为重的;但自西洋风气输入,逐代以个人本位、权利观念,伦理本位社会乃被破坏。"③

职业分立也遭破坏,政治也无办法,梁漱溟说:"所谓政治无办法,即国家权力之不能建立,与即平常所说之不能统一。中国国家权力不能建立,是中国社会崩溃之因,也是中国社会崩溃之果。"④

针对此种状况,梁漱溟提出了他的解决办法。他说:"以上所讲,都是指出中国问题让大家认识,以下当讲怎样解决问题,也就是要讲建设。所谓建设,不是建设旁的,是建设一个新的社会组织构造——即建设新

---

① 梁漱溟:《乡村建设理论》,载中国文化书院学术委员会编《梁漱溟全集》第2卷,山东人民出版社1990年版,第117页。
② 曹跃明:《梁漱溟思想研究》,天津人民出版社1995年版,第366页。
③ 梁漱溟:《乡村建设理论》,载中国文化书院学术委员会编《梁漱溟全集》第2卷,山东人民出版社1990年版,第204页。
④ 梁漱溟:《乡村建设理论》,载中国文化书院学术委员会编《梁漱溟全集》第2卷,山东人民出版社1990年版,第213页。

的礼俗。为什么？因为我们过去的社会组织构造，是形著于社会礼俗，不形著于国家法律，中国的一切一切，都是用一种由社会演成的习俗，靠此习俗作为大家所走的路（就是秩序）。我常说：人类的生活必是社会生活，而社会生活又须靠秩序，没有秩序则社会生活不能进行。西洋社会秩序的维持靠法律，中国过去社会秩序的维持多靠礼俗。不但过去如此，将来仍要如此。中国将来的新社会组织构造仍要靠礼俗形著而成，完全不是靠上面颁行法律。所以新礼俗的开发培养成功，即社会组织构造的开发培养成功。新组织构造、新礼俗，二者是一件东西。"① 正是对中国社会是一个靠礼俗维持秩序的社会的认识，梁漱溟主张通过建立遭到破坏的礼俗来重建人间秩序，这就是乡村建设的主要任务。

  为什么建立新礼俗与新组织构造要从乡村开始，梁漱溟说："我们仿佛找到了几个原理原则，认识了一个方针，本此以建立中国的新秩序，新组织构造。但是从什么地方开始入手呢？那么，入手处就是乡村。中国这个国家，仿佛是集家而成乡，集乡而成国。我们求组织，若组织家则嫌范围太小，但一上来就组织国，又未免范围太大；所以乡是一个最适当的范围——不惟从大小上说乡为最合适，并且他原来就是集乡而成的一个国，所以要从乡入手。"② 建立新组织构造，要从乡入手。因为乡是组成国的单元，而如果从家入手，则太小。因此乡是最合适的。从梁漱溟的乡村建设的实践来看，这个乡实际上指的是县，即邹平县和菏泽县。但当时中国是一个农业国，乡村建设虽然以县为单位，但是他们的主要事务集中在农村，因此称为乡村建设运动是合适的。梁漱溟说："以上是讲我们的组织有两点：一是从理性求组织，一是从乡村入手。这两点已经确定。今再申明一句：有形的事实是乡村，无形的道理是理性。这两个地方，原来就是中国社会的根，除此外都不算。"③ 乡村建设运动必须从乡村开始，而且这个组织也是从乡村建设的成就中开出的。

---

  ① 梁漱溟：《乡村建设理论》，载中国文化书院学术委员会编《梁漱溟全集》第 2 卷，山东人民出版社 1990 年版，第 276 页。
  ② 梁漱溟：《乡村建设理论》，载中国文化书院学术委员会编《梁漱溟全集》第 2 卷，山东人民出版社 1990 年版，第 313 页。
  ③ 梁漱溟：《乡村建设理论》，载中国文化书院学术委员会编《梁漱溟全集》第 2 卷，山东人民出版社 1990 年版，第 320 页。

这个组织就是形成乡村新的秩序之后自然的结果。

梁漱溟以为乡村建设运动本质上是自治的，不是政府来主持推进的。他说："一个教育、一个自治……就是一种实验的态度，或者说是听大家去摸路子走——政府对于办教育办得好者即予以表布，政府只在旁边站着看，只是予以接济援助。"① 若要政府来举办乡村建设，则非落于呆板的形式不可。为什么？梁漱溟说："因为如果不是一个形式，而是一个拿不出来的东西（精神），则不是一般的而是特殊的，政府就没法承认。政府只能看见摆出来的形式，只能问一般，特殊的即出现了规矩，政府不得看见，不能承认；所以从政府作事，顶不能够创新。"② 政府无法承认看不见的东西，只能承认一般的可见的形式。因此就没有特殊性，就没有创新。组织要在乡村建设进步的基础之上才能得以形成，"因为组织不是一个虚文，必须是一个事实，而事实之感为必要，尚有待于经济的进步；经济进步一点，组织即开展一点——种子吸收养料，即生长一点，愈吸收愈能生长，愈生长愈能吸收，如是则组织生长"。③ 但是梁漱溟认为所要建立起的组织与现政权不是冲突的关系，因此不能推翻现政权。他说："我们不能推翻现政权，使社会更加纷乱，我们不能用暴力破坏，只能作培养的工夫，使社会慢慢进步。"④ 显然，梁漱溟是一个社会改良主义者。我们在建立新的组织的征程中，无须推翻旧政权，待到新组织建立之后，就自然代替了旧政权。他说："不过待经济进步，新的组织长成之后，自然就代替了旧的政权。最后两个系统还要归于一个，不是始终是两个。"⑤

无论是建设乡村的礼俗还是经济，都必须有推动这些建设的乡民，

---

① 梁漱溟：《乡村建设理论》，载中国文化书院学术委员会编《梁漱溟全集》第2卷，山东人民出版社1990年版，第343—344页。
② 梁漱溟：《乡村建设理论》，载中国文化书院学术委员会编《梁漱溟全集》第2卷，山东人民出版社1990年版，第344页。
③ 梁漱溟：《乡村建设理论》，载中国文化书院学术委员会编《梁漱溟全集》第2卷，山东人民出版社1990年版，第344页。
④ 梁漱溟：《乡村建设理论》，载中国文化书院学术委员会编《梁漱溟全集》第2卷，山东人民出版社1990年版，第344—345页。
⑤ 梁漱溟：《乡村建设理论》，载中国文化书院学术委员会编《梁漱溟全集》第2卷，山东人民出版社1990年版，第345页。

而这个培养乡民的地方就是乡农学校。梁漱溟认为乡农学校与古代的《乡约》虽然有相同的一面,但也有不同的一面。他说:"从前的《乡约》虽有社学,但不过读书识字讲道理而已,不会象我们的乡农学校一样。我们的乡农学校很注重新知识,很注重社会的改进问题。"① 与《乡约》不同的是,乡农学校重视新知识,主要是对新进入国门的西学知识的学习,而在古代闭关自守的条件下是不可能做到的。另外就是注重改进社会问题,即我们学习的知识不只是修身养性的知识,其所包括的西学是要应用到改造社会的问题上去的。

乡农学校的构造主要有四个部分,分别是校董会、校长、教员、乡民(学生)。乡农学校不只是学校,而且是一个组织。梁漱溟说:"普通的民众学校,所以不能成为组织,即因未划定地方区域范围,没有组织乡村之意,故不能成功组织。我们的乡农学校所划的范围,是由一百五六十户至三四百户,在此范围内,先成立校董会。校董会中都是些领袖人物,再从校董会中推出一个校长,来主持教育的事情;教员可以从外边去聘请,聘请一个有新知识、更明白的人作教员。学生即本地农民……只有教员是外来的……"② 乡农学校管理的范围非常广泛,与普通学校不同,它是一个乡村自治的组织。囊括了乡村中的大部分人,不仅在学校里学习提升自己的文化科学素质与教养,而且学成之后能更好地解决乡村建设中的实际问题。乡农学校与当时南方的农村改进实验区乡村改进会比较接近,但是也有区别。梁漱溟说:"我们的意思是想以学包事;它则不免以事包学。这很有分别,我们以学包事,把人生向上之意放在前面;他们以事包学,单是着重事情。"③ 乡农学校是以学包事,以学为本,以做事为学之实践运用。而与之较为接近的乡村改进会以事包学,是从做事中来学习。学就出于一种次要的地位,主要目的是为了做事。因而就可能与具体事物不直接相关的伦理道德方面的为己之

---

① 梁漱溟:《乡村建设理论》,载中国文化书院学术委员会编《梁漱溟全集》第2卷,山东人民出版社1990年版,第345—346页。
② 梁漱溟:《乡村建设理论》,载中国文化书院学术委员会编《梁漱溟全集》第2卷,山东人民出版社1990年版,第347页。
③ 梁漱溟:《乡村建设理论》,载中国文化书院学术委员会编《梁漱溟全集》第2卷,山东人民出版社1990年版,第348页。

学就被轻视了。而乡农学校却是以此为基础和首要的事情，只有成为一个德才兼备的人才能更好地去建设乡村。

乡农学校从层级来说，可以分为村学与乡学。就村学而言，是将村建成一个社会，即"社会学校化"，其目的只有八个字，即"改进社会，促成自治"。① 在村学与乡学中的学董的职责很多，包括"劝学众入学""注意开会、用心讨论""凡经决议，即倡导实行""领先尊敬学长"和"协助理事办事"，除此之外，学董中的理事是县政府委任的，还有其他的职责，诸如"遇事公开讨论，以求多的人了解与赞助""希望大家监督公事""要接受学长的规戒"以及"要礼遇教员"等。② 而教员的工作职责也有许多，不只是教授知识，而且还要与乡民打成一片。随时随地与他们促膝谈心，引导他们向一个更高更好的目标进发。梁漱溟写道："1. 应时常与村众接头，作随意之亲切谈话，随地尽其教育工作。2. 应注重实际社会活动，向着一个预定目标进行……3. 更要紧的是吸引合村人众喜于来村学内聚谈……如于某项生产技术（如蚕业、棉业等）有训练农民之处，则农忙时亦正可有一种临时讲习课业之进行。"③ 从这些言语可见，教员引导乡民是朝着一个目标行进。以推进社会工作为主，梁漱溟说："（教员）也应当以阖村人众为教育对象，而尤以推进社会工作为主。"④ 教授技术等课程都是与实际事务相关的。因此，这种教育相对于儒家的内圣来说就实现了一种社会学的转向。而这种转向即为儒家的内圣坎陷出的外王方面。

（六）梁漱溟乡村建设的特点与启示

梁漱溟所面对的当时乡村存在很多问题，而了解和解决这些问题主要是社会学方面的工作，因此，相对于儒家的内圣来说是一种转向。虽

---

① 梁漱溟：《乡村建设理论》，载中国文化书院学术委员会编《梁漱溟全集》第5卷，山东人民出版社1990年版，第473—474页。

② 梁漱溟：《乡村建设理论》，载中国文化书院学术委员会编《梁漱溟全集》第5卷，山东人民出版社1990年版，第456—458页。

③ 梁漱溟：《乡村建设理论》，载中国文化书院学术委员会编《梁漱溟全集》第5卷，山东人民出版社1990年版，第459页。

④ 梁漱溟：《乡村建设理论》，载中国文化书院学术委员会编《梁漱溟全集》第1卷，山东人民出版社1990年版，第680页。

然发生了一个转向，但是这二者仍然是有关系的。这二者之间的关系是通过建设乡村的主体联系起来的，即是讲，乡村建设无论是学童还是学员乃至乡民，都必须是富有进取心的人。他要了解当时乡村处在国际经济和国内政治压迫之下，在对自身的处境和命运有了清醒的认识之后，必须有一种紧迫的进取意识努力地加以改变。这种进取的人生向上的意识主要是道德的、理性的。梁漱溟说："何谓人生向上？人生向上就是不以享福为念，而惧自己所作所为有失于理……人生之理不假外求，就存乎人类自有的理性。理性虽自有，每借一个更有理性的人，即所谓'有道'之指点而得省悟开发。故人生向上必尚贤尊师。"① 人生之理不假外求，存于人类自有的理性之中。显然，这种理性是道德理性。梁漱溟又说："人生向上（个人的和社会的）里面含藏着自爱爱人的深厚意思，是人类生命力量的源泉。我常说，中国人单以自卫自治和经济上的合作出发来组织团体，都不会有好的希望，有真的成功。必须从较深的动机，更高的要求——人生向上——出发，而后才有力量克服许多困难，完成大社会团体的建设。"梁漱溟在此所指的"较深的动机""更高的要求"都是从道德理性上来讲的。因而，梁漱溟虽然在做社会工作时，实现了一种社会学的转向，但是其基础和基调仍然是儒家的道德理性。这种理性对社会工作的作用就是通过培养这种从事社会学工作的人具有这种道德理性来实现的。理性对乡村建设的作用与梁漱溟对乡村还保留了一定的传统理性的认识是有关联和促进作用的。艾恺也指出了这一点，他说："梁将他的运动放到乡村，就是要利用他在那里所见到的残存理性，同时又要培养这种理性，以此作为从根本上拯救中国和世界的手段。这样，理性既是乡建的手段，又是乡建的目的。"② 从另一个角度来说，理性也是连接内圣与外王之间的桥梁。傅乐诗说："只有道德才足以作为神圣与现世的鸿沟之桥梁，而且，正如一般对道德所抱的期望，也希望以它填平政治与文化之间的离陷。"③

---

① 梁漱溟：《乡村建设理论》，载中国文化书院学术委员会编《梁漱溟全集》第1卷，山东人民出版社1990年版，第660页。
② ［美］艾恺：《最后的儒家——梁漱溟与中国现代化的两难》，王宗昱、冀建中译，江苏人民出版社2004年版，第199页。
③ 傅乐诗：《现代中国保守主义的文化与政治》，载傅乐诗等著《近代中国思想人物论：保守主义》，台北时报出版社1980年版，第64页。

但是，梁漱溟这种进取心，并非只包括道德理性，因为在具体的建设乡村的各种事务中，也需要进取心。梁漱溟说："发动他进取心，是更要紧。"① 只有以一种进取向善的意志才能解决乡村的诸多问题，这些问题"如匪患、兵祸、天旱、时疫、粮贱、捐重、烟赌等"②。这种解决具体问题的进取心，显然不是道德理性，而是认知理性。用牟宗三良知坎陷论来说，认知理性就是理性的架构表现，而不是道德上的理性的运用表现。

显然梁漱溟这种对道德理性与具体解决社会事务关系的认识是对传统儒学内圣外王关系的超越。在宋明儒学中，外王其实就是内圣的自然延伸，因而必然受到内圣的制约和羁绊，而无法放开手脚自由独立地来从事与外王相关的一切事情，乃至在事实上表现出轻视外王的倾向。

梁漱溟的父亲梁济即是像宋明儒者一样地来认识内圣外王的关系，当与儒家内圣有关的外王制度遭到破坏的时候，他的思想精神就随着与内圣紧密关联的外王的坍塌而崩溃。因而，在严重的精神世界的解体中走向毁灭。"在儒家的特殊信仰中——尤其是从孟子到陆王这一脉相传的传统之中——个人与社会的目标，被认为是具有整体性的关联（Holistically Related）；虽然，从分析的角度来看，两者是可以分开的。事实上，这种将社会问题当做个人问题来处理之文化精神的特征，在梁济道德与宗教的心灵中活生生地得到了再次的肯定"。③ 林毓生认为梁济之所以自杀在于他将自己的道德理想与外在的社会政治当成了一个紧密关联的整体。社会政治的解体也就意味着道德理想的破灭，因而经不住这种外在的政治上层建筑的坍塌而走向自我毁灭。

梁漱溟由于受到传统和父亲的影响，看到世事如此崩坏，也彷徨过、苦闷过，甚至两度自杀。在先前的认识中，他也是将外王看作内圣的引申。他提出了直觉论，但后来他的思想有所发展，不再坚持前期内圣外

---

① 梁漱溟：《乡村建设理论》，载中国文化书院学术委员会编《梁漱溟全集》第1卷，山东人民出版社1990年版，第683页。
② 梁漱溟：《乡村建设理论》，载中国文化书院学术委员会编《梁漱溟全集》第1卷，山东人民出版社1990年版，第682页。
③ 林毓生：《论梁巨川先生的自杀》，载傅乐诗等著《近代中国思想人物论：保守主义》，台北时报出版社1980年版，第166—167页。

王一体论。曹跃明说:"我们可以看到,梁漱溟从事乡建时期的思想中,他在某种程度上对自己早期的理论作了修改。他不仅提出'理性'的概念来代替以往'直觉'一词作为中国文化精神的象征,而且力图在理性的概念中容纳一些早年被他认为是不属于中国文化精神的内容,比如启发民众的'进取心'一类。此外,梁漱溟也曾多次强调经济的发展与进步在乡村建设运动中具有重要的作用。"① 梁漱溟走出了这种内圣外王一体关系的窠臼,而创造性地赋予了外王以独立的地位,这就与牟宗三所认为的外王是由内圣坎陷而出的思想不谋而合了。

当前的农村建设要吸取梁漱溟乡村建设运动的有益经验,大力振兴乡村。第一,要为乡村建设培养干部。而这些干部的培养的教材中要有传统文化尤其是儒家思想方面的资源。第二,要从国外振兴乡村的成功典范中获取经验②。

三 贤能政治

(一) 儒家领袖与人本民主

贤能政治中的政治领袖的特征是否符合现代政治的民主精神,这是贤能政治是否有合法性和光明前景的关键因素。因为现代政治的本质就是民主,离开了这个本质现代政治就难以成立。有的学者总结了儒家政治领袖的四个特征,即"它取决于自愿接受,它奠基于以平凡形式存在的卓越美德,它的启发性内涵,以及它较之于制度的相对自主性"。③ 儒家所认为的政治领袖的美德是民众学习的楷模,民众向政治领袖看齐和学习的行为并不是被迫的,而是自觉自愿的。这一自愿性特征与民主的精神显然是相通的。儒家不只注重政治领袖所创造的轰轰烈烈的丰功伟业,而尤其注重从平凡中见出伟大,从日常生活中见出远见卓识。因为儒家所向往的是一种平和安宁的生活,这也是百姓所向往的生活。儒家领袖对民生的关注与贡献,让百姓享受到了美好生活所带来的幸福,这

---

① 曹跃明:《梁漱溟思想研究》,天津人民出版社1995年版,第365页。
② 参见胡俊凯《日本这样破解"乡村治理人才荒"》,《半月谈》2019年第21期。
③ 安靖如:《儒家领袖与儒家民主》,《文史哲》2018年第3期。

样的领袖是百姓所拥护和爱戴的。儒家领袖的卓越美德从儒家的五常来说就是在仁义礼智信方面的卓越表现。这些表现与第一个特征联系起来就是对民众产生自觉自愿的吸引力。儒家领袖在仁义礼智方面有卓越的美德，就能对民众产生启发性，从而吸引他们自觉自愿地学习和效仿。

安靖如认为儒家领袖比起制度来具有相对的自主性。他说："领袖被寄望于去带领人民，去树立标准，去启发他人。如果领袖仅仅尝试去效仿公民现有的反应（例如，围绕着最近一期的民调来形塑他们自己的信息），那么他们就消解了领袖最重要的作用。"① 领袖具有主动性，以他高尚的人格力量影响人和感召人，将民众团结在他的周围，给他们以启发，催人奋进。这种领袖具有远见卓识和崇高目标，而不会像西方国家的政治领袖一样受到选票的影响而要迁就于民众哪怕是肤浅的乃至错误的意见。领袖要被选票牵着走，百般迎合选民的喜好，如此一来领袖就可能成为讨好选民的左右逢源的政客，这的确就消解了领袖的楷模和带头的政治作用。

在说到领袖比起制度更加具有主动性时，我们也不能否认制度的作用。它们毋宁是相辅相成的关系。从根本上讲，制度是以文字的形式表达的众人的共识，尤其表达了领袖的远见卓识。因此，强调了领袖的作用，实际上也就强调了制度的作用。当然，制度要人们恰当地去领会它们的精神。古人云："纵有良法美意，非其人而行之，反成弊政。"② 因此，制度执行者的修养的提升也是格外重要的。这也就是要强调个体自我修养和学习的原因。因为只有修养与学习受到学习对象的启迪，才能真正使自己有所提升，使自己有一个可以验证自己修养和道德思想水平到底如何的外在参照。因此，从制度是领袖思想的外化可以看出，强调领袖与制度是相辅相成的。因而，儒家在强调贤能领袖的作用时，一定不能轻视制度的作用，要实现二者的协调与统一。

从以上论述可见，儒家领袖是通过启发的方式来感召民众，而非以强制性的命令方式来迫使民众就范。因而，我们可以说，儒家是拥抱人本民主的，而非民本威权主义。安靖如说："采用拙著《进步儒学》中

---

① 安靖如：《儒家领袖与儒家民主》，《文史哲》2018年第3期。
② 胡居仁：《居业录》卷五，四库全书本。

的一些观点来论证现代儒家需要通过拥抱人本民主,而不是民本威权主义,来解决传统儒学中的张力。"① 贤能政治以及儒家对领导力的强调并不意味着儒家仍然要支持传统的民本威权主义,相反,这是儒家需要超越乃至扬弃的精神与特色。因为威权主义的实质主要表现为个人专制,而这是现代政治所坚决摈弃的。所以,儒家不能像君主专制时代一样与威权主义纠缠不清,而应当果断地与威权主义划清界限,拥抱人本民主。民主是现代政治的精神与特色,儒家与民主结合符合儒家从善如流、包容与和合的精神,这也是儒家的前途之所在。儒家在古代社会君主专制的笼罩下,不得已与威权主义纠缠在一起。但是从本质上讲,儒家的仁义礼智信与威权主义依靠强制性的方式来进行统治是不协调的。这种不协调也反映了儒家思想的矛盾之处。孔子所说的"民可使由之,不可使知之"②的话是一种愚民政策的反映,体现了百姓与官员在知情权上的不平等。这种不平等建立在等级制度的基础之上。政策是通过行政命令的形式下达的,不需要取得民众的理解与支持,相反,他们必须无条件地服从。但是儒家也认可"人皆可以为尧舜"③的话,这又表现了人与人之间的一种平等性。安乐哲、郝大维将此区分为民与人的不同。人是通过自我修养而攀登到了平等高度的民,如果没有经过自我修养和学习的民,则只能是无法与人平等的民。因此,民的存在为威权主义提供了土壤,也是威权主义存在的必要性。但是儒家的这个思想显然蕴含了这样的意思,即当教育发展到一定的程度,民转化为人之时,威权主义就失去了必要性。因而,威权主义就必须过渡到人本民主。在我们今天教育高度发达的背景下,威权主义在儒家看来就必须退出历史舞台,因而儒家所支持的就是人本民主。

(二) 贝淡宁论贤能政治

对于当前的中国现实国情,贝淡宁认为贤能政治是一种较好的选择。这是因为选举制有其弊端,只是考虑选民眼前的利益,而将长远利益和

---

① 安靖如:《儒家领袖与儒家民主》,《文史哲》2018 年第 3 期。
② 杨伯峻:《论语译注》,中华书局 1980 年版,第 81 页。
③ 杨伯峻:《孟子译注》,中华书局 1960 年版,第 276 页。

大众利益放在次要的位置。但贤能政治也只能是民主政治的补充，而不能取代民主政治。因此，他认为对中国未来政治的设想，就必须有两院。下议院由选民在所有被选举者中选举产生。而上议院由贤能组成，由竞争性的考试选拔产生。①

贝淡宁的博士学位论文是研究社群主义的，而儒家文化是建立在宗法家族制之上的，因而具有重视人伦关系和群体的特征，儒家与社群主义同样重视群体，表现出一定的共同性。这也是贝淡宁在接触到儒家思想之后转而研究和支持它的一个原因。他说："社群主义和儒家文化有一定的相似性，即都不主张为了个人的利益，而是更多考虑社群、社会、天下的利益。"②

贝淡宁认为："在东亚语境中，社群主义的洞见可以有益地补充儒家价值，就像它们可以补充西方社会自由主义的价值一样。"③

儒学在社群中能起到调解纠纷的作用，维护人们之间和谐共处的关系。而西方自由主义的民主制度如果不加选择地应用于中国的政治实践会导致水土不服。这也是西方自由主义的政治制度局限性的一个表现④。

但社群主义的批判方案缺乏可行性，贝淡宁说："与20世纪80年代的社群主义学者们形成对照的是，东亚的自由民主的批判者成功地提出了特别的、适合当代世界的非自由式实践和制度。其中的一些观点也许只适用于有着儒家传统的社会，而其他观点中的洞见则有利于缓和西方对自由主义现代性的过度夸大。不容否认的是，相对于20世纪80年代社群主义者所提供的那些不太可靠的自由主义替代品而言，上述观点将争论进一步推向深入。"⑤ 东亚的自由民主的批判者所提出的取代方案比起20世纪80年代对自由民主批判的社群主义者所提方案要更加可靠和

---

① 王敏：《贝淡宁：西方亟需打破"民主教条"》，《社会观察》2012年第3期。
② 王敏：《贝淡宁：西方亟需打破"民主教条"》，《社会观察》2012年第3期。
③ 贝淡宁：《社群主义对自由主义之批判》，《求是学刊》2007年第1期。
④ 西方的民主政治本来就不是放之四海而皆准的制度，对于任何一个其他国家来说，有一个是否适合的问题。即便是西方国家自身，这种一人一票的民主制也出现了不少问题，更何况要将这种制度应用到其他非由之而产生民主制度的文化土壤呢？当然，我们不排除其他文化可以借鉴这种民主制度，但是我们反对完全照搬这种民主模式。中国以儒家为主的文化环境以及社会主义的意识形态决定了我们不能照搬西方的民主模式。
⑤ 贝淡宁：《社群主义对自由主义之批判》，《求是学刊》2007年第1期。

具有可行性，主要原因是前者更多地考虑到了每一个国家的具体文化环境要有恰当的与之相适应的政治制度。这种政治思想与中国官方的意见是一致的，中国成功的政治实践也为这种意见提供了有说服力的例证。对于中国的儒家文化传统以及社会主义的实践来说，显然以强调个人主义利益的自由主义的民主与儒家文化重视的群体主义以及他人的利益是不合拍的。所以，正确的做法是应当将传统中有益的成分保留下来以便与民主的精神进行结合。这样既考虑到了中华民族的文化性格，也吸收了优秀的西方民主精神的精华。这种不盲从西方传统的自由普世主义的东亚观点，贝淡宁介绍了三种。它们是：

> 1. 文化因素会影响权利的优先顺序，这在权利发生冲突，必须决定牺牲哪一项时非常重要。
> 2. 文化因素会影响权利的合法性。与迈克·沃泽尔等"20世纪80年代社群主义者"的观点相一致，这一观点认为，以西方式自由民主的价值观赋予特定行为以合法性的做法，不应以经常阻碍西方自由民主国家的抽象的、非历史的普世论为基础。
> 3. 文化因素还能够为独具特色的政治实践和制度（至少与在西方式自由民主国家中所见不同）提供道德基础。①

从第一种东亚观点，可以看出不同的文化背景的国家的公民，在权利发生冲突面前，他们优先选择的权利存在差别。在公民的政治权利与经济权利发生冲突时，美国公民可能优先考虑政治权利，而中国公民可能优先考虑经济权利。因而针对人们意愿的选择不可能是千篇一律的，这如同人们对菜肴的喜好一样不可能在某一餐大家选择都是一致的。这就决定了各国社会政治领域之间的不同性和复杂性，因而自由普世主义的应用性是值得怀疑的，有些政治教条实际上是很难普遍适用的。就第二种东亚观点而言，如果从西方普世主义的观点出发，新加坡的有些做法可能不具有合法性，但是若考虑到新加坡的政治法律是有益于社群之间的建设与社会的和谐，则这些政治法律就具有合法性。当然前提是这

---

① 贝淡宁：《社群主义对自由主义之批判》，《求是学刊》2007年第1期。

些政治法律没有侵犯公民的权利。对于第三种观点，我国实际上在有些方面已经得到了实行，如在扣除个税方面有附加专项扣除的，其中就包括了赡养老人。这有利于赡养老人的社会氛围得到加强。

综上三点可见，各国的实际政治问题只能根据各国不同的国情分别对症治疗，寻求解决适合自己问题的政治方案。我们在探索符合本国国情的政治制度的时候，不能照搬西方的民主模式，而要从历史和现实两个维度来考察本国的国情，做到古为今用，洋为中用，从传统和国外获得有价值的东西。在借鉴西方有益于我们政治建设的民主的同时，更不能忘了我们自身本有的优势。

四　儒家传统与中华法系

（一）儒学与法律的关系

中国古代的法律对现代到底是有什么启迪作用？我们首先要弄懂中华法系属于什么体系的问题。1933年日本法律史学科创始人、著名学者中田薰在为仁井田陞《唐令拾遗》作的"序"中写道："大概依据可否属于刑罚法规，而把国家根本法分成律和令两部分，这是中国法特有的体系。"[①] 俞荣根认为律令体系不能全部涵盖中华法系的内容，他说："传世文献和考古成果显示，我国早在殷周时代就有'礼'与'刑'的法律形式，经过长期演化，形成'礼法'结构。"[②] 俞荣根又认为在礼法这个复杂的法律规范体系中有三个子体系，其中第三个子体系是"以'礼俗'为主干的习惯法子体系。他们以礼义为旨归，以礼仪为载体，包括成文或不成文的乡规民约、家法族规……它们无处不在、无时不有、无人不晓，是真正的'天网恢恢，疏而不失'的'无法之法'……'无法之法'，是为有法，亦为善治之良法，值得令人尊重、珍惜和借鉴"[③]。但是这些乡规民约只是规定了乡民的义务，对权利则涉及较少。这也是中华法系的一个特点。

---

① ［日］仁井田陞：《唐令拾遗》，栗劲等编译，长春出版社1989年版，第887页。
② 俞荣根：《立法之治：传统良法善治方略钩沉》，《法治现代化研究》2017年第5期。
③ 俞荣根：《立法之治：传统良法善治方略钩沉》，《法治现代化研究》2017年第5期。

因为中华法系是建立在宗法制度和宗族关系及由此而衍生的伦常关系基础之上的。我们固有的道德观念都脱离不了君臣、父子、兄弟、夫妇、朋友这五种关系，这些关系反映了尊卑与长幼的伦理秩序，是不可改变的常道，因此称为伦常。人的行为必须放在这伦常关系中，否则就没有价值。因此，儒家所讲的人的价值是在关系中实现的，而主要是一种义务关系。例如，父对子要慈、子对父要孝。而没有个人权利的意识。所以，乡规民约这种义务性质的条款以及各种道德规范，都只是在传统君臣、父子、兄弟、夫妇、朋友的群体格局中所产生的。这种群体特征就是忽视了个人的权利而只有义务。我们今天讲这些乡规民约当然仍有其意义，但是如果在关注中华法系的当代价值时忽略了现代法律精神是要关注个人以及不仅对个人有义务要求，也要让个人获得权利和有保护权利的意识，则就舍本逐末了。

因此，我们在讲儒家思想对法治的当代价值以及通过法律来扩大儒家优秀思想的影响时，我们必须首先对儒家传统与中华法系的关系以及在今天我们如何看待它们有一个正确的认识。

在我国古代，礼是一般人都必须遵守的规范，因而它实际上起到了法的作用。"夫礼者，所以定亲疏、决嫌疑、别同异、明是非也……道德仁义，非礼不成。教训正俗，非礼不备。分争辨讼，非礼不决。君臣、上下、父子、兄弟，非礼不定。宦学事师，非礼不亲。班朝治军，莅官行法，非礼、威严不行，祷祠、祭祀、供给鬼神，非礼、不诚不庄。是以君子恭敬撙节，退让以明礼。"① 礼是德法，还有一种法是刑法。近代著名法学家王伯琦先生通过对儒法二家在德法与刑法上的异同的讨论揭示了中华法系的一些特点。王伯琦说："不过在我们的历史上，儒法二家的意见，历代免不了有冲突，其冲突之所在，集中在方法上去了。这亦就是历来争论不休的法治与德治问题。从而我们必须先说明一点，所谓德治与法治，并非是一方要以道德来治，一方要以法律来治，或以刑罚来治。道德与刑罚，不是二种致治的方法；道德的项目，同是儒法二家要实现的目的。要使这目的的实现，刑罚是一种方法，教化亦是一种方法。所谓德治，就是要以教化的方法来实现全部道德的项目。所谓法治，

---

① 《礼记·曲礼第一》，中华书局2017年版，第1页。

乃是要以刑罚的方法来实现一部道德上的项目。所以法治与德治，不是目的的对立，而是方法的不同。"① 王先生以为法治与德治的目的都是要实现良好的道德风尚。这在二者是相同的，所不同的是，法治是用刑罚的方法，而德治是用教化的方法。他的意思是提醒我们在看到德治与法治实现目的的方法不同的同时，也要看到德治与法治的目的是相同的。儒家与法家目的的相同性决定了中华法系的目的是道德方面的，这与我们现代的法律要求尽到自己义务的目标的同时，也追求实现保障个人权利有显著的不同。

在儒家看来，有了好的制度之后，还要有能够执行法律的人。因此，儒家非常重视仁者在位。孟子说："徒善不足以为政，徒法不能以自行。"（《孟子·离娄篇》）"法家对于权位看得很重要，所以必须要贤者在位，方可致治，不肖者得势，天下必乱。"② 如慎到就是如此看法，但是韩非子比较特殊，他片面地推崇法，而忽略贤者对致治的作用。王伯琦说："韩非之论，始终任法，把人的因素，一笔勾销。"③

张耒在《悯刑论》中说道："天下之情无穷，而刑之所治有极，使天下之吏操有限之法，以治无穷之情，而不得少议其中，而惟法之知，则下之情无乃一枉于法而失其实欤。是以先王之时，一权诸人，而不任法，是故使法出于人，而使人出于法。"④ 张耒以为天下之情无穷，而法是有限的。因而只有使法出于人，才能使有限之法应付得了无穷之情。这就是主张有德之人从道德规范出发来弥补法律的不足，这就是任人而不任法。显然这是儒家德治的主张，而法家是主张依据法律来治理社会的，是任法而不任人，在此方面儒法的意见是对立的。这也是德治与法治争辩的主要原因。管子说："是故先王之治国也，不淫意于法之外，不为惠于法之内也，动无非法者，所以禁过而外私也，威不两错，政不二门。以法治国则举措而已……是故先王之治国也，使法择人，不自举也；使法量功，不自度也。"（《管子·明法篇》）这种任法而不任人的思想是法家所提倡的，在此方面与儒家近乎相反。因为儒家任人而不任法

---

① 王伯琦：《近代法律思潮与中国固有文化》，清华大学出版社2005年版，第17页。
② 王伯琦：《近代法律思潮与中国固有文化》，清华大学出版社2005年版，第24页。
③ 王伯琦：《近代法律思潮与中国固有文化》，清华大学出版社2005年版，第24页。
④ 王伯琦：《近代法律思潮与中国固有文化》，清华大学出版社2005年版，第25页。

是承认人在法律面对新出现的事实出现空白之时的作用的同时，也并非完全否定依法的作用，而法家任法不任人则偏重法的作用。

对于道德在传统中华法系在法律实施过程中的作用，这一点也应为现代法律所参考乃至借鉴。在传统中华法系下，道德在法律中的作用是比较多义和含混的，主要有两个方面的含义。第一是以道德作为法律空白的补充；第二是以教化为主，而以法律为辅来治国。第一点体现了儒法在任人还是任法上的不同。中华法系的第一个特征应为现代法律所扬弃，因为这种德治实际上是一种人治，而现代法治与人治是对立的。第二个特点是说依法治国是一种治理方式，而对国民的道德教育则是一种更好的方式。因为它的目的是教育民众自觉遵守法律，不违反法律，这样就不至动用较为粗暴的限制人身自由的惩戒方式了。道德教化是治理社会最廉价与和谐的方式，它仍然具有巨大的作用。

在第二点上，儒家重视教化对法治的补充，是德治与法治相辅相成的一种观点，这是儒家高明过法家的主要地方。但在第一点上法家主张法治，而儒家主张人治，似乎法家胜过了儒家。这也只是一种表面的看法。事实上，法家在传统中国社会以事例形成的法律体系中，由于不是从逻辑与抽象演绎的方法形成的法律，因而法律在现实社会日新月异的变化面前，往往显得捉襟见肘而跟不上现实的变化。此时要不断制定新的法律，但是人是不能预测未来的事情的具体情形的，因而立法永远也赶不上世事的变化脚步，而且立法也不是很快和天天制定的。于是人治实际上在法家也是不可避免的。

而我国现代的法律体系从其精神上看引自西方，它源于一种抽象与逻辑的演绎，因而可以根据现实发生的案情从法律精神上进行演绎从而用来准确判案。对于西方法律的这种特点，王伯琦说：

> 法律既是一种必须遵守的规范，那就应当是不可有出入的，亦就是说应当是确定不移的，既是要确定不移而不可有出入，则必须能普遍地适合于一般事物。倘其不能适合于一般事物，则即不能使之确定不移，既不能确定不移，即不能必被遵守，亦即不能成为法的规范。是故法的规范既有二种特性：一是确定性（certainty），一是普遍性（generality）。而这二种特性，具有不可分离之关系，既要

第十二章 现代儒学及其实践性 319

有确定性，必须具有普遍性，既具有普遍性，即应具有确定性。不过法的普遍性较确定性尤为基本，一个规范必须具备了普遍性方才能有确定性，倘其不能普遍地适应于一般事物，则绝不能确被遵守。所以法的规范，必须是一个抽象的原则，必须把同种同类具体事物中的个别性抽去而构成抽象的各个概念（concepts），再把各个概念联接起来，构成抽象的原则。这样一个抽象的原则，方才可以适合于同种同类的一般事物，而后可以具有普遍性，有了普遍性，而后可以有确定性。这是有关逻辑中归纳的一部分。法的规范既是一个抽象的原则，则在其适用于具体的个别事件时，就不得不用逻辑的演绎法去推演，倘就各个具体事物去考虑其个别性，则此抽象原则立即丧失其普遍性，同时亦即丧失其确定性，其所以为法的规范的特征，亦即丧失殆尽了。①

西方法律这种特点为中国古代法律所缺乏，这也是中西思维不同在法律上的反映。中国古代的法律主要重在个别性，王伯琦对此也进行了分析。他说：

> 所以就其适应方面而言，法的规范又具有一致性（uniformity），亦就是平等性（equality），至于道德规范，则包括我们的一切行为规范，当然不可能使之全部必须遵守，所以不可能有普遍性，同时即不可能有确定性，从而在其适用时，亦即不可能有一致性。因此，道德规范的适用，必须就各个事件具体地去体会其是否合于规范，逻辑的方法绝无适用之余地。由此观之，道德与法律的区别，基本的在其所辖范围的不同，法律所规定的，是道德规范中必须使之实现的一部分。②

道德规范在判案中的适用性是依据执法者自身的体悟对各个具体事物进行判断，此时逻辑演绎的方法无用武之地。儒家以为道德规范也应

---

① 王伯琦：《近代法律思潮与中国固有文化》，清华大学出版社2005年版，第16页。
② 王伯琦：《近代法律思潮与中国固有文化》，清华大学出版社2005年版，第16页。

当是人们必须遵守的，否则也要遭到谴责。而法家以为道德规范中必须遵守的只有法律，而法律之外的道德规范是没有什么强制性的，没有遵守也不应当遭到谴责。因此，法家对人的伦理道德是不甚重视的。相反，儒家以之为专业对象，是相当重视的，以为遵守基本的道德规范不仅是做人的本分，而且更是实现人在此世价值的根本，是生命意义的真谛之所在。因此，儒法二家在对待道德中奢侈部分是针锋相对的。① 但无论是儒家还是法家，其法律在产生过程中，都缺乏抽象逻辑演绎的精神则是共同的，因而当现实生活中新产生的案件在法律中无法找到相应的判别依据的时候，就只好依靠司法者的道德体悟来加以判决。因而古代的司法实践人治的色彩是颇为浓厚的。②

而我们现代的法律通过洋为中用古为今用的思想指导，吸收了古往今来与西学东渐中的优秀成果，因而与古代的法律有了本质的差异。但我们在依法办事的过程中，仍然要记住古代的德治对当今法律实践仍有价值，人的作用也是十分重要的意识，即我们要有法律制度的同时。也要加强执法司法以及行政领域各级人员的道德教育，以教化来提升国民的素质。这也是德治的主要意涵，即德治是以教化的手段来达到理想的社会治理。因而制度重要，人也是非常重要的，好的领导尤其重要。因此，儒家的道德教育在当今仍具有重大价值。有学者在宣讲十九届四中全会的精神谈及修身的时候，其资源主要是传统文化的，尤其以儒家为主。对道家修养的思想如损闲暇乃至损之又损以便有更多的时间来追求自己的事业等，也是与儒家的思想相通的。损之又损与荀子的虚一而静的思想比较接近。宋儒也非常重视静坐，无非是要排除自己的私心杂念，这是损念头，以便专注儒家的思想。

---

① "谢令纳克（Georg Jellnek，1851—1911）称法律为最小限度的伦理规范（a minimum ethics），其余部分则称之谓伦理的奢侈（an ethical luxury）。"王伯琦：《近代法律思潮与中国固有文化》，清华大学出版社2005年版，第16—17页。

② 但是西方法律所具有的理性与形式逻辑的特征也有它的短处，因为它排除了非西方文化以及风俗习惯的因素。对此，林端说道："西方法律文化内在的'理性的、形式的逻辑'的优越性，往往排除了非西方社会的法律文化考虑……即使在这个例子里，日本的法律文化也是不被考虑的，日本移民（少数民族）只能遵行移民所居住的国家（美国）的法律。"林端：《儒家伦理与法律文化——社会学观点的探索》，中国政法大学出版社2002年版，第43页。

（二）德治在以道德教化的方法管理社会时，重在对自己的道德提升；德治应当不是用一种道德标准去要求他人，而只能是要求自己

儒家参政议政是其来有自的，有着源远流长的传统。但是儒家的参政议政主要是由士子来承担的，而现代社会要获得一定的政治声势需要得到广大人民的支持，因此仅仅依靠少数儒家学者来参政议政力量还不够。因此，须将儒家的理念让更多的普通人知晓，让他们支持儒家参政议政。

儒家以德治国可以用来理解内圣以曲通的方式开出外王，对于外王起到了间接基础而不是直接基础作用的思想。即从内圣出发的以德治国与民主政治的外王是并行不悖乃至相得益彰的关系，内圣不是民主政治的直接基础。关于以德治国，俞荣根认为：

> "德政"主要是针对"为政者"即君主和官员们说的。它包含两个相辅相成的方面："德政"主体和"德政"客体。"德政"主体即"为政者"要有德，有"仁心"。古代政治中，从上到下的"为政者"能否正心诚意、修身齐家、廉以养德、公以处事，关系到良法能否实施，政之善与不善，大多取决于主政者德之有无和高下。孟子说："徒法不能以自行。"荀子说："有治人，无治法。"便是针对当时的制度背景说的……"德政"客体是民众、老百姓。"德政"不能是高悬空中的美丽画饼，必须脚踏实地施德惠于民，让老百姓得到实实在在的好处。它得有一套安民、宽民、养民、惠民、利民、富民的措施，使老百姓安居乐业、老有所养、幼有所教、壮有所业。①

"德政"主体是君主与官员，即为政者要有德，有仁心。对待百姓则相反，在道德上对他们的不是要求，而是给予德政所带来的阳光雨露般的实惠益处，他们是德政客体。因而，俞荣根又强调说：

> "德治"，其实就是"治德"，对象是"为政者"，目标是"德

---

① 俞荣根：《礼法之治：传统良法善治方略钩沉》，《法治现代化研究》2017年第5期。

政"。准确地表达,所谓"德治",是官员自己"治"自己的"德",自己正自己的"德"。千万别对老百姓去"德治",千万别拿"德"去"治"老百姓,千万千万别让"为政者"们把马克思主义、社会主义核心价值当手电筒,只照别人,只照老百姓。①

这种德治当然是有利于民生建设的,对建设法治国家是有积极意义的。但是不能将"依法治国"中的"治"与"以德治国"中的"治"当作同义词理解,以防犯下颠倒"德治"主体和客体的关系。俞荣根说:

> 这样看来,在法治中国建设过程中,提倡"德治"和"以德治国",对于夯实法治国家的道德基础有着积极意义。不过,"依法治国"之"治"与"以德治国"之"治"有不同的词义,前者是统治、管理,后者不能理解为统治、管理。因此,若把"依法治国"与"以德治国"放在一句话中,按照汉语的语法,前后两个"治"应理解为同一词义,那显然是不恰当的。②

为什么明清自然气本论儒家特别重视人的基本需求,就是因为宋儒的存天理、灭人欲的流弊后来不是成为学者修身的一个手段,而成为统治者要求民众达到的目标。这个口号当然成了扼杀人性的吃人礼教。从上文我们知道,如果从广义来理解道德的话,法律是道德的一部分,则法律之外的道德是广义道德中的奢侈部分,是不能要求他人去遵守的,而只能成为自身修养的一种目标。一个对之充满了信仰的人尚且只能将纯粹道德的境界当作一种修身的目标,即便如此,也不一定能达到这种道德高度,更何况那些对此道德境界尚有隔膜和难以心而向往的人,若将此道德当作一种现实行为规范要求他们遵守,他们怎么做得到呢?他们又怎能不苦恼以至于垂头丧气呢?在此情况下,伪道学与被礼杀死者就难以避免。这是历史的深刻教训,当然也是由于当时统治阶级的需要

---

① 俞荣根:《礼法之治:传统良法善治方略钩沉》,《法治现代化研究》2017 年第 5 期。
② 俞荣根:《礼法之治:传统良法善治方略钩沉》,《法治现代化研究》2017 年第 5 期。

和利用导致了历史上这些对人性摧残的悲剧的发生。今天,在我们身处的这个新时代里,当然不会重蹈这样的历史覆辙。但是我们在借鉴历史上有益的德治经验的时候,也要注意到德治主要是针对自身的要求,而非是一种针对他人的道德要求。对于政府而言,主张德治是以教化的方法来治理社会,刑罚只是最后迫不得已才使用的方法。因此,严刑峻法是针对严重威胁社会稳定和人民生活安全的暴力犯罪行为才使用的手段。在社会风气上,政府针对全体公民当然可以提出一种道德上的倡议和要求,但是不能将它与法律相提并论。因为法律是要求绝对遵守的,不遵守就会遭到惩罚,而违反道德不能用法律的惩戒手段进行处罚。法律与道德之间在强制性上存在本质的区别,不能将强制性的特性像赋予法律一样赋予道德。

为什么在人与人、官员与普通公民之间的关系上,道德主要是针对自身的要求,而不是针对对方与他人呢?其中之一的原因就是为了避免以礼杀人的社会恶果,这一点在上文已做了讨论。另外就是要防止道德要求针对他人所产生的消极方面的作用。积极方面的作用则是道德要求针对自身可以塑造个人的优秀品性,有益于社会良好风尚的形成。对于官员和领导者而言的意义更加巨大,因为官员与领导对社会的影响更大,他们道德境界的提升对社会产生的积极影响显然是更大的。这是很简单的道理,一个普通的公民他的修身是独善其身,而一个领导者他的修身是兼善天下,后者的影响和波及面显然更大一些。对于官员,如果他注重道德境界的提升,他就不会将兴趣专注于那些低级趣味的东西,显然这有利于拒腐防变能力的提升。这是官员乃至领导者道德修身的一个直接作用。

参考文献

程颢、程颐著,王孝鱼点校:《二程集》,中华书局1981年版。
戴震撰,汤志钧校点:《戴震集》,上海古籍出版社2009年版。
胡安国:《春秋胡氏传》,《四部丛刊》影宋本。
黄庭坚:《山谷题跋》,四库全书本。
冀昀主编:《吕氏春秋》,线装书局2007年版。
贾谊:《贾谊集》,上海人民出版社1976年版。
李民、王建:《尚书译注》,上海古籍出版社2004年版。
李学勤主编:《十三经注疏·尚书正义》,北京大学出版社1999年版。
凌廷堪:《校礼堂文集》,中华书局1998年版。
凌廷堪著,邓声国、刘蓓然点校:《礼经释例》,江西人民出版社2017年版。
陆九渊:《陆九渊集》,中华书局1980年版。
罗钦顺:《困知记》,中华书局1990年版。
邵伯温、邵博:《邵氏闻见录 邵氏闻见后录》,上海古籍出版社2012年版。
司马迁:《史记》,岳麓书社2001年第2版。
苏辙著,陈宏天、高秀芳点校:《苏辙集》,中华书局1982年版。
苏轼:《东坡志林》,中华书局1981年版。
苏轼著,孔凡礼点校:《苏轼文集》,中华书局1986年版。
苏轼著,龙吟点评:《东坡易传》,吉林文史出版社2002年版。
苏轼著,冯应榴辑注,黄任轲、朱怀春校点:《苏轼诗集合注》,上海古籍出版社2001年版。
苏轼著,邹同庆、王宗堂校注:《苏轼词编年校注》,中华书局2016

年版。

王谠著,周勋初校证:《唐语林校证》,中华书局 1987 年。

王夫之:《船山全书》,岳麓书社 2011 年新版。

王夫之:《读四书大全说》,中华书局 1975 年版。

王夫之:《张子正蒙注》,中华书局 1975 年版。

王阳明:《王文成全书》,四库全书本。

王阳明著,吴光等编校:《王阳明全集》,上海古籍出版社 2011 年版。

熊过:《周易象旨决录》卷首《周易象旨决录私识》,影印文渊阁四库全书本。

颜元:《颜元集》,中华书局 1987 年版。

杨伯峻:《孟子译注》,中华书局 1960 年版。

袁行霈:《陶渊明集笺注》,中华书局 2003 年版。

曾枣庄、舒大刚主编:《三苏全书》,语文出版社 2001 年版。

张觉:《荀子译注》,上海古籍出版社 1995 年版。

张载:《张载集》,中华书局 1978 年版。

朱杰人、严佐之、刘永翔主编:《朱子全书》,上海古籍出版社、安徽教育出版社 2002 年版。

朱熹:《朱熹章句集注》,中华书局 1983 年版。

左丘明著,邬国义、胡果文、李晓路译注:《国语译注》,上海古籍出版社 2017 年版。

柴毅龙主编:《马克思主义经典著作选读》,高等教育出版社 1998 年版。

常玉芝:《商代宗教祭祀》,中国社会科学出版社 2010 年版。

陈来:《诠释与重建——王船山的哲学精神》,生活·读书·新知三联书店 2010 年版。

陈来:《仁学本体论》,生活·读书·新知三联书店 2014 年版。

陈来:《有无之境——王阳明哲学的精神》,人民出版社 1991 年版。

陈梦家:《殷虚卜辞综述》,中华书局 1988 年版。

陈若水、王汎森主编:《思想与学术》,中国大百科全书出版社 2005 年版。

陈赟:《回归真实的存在——王船山哲学的阐释》,复旦大学出版社 2007 年版。

邓晓芒：《中西文化比较十一讲》，湖南教育出版社 2007 年版。

杜维明：《儒教》，上海古籍出版社 2008 年版。

冯友兰：《中国哲学史》（上），华东师范大学出版社 2000 年版。

甘霖：《本来的孔子：〈论语〉新解》，中华书局 2018 年版。

郭沫若：《郭沫若全集·历史篇》，人民出版社 1982 年版。

郭沫若：《沫若文集》，人民文学出版社 1962 年版。

贺照田主编：《颠踬的行走：二十世纪中国的知识与知识分子》，吉林人民出版社 2004 年版。

黄俊杰：《中国孟学诠释史论》，社会科学文献出版社 2004 年版。

嵇文甫：《王船山学术论丛》，生活·读书·新知三联书店 1962 年版。

蒋年丰：《与西洋哲学对话》，桂冠图书股份有限公司 2005 年版。

劳思光：《新编中国哲学史》，广西师范大学出版社 2005 年版。

冷成金：《苏轼的哲学观与文艺观》，学苑出版社 2004 年版。

李幼蒸：《仁学解释学——孔孟伦理学结构分析》，中国人民大学出版社 2004 年版。

李泽厚：《历史本体论·己卯五说》，生活·读书·新知三联书店 2003 年版。

林安悟：《儒学革命：从"新儒学"到"后新儒学"》，商务印书馆 2011 年版。

刘泽华、葛荃主编：《中国古代政治思想史》，南开大学出版社 2001 年第 2 版。

路德斌：《荀子与儒家哲学》，齐鲁书社 2010 年版。

吕涛总纂：《中华文明史》第二卷，河北教育出版社 1992 年版。

罗宗强：《玄学与魏晋士人的心态》，天津教育出版社 2005 年版。

马积高：《荀学源流》，上海古籍出版社 2000 年版。

蒙培元：《理学范畴系统》，人民出版社 1989 年版。

牟宗三：《牟宗三先生全集 20·智的直觉与中国哲学》，台北联经出版事业公司 2003 年版。

牟宗三：《中国哲学的特质》，上海世纪出版集团 2008 年版。

钱穆：《钱穆先生全集》，九州出版社 2011 年版。

宋镇豪：《夏商社会生活史》，中国社会科学出版社 1994 年版。

唐君毅：《道德自我之建立》，香港人生出版社 1963 年版。
唐君毅：《唐君毅全集》第 26 卷，台湾学生书局 1986 年版。
唐君毅：《中国文化之精神价值》，广西师范大学出版社 2005 年版。
唐君毅：《中国哲学原论·导论篇》，中国社会科学出版社 2005 年版。
唐君毅著，刘梦溪主编：《中国现代学术经典·唐君毅卷》，河北教育出版社 1996 年版。
王汎森：《晚明清初思想十论》，复旦大学出版社 2004 年版。
王夫之著，严寿澂导读：《船山思问录》，上海古籍出版社 2000 年版。
王国维：《王国维文集》，中国文史出版社 1997 年版。
王国维：《殷周制度论》，《观堂集林（外二种）》，河北教育出版社 2003 年版。
王晖：《商周文化比较研究》，人民出版社 2000 年版。
王水照、朱刚：《苏轼评传》，南京大学出版社 2004 年版。
王文诰：《苏海识余》，《苏文忠公诗编集成总案》，巴蜀书社 1985 年版。
吾淳：《中国社会的宗教传统：巫术与伦理的对立和共存》，上海三联书店 2009 年版。
吴立民、徐荪铭：《船山佛道思想研究》，湖南出版社 1992 年版。
吴震、吾妻重二主编：《思想与文献：日本学者宋明儒学研究》，华东师范大学出版社 2010 年版。
萧公权：《中国政治思想史》，辽宁教育出版社 1998 年版。
萧萐夫、许苏民：《王夫之评传》，南京大学出版社 2002 年版。
徐复观：《徐复观全集》，九州出版社 2014 年版。
徐复观：《中国人性论史》（先秦篇），上海三联书店 2001 年版。
徐旭生：《中国古史的传说时代》，文物出版社 1985 年版。
严寿澂：《近世中国学术思想抉隐》，上海人民出版社 2008 年版。
杨儒宾、祝平次编：《儒学的气论与工夫论》，中国台湾大学出版中心 2005 年版。
杨治宜：《"自然"之辩：苏轼的有限与不朽》，生活·读书·新知三联书店 2018 年版。
俞宣孟：《本体论研究》，上海人民出版社 1995 年版。
曾昭旭：《王船山哲学》，台湾远景出版事业公司 1983 年版。

张光直：《中国青铜时代》，生活·读书·新知三联书店1983年版。
张寿安：《以礼代理——凌廷堪与清中叶儒学思想之转变》，河北教育出版社2001年版。
郑开义：《明清儒学转型探析——从刘蕺山到戴东原》，香港中文大学出版社2000年版。
郑宗义：《唐君毅的心灵九境哲学》，香港中文大学哲学系资料。
钟来茵：《苏东坡养生艺术》，江苏文艺出版社1995年版。
朱良志：《扁舟一叶》，安徽教育出版社1999年版。
宗白华：《美学散步》，上海人民出版社1981年版。
［德］费尔巴哈：《费尔巴哈哲学著作选集》（上卷），荣震华，李金山译，商务印书馆1984年版。
［美］安乐哲：《自我的圆成：中西互境下的古典儒学与道家》，彭国翔编译，河北人民出版社2006年版。
［美］郝大维、安乐哲：《汉哲学思维的文化探源》，施忠连译，江苏人民出版社1999年版。
［美］苏珊·朗格：《艺术问题》，滕守尧、朱疆源译，中国社会科学出版社1983年版。
［美］周启荣：《清代儒家礼教主义的兴起——以伦理道德、儒学经典和宗族为切入点的考察》，毛立坤译，天津人民出版社2017年版。
［日］沟口雄三、小岛毅主编：《中国的思维世界》，孙歌等译，江苏人民出版社2006年版。
［日］田中裕：《怀特海——有机哲学》，包国光译，河北教育出版社2001年版。
［苏］古留加：《黑格尔小传》，卞伊始译，商务印书馆1978年版。
［英］怀特海：《观念的冒险》，周邦彦译，贵州人民出版社2000年版。
［英］弗雷泽：《金枝》，徐有新等译，大众文艺出版社1998年版。

毕经纬：《论商代"大子"的身份演变》，《殷都学刊》2010年第1期。
蔡方鹿：《二程哲学的异同变化及其对陆王心学的影响》，《河北学刊》1995年第3期。
陈鼓应：《〈易传·系辞〉所受庄子思想之影响》，《哲学研究》1991年第 4 期。

陈来：《〈论语〉的德行伦理体系》，《清华大学学报》（哲学社会科学版）2011 年第 1 期。

陈来：《元明理学的"去实体化"转向及其理论后果——重回"哲学史"诠释的一个例子》，《中国文化研究》2003 年夏之卷。

陈明：《王船山的历史意识与其对"克念"为学工夫的阐发》，《孔子研究》2016 年第 4 期。

陈明：《王船山气论视野中的人性学说——以〈尚书引义〉为中心》，《儒道研究》（第一辑），2013 年 8 月。

陈仁仁：《〈东坡易传〉论"道"与"性"——兼论其中儒佛道三家关系问题》，《湖南大学学报》（社会科学版）2001 年第 4 期。

陈赟：《"殷唯有小宗，而周立大宗"：关于商周宗法的讨论——以王国维〈殷周制度论〉为中心》，《学术月刊》2014 年第 11 期。

邓小虎：《荀子的儒家构建主义刍议》，《邯郸学院学报》2018 年第 12 期。

范立舟：《〈东坡易传〉与苏轼的哲学思想》，《社会科学辑刊》2009 年第 5 期。

高晨阳：《论中国哲学的传统思维方式》，《文史哲》1991 年第 3 期。

高深：《从孔子、墨子宗教信仰看儒墨学说的区别》，《齐鲁学刊》2011 年第 3 期。

郭齐勇：《浅析王夫之的思维模式》，《江汉论坛》1983 年第 6 期。

郭齐勇：《朱熹与王夫之的性情论之比较》，《文史哲》2001 年第 3 期。

韩东屏《只有真理标准还不够——价值目标是判断实践优劣的唯一标准》，《湖北社会科学》1999 年第 4 期。

胡发贵：《试论王夫之的人性论及其理论贡献》，《船山学刊》2008 年第 3 期。

胡金旺：《从张光直文明起源理论看轴心期中国文明的突破》，《理论界》2009 年第 11 期。

胡金旺：《道在易中：苏轼哲学体系略论》，《中州学刊》2012 年第 3 期。

胡金旺：《论牟宗三"即存有即活动"之要义》，《青海社会科学》2014

年第 3 期。

胡金旺：《苏轼与"龙虎铅汞"说》，《江西师范大学学报》（哲学社会科学版）2017 年第 6 期。

胡晓光：《略论"唯识"与"唯心"义》，《法音》2001 年第 2 期。

黄洋：《古代希腊的城邦与宗教——以雅典为个案的探讨》，《北京大学学报》（哲学社会科学版）2010 年第 6 期。

冷成金：《从〈东坡易传〉看苏轼的情本论思想》，《福建论坛》（人文社会科学版）2004 年第 2 期。

李承贵：《中国传统伦理思想中的"理""欲"关系论》，《江西师范大学学报》（哲学社会科学版）2006 年第 2 期。

李申：《王夫之论鬼神》，《求索》1982 年第 5 期。

李天道：《老庄美学"与道合一"说现代释义》，《商丘师范学院学报》2012 年第 2 期。

李永毅：《知识与意识溯源：德里达与胡塞尔》，《北京社会科学》2014 年第 8 期。

廖晓伟：《以道德摄存在——牟宗三道德的形而上学之证立》，《江苏社会科学》2009 年第 3 期。

林丽玲：《〈荀子〉与〈老子〉、〈庄子〉的关系重探——从词汇用例考察》，《人文中国学报》2014 年第 20 期。

刘纲纪：《"艺"与"道"的关系——中国艺术哲学的一个根本问题》，《江汉论坛》1986 年第 1 期。

刘又铭：《明清儒家自然气本论的哲学典范》，《"国立"政治大学哲学学报》2009 年第 22 期。

刘又铭：《宋明清气本论研究的若干问题》，载杨儒宾、祝平次编《儒学的气论与工夫论》，华东师范大学出版社 2008 年版。

刘再复：《略谈中西文化的八项差异》，《书屋》2017 年第 6 期。

陆庆祥：《苏轼情本哲学论》，《乐山师范学院学报》2011 年第 7 期。

路德斌：《荀子人性论之形上学义蕴——荀、孟人性论关系之我见》，《中国哲学史》2003 年第 4 期。

苗启明：《从人类学哲学视域对马克思〈关于费尔巴哈的提纲〉的新理解》，《思想战线》2018 年第 6 期。

彭战果：《牟宗三基于康德道德哲学的儒家心性学建构——论自由作为呈现的内涵及其意义》，《齐鲁文化研究》2007 年第 00 期。

强中华：《反者道之动：荀子"化性起伪"对庄子"性"与"伪"的因革》，《中国哲学史》2009 年第 2 期。

沈顺福：《论程朱理学之异同》，《中州学刊》2017 年第 4 期。

沈顺福：《论陆、王心学之异同》，《哲学研究》2017 年第 10 期。

孙以楷：《儒家与先秦道家》，《学术月刊》1996 年第 8 期。

田丰：《阳明"良知说"对儒家"经权之辩"的发展与反思》，《山西高等学校社会科学学报》2012 年第 10 期。

田启波：《真理标准、价值标准与实践标准辨析——兼与韩东屏同志商榷》，《湖北社会科学》2000 年第 2 期。

王博：《理在欲中，公欲即理：王夫之〈诗广传〉中的理欲观》，《武汉大学学报》（人文社会科学版）2014 年第 2 期。

王成光、王立平：《宗教神话与古希腊哲学的产生》，《西南民族大学学报》（人文社会科学版）2011 年第 11 期。

王林伟：《王道政治的理念——基于程氏经说的探讨》，《政治思想史》2014 年第 2 期。

王南湜：《认真对待马克思的"历史科学"概念——关于历史唯物主义理论特征的再理解》，《哲学研究》2010 年第 1 期。

王诗评：《从王船山"乾坤并建"论其"情景交融"之诗学基础》，《中国学术年刊》2011 年第 33 期（春季号）。

王煜：《王船山研究的一部力作——读唐凯麟、张怀承〈六经责我开生面〉》，《船山学刊》1994 年第 1 期。

吾敬东（吾淳）：《再论一神信仰的起源》，《华东师范大学学报》（哲学社会科学版）2018 年第 3 期。

吴根友：《〈周易外传〉的诠释体式及其诠释的创造性》，《学术月刊》2016 年第 8 期。

吴根友：《唐君毅、牟宗三、刘述先的明清思想研究》，《学海》2010 年第 2 期。

吴晓蕃：《乾嘉思想的伦理新向度——以阮元、凌廷堪为中心的解读》，《华东师范大学学报》（哲学社会科学版）2012 年第 1 期。

吴震：《从"宋明"转向"明清"——就儒学与宗教的关系看明清思想的连续性》，《复旦学报》2010年第1期。

向世陵：《中国哲学的"本体"概念与"本体论"》，《哲学研究》2010年第9期。

徐刚翔：《大学语文与心理素质培养》，《丹东师专学报》1998年第2期。

徐新：《犹太教的独一神论》，《宗教学研究》2014年第1期。

许家铭：《〈中国园林建筑所表现的美学思想〉评述》，《艺海》2018年第9期。

杨春梅：《由荀子"学止"与"不求知天"看儒家知识论之价值取向——兼论中国文化的信仰》，《宗教与哲学》第1辑。

杨际开：《评张寿安：〈以礼代理——凌廷堪与清中叶儒学思想之转变〉》，《杭州师范大学学报》2006年第1期。

杨勇：《论船山唯识思想中的"阿赖耶识"问题》，《船山学刊》2007年第1期。

虞圣强：《气本论与心学的格物之争——记罗钦顺与王阳明的两封通信》，《孔子研究》1996年第4期。

曾奕：《〈大学〉中的"功夫—效验"问题与朱子的工夫论学说》，《湖南大学学报》（社会科学版）2012年第6期。

张峰屹：《也谈荀子的人性论——评〈荀子：性朴论者，非性恶论者〉》，来源：学术批评网，2007年8月6日"学界观察"专栏。

张培高：《"性无善恶"与"穷理尽性"——苏轼的〈中庸〉诠释解析》，《哲学动态》2017年第4期。

张亲霞：《论商周君权思想的变化》，《洛阳工学院学报》（社会科学版）2002年第4期。

张学智：《论王夫之的"占学一理"》，《中国哲学史》2011年第4期。

赵林：《论希腊宗教的文化特点》，《宗教学研究》1998年第1期。

周炽成：《荀子：性朴论者，非性恶论者》，《光明日报》2007年3月20日第11版。

广行:《〈相宗络索〉中清净转依的次第问题》,https://www.douban.com/group/topic/14958672/。

钱满素:《三千年文明,为何培育不出一株自由之花》,http://www.sohu.com/a/278800326_100279823。

杜秉俊:《苏轼的道论与心性之学》,硕士学位论文,复旦大学,2012年。

冷天吉:《知识与道德——对程朱、陆王、船山格物致知思想的考察》,博士学位论文,华东师范大学,2005年。

张启辉:《王夫之的〈四书〉研究及其早期启蒙思想》,博士学位论文,中国社会科学院研究生院,2002年。

张宇卫:《甲骨文武丁时期王卜辞与非王卜辞之祭祀研究》,硕士学位论文,"国立"成功大学,2007年。